Ceslaus Maria Schneider

Natur, Vernunft, Gott

nach der Lehre des heiligen Thomas von Aquin dargestellt

Ceslaus Maria Schneider

Natur, Vernunft, Gott
nach der Lehre des heiligen Thomas von Aquin dargestellt

ISBN/EAN: 9783743432048

Hergestellt in Europa, USA, Kanada, Australien, Japan

Cover: Foto ©Lupo / pixelio.de

Weitere Bücher finden Sie auf **www.hansebooks.com**

Natur, Vernunft, Gott.

Abhandlung

über die

natürliche Erkenntnis Gottes,

nach der Lehre des heiligen Thomas von Aquin dargestellt.

Von

Dr. Ceslaus Maria Schneider.

Gekrönte Preisschrift.

Motto: „Deshalb werden auch die verschiedenen Zweige
der Naturwissenschaft, welche in der gegenwär-
tigen Zeit so hohe Wertschätzung findet und
auf Grund so vieler hochwichtiger Erfindungen
die Bewunderung aller auf sich zieht, durch die
Wiederbelebung der alten Philosophie nicht nur
nicht beeinträchtigt, sondern gerade im Gegenteil auf das mannigfaltigste unterstützt werden."
Leo XIII. Enzykl. „Aeterni Patris."

Regensburg.
Druck und Verlag von Georg Joseph Manz.
1883.

An den Leser.

Die vorliegende Abhandlung hat zunächst den Zweck, die fünf Beweise, auf welche der heilige Thomas*) die Erkenntnis der Existenz Gottes stützt, nach allen Seiten hin zu rechtfertigen; es wird Sache des beteiligten Publikums sein, zu beurteilen, inwieweit dieser Zweck erreicht worden ist.

Der Verfasser war sich von vornherein bewußt, daß er in manchen Behauptungen auf Widerspruch stoßen würde, mochte aber durch diese Überzeugung sich nicht hindern lassen, die Lehre des Engels der Schule, wie sie in den unzweifelhaft echten Schriften desselben niedergelegt ist, ohne Rückhalt auseinanderzusetzen und kann sich schmeicheln, daß dieses sein Bestreben bereits eine hohe, ihm selbst völlig unerwartete Anerkennung gefunden hat.

---

*) Wenn in der folgenden Auseinandersetzung oft das Beiwort „thomistisch" gebraucht wird, so soll damit, wie hiemit ausdrücklich erklärt wird, die Lehre keiner katholischen Schule bezeichnet sein; wo es steht, ist es aus rein redaktionellen Rücksichten gesetzt als gleichbedeutend mit „Lehre des heiligen Thomas".

Bezüglich des ersten Beweises aus der Bewegung, dessen metaphysischer Wert im ersten Kapitel betont wird, konnte er sich trotz der geschätzten Bemerkungen, welche ihm bereits dieserhalb gemacht worden sind, nicht entschließen, behufs der Publikation auch nur ein Wort zurückzunehmen oder zu verändern, schon weil er gerade da nur die Worte des heiligen Thomas nach dessen verschiedenen Texten wiedergegeben hat. Thomas behauptet mit ausdrücklichen Worten — und es geschieht dies so ausdrücklich nur bei diesem Beweise aus der Bewegung — daß der sich ergebende Schluß metaphysische Bedeutung besitze: „es sei ein Argument aus dem Begriffe der Bewegung“ a priori, propter quid und nicht a posteriori, propter quia. Auch wird von der neueren Theorie über die Bewegung durchaus nicht gesagt, daß sie allein der Lehre des Aquinaten eine hinreichende Stütze verleihe, sondern nur, daß sie der Veranschaulichung derselben offener diene; thatsächlich wird die metaphysische Gewißheit der thomistischen Schlußfolgerung durch die älteren sogenannten Newton'schen Gesetze über die den Körpern innewohnende Anziehungs- und Abstoßungskraft in keiner Weise erschüttert. Der hypothetische Charakter der neueren diesbezüglichen Grundsätze wird mehrere Male ausgesprochen. Des weiteren noch sich über die Lehre des Engels der Schule von der Bewegung auszulassen, verbot der festgesetzte Umfang dieser Schrift.

Die bei Gelegenheit des zweiten Beweises gebotene Auseinandersetzung der einschläglichen naturwissenschaftlichen Principien des heiligen Thomas mag allerdings auf den ersten Blick in etwa neu oder gar befremdend erscheinen; sie stützt sich jedoch, wie die immer in extenso angeführten Texte darthun, durchaus auf die selbsteigenen Worte des heiligen Lehrers. Es scheint, daß „der Natur= forscher Thomas" bis jetzt zu wenig beachtet worden ist und doch giebt es vielleicht, selbst in der theologischen Summa, nur wenige Artikel, in welchen nicht diese seine naturwissenschaftlichen Principien, und sei es auch nur in der Form von Beispielen, irgendwie benützt würden. So= wie den heiligen Augustin und den gelehrten Clemens von Alexandrien in der Vollendung der alten Philosophie nicht der Umstand gehindert hat, daß sie auf den Schultern Platos standen, so wird auch nicht mit Grund behauptet werden können, daß allein deshalb es zu vermeiden sei, von einem „Naturforscher Thomas" zu sprechen, weil er auf den Schultern des Aristoteles stehe. Thomas hat eben die hier in Betracht kommenden Principien in ähnlicher Weise vervollkommnet und zu einer großartigen inneren Einheit verbunden, wie dies die Väter mit den allge= meinen philosophischen Principien der heidnischen Denker gethan haben.

Der vierte Beweis hätte leicht noch weiter aus= gedehnt und zumal dessen Verbindung mit dem Systeme Platos eingehender gezeigt werden können; der Verfasser mußte sich jedoch streng an seine Aufgabe halten und hat deshalb nur die Art und Weise, wie die in diesem Beweise gebrauchten Grundsätze das Dasein Gottes er= läutern, in seiner Arbeit berücksichtigt.

Der in letzterer kommentierte Artikel der theologischen Summa hat eine weit einschneidendere Bedeutung, als gewöhnlich angenommen wird; derselbe ent

taren Grundbegriffe, aus denen später die

Eigenschaften, sowie von dem Sein Go

Thomas sagt, „von dem, was Gott nicht

non sit, spekulativ entwickelt wird. Was

diesen allgemeinsten Grundbegriffen der P

der spekulativen Theologie wirklich lehrt,

maßen eingehend darzustellen, war der

des Verfassers. Die Lehre des heiligen

weiter zu entwickeln und auszubauen,

lehrteren und Weiseren.

Malmedy am Feste des heiligen Mich

Inhaltsverzeichnis.

Einleitung.

Fons ascendebat e terra irrigans universam superficiem terrae. (Gen. 2. 5.) „Ein Quell sprudelte hervor aus
der Erde und bewässerte deren gesamte Oberfläche."

Als ein solcher Quell kann mit Recht jener heilige Kirchenlehrer bezeichnet werden, nach dessen Grundsätzen die natürliche
Gotteserkenntnis in vorliegender Abhandlung entwickelt werden
soll. Der heilige Thomas von Aquin ist in der That ein
krystallheller Quell, aus welchem die Wasser der ewigen Weisheit in klarstem Glanze und reichlichster Fülle fließen; er hat
mit demütigem Vertrauen aus jenem anderen nimmer ver-
siegenden Quell geschöpft, von welchem geschrieben steht (Eccli. 1):
„Die Quelle der Weisheit ist das Wort Gottes in den Himmels-
höhen." Deshalb schreibt auch Papst Innocenz VI. (sermo
de D. Thoma cf. Laurentius a ponte in cap. 9 Sap.
hom. 13.): „Die Lehre dieses Mannes besitzt vor allen anderen,
wenn die kanonischen Schriften ausgenommen werden, eine
solche Schärfe in den Begriffen, eine derartige Bestimmtheit
in der Ausdrucksweise und damit eng verbunden eine so volle
Wahrheit in ihren schließlichen Ergebnissen und Aussprüchen,
daß noch niemals jene, welche derselben gefolgt sind, sich vom
Pfade der Wahrheit entfernt haben, wogegen diejenigen, welche
sie anfeindeten, immer unter dem Verdachte des Irrtums
stunden."

Nicht aber nur trockene Weisheit trinkt der dürstende Menschengeist aus dem reinen Quell der thomistischen Lehre, sondern Weisheit, die zum Leben und zwar zum wahr= haftigen Leben führt. Vom Engel der Schule gilt das Wort (Eccli. 26. 1.): consilium ejus sicut fons vitae per= manet; „seine Ratschläge sind von beständigem Werte gleich der Quelle alles Lebens." Die Werke des heiligen Thomas sind in Wirklichkeit ein Quell des Lebens, jenes Lebens, das der Heiland bezeichnet, als (Joh. 4, 14): „eine Quelle leben= digen Wassers, das da hinaufsprudelt bis ins ewige Leben." Die Grundsätze des Aquinaten können mit aller Sicherheit in das praktische Leben hineingetragen werden. Wer denselben in seinen Handlungen folgt, wird fruchtbar sein in guten Werken und reif werden für die Krone der Herrlichkeit. Thomas selbst giebt das beste Beispiel. Er ließ sich durch seine Lehre in seinem Handeln leiten und besaß wieder in diesem praktischen Wirken den inneren Prüfstein für die Richtigkeit seiner Lehre; demgemäß schritt er aber auch fort von „einer Tugendstufe zur anderen, bis er zur Anschauung Gottes im ewigen Sion gelangte" (Psf. 83, 8). Darauf macht die Gläubigen das Gebet aufmerksam, welches die Kirche am Festtage des Hei= ligen vorschreibt: „O Gott, der du die Kirche durch die wunderbare Gelehrsamkeit des heiligen Thomas, deines Be= kenners und unseres Lehrers, erleuchtest und durch seine Tugenden mit Früchten der Heiligkeit bereicherst, verleihe es auf unsere flehentlichen Bitten hin, daß wir, was er gelehrt, mit dem Verstande erfassen und was er gethan, in unseren Werken nachahmen durch Christum unseren Herrn."

Thomas ist zudem im Gebäude der katholischen Wissen= schaft ein allen zugänglicher Quell. In ihm erscheint das Dunkel, welches über der Lehre des Stagiriten lagert, ge= hoben; der poetische Schleier, unter welchem Plato die er= habene Göttlichkeit des Einen, Guten, Wahren barg, ge= lüftet; die häufig nur allzufeste, manchmal sogar beinahe unverdauliche Speise, welche Augustin seinen weisen und ge=

lehrten Freunden vorjetzte, wird im Engel der Schule nährende
Milch. Was die großen Philosophen des Altertums mit ihrem
durchdringenden Geiste erforscht und die heiligen Väter in
christlicher Lebensweisheit gelehrt, das wird durch seine um=
fassende und erleuchtete Vernunft, von jeglicher Schlacke und
allen irgendwie gearteten Unvollkommenheiten gereinigt, zu einem
harmonischen Ganzen gestaltet. Er ist ein wahrer „fons
patens in domo Jacob". Klar und erfrischend sprudeln
da, allen zugänglich, die Wasser vernünftiger Erkenntnis. Mit
Recht schreibt sonach Leo XIII. (Act Pat.): „Hoch erhaben
steht unter den Scholastikern Thomas von Aquin da, welcher,
wie Kajetan bemerkt, weil er alle Lehrer der Weisheit im
höchsten Grade verehrte, auch gewissermaßen die Erkenntnis
eines jeden derselben sich zu eigen gemacht hat; der da die
einzelnen Wahrheiten, welche sie lehrten, gleich den Gliedern
eines Körpers zu einem Ganzen zusammenfügte und, nachdem
er sie mit wunderbarer Ordnung und Harmonie durchdrungen,
zu derartigem Glanze erhob, daß er mit vollem Recht für eine
ganz einzige Veste der katholischen Wahrheit gehalten wird."

Darum wurde aber auch Thomas ein ganz besonderer
Gegenstand des Hasses für die Gegner dieser Wahrheit, wie dies
dasselbe Dokument mit treffenden Worten kennzeichnet: „Denn
es duldet keinen Zweifel," so heißt es da, „daß nicht wenige
von den Stimmführern häretischer Parteiungen offen bekannt
haben, es sei der Kampf mit den Verteidigern der katholischen
Lehre eine leichte Sache und der Sieg unzweifelhaft, wenn ein=
mal die Lehre des heiligen Thomas von Aquin verlassen wäre."

Gelänge es dem Feinde der menschlichen Natur, die reine
Quelle der thomistischen Wahrheit auf die Dauer zu trüben
oder gar zu vergiften, so würde er auch bald dahin kommen,
dieselbe ganz zu verstopfen. Niemals aber wird ihm dies ge=
lingen. Thomas selbst hat dafür gesorgt.

Er wollte, daß seinen Worten für alle Zeiten keine andere
Kraft und keine andere Autorität innewohne, als die, welche
die vernünftigen Gründe für seine Behauptungen bieten:

1*

nach einem Erfahrungssatze aber, den die ganze Geschichte der
Menschheit bestätigt, trägt am Ende immer die gesunde natür=
liche Vernunft den Sieg davon, wenn auch manchmal ihre
Kraft auf längere oder kürzere Zeit irrtümlichen Unterschie=
bungen und falschen Voraussetzungen zufolge in etwa gelähmt
worden. Hier liegt der Grund, warum der Quell thomistischer
Wahrheit immer wieder hervorbricht und zwar gerade dann um
so heftiger, je länger er mit Gewalt zurückgedrängt war. Die
Kraft des Aquinaten ist die Kraft der reinen Vernunft; sie dient
ihm als Mittel, um das Erdreich der menschlichen Natur für
den übernatürlichen Einfluß Gottes vorzubereiten.

„Es war noch kein Regen gefallen auf die Erde," so
sagt weiter der anfangs belobte Text der Genesis, „und noch
war kein Mensch vorhanden, der dieselbe bearbeitet hätte."
Ausdrücklich hebt hier der heilige Autor hervor, daß noch kein
Regen von oben gefallen war, der jedenfalls zur Erzeugung
von Früchten erfordert wurde. Deshalb fügt er auch hinzu,
daß noch kein Mensch vorhanden gewesen wäre, um sie zu be=
arbeiten. Damit wird die Natur der erwähnten Feuchtigkeit,
welche dem Erdenquell ihr Dasein verdankte, vollauf gewürdigt.
Auch der reichlichste Regen nützt nämlich nichts, wenn er nur
dürre Wüste oder versteinerten Felsen findet. Erdreich muß
da unten sein, wo der Regen hinfällt, sollen anders Früchte
gezeitigt werden; ein Boden muß vorausgesetzt werden, der,
wenn auch trocken, doch immer noch einige Feuchtigkeit in sich
enthält und somit auch entsprechende Ausdünstungen als eben
so viele Ausdrücke seines Bedürfnisses gleichsam nach der Höhe
sendet. Dadurch bezeugt ein solches Erdreich einerseits seine
Unfähigkeit, aus sich heraus Früchte hervorzubringen, ander=
seits jedoch zugleich die in ihm bestehende, entfernte Möglich=
keit, unter dem bestimmenden Einflusse des herabströmenden
Wassers mitzuwirken.

Darin besteht nun aber gerade ein besonderer Vorzug der
Lehre des heiligen Thomas, daß dieselbe die natürlich-vernünf=
tige Wahrheit, dieses geistige Erdreich in der Natur, selb=

ständig und, soweit ihr Bereich geht, völlig unabhängig vom
übernatürlichen Lichte des Glaubens behandelt; ein Vorzug,
welcher nicht zum geringsten Teile der Grund ist, daß Thomas
immer wieder von neuem als Führer, auch in der philosophischen
Forschung, durch die kirchliche Autorität vorgestellt wird. Augustin
hat allerdings ebenfalls die natürlichen Wahrheiten beinahe in
ihrer vollen Gesamtheit dargelegt; aber sie erscheinen in seinen
Werken nur etwa als Anhängsel der eigentlichen Heilswahr=
heiten und demnach mit denselben mehr oder minder stark ver=
mischt. Der erhabenste unter den Kirchenvätern beginnt wohl
oftmals mit der Darlegung einer rein natürlichen Wahrheit,
alsbald aber zeigt ihm sein heiliger Feuereifer diese selbe Wahr=
heit in den ewigen Ideen Gottes, umleuchtet von übernatür=
lichem Lichte und gestützt durch das geoffenbarte göttliche Wort;
die rein natürliche Vernunft ist ihm weniger ein sicheres Mittel
zur endgiltigen Erkenntnis als zur Veranschaulichung des
erkannten Endergebnisses seines theologischen Forschens. Das=
selbe gilt in mehr oder minder hohem Grade von den übrigen
Vätern. Die natürlichen Wahrheiten müssen da erst losgeschält
werden von ihrer glänzenden Hülle, um im Gewande der reinen
Natur Gegenstand geistigen Schauens zu sein. In reichem
Schmucke erscheint bei ihnen bereits das Erdreich; vollauf be=
fruchtet ist es vom reichlichen Regen der Gnade; es kann da
kaum mehr die geringe Feuchtigkeit unterschieden werden, welche
in der Erde selbst die Fähigkeit zu empfangen begründete.

Im Thomas aber steht die Arbeit der natürlichen Ver=
nunft offen und klar vor den Augen des Forschers. Während
bei den Vätern das Kunstwerk des Geistes so zu sagen bereits
fertig ist und im herrlichsten Glanze strahlt, ersteht es im
Thomas vor dem Leser aus den Fundamenten heraus und
wird nach und nach in seinen einzelnen Teilen bis zur Krone
hinauf mit äußerster Sorgfalt zusammengesetzt. Thomas führt
als Baumeister, wenn der Ausdruck erlaubt ist, selber den Be=
sucher in seinem Wunderbaue herum, zeigt ihm die Festigkeit
der Fundamente, erklärt die Regeln, nach denen gebaut worden

ist, und erzeugt auf diese Weise sein Werk im Geiste des Beschauers thatsächlich wieder.

Nie ist das Licht der Vernunft so offenbar verherrlicht worden, wie im Thomas. Oder scheint es in der That nicht manchmal, als ob die Leuchte der natürlichen Vernunft aus eigener Kraft mit ihren aus der Natur geschöpften Grundsätzen hineinzustrahlen sich erkühne bis in die Tiefen der Gottheit, bis in den „uter ex quo genui te“ „bis in den Busen, aus welchem doch nur das ewige Wort erzählen konnte“ (Joh. 1, 18)! Nur wer näher zuschaut, findet, daß „es noch nicht geregnet hatte auf die Erde“ und daß der Gottmensch noch nicht erschienen war, auf daß „er sie im (blutigen) Schweiße seines Angesichtes bearbeite“. Stark ist die natürliche Vernunft im Thomas; frisch sprudeln ihre heilsamen Wasser über in alle Wissenszweige und „benetzen die gesamte Oberfläche der Erde“; aber sie können weder „das Wort der Gnade von oben herunterziehen“ (Röm. 10, 6), noch aus sich selbst die Frucht des übernatürlichen Lebens zeitigen; sie vermögen nur in etwa dazu vorzubereiten; denn je gewaltiger sie übersprudeln, desto dringender verdeutlichen sie die schließliche Leere der Natur und ihre eigene Unfruchtbarkeit.

Das ist das Eigentümliche beim Thomas. Er stellt die natürliche Kraft der Vernunft hoch, so hoch wie niemand mehr nach ihm; aber sie zeigt auf ihrer höchsten Höhe nur um so mehr die Unergründlichkeit der geoffenbarten Geheimnisse. Läßt ein kleines Bächlein ins unendliche Meer fließen, der Gegensatz wird kaum die Unermeßlichkeit des letzteren veranschaulichen; aber nimm den gewaltigen Strom, der da durch Berge und Thäler, durch Wüsten und Fruchtgefilde, durch Völker und Nationen mit immer zunehmender Majestät seine Wogen dahinwälzt, um endlich, wenn seine Fülle und Breite bis zum höchsten Grade gelangt ist, all seine Wasser ins Meer zu ergießen; — da erst wird die Unermeßlichkeit des Meeres so recht vor deinen Geist treten, denn derselbe Strom, dessen Wassermassen, für sich allein betrachtet, so gewaltig erschienen, ist wie ein Nichts im Vergleiche zum Meere, dessen Wasser weder abnehmen ohne den Strom noch zunehmen mit dem Strome. Mehr als je wird dann die Natur des Meeres als wesentlich verschieden erscheinen von der des Stromes.

Daß die gewaltigen Vernunftprincipien des heiligen Thomas nur ihre klärenden Wasser überallhin ergießen, daß sie mit unverwüstlicher Kraft an alle Pforten der Natur anklopfen und selbst in die geheime Werkstätte derselben eindringen, um da es schauen zu lassen, aus welchen Teilen sich die Körper in ihrem Wesen zusammensetzen, worin das Geheimnis der Bewegung beruht, welche Kraft dem Lichte für die Veränderung und Entwicklung des irdischen Stoffes innewohnt; — daß sie ihren mächtigen Strom hineinströmen in das Innere des geistigen Denkens und dessen maßgebenden Gesetze klarlegen; daß diese Wasser nur immer majestätischer daherfließen und Staunen und freudige Bewunderung erregen in allen, die sie schauen; — nur keine Furcht, als ob sie das Unendliche oder den Unendlichen hinwegschwemmen möchten!

„Sie haben dich gesehen, die Wasser, o Gott, sie haben dich gesehen (Pf. 76, 17) und sie wurden mit Furcht und Schrecken erfüllt und erzitterten in ihren tiefsten Tiefen.“ So der Psalmist. Moses aber nennt die Wasser der natürlichen Erkenntnis trotz all ihrer Gewalt und Majestät, wenn sie mit denen von oben verglichen werden, „ein einfaches Quellchen, das aus der Erde hervorsprudelt“ und dabei so schwach ist, daß es nicht die geringste Frucht hervorbringen kann. So etwa sind die Vernunftprincipien des heiligen Thomas. Klopfen sie mit der ganzen geschaffenen Natur hinter sich an die Pforte des Ewigen, Unendlichen, so werden sie zu einem einfachen Zeichen: „signum in bonum“, das da wohl die Existenz des „Guten“, das Dasein einer ewigen Fülle, bezeugt; aber nicht die mindeste Idee von dessen Wesen und Natur zu geben vermag; vielmehr rufen sie alle in heiligem Staunen mit dem Psalmisten: „Herr, unser Gott, wie groß bist du“ (Pf. 8).

Beweglich ihrem Wesen nach sind alle diese stofflichen Geschöpfe, welche die Naturwissenschaft umfaßt; — mit metaphysischer Notwendigkeit bedingen sie also das Dasein eines ersten Bewegers. Ist dieser, wie sie, seinem Wesen nach auch beweglich? Nein! sagen sie alle, er ist, was wir nicht sind; mit derselben metaphysischen Notwendigkeit, mit welcher sie sein Dasein beweisen, erklären sie ihn auch seiner ganzen Natur nach für völlig getrennt von der Natur des Beweglichen: er ist wesentlich unbeweglich.

Es liegt offen vor den Augen eines Jeden, wie das eine in der stofflichen Natur das andere hervorbringt, wie das eine vergeht und das andere entsteht; — mit metaphysischer Notwendigkeit ruft dieses Alles nach dem Dasein einer ersten Ursache, welche die Kraft besitzt, jegliches Sein hervorzubringen und demnach die Vorzüge alles wirklichen und möglichen Seins in sich enthält, selbst aber seinem ganzen Wesen nach nicht hervorgebracht ist.

Möglich, rein und dem ganzen Innern nach nur möglich ist alles, was zum Bereiche der geschaffenen Natur gehört; ein Glied derselben bedarf des anderen zu seiner Entwicklung: Keines kann von sich sagen: „Meinem Wesen ist es eigentümlich, einfach und eben nur wirklich zu sein; ich bin durch und durch, was ich bin, und keiner Vervollkommnung fähig;" ganz im Gegenteil ist die einzige Notwendigkeit, welche alles durchdringt, die des Bedürfnisses, von außen her zu empfangen; — damit schreit aber auch alles nach dem Dasein des einen wahrhaft Notwendigen und leugnet zugleich in diesem einen Notwendigen jegliche innere Möglichkeit sowie jeglichen im inneren Wesen begründeten Verband mit anderem Sein, mit einem Worte: jegliches Bedürfnis. Es muß ein Sein existieren, das notwendig aus sich heraus die Fülle des Seins nicht nur hat, sondern ist und deshalb, ohne irgendwie etwas empfangen zu können, nur zu geben und zwar mit vollster Freiheit, aus reinster, innerster Entschließung, zu geben vermag.

Bei allen geschöpflichen Vollkommenheiten ist ein „Mehr" oder „Minder" zu beobachten; ein „Mehr" oder „Minder" aber erheischt logisch notwendig ein schlechthin „Meistes", das von seinem Wesen alles „Mehr" oder „Minder", d. h. jegliche Art Entwickelung, geradezu ausschließt. Es ist also ein über alles hervorragendes Gut, eine „schlechthin" höchste Wahrheit, ein unbeschränkt Vollkommenes vorhanden, in welchem jeder wirkliche und begrifflich reine Vorzug Natur und Wesen ist.

Ebenso ist der Tod des einen Geschöpfes das Leben des anderen, der Mangel des einen die Fülle des anderen; da muß aber notwendig ein Sein existieren, das aus dem Tode das Leben, aus dem Mangel die Fülle hervorgehen läßt, selbst also mit seiner Natur außerhalb dieser Ordnung steht.

„Mit dem ungestümen Andrange seiner Wogen erfreut der Strom" der Natur, wie er im Thomas durch die geschöpfliche Welt dahinrauscht, „die Thore der ewigen Stadt" (Pf. 45, 5). Aus allen Kräften ruft das Bewegliche: es muß ein dem Wesen nach ganz und gar Unbewegliches; das Veränderliche: es muß ein durchaus Unveränderliches; das Mögliche: es muß ein Voll= und Innerlich=Notwendiges; das Entwicklungsfähige: es muß ein seiner Natur nach schlechthin Vollkommenes; das zum Nichts Zurückfallende: es muß ein außerhalb des All stehender, ganz und gar frei souveräner Zweck sein. Alle die Wogen des Geschaffenen wälzen sich dem Unendlichen entgegen und bekennen da angelangt laut ihre eigene Ohnmacht. Die Natur wird fortan unfähig, weiter fortzuschreiten und den Geist in das Wesen dieses Unendlichen einzuführen; sie kann gleich den Seraphs nur in heiliges Schweigen sich hüllen und warten, wann, wo und wie der Höchste selber sich offenbaren will.

Die rein natürlichen Principien freilich, welche durch das Stoffliche hindurch bis zur Existenz der unendlichen Seines= fülle führten und nun wieder mit dem Geschöpflichen, aus dem sie genommen worden, von sich allein aus, in ihr Nichts zurücksinken möchten, verschwinden thatsächlich nicht. Vielmehr werden sie gewissermaßen belohnt dafür, daß sie den allein richtigen Weg gewiesen; erhoben werden sie auf den Boden der heiligen Offenbarung Gottes, dienen dürfen sie gleich den erhabenen Geistern im innersten Heiligtume des Dreieinigen.

Nun erst zeigt Thomas, wozu die Vernunft, selbst die so arme, beschränkte menschliche Vernunft fähig ist, wenn sie einmal festen, unwandelbaren Boden unter sich hat und dazu durch den Regen des Himmels befruchtet, sowie von den glanzvollen Gaben des heiligen Geistes durchleuchtet, nicht mehr mit ihrer rein natürlichen Gewalt bloß zum Dasein des Ewigen vordringt, sondern für das Herz die flammende Leuchte wird, die da zum Besitze der „Frucht des Lebens" führt, zum Besitze jener Herrlichkeit nämlich, in welcher der Dreieinige „geschaut wird, wie er ist". Das lebendige Wort Gottes selbst tritt an die Stelle des Fundamentes der sichtbaren Natur und die Ideen, wie sie im ewigen Wesen des Höchsten leuchten, erstrahlen vermittelst des Glaubens im Innern der Vernunft.

Jedes Forschen stützt sich auf die That und jedes Wissen auf die Kunst. Die Kunst ist die thatsächliche Offenbarung der Ideen des Schöpfers im Wirken des geschöpflichen Geistes; die That der Kunst ist die notwendige Grundlage für das Forschen der Wissenschaft. Der gotterfüllte Dichter steht bei allen Völkern an der Spitze der Philosophie; Maler und Baumeister begründen durch ihre Werke die Mathematik; die Thatsache des Weltalls mit seinen Wundern leitet die Wahrheit des geschöpflichen Wissens, das da eben nur den Weg weisen soll inmitten dieses erhabenen Kunstwerkes der göttlichen Weisheit. Und schon auf dieser vergänglichen, hinfälligen Grundlage ist die menschliche Wissenschaft so hoch erhaben und so unaussprechlich ehrwürdig! Was wird sie erst sein, wenn sie auf ein unendlich wertvolleres Fundament wird gestellt werden?

Die ewige Weisheit selber, die ihrer Natur nach unverrückbare That, offenbart sich; das herrlichste Kunstwerk, welches nur immer gedacht werden kann, der Leib des fleischgewordenen Wortes, wird sichtbar: die Glaubensartikel von der heiligsten Dreieinigkeit und vom ewigen Leben, der Tod des Gottessohnes und die daraus fließenden Sakramente, der letzte Endzweck des Weltalls sind die gegebenen fundamentalen Thatsachen, durch die emporgehoben nun die Vernunft mit ihren Erkenntnisprincipien arbeiten kann.

Wie da Thomas in seiner ganzen geistigen Herrschergröße erscheint! Gleich Samenkörnern werden da von seiner kühnen Hand die rein natürlichen Begriffe „Natur", „Person", „Sein" und ähnliche aus dem dürren Boden der stofflichen Natur herausgenommen und in das unendlich fruchtbare Erdreich der gegebenen Thatsachen des Geheimnisses der heiligsten Dreieinigkeit, der Erlösung, der Sakramente versenkt. Und wahrhaft hundertfältig ist die Frucht; „auf unermüdlich starken Adlersfittigen erhebt sich die Vernunft" (Prov. 25. 3.) und wiegt sich voll unersättlicher Lust in den höchsten Höhen des Gedankens mehr noch ahnend als schauend. Oder scheint es nicht manchmal, als ob unter den Worten des heiligen Thomas, mit denen er die erwähnten und ähnlichen Begriffe auf die geoffenbarten Thatsachen anwendet, die Schleier der Ewigkeit vor dem sterblichen Auge sich heben und das undurchdringliche Lichtmeer auf einen Augenblick zugänglich werden wollte? Ein unaussprechliches Vorahnen künftiger Herrlichkeit da oben ergreift den Geist und nach unten hin erscheinen die Geschöpfe in jener wunderbaren Harmonie zusammengefaßt, in welcher das eine Wesen vom anderen gestützt wird, eine Wahrheit die andere beleuchtet und alles Geschaffene insgesamt gleichsam den schnell vorübereilenden Schatten der ewigen Liebe bildet.

Das Wasser z. B. erscheint, sobald es auf das Fundament des Todes Christi gestellt ist, nicht mehr nur als das Urbildungselement von Pflanzen und Früchten, wie Augustin schreibt (Gen. ad litt. l. 5. c. 7.): „Alle Elemente der verschiedenen Samenarten, aus denen alles Fleisch sowie auch alle Frucht entsteht, sind feucht und aus Feuchtigkeit entstanden;" nein! es erzeugt nunmehr die Seelen wieder für ein neues

Leben, das Leben der Gnade; alle Eigenschaften dieses Elementes, wie die Klarheit, Kälte, Farblosigkeit werden im geistigen Sinne auf die Seele übertragen und verherrlichen das
Sakrament der Taufe, das da in der Seele die Klarheit des
Glaubenslichtes, den Tod der Sünde, die Gleichgiltigkeit gegen
die vergänglichen Güter bewirkt. Das „Fett der Erde", die
„Freude des Herzens", das „Heil und Licht des Leibes":
Brot, Wein, Öl werden nun in ihren natürlichen Eigenschaften erforscht, um die Sättigung der Seele, das Entzücken
des Geistes, die Kräftigung im Kampfe gegen die Mächte der
Finsternis in den Sakramenten der Firmung, des Altars, der
letzten Ölung zu verherrlichen.

Wie jener Bote Gottes steht die menschliche Vernunft da,
welcher „mit den Füßen die Erde berührte und sein Haupt im
Himmel barg!" (Sap. 18. 16.) Fons ascendebat e terra
irrigans universam superficiem terrae. Jetzt erst wird
es klar, wie wichtig jene erste Feuchtigkeit gewesen ist, wie
ernst und weittragend die Ergebnisse des natürlichen Wissens
sind. Unmöglich kann auf der Grundlage des Glaubens die
Vernunft Verdienstliches leisten, wenn ihre rein natürliche Erkenntnis verwirrt ist; sind ihre Begriffe von den Elementen
des menschlichen Wissens von „Natur", „Person", „Sein",
„Leben" und Ähnliches falsch, so folgen notwendig auch Irrtümer in der theologischen Forschung. Die Vorhallen, die „atria",
müssen zuerst durchwandelt werden, und je prächtiger und gewaltiger sie sich darstellen, je genauer und gewissenhafter die
Prüfung derselben ist; desto größer wird der Genuß im „Heiligen" sein und, darf hinzugefügt werden, desto brennender
wird das Verlangen werden, in das „Allerheiligste" einzutreten, wo allein der summus pontifex, der wahre Hohepriester,
Christus Jesus, mit seinem wirklichen und seinem mystischen
Leibe einzutreten freie Vollmacht hat. Der Quell der heiligen
Wissenschaft, der da nicht mehr aus der Dornen und Disteln
tragenden, von Gott mit verdientem Fluche belegten Erde auf-
steigt, sondern von dem hochheiligen Boden des zum Tode ver-

wundeten Herzens Jesu, ist seiner reinen Natur nach der gleiche: dieselben Principien, dieselben Begriffe, dieselben Wahrheiten und Schlüsse, die da sonst, entsprechend ihrer natürlichen Grundlage, nur dem Zwecke der Natur dienten, zeigen auf das Fundament des Glaubens gestellt den Weg zum übernatürlichen Zwecke und beleuchten den engen Pfad der christlichen Tugenden, „der zum Leben führt".

Es ist sonach erklärlich, warum Thomas mit so großer Sorgfalt und, kann hinzugesetzt werden, an so zahlreichen Stellen die Grundbegriffe der Naturphilosophie in jeder möglichen Weise deutlich macht und deren durchgreifende Kraft bei jeder Gelegenheit erprobt. Je klarer diese aus der Natur geschöpften Begriffe aufgefaßt werden, desto gewisser und zuverlässiger wird auch die theologische Kenntniß sein. Eine Probe davon liegt in dieser Abhandlung vor, welche nach Thomas aus den fünf Grundbegriffen des Beweglichen, Veränderlichen, Möglichen, Wahren, Guten, insoweit letzteres mit dem Zweckbegriffe gleichbedeutend ist, das Dasein Gottes beweisen will. Mag der Quell der thomistischen Lehre nun frisch hervorsprudeln und die gesamte Oberfläche der Erde bewässern: „Fons ascendebat e terra irrigans universam faciem terrae." Mögen die Worte des heiligen Thomas im Herzen das Verlangen nach Gott, im Verstande die Liebe zur Wahrheit entzünden und so dazu beitragen, daß „alles Fleisch einst das Heil Gottes schaue".

Erstes Kapitel.

Beweis des Daseins Gottes aus der Bewegung.

---

§. 1.

Text des heiligen Thomas. [1]

„Es ist gewiß und zwar bereits in der Erfahrung der
Sinne begründet, daß manches in der Welt der Bewegung

---

[1] S. th. 1. qu. 2. art. 3. „Prima et manifestior via est quae
sumitur ex parte motus." Certum est enim et sensu constat, aliqua moveri in hoc mundo. Omne autem quod movetur ab alio
movetur: nihil enim movetur nisi secundum quod est in potentia
ad illud ad quod movetur: movet autem aliquid secundum quod
est actu movere enim nihil aliud est quam educere aliquid de
potentia in actum. De potentia autem non potest aliquid reduci
in actum nisi per aliquod ens in actu: sicut calidum in actu, ut
ignis, facit lignum quod est calidum in potentia, esse actu calidum, et per hoc movet et alterat ipsum. Non autem est possibile ut idem sit simul in actu et potentia secundum idem, sed
solum secundum diversa; quod enim est calidum in actu non
potest simul esse calidum in potentia, sed est simul frigidum in
potentia. Impossibile est ergo, quod secundum idem et eodem
modo, aliquid sit movens et motum vel quod moveat se ipsum.
Omne ergo quod movetur, oportet ab alio moveri. Si ergo id
a quo movetur, moveatur, oportet et ipsum ab alio moveri, et
illud ab alio. Hic autem non est procedere in infinitum; quia
sic non esset aliquod primum movens et per consequens nec

unterliegt. Was aber auch immer in Bewegung ist, das wird von
etwas anderem in Bewegung gesetzt. Denn selbstverständlich
wird kein Ding zur Erreichung dessen bewegt, was es bereits
im Besitze hat; sondern offenbar bezweckt die Bewegung, das
zu erlangen, was noch nicht thatsächlich besessen wird, wohl
aber besessen werden kann. Bewegen jedoch kann etwas nur
gemäß der Kraft, die es wirklich besitzt. Denn Bewegen will
nichts anderes besagen, als ein Vermögen aus dem Zustande
der Ruhe in den der Thätigkeit zu versetzen. Aus der Ruhe
kann aber ein Vermögen nur dann zur Thätigkeit übergehen,
wenn ein Sein, das bereits thatsächlich thätig ist, auf das
betreffende Vermögen einwirkt, wie z. B. das Feuer, welches
schon in Wirklichkeit warm ist, das Holz erwärmt, das da
nur das Vermögen hat, warm zu werden. Denn es ist
in der That unmöglich, daß etwas eine Vollkommenheit besitzt
und dieselbe zugleich nicht besitzt. Was erst warm zu werden
vermag, das ist thatsächlich kalt, hat aber das Vermögen,
warm zu werden. Es ist demnach schlechthin eine Unmöglich=
keit, daß sich etwas ganz und gar in derselben Beziehung auf
ganz dieselbe Art und Weise zugleich bewege und bewegt werde,
somit in diesem Sinne sich selbst bewege; denn um zu be=
wegen, muß es die entsprechende Kraft besitzen, sowie etwas
warm sein muß, um erwärmen zu können; um aber nach dem
Besitze einer gewissen Vollkommenheit hin bewegt zu werden,
darf es dieselbe nicht besitzen. Bewegen und bewegt werden
sind also Begriffe, die sich gegenseitig, soweit es genau dasselbe
Subjekt angeht, ohne Zweifel ausschließen; gleichwie das Feuer
die Fähigkeit ausschließt warm zu werden. So also ist es
unumgänglich notwendig, daß, was auch immer in Bewegung

---

aliquod aliud movens; quia moventia secunda non movent nisi
per hoc quod sint mota a primo movente; sicut baculus non
movet, nisi per hoc quod est motus a manu. Ergo necesse est
devenire ad aliquod primum movens, quod a nullo movetur; et
hoc omnes intelligunt Deum.

ist, von anderem bewegt werde. Wenn nun aber dasjenige, was in Bewegung setzt, wieder selber in Bewegung ist, so muß auch dieses wieder von einem andern den Anstoß zur Bewegung erhalten. Es kann jedoch keineswegs in den bewegenden Kräften eine Reihe ohne Ende angenommen werden, da es in diesem Falle thatsächlich keine zuerst bewegende Kraft geben würde, somit aber auch keine der folgenden bewegen könnte, insofern keine derselben bewegt, wenn sie nicht selber von der vorhergehenden den Anstoß erhalten hat, gleichwie der Stock nicht bewegt, wenn er nicht von der Hand in Bewegung gesetzt wird. Notwendigerweise also muß folgerichtig eine erstbewegende Kraft angenommen werden, die selber völlig unbeweglich ist und sonach keiner andern bewegenden Kraft bedarf; diese aber ist nach dem Geständnisse aller Gott."

§. 2.
Erläuterung dieses Beweises.

1. Syllogismus.

Es sei zuvörderst auf zwei Grundsätze hingewiesen, welche aus diesem ersten Beweise des heiligen Thomas bereits unwiderruflich hervorgehen: 1) das Bewegliche ist vom Bewegenden dem subjektiven Wesens=Sein nach strengstens geschieden; 2) das Bewegliche steht mit dem Bewegenden einzig und allein wie die Wirkung mit der Ursache in Verbindung.

In der That ist der Vordersatz in diesem Beweise kein anderer als dieser: „Was auch immer in Bewegung ist, trägt den bewirkenden Anstoß zu derselben nicht in sich, sondern derselbe geht von einem der subjektiven Natur nach verschiedenen Sein aus." Daran schließt sich dieses andere Princip: „Es ist unmöglich, in den bewegenden Kräften eine Reihe ohne Ende anzunehmen." Der Schluß aus diesen beiden Principien ergiebt sich mit metaphysischer Notwendigkeit: „Also muß es ein seinem ganzen Wesen nach schlechthin unbewegliches Sein geben, das da die erste Ursache der Bewegung ist."

Daß diese Schlußfolge eine metaphysisch notwendige ist, kann nicht geleugnet werden. Denn bei der Annahme des ersten Vordersatzes sind nur zwei Fälle denkbar: Entweder bewegt eines das andere so, daß das Bewegende selbst immer wieder bewegt wird und demnach in der Reihe der bewegenden Kräfte an kein Ende zu gelangen ist; — oder es besteht ein endgültiger Abschluß und dann kann, da ja jede Bewegung wieder auf eine außerhalb befindliche Kraft hinweisen würde, nur ein schlechthin und allseitig unbewegliches Wesen Träger der in Frage stehenden Kraft sein.

2. Nichts bewegt schlechthin sich selbst.

Ist dies nun aber wirklich eine so ganz ausgemachte Wahrheit, daß nichts in sich selbst den ersten Grund seiner eigenen Bewegung besitzt, sondern daß vielmehr ganz allgemein das, was in Bewegung ist, von außen her den Anstoß erhält? Thomas beweist dies a priori oder wie er selbst dies nennt: demonstratione propter quid; mit anderen Worten: vom Begriffe aus, dem propter quid der Bewegung selber führt er den Beweis für seine Behauptung.

Damit etwas, so etwa ist der Gedankengang in den betreffenden Stellen,[2]) sich selbst bewege, muß es den Grund der

---

[1]) S. C. G. I. c. 13. in princ. Si aliquid movet seipsum, oportet quod in se habeat principium motus sui; aliter manifeste ab alio moveretur. Oportet etiam quod sit primomotum, scilicet quod moveatur ratione suiipsius et non ratione suae partis: sicut movetur animal per motum pedis. Sic enim totum non moveretur a se, sed a sua parte et una pars ab alia. Oportet etiam ipsum divisibile esse et habere partes, cum omne quod movetur sit divisibile, ut probatur in sexto Physicorum. His suppositis sic arguit (Philosophus): Hoc quod a seipso ponitur moveri, est primo motum, ergo ad quietem unius partis ejus non sequitur quies totius. Si enim, quiescente una parte, alia pars ejus moveretur; tunc ipsum totum non esset primomotum, sed pars ejus, quae movetur alia, quiescente. Nihil autem quod quiescit, quiescente alio, movetur a seipso. Cujus enim quies

Bewegung in sich haben; denn Sichselbstbewegen bezeichnet
nichts anderes, als sich selber die Ursache der Bewegung sein;

---

sequitur ad quietem alterius, oportet quod motus ad motum
alterius sequatur: et sic non movetur a seipso. Ergo hoc quod
ponebatur a seipso moveri, non movetur a seipso; necesse est
ergo omne quod movetur ab alio moveri. Nec obviat huic
rationi, quod forte aliquis posset dicere, quod ejus, quod ponitur
movere seipsum, pars non potest quiescere: et iterum, quod
partis non est quiescere vel moveri nisi per accidens, ut Avicenna calumniatur; quia vis rationis in hoc consistit, quod, si
aliquid seipsum moveat primo et per se, non ratione partium,
oportet, quod suum moveri non dependeat ab aliquo; moveri
autem ipsius divisibilis, sicut et ejus esse, dependet a partibus;
et sic non potest seipsum movere primo et per se. Non requiritur ergo, ad veritatem conditional's inductae, quod supponat,
partem moventis seipsum quiescere, quasi quoddam verum absolute; sed oportet, hanc conditionalem esse veram, quod, si
quiesceret pars, quiesceret totum; quae quidem potest esse vera,
etiamsi antecedens sit impossibile; sicut ista conditionalis est
vera: Si homo est asinus, est irrationalis. (Physic. lib. VII. lect. 1.)
Objicit enim Galenus contra hoc quod dicit Aristoteles, quod si
una tantum pars ejus mobilis moveatur et reliqua quiescat, quod
totum non per se movetur dicens, hoc esse falsum: quia ea quae
moventur secundum partem, per se moventur. Sed deceptus est
Galenus ex aequivocatione ejus quod est per se. Per se enim
quandoque sumitur, secundum quod opponitur ei tantum, quod
est per accidens; et sic quod movetur secundum partem, movetur
per se, ut Galenus intellexit. Quandoque vero sumitur secundum
quod opponitur simul ei quod est per accidens et ei quod est
secundum partem; et hoc dicitur non solum per se, sed etiam
primo: Et sic accipit per se Aristoteles hic: quod patet, quia,
cum conclusisset: non ergo movetur per se A B subjungit.
„Sed concessum est, quod per se ipsum moveri primum.‘‘ Sed
magis urget objectio Avicennae, qui objicit contra hanc rationem,
dicens eam procedere ex suppositione impossibilis, ex
quo sequitur impossibile, et non ex eo, quod ponitur, aliquid a seipso moveri. Si enim ponamus aliquod mobile a seipso
moveri primo et per se, naturale est ei quod moveatur et secundum
totum et secundum partes. Si ergo ponatur quod aliqua pars
ejus quiescat, erit positio impossibilis; et ex hac positione

wie z. B. das Feuer für sich und auch für andere Dinge die Ursache der Wärme bildet. Daraus folgt aber mit Notwendigkeit, daß ein solches Sein, welches sich rein aus sich selber bewegt, also den Grund der Bewegung ganz in seiner Gewalt hat, nicht auf Grund der Ruhe eines anderen Seins in seiner Bewegung innehalten wird.

---

sequitur impossibile, ad quod Aristoteles inducit, scilicet quod totum moveatur non primo et per se, ut positum est. Huic autem objectioni posset aliquis obviare, dicendo, quod licet impossibile sit partem quiescere secundum determinatam naturam, in quantum est corpus talis speciei, ut puta caelum vel ignis: non est tamen impossibile, si ratio communis corporis consideretur: quia corpus, in quantum corpus, non prohibetur quiescere vel moveri. Sed hanc responsionem excludit Avicenna, dupliciter: Primo quidem, quia pari ratione posset dici de toto corpore, quod non prohibetur quiescere, ex hoc quod corpus est, sicut dicitur de parte; et ita superfluum fuit assumere ad probationem propositi divisionem mobilis et quietem partis. Secundo quia aliqua propositio simpliciter redditur impossibilis, si praedicatum repugnet subjecto ratione differentiae specificae, quamvis non repugnet ei ratione generis. Est enim impossibile quod homo sit irrationalis, quamvis non impediatur irrationalem esse ex hoc quod est animal. Sic igitur simpliciter impossibile est, quod pars corporis moventis scipsum quiescat, quia hoc est contra rationem talis corporis, licet non sit contra rationem communem corporis. Hac igitur responsione remota, Averrois aliter solvit: et dicit, quod aliqua conditionalis est vera, cujus antecedens est impossibile, et consequens est impossibile; sicut ista, si homo est asinus, est irrationalis. Concedendum est ergo, quod impossibile est, quod si aliquid mobile ponitur movere seipsum, quod vel totum vel pars ejus quiescat: sicut impossibile est, ignem non esse calidum, propter hoc quod est sibiipsi causa caloris. Unde haec conditionalis est vera: si mobilis moventis seipsum pars quiescit, totum quiescit. Aristoteles autem, si verba ejus diligenter considerentur, nunquam utitur quiete partis, nisi per locutionem habentem vim propositionis conditionalis. Non enim dicit, quod quiescat B C sed necesse est, B C quiescente, quiescere et A B. Et ex hac conditionali vera Aristoteles propositum demonstrat. Cf. Phys. VII, l. 1, 2, 3 et sq.

2*

Es sei hier von vornherein einem Mißverständnisse vor= gebeugt. Da der ganze Beweis a priori, also vom inneren Begriffe der Bewegung aus, geführt wird, so versteht es sich von selbst, daß bei der an letzter Stelle gezogenen allgemeinen Folgerung nicht von einem Aufhören der Bewegung als von der Wirkung eines gewaltsamen Eingreifens von außen her die Rede sein kann, sondern nur davon, daß, falls ein Sein sich voll und ganz selbst bewegt, dann innerhalb der eigenen Natur dieses beweglichen Seins nichts sich vorfinden darf, was da irgendwie die Ruhe des Ganzen nach sich zöge, und deingemäß das Aufhören der Bewegung veranlaßte; wie dies z. B. im Menschen der Fall ist, der still steht auf Grund der Ruhe seiner Füße, dessen Ruhe also der Ruhe der Füße und zwar gemäß der inneren menschlichen Natur folgt. Auch das Feuer kann ja mit Gewalt ausgelöscht werden und demnach auch die Wärme verlieren; aber nimmermehr wird es gemäß seiner Natur, also ganz und gar von sich aus, der Wärme entbehren, denn der Grund derselben liegt eben voll und ganz in ihm, d. h. innerhalb seiner Natur.

Gerade dies trifft nun aber dem Wesen der Bewegung zufolge bei jedem Beweglichen ein: Seine Ruhe oder das Ab= lassen von der Bewegung ist der eigenen inneren Natur nach bedingt durch die Ruhe eines anderen Seins; demgemäß folgt auch seine Bewegung dem äußeren Anstoße von seiten eines anderen Seins.

Daß der Vordersatz unbedingte Wahrheit enthält, ist be= reits offenbar, wenn die Thatsache in Erwägung gezogen wird, daß jedes Bewegliche seiner Natur gemäß teilbar ist; besteht ja doch die Bewegung wesentlich in dem Wege vom An= fange zum Ende, also darin, daß ein Teil des betreffenden Seins da ist, wo der andere noch nicht oder nicht mehr ist (vgl. Phys. lib. VI.). Wird das Bewegliche demnach wirklich geteilt oder geteilt vorausgesetzt, so entsteht die notwendige Folge, daß, wenn ein Teil in Ruhe ist, das Ganze nicht in Bewegung sein kann; daß also die Ruhe des Ganzen bedingt wird durch die Ruhe des Teiles. Dann ist nun jedenfalls auch das Gegenteil der Fall: Die Bewegung des Ganzen tritt ein, nicht auf Grund der Natur des Ganzen, sondern auf Grund der Bewegung eines Teiles. Das Sein des Ganzen ist aber keinesfalls das Sein des Teiles; folglich tritt die Bewegung des Ganzen ein auf Grund der Bewegung eines anderen Seins, welches nicht das Sein des Ganzen ist; dann bewegt sich aber auch das Ganze nicht von sich selbst, als Ganzes betrachtet, sondern der Grund und der Anstoß für die Bewegung ist im Teile; mit anderen Worten: Was auch immer in Bewegung ist, das wird dem Begriffe der Bewegung zufolge von einem anderen bewegt.

3. Erster Einwurf.

Ist denn das nun so unzweifelhaft richtig, daß, wenn ein Teil in Ruhe ist, auch das Ganze nicht in Bewegung sein kann, wie das eben behauptet wurde? Mag das Gegenteil angenommen werden, daß nämlich, trotzdem ein Teil in Ruhe ist, das Ganze sich bewegt; so folgt daraus nur, daß sich das Ganze auf Grund des anderen Teiles, der nicht ruht, bewegt; d. h. es ergiebt sich für den vorliegenden Zweck dasselbe wie vorher, daß es nämlich dem Ganzen an sich betrachtet nicht zukommen kann, den ersten Grund der eigenen Bewegung in sich zu haben, wie es etwa dem Feuer wesentlich ist, warm zu sein. Denn was auf Grund der Ruhe oder der Bewegung eines anderen ruht oder sich bewegt, das enthält als natürliches Ganze unmöglich den Grund der Bewegung unabhängig in sich.

4. Zweiter Einwurf.

Man wende gegen diese Schlußfolge nicht ein, daß, wenn auch manche Seinsarten sich auf Grund eines Teiles bewegen, eine solche Bewegung denselben trotzdem natürlich ist, folglich von innen heraus geschieht und nicht etwa rein zufällig infolge einer Einwirkung von außen, wie z. B. es dem Menschen natürlich ist, auf Grund seiner Beine sich zu bewegen; daß demnach ein solches natürliches Ganze den Grund der Be-

wegung innerhalb seiner Natur hat und nichtsdestoweniger,
um sich thatsächlich bewegen zu können, auf einen Teil ange=
wiesen ist. Denn hier handelt es sich in erster Linie gar nicht
so sehr darum, daß eine Bewegung natürlich sei, per se und
nicht per accidens; sondern daß sie der einzelnen Natur auch
zugleich ohne irgend welche Voraussetzung, in ihrem Be=
reiche völlig unabhängig, wie Thomas sagt: per se et primo,
inne wohne. Ist nämlich erst die Voraussetzung erforderlich,
daß ein Teil den Anstoß gebe, ehe die ganze einzelne Natur
in Bewegung kommt, so ist es klar, daß nicht von der inneren
Natur des betreffenden Seins die Bewegung des Teiles aus=
geht, sondern daß letztere die Veranlassung zur Bewegung
des ganzen Seins bildet. Dann kommt aber auch jedenfalls
der Anstoß zur Bewegung des Teiles im einzelnen Falle von
außen und eine solche Bewegung ist zwar natürlich, weil der
Teil seiner Natur nach zum Ganzen gehört, aber gegen die
einzelne Bewegung als solche verhält sich die Natur des
Ganzen vielmehr gleichgültig, da innerhalb derselben nichts ist,
was den ausreichenden Grund für die bestimmte einzelne Be=
wegung in sich enthielte.

5. Dritter Einwurf.

Es wäre gleichfalls verkehrt, auf die Unmöglichkeit der
oben gemachten Annahme hinzuweisen, daß ein Teil ruhe,
während das Ganze in Bewegung sei, einer Annahme, auf
welche die Schlußfolge, nämlich das Unverträgliche dieser beiden
Begriffe, sich gründete: Beweglich und Bewegend nach der=
selben Richtung hin und unter ganz denselben Verhältnissen.
Dieser Einwand stützt sich nämlich auf die verkehrte Voraus=
setzung, daß „Unmöglichkeit" dasselbe sei wie „Unwahrheit".

Es kann ganz wohl zugegeben werden, daß unmöglich ein
Teil zu ruhen vermag, während das Ganze sich bewege, ohne
daß damit gesagt wäre, der aus dieser Annahme gezogene
Schluß sei unwahr. Denn wird die ganze Schlußfolgerung
des heiligen Thomas, wie sie oben dargelegt ist, in ihrem

logischen Zusammenhange zergliedert, so ist offenbar ihr Zweck, auf das Unmögliche zu führen und eben aus der Unmöglichkeit des erhaltenen Ergebnisses das Unmögliche der ersten Annahme zu zeigen, daß etwas per se, aus seiner Natur heraus, und primo, ohne jegliche Voraussetzung, sich selbst bewege; es ist ein Schluß ex impossibili.

6. Begründung dieses Einwurfes.

Das wäre soweit ganz gut, sagt da Avicenna, der dem Aristoteles gerade aus diesem Beweise einen Vorwurf macht, aber es wird im Verlaufe des Denkprocesses unvermerkt eben diese erstere Annahme, deren Unmöglichkeit nachgewiesen werden soll aus dem Unmöglichen, was sich daraus ergiebt, offenbar verlassen und eine andere untergeschoben, welche schon an sich unmöglich ist, und aus dieser anderen, zweiten, folgt dann das Unmögliche im Schlußergebnisse, nicht aber aus der ersten; so zwar, daß auch schließlich nicht die Unmöglichkeit der ersten bewiesen ist, sondern einzig und allein die Unmöglichkeit der untergeschobenen Annahme, die bereits von vornherein unmöglich war. Der Schluß müßte eigentlich folgendermaßen lauten, sollte er richtig sein: Angenommen einmal, daß das Bewegliche sich ganz und rein aus sich selbst bewegte, so käme es demselben von Natur aus zu, daß es sich sowohl als Ganzes als auch mit allen seinen Teilen bewegte. Dann wäre es aber unmöglich, daß ein Teil ruhe, während das Ganze in Bewegung ist; also erscheint auch ein solches Sichselbstbewegen nicht möglich. In welchem Falle aber allein würde dies folgen? Wenn die Thatsache nachgewiesen wäre, daß ein Teil ruhen könne bei der Bewegung des Ganzen. Gerade aber diese Thatsache ist nicht nachzuweisen, wenn vorausgesetzt wird, wie dies eben geschieht, daß etwas sich selbst bewege, somit als Ganzes der erste Grund der Bewegung sei. Also liegt einfach eine petitio principii vor und damit fällt die ganze Schlußfolge; es folgt keine Unmöglichkeit und demgemäß war auch die zuerst gemachte Annahme nicht unmöglich, daß etwas sich selbst bewege.

7. Zurückweisung.

Der Einwurf ist auch in seiner tieferen Begründung nicht stichhaltig, denn er übersieht den einen aber entscheidenden Umstand, daß in der ganzen Folgerung gar nicht behauptet wird, es könne ein Teil ruhen, während das Ganze sich bewege, sondern daß nur dieser Bedingungssatz sich vorfindet: „Wenn ein Teil des primo et per se sich selbst bewegenden Ganzen ruhte, dann müßte auch das Ganze ruhen." Ein Bedingungssatz ist aber wahr, trotzdem die Bedingung unmöglich ist, wie das z. B. aus dem folgenden Satze erhellt: „Wenn der Mensch ein Esel ist, dann besitzt er keine Vernunft." Auf dieser Wahrheit des Bedingungssatzes beruht nun der Schluß, keineswegs auf einer petitio principii. Jedenfalls ist doch die folgende Schlußfolgerung richtig: Was Feuer ist, ist von Natur und unabhängig von jeder Voraussetzung, primo et per se, warm; es kann also nicht warm sein auf Grund der Wärme von etwas anderem, gleichwie es nicht kalt wird auf Grund der Kälte, die sich in etwas anderem findet. Wenn nun ein Teil des Feuers thatsächlich kalt ist, so muß, da, wie angenommen, das Feuer von Natur aus warm ist und jeder Teil ebenso wie das Ganze die Natur des Feuers besitzt, auch das Ganze kalt sein; also, so würde jedenfalls geschlossen werden, ist das Feuer nicht warm von Natur. Die Bedingung, daß ein Teil des Feuers kalt sei, während das Ganze des Feuers warm sei, ist unmöglich; nichtsdestoweniger ist der Bedingungssatz: „wenn ein Teil kalt ist, dann ist auch das Ganze nicht von Natur warm," vollauf wahr und natürlich wäre auch die darauf gegründete Folgerung wahr und richtig, wenn das Feuer als Natur Teile hätte. Gerade aus dem nämlichen Grunde folgt nun hier die Unmöglichkeit, daß etwas sich selbst bewege. Denn die Bewegung stützt sich ihrem Begriffe nach auf die Teilbarkeit des Beweglichen, also auf die Abhängigkeit des Ganzen von den Teilen; mit anderen Worten auf die Wahrheit, daß kein bewegliches Ganze sich ohne Voraussetzung, also nicht primo, aus seiner Natur heraus selbst bewegen könne, sondern nur auf Grund eines Teiles. Demnach ist der Satz: Wenn ein Teil dessen, was sich selbst bewegt, ruht, so würde auch das Ganze ruhen müssen, nur ein vollkommener Ausdruck für die Unmöglichkeit des Sichselbstbewegens; es wird damit ausgesprochen, daß die Bewegung auf der Teilbarkeit beruht, daß somit es einen inneren Widerspruch enthalte, wenn gesagt wird, sie käme dem Ganzen als solchem zu.

8. Abschließender Text.

Thomas drückt dies noch kurz mit folgenden Worten aus (C. G. l. c.): „Wenn etwas sich als Ganzes selbstbewegt und nicht auf Grund seiner Teile, so ist es notwendig, daß dieses sein Bewegen von nichts anderem abhängig sei; nun hängt aber die Bewegung des Beweglichen ganz entsprechend seinem inneren Sein von den Teilen ab; folglich kann es sich nicht aus sich selbst heraus bewegen." Deshalb fügt er aber auch hinzu (Phys. VII. l. c.): „Der angeführte Beweis ist kein Beweis aus den Wirkungen, non est demonstratio quia a posteriori, sondern aus dem Begriffe der Bewegung selbst, also a priori, wird er geführt. Denn dieser Begriff enthält den Grund, wie derselbe im Inneren des beweglichen Seins besteht, warum es unmöglich ist, daß etwas sich selbst bewege. Zu dessen Verdeutlichung muß erwogen werden, daß Sichselbstbewegen nichts anderes ist, als sich selbst die Ursache des Bewegens sein. Wozu aber ein Ding die Ursache in sich selber trägt, das muß ihm unabhängig von jeder Voraussetzung zukommen, nämlich primo; denn es ist im allgemeinen dasjenige die wirkende Ursache im Bereiche irgend einer Seinsart, was in der betreffenden Seinsart, unabhängig von allem anderen, also zuerst, ausgesagt werden kann, wie z. B. das „Gesunde", soweit es vom Menschen gilt, der Grund ist vom „Gesunden", welches vom Zimmer, von der Medizin, der Kleidung u. s. w. ausgesagt wird, denn es wird von diesen letzteren Dingen erst nachher, d. h. nach der Beziehung auf den

Menschen, also vom Menschen zuerst ausgesagt; ebenso ist das Feuer, das da für sich selber die Ursache der Wärme ist, zuerst unter allem, wovon die Wärme ausgesagt werden kann, warm und das andere ist es erst nachher und auf Grund des Feuers. In der Bewegung aber ist, dem Begriffe nach, überhaupt kein „Erstes", also existiert auch in derselben ihrem Wesen nach keine Grenze weder wenn die Zeit, noch wenn der Ort, noch wenn die Größe, noch wenn endlich das Bewegliche seiner ganzen subjektiven Natur nach in Betracht gezogen wird; wo aber kein „Erstes" ist, da ist auch keine Unabhängigkeit und, folgerichtig, da ist auch nicht der die Unabhängigkeit verleihende Grund innerhalb, sondern außerhalb des eigenen Seins. Die thatsächliche Bewegung wird ausgesagt, gleich dem „Warmen" oder dem „Gesunden", was vom Zimmer ꝛc. nur mit Beziehung auf etwas Früheres, nämlich mit Bezug auf den Menschen oder das Feuer gilt, immer nur mit Rücksicht auf den ersten Anstoß von außen, der früher ist als das thatsächlich bewegte Sein."

9. Übereinstimmung mit der Schrift.

„Trete heraus aus deinem Lande und aus deiner Verwandtschaft und aus dem Hause deines Vaters" (Gen. 12, 1). Von oben ruft Gott, von unten ruft die Natur. Himmel und Erde rufen zusammen dem Menschen zu: Gedenke nicht, festen Fuß zu fassen in dieser stofflichen Welt, die dich umgiebt. Sie selbst weist dich nach außen und sagt (Job 28, 14): „Die Weisheit", (jene unverrückbare Weisheit, die allein dich führen kann), „ist nicht in mir." Heraus mußt du aus der sichtbaren Welt, in der du geboren bist. Heraustreten sollst du, o Mensch, aus deinen eigenen stofflichen Sinnen und den damit verbundenen sinnlichen Leidenschaften; denn nur da, wo der Stoff aufhört mit seinem Einflusse, da hört auch die Unruhe und die Bewegung auf; nur außerhalb seines Bereiches kannst du unerschütterliche Ruhe finden. Aber selbst das „Haus deines Vaters", dein eigener Geist, der da das Bild des Vaters

im Himmel trägt, weist dich heraus, heraus zu der nämlichen
Quelle, aus der er selber zu schöpfen berufen ist, er weist dich
zu seinem Urbilde. Trete heraus, Mensch, aus deinem eigenen
Willen, aus deinem eigenen Urteile, aus deinem eigenen Den=
ken; verleugne, was du siehst, und du wirst Den finden und
in Dem ruhen, den du nicht siehst. Alles Geschaffene, was
dich umgiebt, ist entweder selber beweglich oder von Natur aus
mit der Beweglichkeit verknüpft und auf dieselbe in seinem
Wirken notwendig gerichtet. Das Bewegliche aber verlangt
ohne Widerspruch seinem ganzen Wesen nach zum eigenen be=
weglichen Bestande ein Unbewegliches, das da in seinem
Wesen ebenso unverrückbar sein muß, wie das Bewegliche
naturgemäß der Bewegung unterliegt.

Schlechthin unmöglich ist es, daß das Bewegliche den
unabhängigen Grund der Bewegung in sich habe, somit als
thatsächlich Bewegtes durchaus selbständig sei, wie etwa das
Feuer ohne weiteres warm ist. Denn was ist am Ende
das Bewegliche? Der lebendige Ausdruck des Nichts und
nichts anderes. Es ist noch nicht das, wohin es strebt, und
es ist auch nicht mehr das, was es gewesen. Was ist es
also, insoweit es wirklich in Bewegung sich befindet? Ent=
wickelung, Werden; und zwar nur im negativen Sinne! „Ein
Thautropfen am frühen Morgen, der zur Erde hinabfällt!"
(B. d. W. 11, 24.) Bewegung als solche ist nichts anderes
als beständiges und unaufhaltsames Eilen zum Nichts und
was an positivem, wirklichem Sein darin sich vorfindet oder
was etwa Positives erreicht wird, das ist dem anfänglichen
Eindrucke des Unbeweglichen geschuldet; ja selbst dieser Ein=
druck wird um so mehr geschwächt, je weiter die Bewegung
geht. Ein Weg ist gar nicht denkbar ohne Anfang und Ende;
Anfang und Ende aber ist außerhalb desselben. Der Weg
bildet einfach das lebendige Zeugnis von der Entfernung
zwischen Anfang und Ende und nur von diesem, mit Bezug
auf ihn, feststehenden Anfange und Ende erhält derselbe sein
positives Sein.

10. Begriffsbestimmung des heiligen Thomas und Väterterte.

Nichts ist klarer, wie die Bestimmung des heiligen Tho=
mas: „Bewegung ist das Vermögen gerade als Vermögen in
thatsächlicher Wirksamkeit" actus potentiae oder potentia qua
potentia in actu, oder noch kürzer actus imperfecti (l. c.). In
der That! Sei es, daß das Subjekt der Bewegung, das
Stoffliche, berücksichtigt wird, was da immer mehr geteilt zu
werden vermag und somit seiner Natur nach aus sich heraus
niemals ein gänzlich abschließendes Ende fordert; — oder sei
es, daß die Zeit betrachtet wird, die das Maß der Bewegung
enthält und in ihrem reinen Begriffe ebenfalls weder einen
Anfang noch ein bestimmtes Ende erheischt, sondern vielmehr
nur wieder das Vermögen anzeigt, immer weiter zu zählen
und zu messen; — in jedem Falle bleibt das Sein, welches
der Bewegung zu Grunde liegt, nach jeder Richtung hin
reines Vermögen, weiter geteilt, beziehungsweise weiter ver=
größert zu werden. Gerade aber die Äußerung und Bethäti=
gung dieses Vermögens ist Bewegung: actus potentiae qua
potentia. Jedwede Grenze, die im Wesen der Bewegung läge
und sonach von deren Natur gefordert würde, höbe den Begriff
der Bewegung, aber auch den Begriff des ohne Ende teilbaren
Stoffes und der alles, was im Stoffe möglich ist, messenden
Zeit vollständig auf; die Bewegung würde nicht mehr „Weg",
sondern Anfang oder Ende sein. Es kann in diesen Größen
gar kein primum geben, wie Thomas oben ausgeführt hat;
unaufhörliches Vermögen ist Wesensbedingung ihrer Natur. Der
Stoff hat mit allem, was demselben etwa als solchem anhängt,
vielmehr ein Werden als ein Sein. „Transit" nennt es der
Apostel Johannes, „es geht vorüber die Welt und die Be=
gierlichkeit nach ihr" (1. Joh. 2, 17). „Ein Schnelläufer"
ist sie dem Dulder Job (Job 9, 25). Als ein „Gasthaus"
bezeichnet sie Augustin, in welchem die Gäste beständig wechseln,
hospes es, transis et vides; als „ein Schiff" die Weisheit,
(Sap. 5. 10.) „welches die rauschenden Wogen durchschneidet,"

und ist es vorübergeeilt, so schlagen die Wogen zusammen „und keine Spur bleibt zurück." „Gleich einem Schatten," klagt dieselbe Weisheit (5. 8), „geht alles eilends vorüber." „Nicht zweimal," meint der Heide „kannst du einen und denselben Tropfen Wasser berühren, so wenig besitzt er Bestand." „Kein ist giebt es in der Welt," seufzt Augustin, „sondern nur ein war und ein wird; im Augenblicke, daß ich spreche, ist mein Wort bereits vergangen und das Wort, das ich sprechen werde, ist noch nicht" (In Joan. tr. 39.). „Wir haben hier keine bleibende Stätte," ermahnt der Völkerapostel, (1. Cor. 7. 31) „vorübereilt die Figur dieser Welt"; wer kann sie festhalten?

Rastloses Dahinströmen ist der Charakter des Stofflichen; Beweglichkeit ohne Ende sein ärmliches Los; Streben nach Sein, ohne in der eigenen Natur den geringsten Halt dafür zu haben, und ohne von sich aus etwas sein nennen zu können, bildet seine eigenste Thätigkeit. Aber diese Thätigkeit selber, das endlose Streben und unaufhörliche Beweglich-Sein wäre gar nicht möglich, wenn nicht außerhalb ein durchaus fester, in seinem innersten Wesen ganz unverrückbarer Halt bestände, der da den Anstoß und die Richtung zum Endziele verleiht. Ein reines Vermögen als selbständiges Sein ist ja undenkbar, denn seiner Natur nach vermag es eben nur zu sein, ist jedoch von sich aus thatsächlich nicht. Wenn du deshalb, o Mensch, die vorüberziehenden Erscheinungen fragst: wohin so eilig, wo ist der schließliche Ruhepunkt; — sie weisen dich alle ohne Ausnahme nach außen. Vom wogenden Meere bis zu den rastlos am Firmamente dahinsausenden Sphären; vom Wurme, der am Boden kriecht, bis zum stolzen Adler hoch in den Lüften; vom Grashalme, der still am Felsen hervorkeimt, bis zum rauschenden Urwalde auf jungfräulichem Boden — rufen sie dir alle in tausenden, laut und unablässig tönenden Stimmen zu (Eccle. 12, 5): „Du wirst wandern, o Mensch, in das Heim deiner Ewigkeit," ibis homo in domum aeternitatis tuae. Willst du etwa auf den nimmer ruhenden Fluten der Endlichkeit dein Haus bauen oder möchtest du den glänzenden Fata Morgana, die da oben in den Lüften sich abspiegeln, nachlaufen; — im Augenblicke, da du sie umfassen oder auch nur berühren willst, sind sie schon weit von dir geflohen und unaufhaltsam fliehen sie weiter; sie weisen dich von sich ab — in dich selbst hinein. Da leuchtet ein Abglanz vom Schimmer des Ewigen; ein Bild des unverrückbar Herrlichen. Tritt in deinen eigenen Geist hinein, da allein kannst du das Eilende zum Stehen bringen, das unablässig Vorüberziehende mit dem Ewig-Beständigen verbinden und Staffeln für die Erkenntnis Gottes daraus machen; — da allein kannst du finden, mit wie viel Recht der Apostel von Gott im Gegensatze zur stofflichen Welt sagt (Hebr. 1): „Du aber bist immer ein und derselbe; in dir sind die zeitlich vorübereilenden Jahre reine Gegenwart": Tu autem idem ipse es et anni tui non deficiunt.

11. Der Untersatz im Syllogismus.
(Siehe „Syllogismus", S. 16.)

Doch es fehlt noch der logische Beweis für die Wahrheit des Untersatzes im obigen Syllogismus, der Beweis nämlich für die Unmöglichkeit einer Reihe ohne Ende in den bewegenden Kräften. Giebt es keine solche Reihe und ist, wie der Obersatz bejagte, die genügend bewirkende Ursache der Bewegung nicht innerhalb des betreffenden Beweglichen selbst, so muß notwendig ein völlig und allseitig Unbewegliches vorhanden sein.

Eine Reihe ohne Ende in den bewegenden Kräften ist eine metaphysische Unmöglichkeit. So ist der Gedankengang des engelgleichen Lehrers[3]): Es möge z. B. A von B

---

[3]) S. C. G. l. c. 13. in fine. Sed videtur dicendum, quod non sit demonstratio quia, sed demonstratio propter quid: continet enim causam, quare impossibile est, aliquod mobile movere seipsum. Ad cujus evidentiam sciendum est, quod aliquid movere seipsum nihil

bewegt werden, B seinerseits von C, C von D u. s. w., ohne
daß sich ein Ende absehen ließe, so ist offenbar der Grund

aliud est quam esse sibi causa motus. Quod autem sibi est causa
alicujus oportet quod ei primo conveniat: quia quod est primum
in aliquo genere, est causa eorum quae sunt post: unde ignis,
qui sibi et aliis est causa caloris, est primum calidum. Ostendit
autem Aristoteles in sexto, quod in motu non invenitur primum,
neque ex parte temporis, neque ex parte magnitudinis, neque
etiam ex parte mobilis, propter horum divisibilitatem. Non ergo
potest inveniri primum, cujus motus non dependeat ab aliquo
priori: motus enim totius dependet a motu partium et dividitur
in eas, ut in sexto probatum est. Sic ergo ostendit Aristoteles
causam quare nullum mobile movet seipsum: quia non potest
esse primum mobile, cujus motus non dependeat a partibus;
sicut si ostenderem, quod nullum divisibile potest esse primum
ens: quia esse cujuslibet divisibilis dependet a partibus: ut sic
haec conditionalis sit vera: si pars non movetur, totum non
movetur; sicut haec conditionalis est vera: si pars non est,
totum non est. Unde et Platonici, qui posuerunt aliqua movere
seipsa, dixerunt, quod nullum corporeum aut divisibile movet seipsum, sed movere seipsum est tantummodo substantiae spiritualis,
quae intelligit seipsam et amat seipsam (universaliter omnes operationes scilicet motus appellando), quia et hujusmodi actiones,
scilicet sentire et intelligere, etiam Aristoteles, in tertio de animo
motum nominat, secundum quod motus est actus perfecti. Sed
hic loquitur de motu, ut est actus imperfecti id est exsistentis in
potentia, secundum quem motum indivisibile non movetur, ut in
sexto probatum est. Et sic patet, quod Aristoteles ponens, omne
quod movetur ab alio moveri, a Platone qui posuit aliquid movere
seipsum, non dissentit in sententia, sed solum in verbis.

Aliam autem propositionem, scilicet quod in moventibus et
motis non est procedere in infinitum, probat tribus rationibus.
Quarum prima talis est: Si in motoribus et motis proceditur in
infinitum, oportet omnia hujusmodi infinita corpora esse, quia
omne quod movetur est divisibile et corpus, ut probatur in
sexto Physic. Omne autem corpus quod movet motum, simul
dum movet, movetur; ergo omnia ista infinita simul moventur,
dum unum eorum movetur: sed unum eorum, dum sit finitum,
movetur tempore finito, ergo omnia illa infinita moventur tempore
finito. Hoc autem est impossibile; ergo impossibile est, quod

davon, daß A in Bewegung ist, B; der Grund davon, daß B in Bewegung ist, C u. s. w.: mit anderen Worten: Da A nur in Bewegung ist, weil es den Anstoß von B erhalten, B wieder nur, weil es den Anstoß in C gefunden; C aber, weil es in dem nämlichen Verhältnisse zu D steht; so ist A und D gleichzeitig in Bewegung, so daß, wenn Kräfte ohne Ende vorausgesetzt werden, alle diese Kräfte zu gleicher Zeit thätig sein würden. Ohne Zweifel ist doch jedenfalls die Hand und der Stock gleichzeitig in Bewegung, wenn die erstere den letzteren bewegt, denn der ganze Grund für die Bewegung des Stockes ist die Hand, deren Anstoß und bewegende Kraft gerade so weit reichen muß, wie die Bewegung des Stockes. Was folgt nun aber daraus, daß eine Reihe ohne Ende von bewegenden

---

in motoribus et motis procedatur in infinitum. Quod autem sit impossibile, quod infinita praedicta moveantur tempore finito, sic probat: Movens et motum oportet esse simul, ut probat, inducendo in singulis speciebus motus. Sed corpora non possunt simul esse nisi per continuitatem vel contiguationem. Cum ergo omnia praedicta, moventia et mota, sint corpora, ut probatum est, oportet ut sint quasi unum mobile per continuationem vel contiguationem. Et sic unum infinitum movebitur tempore finito: quod est impossibile, ut probatur in sexto Physic.

Secunda ratio ad idem probandum talis est: In moventibus et motis ordinatis, quorum scilicet unum per ordinem ab alio movetur, hoc necesse est inveniri, quod remoto primo movente vel cessante motione, nullum aliorum movebit vel movebitur: quia primum est causa movendi omnibus aliis. Sed si sint moventia et mota per ordinem infinitum, non erit aliquod primum movens, sed omnia erunt quasi media moventia. Ergo nullum aliorum poterit moveri et sic nihil movebitur in mundo.

Tertia probatio in idem redit, nisi quod est ordine transmutato, incipiendo scilicet a superiori; et est talis. Id quod movet instrumentaliter, non potest movere, nisi sit aliquid aliud, quod principaliter moveat. Sed si in infinitum procedatur in moventibus et motis omnia erunt quasi instrumentaliter moventia, quia ponentur sicut moventia mota; nihil autem erit sicut principale movens: ergo nihil movebitur.

Kräften zugleich in Thätigkeit ist? Einfach die Unmöglichkeit, daß eine endlose Reihe bewegender und bewegter Kräfte in einer begrenzten, endlichen Zeit bewegt würde.

Die Folgerung ist gar nicht zu leugnen. Denn offenbar ist die Bewegung eines jeden einzelnen dieser beweglichen Dinge begrenzt, da eine solche gar nicht möglich erscheint ohne einen festen Punkt, von dem sie ausgeht und einen anderen festen Punkt, bis zu welchem sie sich erstreckt, demgemäß aber auch eine festbestimmte Zeit erfordert. Ist nun 1) das Bewegende und das Bewegte in dieser Beziehung gleichzeitig; 2) zwischen zwei bestimmten Grenzen und 3) in begrenzter Zeit, so muß auch die ganze Bewegung eine begrenzte sein. Andererseits aber muß, ehe A sich bewegt, eine unbegrenzte Reihe bewegender und wieder ihrerseits bewegter Kräfte durchlaufen werden, wozu, da die Zeit nichts anderes ist als „die Zahl der Bewegungen" (numerus motuum), entsprechend eine un= begrenzte Zeit gehört; — also wäre bei der Annahme einer Reihe ohne Ende die Bewegung selbst begrenzt und zugleich unbegrenzt und demnach auch die Zeit in ein und derselben Beziehung endlich und zugleich ohne Ende.

12. Einwurf.

Gegen diesen Beweis könnte geltend gemacht werden, daß eine Voraussetzung zu Grunde gelegt worden sei, welche durch= aus nicht auf Notwendigkeit beruhe. Es erscheint nämlich die Einheit oder der einheitliche natürliche Zusammenhang im sub= jektiven Sein der bewegenden und zugleich beweglichen Dinge vorausgesetzt und erst auf Grund der Annahme einer solchen Harmonie im subjektiven Sein, vermöge deren ein Ding seiner Natur nach zum anderen in Beziehung steht und von diesem den natürlichen Anstoß zur Bewegung erhält, die Unmöglichkeit dargethan, daß es in einer begrenzten Zeit und trotzdem zu= gleich auf Grund einer unbegrenzten Reihe in den be= wegenden Kräften bewegt werde. Denn wird eine solche Ein=

heit im subjektiven Sein nicht angenommen, so scheint nichts
es zu hindern, daß Dinge ohne Zahl in derselben begrenzten
Zeit bewegt werden; wie z. B. nichts dem entgegen stehen
dürfte, soweit es die Natur der Bewegung betrifft, daß ein
Wagen in London, ein anderer in Berlin, ein dritter in
Peking und so an unzähligen Orten einer fahre. — Ob nun
aber eine solche innere harmonische Einheit in der Schöpfung
vorhanden sei, die notwendig einen Abschluß im Unbeweglichen
voraussetzt, damit die Bewegung möglich wäre, kann billig be-
zweifelt werden und wenn dieselbe auch thatsächlich zugegeben
würde, so ist doch keineswegs die Behauptung zulässig, daß
eine so gestaltete Einheit unter den Geschöpfen eine metaphysische
Notwendigkeit sei. Damit fällt aber zum mindesten die metaphysische Notwendigkeit in der Schlußfolge.

13. Zurückweisung.

Dieser Einwurf ist so recht geeignet, gerade die unum-
stößliche Gewißheit, welche der beregten Schlußfolgerung inne
wohnt, im vollsten Lichte zu zeigen; denn er beweist, daß der
bezeichnete innere Widerspruch einer zugleich und in derselben
Beziehung sowohl endlichen als unendlichen Bewegung sowie einer in derselben Weise begrenzten und unbegrenzten
Zeit aus keiner anderen Voraussetzung hervorgeht, als aus der
einer endlosen Reihe in den beweglichen Kräften; daß also
eben diese Annahme eine Unmöglichkeit ist.

In der That schält der Einwurf jene andere Voraussetzung, welche vielleicht mit der fraglichen Reihe, als der
eigentlichen Grund-Voraussetzung verbunden sein konnte, sorgfältig heraus. Ist es die endlose Reihe an sich, die unmöglich erscheint, oder ist sie dies nur in Verbindung mit der
etwaigen endlosen natürlichen Abhängigkeit, in welcher das
subjektive Sein des Bewegten von dem des Bewegenden
und so das eine vom anderen ohne Ende steht? Das letztere
wird in Übereinstimmung mit dem Einwurfe geleugnet; die
Schlußfolge bleibt in ihrer ganzen Schärfe; also ist nur das

Endlose in den beweglichen Kräften der Grund des sich er
gebenden inneren Widerspruches.

Es mag immerhin sein, daß, wenn ein Teilchen der Luft
auf das nächste und dieses wieder auf das weitere drückt, und
sonach eine Bewegung entsteht, dann auch eine entsprechende
Abhängigkeit im subjektiven Sein sich geltend macht; ebenso
mag es sein, daß, wenn das Schiff der bewegenden Kraft des
Steuerruders, dieses letztere der Hand des Steuermannes und
diese wieder der belebenden Gewalt des Herzens u. s. w. folgt,
dies auf Grund des bereits bestehenden Verhältnisses im ent=
sprechenden subjektiven Sein geschieht; aber die daraus sich
ergebende Einheit im Sein ist jedenfalls rein zufällig. Weder
verlangt die innere Natur des Luftteilchens den Zusammenhang
gerade mit jenem anderen, noch ist die letzterwähnte Ordnung
eine im einzelnen durchaus notwendige und von der Natur der
Dinge etwa bis in die kleinsten Besonderheiten hinab unzweifel=
haft geforderte. Vielmehr liegt in der reinen Bewegung eines
Dinges gar nichts, was notwendig eine ganz bestimmte Ein=
heit und Verbindung mit anderen Dingen zur Voraussetzung
hätte; eine solche Einheit und Verbindung kann sein oder auch
nicht sein, sie kann so sein oder auch anders sein; mit einem
Worte: das sogenannte harmonische Ganze des Weltalls gehört
gar nicht zu diesem Beweise. Die beweglichen Dinge können
so getrennt von einander sein, wie ein Wagen, der in London
und ein anderer, der in Peking fährt. Es genügt, daß ein
Bewegliches; oder noch schärfer, daß eine einzige Bewegung exi=
stiert, um aus dieser einzelnen Bewegung, ganz abgesehen von
allem zufälligen subjektiven Sein, auf die Unmöglichkeit einer end=
losen Reihe und somit auf die metaphysische Notwendigkeit des
Daseins einer schlechthin unbeweglichen Kraft zu schließen.
Entweder ist das, was A bewegt, selbst wieder bewegt oder
nicht; im ersten Fall muß es nach dem unwiderleglichen Be=
weise des Obersatzes wieder von außen bewegt werden, im
letzten Falle besteht bereits das gesuchte Unbewegliche. Eine
Reihe ohne Ende führt nun für den ersten Fall zur darge=

3*

legten Unmöglichkeit; also muß auch in diesem Falle schließlich ein erstbewegendes Unbewegliche angenommen werden, „und das ist Gott", wie Thomas meint.

Die Bewegung bedingt nicht das mindeste bestimmte subjektive Sein im Beweglichen, nicht die mindeste irgendwie im einzelnen ausgeprägte Ordnung; als reine Möglichkeit, als reines Vermögen steht sie ihrer Natur nach Gott gegenüber da. Tausend Welten entsprechen ihr ebenso gut wie ein einziges Sandkörnlein; keinerlei Notwendigkeit stellt sie dem Unbeweglichen, als demjenigen, der den ersten Anstoß giebt, gegenüber. Wozu er den Anstoß giebt, dazu bildet sie die Vermittlung, wozu ihr kein Anstoß wird, das erreicht sie unmöglich. Frei steht Gott am Ende dieses Beweises bereits da, frei von jeder geschöpflichen Notwendigkeit, mächtig zu geben und zu wirken; ohnmächtig, zu empfangen und zu leiden. Doch das greift schon über das gesteckte Ziel hinaus.

§. 3.
Formelle Beschaffenheit der Gotteserkenntnis und Widerlegung entgegenstehender Ansichten.

Wenn in diesem und den entsprechenden Paragraphen der folgenden Kapitel von der Widerlegung entgegenstehender Ansichten die Rede ist, so soll es sich nicht gerade darum handeln, diejenigen zurückzuweisen, welche überhaupt keinen Gott zugeben, sondern vielmehr jene, die auf einem offenbar falschen Wege zur Kenntnis Gottes zu gelangen suchen. Es soll die formelle Beschaffenheit der Gotteserkenntnis, wie sie sich aus dem heiligen Thomas und zumal aus seinen Beweisen des göttlichen Daseins ergiebt, entwickelt werden, indem das Werkzeug, welches dieser Erkenntnis dient und somit derselben sein Siegel und seine Form aufdrückt, nämlich die Vernunft, einer eingehenden Prüfung unterzogen wird. Daß der Atheismus der vernünftigen Schlußfolge widerspricht, folgt aus den Beweisen des heiligen Thomas von selbst.

14. Grundlegende Ansicht des heiligen Thomas.

Bereits aus dem eben erläuterten ersten Beweise ersieht jeder vorurteilsfreie Beurteiler zur Genüge, welche Ansichten mit Thomas von vornherein durchaus nicht verträglich sind. Worauf stützt sich in der That die Beweisführung des heiligen Lehrers? „Es ist eine durch die Sinne gewonnene Erfahrungsthatsache," so sind seine Worte (sensu constat), „daß sich manches in der Welt bewegt." Und was schließt er? „Also giebt es ein schlechthin Unbewegliches."

Zwischen diesen beiden Sätzen, wie sie da stehen, herrscht anscheinend ein Gegensatz, wie es kaum einen ähnlichen geben kann, und doch gehören beide einem und demselben Denkprocesse an. Der erste ist ein unmittelbares Ergebnis sinnlicher Anschauung; der zweite die Frucht der reinen Vernunfterkenntnis, die da allein eines wirklichen, endgültigen Schlusses fähig ist und folglich auch allein einen feststehenden Anfang und ein unverrückbares Ende aufzufassen vermag, während die Sinne auf das vermittelnde Sein, auf das bloße Vermögen, von einem Anfange auszugehen und zu einem abschließenden Ende zu gelangen, also auf den Stoff und die damit verbundene Bewegung ihrer Natur nach ausschließlich gerichtet sind.

Es ist dies das Eigentümliche in der thomistischen Gotteserkenntnis und spricht sich auch schon in diesem Beweise entschieden aus; daß nämlich zu ihrer Erzeugung Sinne und Vernunft vereint mitwirken müssen. Thomas schließt durch seine ebenso scharfe als einfache Ausdrucksweise es vollständig aus, sowohl daß die Vernunft des Menschen nur Sinnliches zu erkennen vermöge, als auch daß sie ohne Vermittlung der Sinne, aus rein natürlicher Kraft, irgendwie Gott schaue. Das Erstere ist ausgeschlossen durch die Schlußfolge: „also giebt es ein Unbewegliches"; denn nur was geistig ist und in dieser Beziehung im Gegensatze steht zum Sinne sowie zum Stoffe, ist unbeweglich. Das Zweite schließt er aus durch die Grundlage des ganzen Beweises, die da in einem Erfahrungssatze

der sinnlichen Anschauungsweise gipfelt. Die positive, von
Thomas verteidigte Wahrheit, soweit sie bereits aus dem ersten
Beweise erhellt, ist die: Die menschliche Vernunft als
reines Vermögen ist ihrem Wesen nach durchaus geistig
und kann deshalb bis zur Erkenntnis des Unbeweg=
lichen, also des durchaus Stofflosen, vordringen; in
ihrer naturnotwendigen Wirksamkeit aber ist sie
durch die Natur selbst an den Stoff, also an die
Sinne, gebunden und kann somit das Unbewegliche nur aus
dem Beweglichen, das Unsichtbare nur aus dem Sichtbaren,
Gott nur aus den stofflichen Geschöpfen erschließen: invisibilia
Dei, per ea quae facta sunt, intellecta, conspiciuntur.
Diese Auffassung der Art und Weise des menschlichen Erken=
nens enthält durchaus keinen Widerspruch. Oder ist nicht
etwa auch das Licht seiner Natur nach ganz rein und trotzdem hat
es je nach der Farbe, auf die es fällt und von der es ge=
brochen wird, eine dementsprechende natürlich einheitliche Erschei=
nung und Wirksamkeit! Doch mag Thomas sich selbst erklären.

15. Stelle aus Thomas.

„Aristoteles", so schreibt er,[1] „hat den Mittelweg be=
schritten (zwischen Plato und Demokrit); er nahm nämlich an,

---

[1] S. th. 1. qu. 84. art. 6. Aristoteles autem media via pro-
cessit. Posuit enim (2 de an. cum Platone, intellectum differe
a sensu. Sed sensum posuit propriam operationem non habere
sine communicatione corporis, ita quod sentire non sit actus
animae tantum, sed conjuncti. Et similiter posuit de omnibus
operationibus sensitivae partis. Quia igitur non est inconveniens,
quod sensibilia, quae sunt extra animam causent aliquid in con-
junctum, in hoc Aristoteles cum Democrito concordavit, quod
operationes sensitivae partis causentur per impressionem sensibilium in sensum, non per modum defluxionis, ut Democritus
posuit, sed per quandam operationem. Nam et Democritus omnem
actionem fieri posuit per influxionem atomorum; ut patet in primo
de generat. Intellectum vero posuit Aristoteles habere operationem absque communicatione corporis. Nihil autem corporeum

daß die Vernunft von den Sinnen dem Wesen nach unterschieden sei. Dieser Unterschied besteht nun darin, daß die
Sinne keinerlei Thätigkeit haben, ohne dabei wesentlich an den
Stoff gebunden zu sein; sonach ist diese Art Thätigkeit nicht
die reine und alleinige Thätigkeit der Seele, sondern geht in
ihrem innersten Wesen von Körper und Seele zugleich aus,
insoweit beide zu einer einheitlichen Natur verbunden sind.
Demzufolge ist es einfach zuzugeben, daß die stoffliche Außenwelt auf die Sinne unmittelbar einwirkt. Die Vernunft
aber hat eine ihr ganz allein eigentümliche Thätigkeit, die in
ihrem Wesen durchaus nicht an den Stoff gebunden ist. Da
nun aber nichts Stoffliches auf etwas Unstoffliches unmittelbar zu wirken vermag, so ist es einleuchtend, daß die von außen
auf die Sinne stattfindende Einwirkung, die nur bis zur Erzeugung des Phantasiebildes reichen kann, nicht genügt zur
Bethätigung der Vernunft, sondern daß dazu etwas Höheres
erfordert wird, was Aristoteles die „einwirkende Vernunft"
(intellectus agens) nennt. Es ist also unrichtig, wenn gesagt wird, das menschlich-geistige Verstehen werde nur von
dieser höheren „einwirkenden Vernunft" hervorgebracht; ebenso
wie es falsch wäre, wenn behauptet würde, der sinnliche Ein-

---

imprimere potest in rem incorpoream. Et ideo ad causandam
intellectualem operationem, secundum Aristotelem, non sufficit
sola impressio sensibilium corporum, sed requiritur aliquid nobilius, quia agens est honorabilius patiente ut ipse dicit; non tamen
ita, quod intellectualis operatio causetur in nobis ex sola im-
pressione aliquarum rerum superiorum, ut Plato posuit; sed illud
superius et nobilius agens, quod vocat intellectum agentem, de
quo jam supra diximus. facit phantasmata a sensibus accepta intelligibilia in actu per modum abstractionis cujusdam. Secundum
hoc ergo ex parte phantasmatum intellectualis operatio a sensu
causatur. Sed quia phantasmata non sufficiunt immutare intellectum possibilem, sed oportet quod fiant intelligibilia actu per
intellectum agentem; non potest dici quod sensibilis cognitio sit
totalis et perfecta causa intellectualis cognitionis, sed magis
quodammodo est materia causae.

druck genüge allein dazu. Die eigentliche Aufgabe der „ein=
wirkenden Vernunft" besteht vielmehr darin, daß sie die von
den stofflich=sinnlichen Eindrücken herrührenden Phantasiebilder
von den stofflichen Seinsbedingungen, von denen der zeitlichen
und örtlichen Beschränktheit nämlich, losschält und dieselben in
ihrer Unveränderlichkeit und geistigen Allgemeinheit als Gegen=
stand der Erkenntnis dem Vernunftvermögen vorstellt. In
diesem Sinne allein ist es somit richtig zu behaupten, daß
von Seiten der Phantasiebilder die geistige Vernunftthätigkeit
durch die Sinne mitverursacht werde und demnach auch der
Stoff seine Kraft zu wirken offenbare. Weil aber die Ver=
nunft eine zu hohe Fähigkeit ist, als daß sie von den durch
stoffliche Bedingungen beschränkten Phantasiebildern unmittelbar
bethätigt werden könnte, so ist die „einwirkende Vernunft" noch
notwendig, auf daß die Phantasiebilder losgeschält werden von
allen stofflichen Bedingungen und so auf das reine geistige
Vermögen, die „empfangende oder leidende Vernunft", ein=
wirken können."

Wenn deshalb Augustin[5]) meint: „daß nicht von den
Sinnen die edle Einfachheit und Aufrichtigkeit der Wahrheit
zu erwarten sei", so leugnet er damit wohl, daß von den
Sinnen allein die geistige Thätigkeit verursacht werde; keines=
wegs aber, daß die Sinne an dieser Verursachung einen un=
mittelbaren Anteil haben; vielmehr erkennt der Mensch, Dank
der „einwirkenden Vernunft", die Wahrheit in unverän=
derter, unbeweglicher Weise aus den veränderlichen und
beweglichen Dingen; das Phantasiebild liefert nach dem Aus=
drucke des heiligen Thomas die „materia causa", den Stoff
für die verursachende Thätigkeit der „einwirkenden Vernunft"
etwa das Buch zum Lesen, die Farben für das Sehen.

---

[5]) Aug. in lib. 83. Qu. qu. 9. princ.: „Non est exspectanda
sinceritas veritatis a corporis sensibus.

16. Erläuternder Text.

Da ist doch kaum mehr daran zu zweifeln, wie die menschliche Vernunft nach Thomas aus dem Veränderlichen das Unveränderliche, aus dem Beweglichen das Unbewegliche, aus der Wirkung die Ursache erschließt; wie überhaupt ihre Thätigkeit eine wesentlich abschließende ist. Dies erhellt aber noch mehr, wenn der dem eben angeführten folgende Artikel in Betracht gezogen wird. Diesem gemäß genügt nicht die thatsächlich einmal vollzogene Losschälung des Phantasiebildes von den einschränkenden stofflichen Bedingungen, zu welcher die „einwirkende Vernunft" erfordert wird; — sondern jedes Mal, wenn die Vernunft etwas von neuem erkennen oder es sich bestimmter und eingehender vergegenwärtigen will, bedarf sie wieder des Phantasiebildes; gleichwie etwa der Leser des Buches, wenn er etwas von neuem lesen will, trotzdem die Kunst zu lesen vom Buche nicht gegeben werden kann, sondern ganz und wesentlich im Leser ist. „Der eigentliche Gegenstand der menschlichen Vernunft ist das Wesen oder die innere Natur eines Dinges, wie sie im Stoffe existirt und gerade vermittelst solcher Naturen, insoweit sie im sichtbaren Stoffe vorhanden sind, steigt der Mensch empor zu einiger Erkenntnis des Unsichtbaren. Denn es ist offenbar für eine solche Natur wesentlich notwendig, daß, wenn sie einmal in der Wirklichkeit existirt, sie als eine einzelne existirt; eine solche Einzelnexistenz aber kann ohne den Stoff, der da die wesentlichste Vorbedingung für Zeit und Ort ist, gar nicht gedacht werden; es kann nun einmal z. B. kein Stein existieren, ohne daß er, dieser bestimmte Stein, in dieser bestimmten Lage, und in diesen bestimmten Verhältnissen ist, und ähnlicher Weise besteht kein Pferd, kein Mensch zc. im allgemeinen, sondern dieser Mensch, dieses Pferd mit der ganz bestimmten Größe, Farbe u. s. w. ist in Wirklichkeit vorhanden. Also kann auch die Natur „Stein, Mensch, Pferd" zc. gar nicht, wie sie in Wirklichkeit ist, erkannt werden, außer wenn sie erkannt wird,

insoweit sie in bestimmten, beschränkten Verhältnissen sich vorfindet. Alles Beschränkte und Gesonderte aber wird nur durch
den Sinn und in letzter Linie im Phantasiebilde aufgefaßt und
deshalb muß sich die Vernunft immer wieder zum Phantasiebilde wenden, um die allgemeine Natur, die allein unmittelbarer Gegenstand ihrer Kenntnis ist, in ihrem besonderen,
durch Zeit und Ort bedingten Dasein, also gemäß der wirklich
bestehenden Wahrheit zu erforschen." [6])

17. Folgerungen.

Daraus geht hervor: 1) Die menschliche Vernunft erkennt ihren Gegenstand nach Maßgabe seiner Existenz im Stoffe.
2) Das Stoffliche steht zur Vernunft als wirkende Ursache in
Beziehung, ist, wie Thomas dies ausdrückt, die materia causae,
mit anderen Worten: es bringt das Phantasiebild hervor;

---

[6]) S. th. 1. qu. 84. art. 7. Potentia cognoscitiva proportionatur cognoscibili. Unde intellectus Angeli, qui est totaliter a
corpore separatus, objectum proprium est substantia intelligibilis
a corpore separata; et per hujusmodi intelligibile materiam cognoscit. Intellectus autem humani qui est conjunctus corpori,
proprium objectum est quidditas sive natura in materia corporali
exsistens; et per hujusmodi naturas visibilium rerum, etiam in
invisibilium rerum aliqualem cognitionem ascendit. De ratione
autem hujus naturae est quod in aliquo individuo existat, quod
non est absque materia corporali; sicut de ratione naturae lapidis
est quod sit in hoc lapide et de ratione naturae equi est, quod
sit in hoc equo et sic de aliis. Unde natura lapidis vel cujuscunque materialis rei, cognosci non potest complete et vere, nisi
secundum quod cognoscitur ut in particulari exsistens. Particulare
autem apprehendimus per sensum et imaginationem et ideo necesse est ad hoc quod intellectus intelligat suum objectum proprium, quod convertat se ad phantasmata, ut speculetur naturam
universalem in particulari existentem. Si autem proprium objectum intellectus nostri esset forma separata, vel si formae
rerum sensibilium subsisterent non in particularibus secundum
Platonicos, non oporteret quod intellectus noster semper intelli-
gendo converteret se ad phantasmata.

die „einwirkende Vernunft" (intellectus agens) aber, die
eben nur thätig ist, aber durchaus nicht den Gegenstand dieser
Thätigkeit in sich einschließt, sonach auch ihrer Natur nach
keine bestimmte Richtung in ihrem Thätigsein verfolgt, wirkt
mit der ihr wesentlich eigentümlichen Kraft, die innere Wesen=
heit von den stofflichen Bedingungen loszuschälen, abstra=
hierend auf dasselbe ein. 3) Die Vernunft als Vermögen
ist ihrer Natur nach innerlich, immanent, bleibt in sich selbst
bei ihrer Thätigkeit und ist im reinen Erkennen des abstra=
hierten Wesens durchaus nicht vom Stoffe abhängig; denn
einerseits bleibt das Phantasiebild, welches allein seiner Natur
nach mit dem Stoffe in notwendigem Zusammenhange steht,
außerhalb des eigentlichen Vernunftvermögens, andererseits
aber ist die „einwirkende Vernunft", die in unmittelbarer
Beziehung zum geistigen Erkennen steht, ebenso geistig und
ebenso auf das Allgemeine gerichtet, wie die „empfangende",
welche das kraft der „einwirkenden Vernunft" von allen stoff=
lichen Schranken losgelöste (abstrahierte), nunmehr also rein
geistige Bild des einzelnen stofflichen Wesens, die Idee, in
sich aufnimmt. 4) Die Vernunft kann ihrer Natur nach bei
den stofflichen beschränkenden Seinsbedingungen nicht stehen
bleiben, wie Thomas ausdrücklich bemerkt, sondern bringt bis
zum innersten Wesen jedes Dinges, bis zum ersten Formal=
grunde im selben vor, der da bewirkt, daß das Ding, so
lange er darin sich vorfindet, dieses ist und kein anderes; sie
gelangt bis zur unmittelbarsten Wirkung des ersten Seins=
grundes und erreicht sonach die leitende Spur für die Ursäch=
lichkeit Gottes.

Das stoffliche Sein ist seinem Wesen nach beweglich, trägt
aber innerhalb seiner selbst die Spur des Erstbewegenden=
Unbeweglichen und nur kraft dieser Spur, die in jedem
stofflichen Sein besteht; nur kraft des inneren Wesens, nur
kraft der leitenden einen gewissen Halt gebenden Substanz, als
der ersten Wirkung des Urgrundes, wird die thatsächliche Be=
wegung, also die thatsächliche Äußerung des Vermögens zur

Entwickelung, welches dem Stoffe als solchem innewohnt, in Wirklichkeit ermöglicht. Gerade aber dieses Wesen, der Quell aller irgend welcher Beständigkeit im Bereiche des Stofflichen, ist Gegenstand des rein geistigen Vernunftvermögens.

So hat der Mensch in seiner Natur das Vermögen der Sinne und kann damit unmittelbar das Besondere, an und für sich Stoffliche auffassen; er hat ebenso das Vermögen der Vernunft und faßt damit das Unbeweglich-Allgemeine, die Ursache der etwaigen Beständigkeit im Dinge selbst, sein innerstes Wesen nämlich, auf. Kraft seiner Natur also, die beide Arten von Vermögen trägt, gewinnt der Mensch die thatsächliche Kenntnis des Unbeweglichen, Allgemeinen, soweit es im Beweglichen, Besonderen vorhanden ist und schließt daraus auf das Dasein dessen, welcher seiner innersten Natur und seinem ganzen Sein nach der notwendig und wesentlich Unbewegliche ist und der durch seine wirksame Kraft die Spuren dieser Unbeweglichkeit über den Stoff verstreut oder vielmehr in denselben versenkt hat.

Von den dieser Auffassung gegenüberstehenden Systemen verdient als das bestrickendste eine besondere Aufmerksamkeit der Ontologismus. Es seien für jetzt nur Aussprüche seiner Verteidiger angeführt, damit zuvörderst gleichsam der Thatbestand festgestellt werde. Der einsichtige Leser wird keine Mühe haben, auf Grund des Vergleiches dieser Aussprüche mit den zwei oben angeführten Stellen aus Thomas den schroffen Gegensatz zu durchschauen, in welchem dieses System zum heiligen Lehrer steht. Später wird zudem die sich darbietende Gelegenheit benützt werden, um den offenbaren Widerspruch zu zeigen, welcher es der gesunden Vernunft gegenüberstellt. Es genügt für dieses Kapitel, die feindlichen Heerlager zu überschauen.

18. Ontologisten. [7])

Malebranche schreibt so: „Von den materiellen Dingen gehen durchaus keine Ideen aus, die denselben ähnlich sind

---

[7]) Malebranche: Recherche de la verité. Liv. III, 2me: p. ch. 2: „Les objets materiels n'envoient point d'espèces qui leur

und jonach deren Kenntnis vermitteln könnten." „Die Seele
hat nicht das Vermögen, Ideen hervorzubringen." „Wir
sehen keineswegs die äußeren Gegenstände durch die Ideen,
die mit uns geschaffen worden; auch bringt sie Gott nicht
jedesmal in uns hervor, als wir ihrer bedürfen." „Wir

ressemblent"; ch. 3: „L'âme n'a point la puissance de produire
les idées"; ch. 4: „Nous ne voyons pas les objets par des idées
créées avec nous. Dieu ne les produit point en nous à chaque
moment que nous en avons besoin"; ch. 6: „Nous voyons toutes
choses en Dieu . . . il n'y a que lui qui nous puisse éclairer en
nous representant toutes choses". Cfr. deuxième entretien sur la
metaphysique.

Gioberti, vol. I. dell' Introduzione (ed. di Brusselle): „L'idea
è universale, immensa, infinita . . . si congiunge seco (con lo
spirito) mediante l'atto creativo, come sostanza e causa prima
con quel modo arcano con cui l'ente penetra le sue fatture";
c. 3: „L'idea illumina le menti e diffonde per ogni dove la luce
intellettiva, che rende apprensibili le cose e le loro attinenze . . . .
Nell' adoperare questo vocabolo (idea) voglio significare non
già un concetto nostro, nè altra cosa et proprietà creata, ma
il vero assoluto ed eterno in quanto s'affaccia all' intuito
dell'uomo."

Fabre, Defense de l'Ontologisme p. 1: „L'ontologisme est un
système dans lequel, après avoir prouvé la realité objective des
idées générales, on établit que ces idées ne sont pas des formes
ou des modifications de notre âme, qu'elles ne sont rien de créé,
qu'elles sont des objets necessaires, immuables, èternels, absolus:
qu'elles se concentrent dans l'être simplement dit, et que cet
Être infini est la première idée saisie par notre esprit, le premier
intelligible, la lumière, dans la quelle nous voyons toutes les
vérités intelligibles, universelles, et absolues."

Cf. Ubaghs, De la nature de nos idées et de l'Ontologisme
en général §. III et V: „Dieu, l'être parfait, toujours présent à
l'esprit, est aperçu par une vision intellectuelle, une intuition
immédiate, une perception directe de l'âme, sans interposition
d'aucune image ou idée intermédiaire."

Branchereau, praelectiones philosophicae sect. 1. n. 36:
„Realitas, quae menti nostrae tanquam idea objicitur, est Deus
solus, proindeque Deum immediate percipimus."

sehen alle Dinge in Gott; .... nur er und nichts anderes kann uns aufklären, indem er selber uns alles vorstellt."

Gioberti erläutert dies: „Die Idee erleuchtet die Vernunft und verbreitet überall ihr jedes Verständniß öffnendes Licht, das da die Dinge und ihre Eigenschaften fähig macht, geistig aufgefaßt zu werden .... mit diesem Worte „Idee" will ich jedoch durchaus nicht einen Begriff von uns (un nostro concetto) bezeichnen oder etwas anderes Geschaffenes oder eine irgendwie geschaffene Vollkommenheit unseres Geistes, sondern das schlechthin Wahre und Ewige, das sich unserm Geiste entgegenwirft."

Fabre ebenso: „Der Ontologismus ist ein System, in welchem, nachdem der Beweis von der unabhängigen Wirklichkeit der allgemeinen Ideen erbracht ist, man die Annahme aufstellt, daß diese Ideen keineswegs Formen oder Eigentümlichkeiten unserer Seele bilden, sondern daß sie überhaupt nicht geschaffen sind .... daß sie im An=Sich=Sein ihren Mittelpunkt haben, und daß dieses einfache Schlechthin=Sein der erste Gegenstand ist, den unser Geist erfaßt, sowie auch das Licht, in welchem wir die geistigen Wahrheiten sehen."

Ubaghs in derselben Weise: „Gott als vollkommenes Sein, welches dem Geiste immer gegenwärtig ist, wird erfaßt durch die vernünftige Anschauung, die da unmittelbar geschieht durch eine direkte Erfassung der Seele, ohne daß irgend ein Bild oder irgend welche Idee die Vermittlung übernimmt."

Branchereau: „Was durch unseren Geist als Idee geschaut wird, ist Gott allein", und beinahe mit denselben Worten wie Fabre: „Dieses unendliche Wesen ist die erste Idee, welche unser Geist erfaßt." Zu vergleichen weitere Stellen bei Lepidi: de Ontologismo. Lovanii. S. 5 et sq.

19. Gegenüberstellung von Thomas und den Ontologisten.

Der Gegensatz zu Thomas ist in den beiderseitigen Aus=
drücken schon merkbar. Im Ontologismus ist Gott die
Anfangsidee; bei Thomas die Schlußidee. Im Ontolo=
gismus wird das Veränderliche im Unveränderlichen, alles
nämlich in Gott, geschaut. Thomas erkennt das Unveränder=
liche im Veränderlichen. Der Ontologismus kennt gar
keine Bildung von Ideen; Thomas giebt sogar dem Stoff=
lichen wirksamen Anteil an deren Erzeugung und erklärt sie
dann selbstverständlich als Eigentum und edelste Frucht der
menschlichen Natur. Der Ontologismus leugnet, daß der
Mensch die Ideen von außen erhält; Thomas aber behauptet,
daß im Bereiche der natürlichen Erkenntnis alle Ideen von
außen kommen (acceptae a rebus) und daß, gleichwie das
hineinstrahlende Sonnenlicht nichts anderes im Zimmer sichtbar
macht, als was sich darin vorfindet und sich selbst erst auf
Grund der beleuchteten Gegenstände, so auch das Licht der
„einwirkenden Vernunft“ nichts anderes für die Vernunft geistig
erkennbar macht, als was im Phantasiebilde sich vorfindet, von
dem es das Dunkel der stofflichen, beschränkenden Seins=
bedingungen fortnimmt.

Thomas kann sich gar nicht bestimmter aussprechen als
er es im „Commentar zur Aristotelischen Metaphysik“ thut:
„Solche Philosophen können nicht die Bewegung geistig auf=
fassen. Da aber die Bewegung die Grundlage aller stofflichen
Entwicklung ist, so entziehen sie sich dadurch alle vernünftig=
wahre Erkenntnis des stofflichen Seins.“ Zudem schreibt er
noch ganz ausdrücklich im Commentar zu Boëtius:[8]) „Der

---

[8]) In Boët. de Trin. qu. 5. art. 2 ad 3. Ad tertium dicendum
quod de primo motore non agitur in scientia naturali tanquam
de subjecto vel parte subjecti, sed tanquam de termino ad
quam naturalis scientia perducit. Terminus autem non est de
natura rei cujus est terminus, sed habet aliquam habitudinem
ad rem illam; sicut terminus lineae non est linea, sed habet

Erstbewegende (primus motor) in der natürlichen Entwick=
lung ist nicht Gegenstand der Naturwissenschaft, wie etwa die
Pflanze, die Sterne, deren Wesen ein Teil der Gesammt=
natur bildet und sonach auch von der Naturwissenschaft er=
forscht zu werden vermag, sondern er wird von der natürlichen
Vernunft nur erreicht als Schlußpunkt (terminus), zu
welchem alle Wissenschaft von der Natur notwendig führt.
Der Schlußpunkt aber nimmt nicht am Wesen des Dinges
teil, das er endgültig begrenzt, sondern es besteht nur eine
Beziehung zwischen demselben und dem Dinge selber, etwa
sowie der Punkt, die Grenze der Linie, seiner Natur nach
keine Linie ist, sondern nur Beziehung hat zur Linie. So
besteht wohl auch zwischen dem Erstbewegenden der Natur
und den natürlichen Dingen eine Beziehung; der erstere
hat aber ein durchaus und gänzlich verschiedenes Wesen. Diese
Beziehung besteht nun darin, daß er den Anstoß zur Bewe=
gung giebt und gemäß dieser Beziehung also als bewirkende
oder vielmehr bewegende Ursache wird er Gegenstand der natür=
lichen Erkenntnis; nicht nach seinem Wesen, sondern als
Beweger."

20. Andere Irrtümer.

Auf demselben Boden wie der Ontologismus steht der
Traditionalismus des Bonald, Bautain, Ballanche, Bon=
nety u. A.; ebenso das System der eingebornen Ideen und,
so sonderbar es klingen mag, auch die Voraussetzung des Lam=
menais, Alex von Siegen, Hermes ꝛc., nach welchen in allem
erst der übernatürliche Glaube feste Gewißheit verleihe. Von
einem jeden dieser Systeme wird die starke Grundlage des
thomistischen sensu constat geleugnet oder noch allgemeiner,

---

aliquam habitudinem ad eam. Ita et motor primus habet aliquam habitudinem ad res naturales, est tamen alterius naturae
ab eis. Habet enim habitudinem ad eas, in quantum influit eis
motum; et sic cadit in consideratione naturalis, non secundum
ipsum, sed in quantum motor.

sie alle entziehen der menschlichen Vernunft die selbständige
Kraft, Ideen zu erzeugen und auf Grund derselben die Mög=
lichkeit unerschütterlicher Gewißheit, selbst für die Erkenntnis
des Daseins Gottes. Damit verzichten sie aber auch auf die
vernunftgemäße Verbindung dieser beiden Thatsachen: 1) Gott
ist die Ursache der stofflichen Welt, sowie überhaupt alles Ge=
schaffenen; 2) er ist seinem substanziellen Wesen nach völlig ge=
schieden vom Wesen der Geschöpfe.

Thomas bezeichnet bereits in seinem ersten Beweise energisch
die ganze Richtung seiner natürlichen Gotteserkenntnis, die sich
in den Worten zusammenfassen läßt: Eben weil Gott die be=
wegende und bewirkende Ursache von allem ist, eben deshalb
ist er seiner Natur nach getrennt von der Natur aller Ge=
schöpfe. Zugleich stellt er aber auch bereits in diesem Beweise
die Wahrheit fest, daß der natürlichen Vernunft das Wesen
Gottes notwendig unzugänglich ist. Von Natur aus ist die
menschliche Vernunft darauf angewiesen, ihren Gegenstand aus
dem Stofflichen heraus zu schöpfen und somit das Unbewegliche
im Beweglichen zu finden; — das Bewegliche aber schließt kraft
des inneren Wesens von seinem subjektiven Sein den ersten An=
stoß zur Bewegung aus; — also kann die menschliche Vernunft
gar nicht mit ihrer natürlichen Kraft das Wesen des schlecht=
hin Unbeweglichen finden. Mit derselben Notwendigkeit, mit
welcher der Stoff auf das Dasein eines Erstbewegenden
zeigt, stellt derselbe auch die Wesensgeschiedenheit des letzteren
auf und verzichtet die natürliche Vernunft auf die Kenntnis
dieses Wesens.

§. 4.
Der heilige Thomas und sein Verhältnis zur kirch= lichen und profanen Wissenschaft.

21. Die heidnische Philosophie.

Thomas steht mit seiner bis jetzt entwickelten Ansicht
durchaus auf dem Boden des Altertums und der christlichen

Überlieferung. Wie Thomas sich zum Aristoteles verhält, das zeigt schon der eben erläuterte Beweis, welcher gerade aus Aristoteles ohne Einschränkung entlehnt und von Thomas nur bis zur Vollendung weiter geführt worden ist. Übrigens meint schon Laktanz, indem er die heidnische Philosophie in ihren Hauptvertretern kurz zusammenfaßt:[9] „Obgleich Aristoteles

---

[9] Lactantius, divin. instit. lib. I. c. 5. Aristoteles, quamvis ipse secum dissideat, ac repugnantia sibi dicat et sentiat, in summo tamen unam mentem mundo praeesse testatur. Plato, qui omnium sapientissimus judicatur, monarchiam plane aperteque defendit; nec aethera, aut rationem aut naturam, sed ut est, Deum nominat; ab eo mundum hunc perfectum atque mirabilem facricatum esse. Quem Cicero, secutus atque imitatus in plurimis, Deum frequenter confitetur ac supremum vocat in eis libris, quos de legibus scripsit, ab eoque regi mundum argumentatur.

Gregor von Nazianz, orat. 28. 6. Etenim quod Deus sit et princeps quaedam causa, quae res omnes procreavit atque conservat, tum oculi ipsi, tum lex naturalis docet: illi, dum rebus in aspectum cadentibus aciem figunt easque et pulchre fixas et stabiles esse, et progredi, atque immote, ut ita dicam, moveri volvique perspiciunt: haec autem, cum per res oculis subjectas, ac recto ordine collocatas, auctorem eorum certo quidem ratiocinando assequitur; und l. c. —12:

Media autem inter nos ac Deum corporea haec caligo interjecta est; non secus ac nubes illa olim inter Aegyptios et Hebraeos . . . . Quemadmodum nulla ratione fieri potest, ut quisquam, quamlibet gressum urgeat, umbram suam praetereat . . . aut oculus rebus in aspectum cadentibus extra intermediam lucem et aërem conjungatur, aut pisces extra aquam natent; ita etiam impossibile est eis, qui corporibus inclusi sunt, sine corporearum ac sensibilium rerum adminiculo, rebus iis, quae animo ac ratione intelliguntur, omnino conjungi. Semper enim obiter sensibile aliquid rerum nostrarum incidet, quantumvis maxime nostra mens ab iis rebus quae in aspectum cadunt, abstracta atque in seipsam collecta, res cognatas et oculorum aciem fugientes assequi ac percipere contenderit.

Athanasius adv. haer. 4. 20, 34 et 35. Eam ob rem naturam creatam suo Verbo tam apte composuit, ut quia ipse ex sua natura videri non potest, solum ex operibus ab hominibus cognosci

an vielen Stellen mit sich selbst in Widerspruch ist, und oft
das Gegenteil von dem sagt, was er früher behauptet hatte,
so kann doch aus seinen Schriften mit völliger Sicherheit ent=
nommen werden, daß ein Geist der ganzen Welt vorgesetzt sei.
Plato, welcher unter allen Philosophen als der weiseste ge=
feiert wird, nimmt offen und klar die einheitliche Weltregie=
rung mit einem Gotte an der Spitze an und nennt diesen
auch nicht Aether oder Vernunft oder Natur, sondern wie er
wirklich ist, Gott, den Gründer dieser vollkommenen und
wunderbollen Welt. Nach ihm bekennt auch Cicero, der in
den meisten Lehren dem Plato folgte, Gott sehr häufig und
beweist, zumal in den Büchern, welche er „über die Gesetze"
geschrieben hat, daß er der höchste sei und daß von ihm die
Welt regiert werde."

---

passit . . . . Nec enim sua invisibili natura abusus est Deus
(nemo id causetur), nec se hominibus plane ignotum reliquit:
vero, ut modo dicebam, sic naturam creatam composuit, ut,
quamvis ex natura sua videri non queat, ex operibus cognoscatur.
Thomas S. th. 1. qu. 12. art. 12. Naturalis nostra cognitio
a sensu principium sumit. Unde se tantum nostra naturalis cognitio
extendere potest, in quantum manuduci potest per sensibilia. Ex
sensibilibus autem non potest usque ad hoc intellectus noster
pertingere, quod divinam essentiam videat; quia creaturae sensibiles sunt effectus Dei, virtutem causae non adaequantes. Unde
ex sensibilium cognitione non potest tota virtus Dei cognosci et
per consequens ejus essentia videri. Sed quia sunt ejus effectus
a causa dependentes, ex eis in hoc perduci possumus ut cognoscamus de Deo an est, et ut cognoscamus de ipso ea, quae necesse
est ei convenire, secundum quod est omnium prima causa excedens
omnia sua causata.
Theophilus Alexand. ad Autolycum 1. cap 5. Nam quemadmodum anima in homine non videtur, sed, cum fugiat humanos
visus, ex motu corporis intelligitur, ita et Deus humanis
oculis videri non potest, sed ex providentia et operibus intelligitur.

22. Die Väter über das Dasein Gottes.

Es sei der Kürze halber erlaubt, nur wenige Stellen aus den Vätern anzuführen; sie werden genügen, um dem vorliegenden Zwecke gemäß darzuthun, daß die thomistische Art und Weise, das Dasein Gottes zu beweisen, in nichts sich von der unterscheidet, welche den Vätern geläufig ist.

Gregor von Nazianz schreibt (hom. 28. Migne tom. 2 p. 31): „Denn, daß Gott sei und zwar die höchste Ursache, die alles geschaffen hat und erhält, das sagen uns die Augen selber (sensu constat) und das Gesetz der Natur: und zwar jene, wenn sie die Dinge anschauen und sehen, wie sie in schöner und beständiger Ordnung sich entwickeln und sich ohne Rast bewegen und drehen; — dieses aber, das Gesetz des natürlichen Erkennens, wenn es von diesen den Augen zugänglichen Dingen ausgeht und durch regelrechtes Schließen zum Urheber des Ganzen gelangt."

Als ob Thomas selber spräche. Weiter (oratio 12.): „Mitten zwischen uns und Gott ist das stoffliche Dunkel, nicht anders wie ehemals die Wolkensäule zwischen den Ägyptern und Israeliten . . . . Gleichwie aber niemand, so schnell er auch läuft, über seinen Schatten hinausgehen oder gleichwie das Auge die Dinge, welche in seinen Bereich fallen, nur vermittelst des Lichtes und der Luft sehen, und der Fisch nur im Wasser schwimmen kann, ebenso vermögen die an den Körper Gebundenen nur mit Hilfe der stofflichen und den Sinnen zugänglichen Dinge jenes zu erfassen, was vom Geiste verstanden wird."

„Gott, der in seiner Natur nicht geschaut werden kann," so Athanasius (Adv. haer. 4, 20.), „vermag von den Menschen nur aus den Geschöpfen erschlossen zu werden," gleichwie das Talent des Künstlers z. B. des Phidias aus den Werken erschlossen wird; — „denn weder solle jemand meinen, Gott habe seine wesentlich unsichtbare Natur gemißbraucht, noch, er habe sich von den Menschen ganz und gar abgeschlossen, so daß es eine reine Unmöglichkeit wäre, ihn zu erkennen. Er hat vielmehr die geschaffene Natur so gestaltet, daß er, obgleich seinem Wesen nach unsichtbar, trotzdem aus seinen Werken erkannt werden kann." Ist es nicht genau dasselbe, was Thomas sagt (S. th. 1. qu. 12. art. 12.): „Unsere natürliche Erkenntnis hat ihr Fundament in den Sinnen und erstreckt sich gerade so weit als die Sinne zu führen vermögen?" Damit stimmt auch überein, was Theophilus von Antiochien an Autolytus schreibt (lib. I. c 5.): „Wie die Seele des Menschen nicht durch das Auge geschaut, sondern aus der Bewegung des Körpers erschlossen wird, so wird Gott nicht geschaut durch die menschliche Vernunft, sondern aus der Vorsehung und seinen Werken erkannt; wie man aus der Bewegung des Schiffes den Steuermann erkennt, so aus der Regierung der Welt Gott."

23. Kirchliche Entscheidungen.

Diese und ähnliche Zeugnisse werden endlich durch die kirchliche Lehrautorität in folgenden Aussprüchen zusammengefaßt.

Nachdem die Kirche vermittelst ihres höchsten Organs bereits im Laufe der Jahrhunderte mehrfach sich sowohl gegen jene gewandt, welche wie Pelagius, Abälard, Raimundus Lullus, den Rationalismus begünstigten und mit der natürlichen Kraft ihrer Vernunft die Geheimnisse des Glaubens begreifen wollten als auch gegen die anderen, die da wie Nikolaus von Ultricuria (1348) im vierzehnten Jahrhunderte der rein vernünftigen Forschung jegliche Gewißheit und somit der natürlichen Vernunft allen wahren Werth absprachen, ja sogar die evidente Gewißheit des Daseins der Außendinge leugneten, hat sie in neuerer und neuester Zeit die darauf bezüglichen Wahrheiten noch klarer und schärfer hingestellt.

So lauten die Erklärungen Bautains, welche vorher die Approbation des apostolischen Stuhles erlangt hatten: [10] 1) „Die

---

[10] Denzinger: Enchiridion Nr. 1488. Ratiocinatio Dei existentiam cum certitudine probare valet. Fides, donum coeleste,

natürliche Kraft der Vernunft kann das Dasein Gottes mit Gewißheit beweisen; der Glaube, ein Geschenk Gottes, ist später als die Offenbarung der natürlichen Vernunft, kann deshalb nicht passenderweise zum Beweise des Dasein Gottes gegen einen Gottesleugner angeführt werden." 2) „Der Gebrauch der Vernunft geht dem Glauben voran und führt zu demselben vermittelst der Offenbarung und der Gnade."

Die erstere Erklärung wurde fast wörtlich fünfzehn Jahre nachher, 1855, von Pius IX. dem Bonetty als Widerruf vorgeschrieben.

Dahin gehört auch die Verurteilung folgender Sätze des Ontologismus, welche 1861 von Pius IX. ausging: 1) Die metaphysischen Wahrheiten und namentlich die Existenz Gottes lassen sich nicht streng beweisen; — 2) alle aus der reinen Vernunft geschöpften Beweise Gottes beruhen vielmehr auf einem natürlichen Glauben; — 3) außer unserem eigenen Innern erkennen wir nichts Übersinnliches ohne Unterricht und folglich in letzter Linie ohne göttliche Offenbarung.

Diesen Erklärungen und Entscheidungen hat das vatikanische Konzil die Krone aufgesetzt mit den Worten (cap. II. de revelat.): Die Kirche lehrt und hält daran fest, daß Gott, der Urgrund und letzte Zweck aller Dinge durch das natürliche Licht der menschlichen Vernunft aus den erschaffenen Dingen mit Gewißheit erkannt werden kann; denn „durch das was geschaffen ist, kann vom Geschöpfe der unsichtbare Schöpfer erfaßt und erkannt werden."

———————

posterior est revelatione proindeque ad probandam Dei existentiam contra atheum alligari convenienter nequit. — Nr. 1492. Rationis usus fidem praecedit et ad eam hominem ope revelationis et gratiae conducit.

Vaticanum. cap. II. de revel. Ecclesia tenet et docet, Deum rerum omnium principium et finem, naturali humanae rationis lumine e rebus creatis certo cognosci posse invisibilia enim ipsius, a creatura mundi, per ea quae facta sunt, intellecta conspiciuntur.

Aber nicht nur die Kirche, auch die modernste Naturwissenschaft vereinigt sich ganz offenbar in diesem Beweise aus
der Bewegung mit Thomas. Das graue Altertum und die
modernste Wissenschaft finden sich im Engel der Schule vermittelst ihrer am meisten maßgebenden Naturprincipien wieder;
von einem Ende bis zum anderen reicht die unverwüstliche
Gewalt seiner Vernunft. Es würde dieser Abhandlung etwas
fehlen, wenn nicht dargelegt würde, wie die moderne Naturwissenschaft gerade bei der Untersuchung, die hier vorliegt, sich
dem Aquinaten nähert und unter seinen Fittichen endlich Rast
und Ruhe sucht.

**24. Die Ansicht der neuesten Naturwissenschaft über die Be-
wegung. — Der physikalische Verein zu Breslau.**

Die neueste Naturwissenschaft giebt dem ersten Gottesbeweise des heiligen Thomas ein wahrhaft erdrückendes Gewicht. Damit soll nicht gesagt sein, daß derselbe mit der alten
Newton'schen Gravitationstheorie nicht bestehen könne; wohl
aber daß die neuesten Ergebnisse der Naturforschung positiv
und mit allen Kräften zu ihm drängen. Es ist ja klar und
selbst von Newton, dem Erfinder der Gravitationstheorie,
anerkannt, daß, wenngleich innerhalb der Körper selbst eine
gegenseitige Anziehungskraft und damit eine gewisse Quelle der
Bewegung angenommen werde, dennoch ohne ein außerhalb des
geschöpflichen Verbandes stehendes, lebendig einwirkendes Centrum, eine thatsächliche Bewegung, also die Bethätigung der
inneren Anziehungskraft nicht denkbar ist. Wenn das eine vom
anderen in der Äußerung seiner Thätigkeit gleichmäßig abhängig ist, so erscheint offenbar ein drittes als notwendig,
um eine solche Äußerung thatsächlich zu veranlassen.

Doch mögen zuvörderst die Vertreter der neuesten Naturforschung sprechen. Sie finden sich alle zusammen in der Behauptung: „Die Bewegung werde einzig und allein durch
Druck von außen veranlaßt." So lauten ihre Worte.
(Vgl. Zeitschr. „Natur" Jahrg. 1878, Nr. 44, S. 581.)

„I. Thesis. Nach dem Gesetze für die allgemeine Schwere
werden von allen und zu allen Himmelskörpern die mechanischen
Bewegungen unseres Sonnensystems, sowie alle Naturerscheinun=
gen auf unserer Erde verursacht und ausgeübt. Erklärung:
Der Begriff der allgemeinen Schwere oder Gravitation bedingt,
dem Sinne nach ausschließlich, einen allgemeinen „Druck" von
Außen her auf die Erdoberfläche und zwar in konzentrischer
Richtung nach dem Erdinnern hin. Diese Kraftwirkung, die
unstreitig vorhanden ist und nach dem Centrum strebt, ist die
Newton'sche „Centripetalkraft". Woher diese überall auftretende
Kraftwirkung geübt wird, welche die Himmelskugeln gegenseitig
an einander antreibt und um einander herumtreibt, konnte der
Entdecker des Gravitationsgesetzes deshalb nicht ergründen und
nachweisen, weil zu jener Zeit die Vorstellung einer Mechanik
für Licht und Wärme gänzlich fehlte.

II. Thesis. Die Annahme von einer der Materie inne=
wohnenden Anziehungskraft ist eine irrtümliche und irrelei=
tende; denn die scheinbare Anziehung von Molekel zu Molekel
ist physikalisch niemals nachgewiesen worden, und existiert in der
That nirgends, weder auf noch in der Erde, noch zwischen
den übrigen Himmelskörpern. Erklärung. Eine Voraussetzung
von anziehenden Kräften und Kräftchen bildet leider noch die
Basis des heutigen physikalischen Lehrgebäudes. Dieser große
Irrtum muß unbedingt gänzlich beseitigt werden, wenn eine
richtige Anschauung der Veranlassung der Bewegungen der Körper
in der Natur Platz greifen soll. Die Aufstellung der Anziehungs=
kraft ist lediglich auf Grund einer theoretischen Spekulation
erfolgt; man brauchte eine Erklärung für die Bewegungs=
veranlassung der Körper, welche ‚in freien Räumen einander
augenscheinlich bald fliehen, bald sich wieder zu nähern ver=
suchen. Der große Mathematiker Newton gestand in seinem
berühmten Werke ein: „In physikalischer Beziehung habe
er den Sitz und das Wesen derjenigen rätselhaften Kraft,
welche die Himmelskugeln freischwebend in ihren Bahnen er=
halte, ebensowenig wie die Alten erkannt, wenn er auch seinen

mathematischen Berechnungen die Voraussetzung der Attraktion zu Grunde lege." Der kühne Forscher fügt aber diesem offenen und deutlichen Geständnisse noch ahnungsvoll hinzu: „Die Physiker würden vielleicht die Ursache der verschiedenen An= ziehungs=Erscheinungen besser einer entgegengesetzten Wir= kungsweise, also irgend welchem Stoße oder Drucke zu= schreiben." Die Anziehung ist und war, wie den Gelehrten bekannt, nur eine Hypothese.

III. Thesis. Alle Bewegungen sind cölesten Ursprunges und rühren vom cölesten Drucke der Massen aus der Ferne her. Plusdruck steht dem Minusdruck aus größerer oder geringerer Entfernung gegenüber und zwar ist die Intensitäts=Veränderung des Plusdruckes, sowie des Minusdruckes, naturgemäß dem Gravitationsgesetze unterworfen. Erklärung. Durch den fort= während Austausch der Aktivität und Passivität aller Körper im All ist die ewige, ungeschwächte Erhaltung der Bewegung im Universum erklärt (?!) Gegenseitiger Druck und Gegen= druck der Massen ist die positive und negative Wirkungsart von Körper zu Körper, von Molekel zu Molekel, auf Erden wie in anderen Räumen. Cölester Druck aus der Ferne ist auf alle Himmelskörper unausgesetzt wirksam; wir nennen ihn auf Erden „allgemeine Schwere" oder „Erdmagnetismus" und empfinden diesen cölesten Druck dadurch, daß alle aufgeworfenen Körper wieder zur Erdoberfläche zurückkehren. Wenn aber dieser cöleste Druck von allen Seiten auf einen Himmelskörper gleich stark wirkte, so wäre dieser genötigt, stille zu stehen, was bekanntlich nie vorkommt. Es kann Bewegung über= haupt nur dann stattfinden, wenn entweder von einer Rich= tung ein Plusdruck vorhanden ist, der den Körper vor sich hertreibt, oder wenn ein Minusdruck irgendwo auftritt, dem der Körper in dieser Richtung folgt. Der Plusdruck wie der Minusdruck kann sowohl von einem, als auch von mehreren Himmelskörpern aus der Ferne verursacht werden, die Masse und Entfernung der Körper wirkt dabei stets entscheidend. Einen Plusdruck äußert z. B. die Ausstrahlung der Photo=

jphäre der Sonne auf ihre Planeten, weil dieselben dadurch
gezwungen werden, in den gesetzlichen Abständen von ihr fern
zu bleiben; einen Minusdruck dagegen bietet der dunkle Sonnen=
körper den Planeten dar, um das Entweichen der letzteren
nach anderen Sonnensystemen zu verhindern und dem allseitigen
Antriebe des cölesten Druckes einen gemeinschaftlichen, körper=
lichen Widerstand entgegenzusetzen. Zwei an sich dunkle und
einander relativ nahestehende Himmelskörper können sich dem=
nach gegenseitig einen gewissen Schutz vor dem allgemein wir=
kenden, cölesten Druck bereiten, weil ihre Massen einen ver=
hältnismäßigen Widerstand d. h. Gegendruck entgegenzusetzen
fähig sind. Dieser, von zwei Himmelskugeln sich gegenseitig
bereitete Minusdruck, als negative Wirkung, verhält sich mathe=
matisch nachweisbar „direkt proportional dem Produkte der
Masse der beiden bezüglichen Körper und umgekehrt propor=
tional dem Quadrate ihrer Entfernungen." Dieser Anschau=
ung zufolge werden die beiden Körper gegenseitig von außen,
nach dem Gravitationsgesetze, aneinander gedrückt und zwar
mit derselben mathematischen Genauigkeit, als wenn die bisher
angenommene Anziehungskraft wirklich existierte.

IV. Thesis. Den cölesten Druck aus der Ferne verursachen
die Ausstrahlungen der Massen aller vorhandenen Sterne, cen=
tripetal wirkend, sowohl auf das einzelne Sonnensystem als
auf jedes Planetensystem und auch auf jede einzelne Himmels=
kugel; denn nur durch Druck von außen kann der Antrieb nach
gemeinschaftlichen Mittelpunkten erreicht und auch der Einzel=
körper in Kugelgestalt geformt werden. Erklärung. Unser
Sonnensystem befindet sich keineswegs außer Zusammenhang
mit den Millionen der übrigen Welten, sondern gleichsam
mitten inne (!), in voller Gemeinsamkeit und Gegenseitigkeit
und wird von allen weiteren Sonnen durch herüberwirkende
Strahlung drückend aus der Ferne beeinflußt, wenn auch nur
von jedem einzelnen der vielen Selbstleuchter im All propor=
tional nach dem Gravitationsgesetze. Die cöleste Erscheinung,
die wir in überzeugender Weise nur durch unser Auge wahr=

nehmen und „Licht" nennen, deren positive und negative Wirkung man auf der photographischen Platte und am Radiometer
beurteilen kann, erregt größeren oder geringeren mechanischen
Druck in alle Entfernungen; deshalb ist die Wirkung des cölesten
Lichtes (oder wie man auch sonst diese Ursache nennen möge)
die nachweisbare positive Bewegungsveranlassung in die Ferne.
Zur praktischen Darlegung und Anschauung dient der neuerdings
konstruierte „teilbare Globus", welcher in sechs einzelne, einander
kongruente Pyramiden zerlegt werden kann, jede von der Höhe
gleich dem Radius des Globus und mit sphärisch quadratischer
Basis. Eine solche Pyramide heißt Kegelsextant und repäsen-
tiert genau die körperliche Gestalt einer der sechs Haupthimmels-
richtungen „Nord, Süd, Ost, West, Zenith, Nadir." Durch
diese Einteilung ist mit Klarheit der Beweis zu führen, daß
der mechanische Druck wächst direkt proportional den Massen
und jede Plus- oder Minusausstrahlung von Kugeloberflächen,
in jede Entfernung nach sechs Richtungen und von sechs Richtungen an Intensität sich verändern müsse: umgekehrt proportional dem Quadrate der Entfernungen.

V. Thesis. Durch den fortgesetzt ausgeübten cölesten Druck
auf eine jede Himmelskugel entsteht sowohl insgesamt ihre
Massenfortbewegung als auch insbesondere ihre Molekular-
bewegung, d. h. der verschiedenartige Antrieb ihrer einzelnen
Massenteilchen unter einander: Kohäsion, Elektrizität, Magnetismus, sowie die Erwärmung der Erde nach dem Innern sich
steigernd . . . Erklärung. Durch erhöhten Widerstand der
Körpermasse einer relativ großen Himmelskugel (wie z. B.
der Sonne) wächst auch proportional deren Erhitzung bis zur
Weißglut und deshalb tritt durch die Ausstrahlung an ihrer
Oberfläche, Wärme und Licht als cölester Druck in die Ferne
von ihr wiederum auf. Die mechanische Bewegung der Himmelskugeln hat demnach ihren höheren Ursprung in der großen
Masse aller Selbstleuchter der unfaßbar weiten Himmelsräume
und nicht in der Sonne allein. Dieser cöleste Druck auf alle
Himmelskugeln bildet positiv die Ursache zu jeder Bewegung;

die Zurückstrahlung, Erwärmung, Ortsveränderung, der gegen=
seitige Schutz durch Widerstand der Materie sind dagegen
negativ, also nur Folgen. Die Frage über den cölesten
Druck auf die äußersten Sterne kann nur durch den Hinweis
auf die Unendlichkeit des Weltalls (?!) beantwortet werden.
Jedenfalls ist die Erklärung des gegenseitigen „Gebens“ und
„Empfangens“ im Weltall die einzig denkbar richtige für die
Ausgleichung des Gewichtes der Massen; denn sie gestattet
den Nachweis: für den wechselnden Kreislauf der bewegten
Materie und dadurch für die ewiggleiche Erhaltung derselben
innerhalb des Universums.“

25. Aurelius Anderssohn. Massendruck aus der Ferne.
(Breslau, Trewendt 1880.)

Diese Anschauungen hat Andersjohn noch des weiteren
entwickelt und begründet.

Derselbe hebt zuvörderst die Unentschiedenheit Newtons
selber hervor, der da in den „mathematischen Principien der
Natur“ folgendermaßen erklärt: „Möchte es gestattet sein, die
übrigen Erscheinungen der Natur (gleichwie die Bewegungen der
Planeten) auf dieselbe Weise aus mathematischen Principien
abzuleiten. Viele Beweggründe bringen mich zur Vermutung,
daß diese Erscheinungen alle von gewissen Kräften abhängen
können. Durch diese werden die Teilchen der Körper nämlich,
aus noch unbekannten Ursachen, entweder gegen ein=
ander getrieben und hängen alsdann als reguläre Körper zu=
sammen oder sie weichen von einander zurück und fliehen sich
gegenseitig. Bis jetzt haben die Physiker es vergebens ver=
sucht, die Natur dieser unbekannten Kräfte zu erklären,
ich hoffe jedoch, daß die hier aufgestellten Principien über
diese oder irgend eine richtigere Verfahrungsweise
Licht verbreiten werden.“ Darauf stellt Andersjohn folgende
Gesetze auf und beweist sie. Erster Satz. „Die Einheit
der Kraft ist die allen Sonnen im Weltall gemeinsame
Eigenschaft der Ausübung von mechanischem Druck in die

Ferne, d. h. der Ausstrahlung materieller Bewegung: Flieh=
kraft genannt, wenn ausgehend von einer Einzelsonne; da=
gegen allgemeine Schwere, wenn gemeinsam drückend von
allen Seiten auf eine einzelne Himmelskugel." Zehnter
Satz. „Die Veranlassung zu jeder Naturkraftäußerung oder
zu jeder Bewegung im Universum ist der mechanische Druck
durch Unterschiede von Größe und Richtung." Elfter Satz.
„Da Alles im Weltall sich bewegt, so kann auch die Sonne
auf ihrem Platze nicht stillstehen, sondern wird stetig auf
ihrer von den anderen Sonnen bestimmten Bahn fortgetrieben,
d. h. mechanisch fortgedrückt." Vierzehnter Satz. „Meeres=
ebbe tritt auf einen Meridian normal ein, wenn der volle Druck
der Centripetalkräfte, d. h. der allgemeinen Schwere, ohne
Ausschluß auf dem Meere lastet." Ähnlich erklärt Anderssohn
die „Schwung=, Schleuder= und tangentiale Fliehkraft", indem
er dieselben als selbständige Kräfte aus der Physik verbannt
und als naturgemäße Folgen des Massendruckes hinstellt.
Übrigens rührt auch die Fassung der obenerwähnten Thesen
des „physikalischen Vereins" in Breslau von ihm her.

Ganz unabhängig von diesem Gelehrtenkreise kommt ein
anderer Forscher in der Naturwissenschaft beinahe zu demselben
Resultate. Rücksichtlich dessen, was in vorliegender Abhandlung
bezweckt wird, genügt es, wenige Worte desselben anzuführen.
Die ausführliche Vergleichung der neuesten Bewegungstheorien
mit Thomas, der in dieser Beziehung den Stagiriten weit über=
flügelt, muß einer eingehenden Darstellung vorbehalten werden.

26. Dellinghausen und Andere.

Kurz und bündig faßt N. Dellinghausen seine Lehre
in diesen zwei Sätzen zusammen.

„Ich allein habe die Erfüllung des unendlichen Raumes
durch eine kontinuirliche Materie lange vor Tomson im
Jahre 1851 in meinem Erstlingswerke: „Versuche einer spe=
kulativen Physik" S. 72, ausgesprochen; ich wiederhole es hier
nochmals und erhebe daher den unbedingten Prioritätsanspruch,

daß ich von allen Naturforschern des neunzehnten Jahrhunderts
der erste gewesen bin, der die kontinuirliche Erfüllung des
Weltalls behauptet hat. Außer mir hat sich nur noch Tomson
darüber ausgesprochen. Seit acht Jahren predige ich unausgesetzt die zwei einfachen Sätze:

Die Materie ist kontinuirlich (nicht atomistisch).

Die alleinige Ursache der Naturerscheinungen ist die
Bewegung. (Dellinghausen: Das Rätsel der Gravitation.
Heidelberg 1880, S. 54.)

Mit der entschiedenen Betonung des ersten Satzes nähert
sich dieser Forscher dem heiligen Thomas und erleichtert in
hervorragender Weise das Verständnis der ganzen neuen Lehre.

Von dieser Lehre selbst sagt Karl Müller in seiner
Zeitschrift „Natur" (1880, Nr. 26, S. 334): „Noch vor kurzer
Zeit, vor einem Lustrum noch, bedurfte es eines ganz besonderen Mutes, eine Kraft zu leugnen, die uns gleichsam aner-
zogen, die mit uns aufgewachsen war. Ja noch vor ganz
kurzem hatten wir in einer hochgebildeten Gesellschaft vollauf
Gelegenheit, das kopfschüttelnde Erstaunen über eine solche Nega-
tion zu studieren. Aber wir konnten uns nicht darüber wundern,
hat doch die Attraktion ein paar Jahrhunderte lang wie ein
Dogma bestanden, mit welchem die Welt gleichsam stand und
fiel . . . Wir sind indessen vollkommen überzeugt worden, daß
die Attraktion ein „nonsens" ist, ein Phantom, welches für die
Gläubigen bisher etwa die Bedeutung der Ptolemäus'schen Weltordnung besaß, nach welcher sich vor Kopernikus die Sonne
um die Erde drehte. Es gewährt uns deshalb keine geringe
Genugthuung, daß ein so skeptischer Naturforscher, wie Professor
Emil du Bois-Reymond in Berlin, . . . auch zu denen
gehört, welchen durch den leeren Raum in die Ferne wirkende
Kräfte an sich unbegreiflich, ja widersinnig erscheinen, wie sie
erst seit Newtons Zeit durch Mißverstehen seiner Lehre und
gegen seine ausdrückliche Warnung den Naturforschern eine
geläufige Vorstellung geworden sind."

In derselben Zeitschrift heißt es (1880, Nr. 15, S. 194):

„Eine drastische Kritik der Anziehungskraft ist uns unter der
Überschrift „Ein Aberglaube in der Naturwissenschaft" von unbe-
kannter Hand in der „Altpreußischen Zeitung" Nr. 37, 1880,
zugegangen. „Nicht ein in den Köpfen des Volkes spuckender
Köhlerglaube ist es, der hier beleuchtet werden soll, sondern
ein Aberglaube, der in der Naturwissenschaft selber in optima
forma als ein Princip gilt, aus welchem dieselbe alles Ernstes
eine Reihe der wichtigsten physikalischen Erscheinungen herleitet.
Die Naturwissenschaft, die entschiedenste (?) Feindin alles
Aberglaubens, selbst davon befangen! — Das klingt paradox..
Dieser heute noch in der Physik in voller Herrschaft stehende
Aberglaube ist die Annahme, daß die Körper in sich die Kraft
besitzen sollen, einander anzuziehen, selbst wenn sie durch weite
Räume von einander getrennt sind. Der Zusammenhalt des
Weltsystems, der Fall der Körper und ihr Gewicht, die Ad-
häsion und Kohäsion, die chemischen Verbindungen, die Wirkungen des Magnetismus und teilweise auch die der Elektrizität
— alles das soll auf Anziehung, respektive Abstoßung beruhen.
Daß es nicht sofort jedem in die Augen springt, wie horribel
und dem Verstande völlig unbegreiflich die Vorstellung von
einer den Körpern innewohnenden Anziehungskraft ist, erklärt
sich wohl daraus, daß wir diese so zu sagen, mit der Muttermilch eingesogen haben .... — Wenn wir unseren Kaffee
schlürfen, so haben — dessen bin ich fest überzeugt — neun-
undneunzig Prozent unter uns und ich darunter die Vorstellung,
daß sie den Kaffee in den Mund aus der Tasse hineinziehen,
also eine Anziehung auf den Kaffee ausüben und wir müssen
uns Gewalt anthun, unsere Vorstellung dahin zu berichtigen,
daß wir eigentlich auf den Kaffee direkt gar keine Wirkung ausüben, sondern nur durch luftdichtes Anschließen der Lippen an
Tasse und Kaffeeoberfläche und durch Erweiterung des Brust-
kastens einen luftverdünnten Raum in uns erzeugen. Das Eintreten des Kaffees in unseren Mund besorgt alsdann der Atmo-
sphärendruck und sind wir ihm bisher wahrscheinlich den Dank
dafür schuldig geblieben. .... Für alle und jede Anziehung ist

Druck zu setzen." Dazu bemerkt der Redakteur: „Wir machen kein Hehl daraus, daß uns die „Attraktion" längst eines jener Gespenster ist, die nur langsam aus der Welt weichen, weil es so schwer ist, ein Positivum an die Stelle zu setzen, . . . Andersjohn hat den Anfang gemacht, diesen Aberglauben zu untergraben. Dr. Isenkrahe, (das Rätsel der Schwer-kraft, Braunschweig, Vieweg) folgte. Andersjohn hat das Positivum „Massendruck" genannt, indem er die von allen Seiten aus dem Heere der Fixsterne auf die Gestirne aus-gehenden Lichtstrahlen zu dem „principium movens" macht. Spiller setzt dafür den Druck des Äthers."

27. Thomas' erster Beweis.

Ist nicht diese ganze Theorie der Beweis des heiligen Thomas, erbracht durch die exakten Instrumente der Neuzeit? „Was bewegt wird, bedarf des Anstoßes von außen," sagt Thomas in seinem ersten Principe: Es ist offenbar kein an-deres als der „Massendruck" der neuesten Physik oder auch in letzter Folgerung als das jetzt allgemein anerkannte Gesetz: „Daß ein Körper, wenn im luftleeren Raume ihm einmal eine Bewegung nach einer bestimmten Richtung gegeben ist und, wenn er sonst von keiner Seite irgend welche Störungen erleidet, diese Bewegung für ewige Zeit ohne Veränderung beibehalten muß". (Troiska, in „Natur," 1880, Nr. 19, S. 228.)

Das zweite Princip aber müssen die Vertreter der Natur-wissenschaft als mit gesunder Vernunft begabte Forscher zu-geben. Nur so können sie den faß- und greifbaren Wider-sprüchen entgehen, welche in den von ihnen aufgestellten Sätzen zu Tage treten.

28. Die Reihe ohne Ende.

Das Princip lautet wie oben: „Es giebt keine Reihe ohne Ende." Der fünfte unter den eben angeführten Sätzen nimmt seine Zuflucht zur Unendlichkeit! Mit Recht; wenn dar-unter nicht eine Fähigkeit, von außen ohne Ende gedrückt zu

werden, also ein unaufhörliches Bedürfnis, sondern eine
thatsächlich unendliche Fülle verstanden wird, die unfähig
ist, von außen irgend etwas zu empfangen, sonach aber auch
mit Notwendigkeit stofflos sein muß, hat doch der stoffliche
Körper es wesentlich notwendig, von außen her den Anstoß
zur Bewegung zu erhalten. Ein endloses Bedürfnis müßte
selbstverständlich nur die Schwierigkeit ohne absehbares Ende
vermehren. Der Hinweis auf Gegenseitigkeit des Empfangens
und Gebens hilft nicht im mindesten; es würde nur ein Ver-
weisen von Pontius zu Pilatus und von Pilatus zu Pontius
sein. Es ist ja klar, daß, wenn A von B bewegt wird und
B von C; B nur das an A weiter geben kann, was es selber
zur Bewegung nicht bedarf; daß sonach die Bewegung von C
aus auf A durch das, was B an Kraft aufgenommen hat,
verringert wird und somit von B einfach eine Rückwirkung ausgeht, welche die von C kommende Bewegungskraft in ihrer
Beziehung auf A modifiziert; da kann also von Gegenseitigkeit, von Empfangen und Geben, und der dadurch hervorge-
rufenen Veränderung des Einflusses der Bewegungskraft nur
die Rede sein, wenn ein Erstbewegendes, unbedingt Vollkommenes und demgemäß seiner Natur nach Körperloses
angenommen wird, das da wohl in Bewegung setzt, aber selbst
in keiner Weise bewegt wird.

29. Stellen des Thomas über die Bewegung.

Das ist die notwendige von Thomas gegebene Ergänzung
der modernen Lehre von der Bewegung, die ihrem Wesen nach unzweifelhaft die Lehre des heiligen Thomas ist.[1]) „Es ist notwendig,“ so schreibt Thomas, „daß alle Bewegungen der unter-

---

[1]) Thom. qu. 3. de malo art. 2. „Necesse est enim omnes
motus secundarum causarum causari a primo movente, sicut
omnes motus inferiorum corporum causantur a motu coeli. Deus
autem est principium omnium motuum et spiritualium et corpo-
ralium, sicut corpus caeleste est principium omnium motuum inferiorum corporum.

georbneten Ursachen vom Erstbewegenden verursacht werden, sowie alle Bewegungen der niedrigeren Körper von der Bewegung der Himmelskörper abhängen. So ist Gott der Erstbewegende aller Bewegungen schlechthin, sowohl der geistigen als der körperlichen, und die Himmelskörper in ihrem Bereiche veranlassen die Bewegungen aller niedrigen Körper." Wie sich aber Thomas die Bewegungen in ihren verschiedenen Arten denkt, gibt er klar in den Worten an[12]: „Die

[12]) Thom. II. dist. 12. qu. 1. art. 1. ad 5: Sicut in I. de Gener. et Corr. dicitur, materia est immediate subjectum generationis et corruptionis; aliorum autem motuum per prius et posterius, tanto plus quanto illud secundum quod est mutatio, majorem perfectionem motus praesupponit: et ideo tantum in illis est unitas materiae primae quae in generatione et corruptione conveniunt, et per consequens etiam in illis, quae conveniunt in tribus motibus, scilicet augmento et diminutione et alteratione; secundum quod augmentum et diminutio non est sine generatione et corruptione, quae etiam alterationis terminus est. — Sed loci mutatio, ut in octavo Physicorum probatur, est maxime perfecta, quia nihil variat de eo quod est intraneum rei: unde subjectum hujus motus est ens completum in esse primo, et in omnibus proprietatibus intraneis rei: et talis motus convenit corpori caelesti; et ideo materia ejus est sicut subjectum completum in istis inferioribus, unde remanet communitas materiae secundum analogiam tantum.

Thom. in Phys. lib. VIII. lect. 14. Primo dicit, quod sunt tres species motus: unus quidem, qui est secundum quantitatem, qui vocatur augmentum et diminutio: alius autem, qui est secundum passibilem qualitatem, et vocatur alteratio: tertius autem, qui est secundum locum, et vocatur loci mutatio: necesse est, quod iste sit primus inter omnes. Et hoc probat (Arist.) sic. Quia impossibile est, quod augmentum sit primus motus. Augmentum enim esse non potest, nisi praecedat alteratio; quia illud, quo aliquid augmentatur, est quodammodo dissimile et quodammodo simile. Quod enim sit dissimile patet: quia illud, quo aliquid augmentatur, est alimentum: quod est in principio contrarium ei, quod nutritur, propter diversitatem dispositionis; sed quando jam additur, ut augmentum faciat, necesse est quod sit simile. De dissimilitudine autem non transitur ad similitudinem, nisi per

Ortsbewegung ist die am meisten vollkommene unter allen
Bewegungen, denn sie ändert an und für sich nichts am inneren Bestande des beweglichen Dinges, sondern setzt vielmehr
dessen vollendetes Sein voraus, ehe sie einzutreten vermag;
wenn also ein bewegliches Ding nur der Ortsbewegung zugänglich ist, so ist auch sein Sein keiner substantiellen Veränderung mehr fähig, wie z. B. die Himmelskörper (von deren
Bewegung wohl die Veränderung im Sein der niedrigeren Körper
ausgeht, die aber selber in ihrem inneren Sein weder abnehmen noch wachsen); . . . in den irdisch-stofflichen Dingen
ist das aber nicht so; da ist die verschiedenartige Bewegung,
deren sie fähig sind, bereits das äußere Zeichen der Entwicke-
lungsfähigkeit ihres inneren Seins." Ganz im Einzelnen bezeichnet Thomas diese verschiedenen Gattungen der Bewegung
im Commentar zur Aristotelischen Physik (lib. VIII. lect. 14),
wo er beweist, daß unter allen Bewegungen die Ortsbewegung
die allen übrigen vorausgehende ist.

„Es giebt drei Arten von Bewegungen, von denen die
erste den Umfang, die Quantität, eines Dinges betrifft und
diesen also vermehrt oder vermindert (augmentum et diminutio nennt Aristoteles sie); die zweite die Eigenschaften
eines und desselben Dinges ändert, aus einem warmen
z. B. ein kaltes macht (alteratio; alterum facere), und von
denen endlich die dritte den Ort eines Dinges wechselt,

---

alterationem: necesse est ergo, quod ante augmentum praecedat
alteratio, per quam alimentum de una contraria dispositione
mutetur in aliam. Secundo vero ostendit, quod ante omnem
alterationem praecedat motus localis: quia si aliquid alteratur
necesse sit quod sit aliquid alterans, quod potentia calidum facit
actu calidum. Si autem hoc alterans esset semper eodem modo
propinquum in eadem distantia ad alteratum, non magis faceret
calidum nunc quam prius. Manifestum est ergo, quod movens in
alteratione non similiter distat ab eo quod alteratur; sed aliquando
est propinquius, aliquando remotius; quod non potest contingere
sine loci mutatione.

d. h. von unten nach oben, von rechts nach links versetzt. Unter diesen drei Gattungen ist nun die letztere die Ursache der anderen. Es ist nämlich unmöglich, daß der Umfang eines Dinges sich vermehrt oder vermindert, bevor eine Änderung in den Eigenschaften oder Zuständen des letzteren eingetreten ist. Denn das, wodurch etwas wächst, ist ihm in einem gewissen Sinne unähnlich. Es wächst nämlich etwas durch die Nahrung, die aber im Anfange dem entgegengesetzt ist, was genährt werden soll, also zuvörderst in den Zustand gebracht werden muß, in welchem sie die Fähigkeit erhält, ein Theil des zu Nährenden zu werden und folglich zu dessen Vergrößerung zu dienen; es muß demnach im Nahrhaften eine Änderung des inneren Zustandes vorhergehen, der zufolge es aus der Unähnlichkeit mit dem zu Nährenden in die Ähnlichkeit mit demselben übergeht. Es setzt somit die Bewegung, welche den Umfang und dementsprechend die Substanz des Dinges betrifft, jene andere voraus, welche nur auf die Änderung in den Eigenschaften oder Zuständen hinzielt: die diminutio oder das augmentum erfordert, daß die alteratio vorhergegangen ist. Diese ist aber wieder ihrerseits nicht denkbar ohne die Abhängigkeit von der Ortsbewegung. Denn damit etwas in seinem Zustande geändert werde, muß ein Element vorhanden sein, das da ändert, welches z. B. die Versetzung aus dem Zustande des „Kalten" in den des „Warmen" veranlaßt. Wenn nun die Entfernung dieser beiden Dinge, des ändernden nämlich und des geänderten, immer dieselbe wäre, so würde dafür, daß eine Erwärmung später oder früher eintritt, kein Grund vorhanden sein; die Entfernung muß folglich bald größer bald geringer sein; mit anderen Worten eine örtliche Bewegung wird erfordert."

Doch da bewegt sich der denkende Geist schon mitten im zweiten Beweise des heiligen Thomas, dessen Auseinandersetzung noch nicht gegeben ist.

Zweites Kapitel.

Beweis des Daseins Gottes aus der bewirkenden Ursächlichkeit.

Es sind noch keine langen Jahre verflossen, daß die eifrigsten Verehrer des heiligen Thomas ein schwaches Achsel-zucken oder mindestens eine gewisse Scham und Verlegenheit nicht unterdrücken konnten, wenn von den naturwissenschaft-lichen Ansichten desselben die Rede war. Wie konnte man aber auch noch bei dem ungeheueren Fortschritte der Naturwissenschaft von einem Einflusse des Mondes auf das Meer sprechen und noch dazu die Verursachung von Ebbe und Flut dem Trabanten der Erde zuschreiben? Wie war es auch nur möglich, den Sternen hoch da droben und ihrem Lichte eine durchgreifende Wirkung auf die Pflanzen oder gar auf die Bildung der Metalle tief unten im Schoße der Erde zuzu-muten? Daß die Elemente aller irdischen Körper in der Sonne enthalten seien, daß dem so unschuldig aussehenden Lichte eine zersetzende chemische Urkraft innewohne, daß mit einem Worte die Erde vom Himmel abhänge und die Erde mit dem Himmel und seinen „unzählbaren Sternen" ein völlig einheitlich geordnetes Ganze ausmache; — das waren höchstens mystische Träumereien im Kopfe eines gutmütigen Heiligen, aber vor dem Lichte der modernen Naturforschung und ihren ge-nauen Instrumenten eitle und beklagenswerte Irrtümer; Zeichen, wie Boshaftere wohl hinzusetzten, bis zu welchem Grade der

menschliche Geist auf Abwege geraten kann, zumal wenn er
gewohnt ist, an Übernatürliches zu glauben.

Kleutgen wagte zuerst, vor etwa fünfzehn Jahren,
schüchtern darauf hinzuweisen, daß möglicherweise auch die
Naturtheorie des Engels der Schule nicht so ganz verwerflich
sei und führte einige Thatsachen an, die davon Zeugniß geben,
daß Himmel und Erde, Sterne und vergänglicher Stoff nicht
so ganz, wie zwei feindliche Brüder, von einander getrennt
seien; aber der Hinweis dieses ebenso bedeutenden, wie beschei=
denen thomistischen Philosophen wurde kaum beachtet. Heute
proklamirt die modernste Richtung der Naturwissen=
schaft und in vielen Beziehungen die ganze Natur=
wissenschaft ohne Ausnahme, freilich ohne daß sie da=
von Kenntniß hat, den Aquinaten als ihren Führer
und bemüht sich mit Hilfe all ihrer Instrumente zur
Höhe seiner Vernunft emporzusteigen. Die Gewalt des
zweiten Beweises, den Thomas für Gottes Dasein beibringt,
hängt vor allem von der Würdigung seiner naturwissenschaft=
lichen Ansichten ab. Deshalb seien diese zuvörderst dargelegt
und mit denen der Neueren in Vergleich gebracht; dem vollen
Verständnisse des Textes wird dann schon bedeutend vorge=
arbeitet sein.

§. 1.

Thomas und die moderne Naturwissenschaft.

30. Fortsetzung der oben angeführten Stelle aus Phys. VIII.
lectio 14., cf. de gen. et cor. lect. 4, 5 et 9.

Die Naturlehre im Thomas von seiner Mataphysik und
seiner Theologie trennen; die eine als grundfalsch bezeich=
nen und die andere zum Ecksteine aller kirchlichen Wissen=
schaft machen, das heißt ebenso viel als vom Gebäude das
Fundament hinwegnehmen und dann sagen: nun erst tritt die
Festigkeit und die unzerstörbare Kraft des Gebäudes deutlich
hervor. Niemand unter den Kirchenlehrern hat in dem Grade
wie Thomas die natürliche Vernunft verherrlicht. Sind deren

Principien, wie sie Thomas festhält und erklärt, unrichtig, oder, was wohl bei Thomas dasselbe besagen möchte, sind die daraus mit Notwendigkeit erhaltenen Ergebnisse offenbar irrtümlich, so mag auch mit Fug und Recht durch alle theologischen Erörterungen des großen Lehrers ein dicker, entschiedener Strich gemacht werden. Die Voraussetzung jedoch ist grundfalsch, deshalb ist es auch die daran geknüpfte Folgerung. Nach Jahrhunderte langen Irrfahrten kehrt endlich die Naturwissenschaft voll und ganz zu Thomas zurück.

Die folgenden Stellen werden dies als zweifellos hinstellen, ohne daß an dieselben weitere Erklärungen geknüpft würden. Eine umständliche und eingehende Auseinandersetzung der naturwissenschaftlichen Grundsätze des heiligen Thomas verlangt der vorliegende Zweck nicht; es ist demselben jedoch angemessen, daß gezeigt werde, wie die Richtung des Naturforschers Thomas ganz und gar mit der neuesten Wissenschaft übereinstimmt; — und das wird mit voller Klarheit dargethan werden. Ein Unterschied wird sich einzig und allein dahin feststellen lassen, daß Thomas bereits zu festen und unumstößlichen Ergebnissen gelangt ist, während die heutige Wissenschaft noch darnach ringt.

Die am Ende des vorigen Kapitels angeführte Stelle fährt fort: [13] „Dasselbe ergiebt sich aber auch, wenn die

---

[13] In Physicorum VIII. lect. 14. Alteratio, sicut in septimo probatum est, fit secundum passiones vel passibiles qualitates, inter quas, secundum antiquorum opinionem, principium videtur esse densitas et raritas: quia et grave et leve, et molle et durum, et calidum et frigidum, videntur consequi rarum et densum et secundum ea distingui. In elementis enim densa quidem inveniuntur gravia et frigida; rara vero, calida et levia. Et hoc quidem aliquando verum est, si in passibilibus ordo attendatur secundum propinquitatem ad principium materiale: nam rarum et densum videntur maxime ad materiam pertinere, ut ex quarto patet. Densitas autem et raritas videntur esse quaedam congregatio et disgregatio, secundum quas, scilicet congregationem et disgregationem, antiqui philosophi ponebant tam generationem quam

inneren prinzipiellen Urſachen davon erwogen werden, daß die
Zuſtände innerhalb der Dinge ſich ändern: immer nämlich

---

corruptionem substantiarum. Qua quidem opinioue utitur ut pro-
babili, antequam (Arist.) veritatem generationis et corruptionis
ostendat in libro de Generat. Illa autem, quae congregantur et
disgregantur, ex hoc ipso locum mutari videntur. Loci ergo
mutatio principium est alterationis. Sed attendendum, quod congregatio et disgregatio corporum existentium in actu ad motum
localem pertinent: congregatio vero et disgregatio secundum
quod e a d e m materia continetur sub magnis vel parvis dimen-
sionibus, non pertinet ad motum localem sed ad modum alterationis . . . . Sicut autem motus localis requiritur ad alterationem,
ita etiam requiritur ad augmentum: necesse est enim quod ejus
quod augetur et decrescit magnitudo mutetur secundum locum:
quia quod augetur crescit in majorem locum, quod autem decrescit, in minorem contrahitur. Sic ergo patet, quod motus
localis est naturaliter prior et alteratione et augmento.

l. c. Loci mutatio est prima inter motus, quia sicut in aliis
rebus prius aliquid altero dicitur multipliciter, ita et in motu.
Dicitur enim uno modo prius, quo non exsistente non erunt alia,
sed illud potest esse sine aliis; sicut unum est prius duobus,
quia duo non possunt esse nisi sit unum, unum autem potest
esse, si non sint duo. Secundo dicitur aliquid prius tempore,
quod scilicet est remotius a praesenti, sicut in praeterito vel
propinquius, sicut in futuro. Tertio dicitur aliquid prius secundum
substantiam, scilicet secundum substantiae complementum: sicut
actus est prior potentia et perfectum imperfecto. Probat motum
localem primum esse tribus modis praedictis. Et primo quantum
ad primum. Alii enim motus non requiruntur ad hoc, quod sit
motus localis. Nulla enim necessitas est, ut id quod movetur
secundum locum, augmentetur vel alteretur, quia non est necesse,
quod corpus quod movetur secundum locum, generetur vel corrumpatur; augmentum autem et alteratio locum habent in iis,
quae corrumpuntur et generantur. Sed nullus horum motuum
esse contingit, nisi sit ille motus continuus quem movet primum
movens; quem diximus non esse nisi localem. Sic ergo motus
localis potest esse sine aliis, sed non e converso.

Est ergo primus primo modo prioritas. — Probat quod sit
prius tempore. Id, quod est perpetuum, est prius tempore quam

bleibt die örtliche Bewegung die Grundlage aller Verände=
rungen in den stofflichen Dingen. Die Verschiedenheit der

---

id quod est non perpetuum: solum autem motum localem contingit esse perpetuum, ergo simpliciter loquendo est primus
tempore. Excludit deinde quandam objectionem; per quam videtur
hoc removeri: quia si consideremus aliquod unum corpus, quod
de novo generetur, loci mutatio est postrema tempore inter omnes
motus, quia primo generatur, postea alteratur et augetur; et
demum habet motum secundum locum quando jam perfectum
est, ut patet in homine et in pluribus animalibus. Sed per hoc
non excluditur, quin simpliciter motus localis sit primus tempore;
quia ante omnes motus, qui sunt in hoc generato, oportet prae-
cedere quendam motum localem in aliquo priori mobili, quod sit
causa generationis his quae generantur: sicut generans est causa
ejus quod generatur; ita tamen, quod ipsum non est generatum.
Quod autem motus, qui praecedit generationem, sit motus localis
et quod sit simpliciter primus motuum, ostendit subdens: „Quoniam generatio videtur esse prima motuum in his, quae generantur: quia primo oportet rem fieri" quam moveatur, et hoc
est verum in quocunque generato. Sed tamen necesse est esse
aliquod prius motum quam ea quae generantur, quod ipsum
non sit generatum: vel, si est generatum, quod etiam illo priori
sit aliquid prius. Et sic vel procedetur in infinitum, quod est
impossibile, ut supra ostensum est: vel pervenietur ad aliquod
primum. Sed impossibile est generationem esse primam (quia
sic sequeretur, quod omnia, quae moventur, essent corruptibilia),
omne enim generabile est corruptibile. Si ergo primum mobile
generatur, sequitur quod sit corruptibile et per consequens omnia
sequentia mobilia. Si ergo generatio non est prima simpliciter,
manifestum est quod nullus consequentium motuum potest esse
simpliciter primus. Et dico consequentes motus: augmentum,
alterationem, decrementum et tandem corruptionem: qui omnes
motus tempore generationem sequuntur. Si ergo generatio non
sit prior loci mutatione, sequitur, quod nulla alia potest esse
prior simpliciter quam loci mutatio: et ita cum necesse sit esse
aliquam primam simpliciter, sequitur quod loci mutatio sit prima.

Probat quod motus localis sit primus perfectione. Primo
sic. Omne quod fit, dum fit, est imperfectum et tendit ad principium id est ut assimiletur principio suae factionis, quod est

inneren Eigenschaften und Zustände dieser Dinge, wie z. B. der
Unterschied zwischen schwer und leicht, hart und weich,
kalt und warm, gründet sich offenbar auf den Hauptunter=
schied: dicht und dünn; denn was schwer und kalt ist, das
ist auch dicht; was aber warm und leicht ist, das ist auch
dünn. Was anders ist jedoch dicht und dünn als (An=
ziehungs= und Abstoßungs=, Centripetal= und Centrifugal=
kraft oder einfacher und bestimmter) Sammlung und Zer=
streuung, congregatio et disgregatio; das aber setzt schon
nach dem unverhüllten Wortlaute die örtliche Bewegung vor=
aus als die erstere und vorhergehende. Denn werden zwei
Körper mit einander verbunden oder von einander abgestoßen,
so kann dies nur auf Grund örtlicher Bewegung geschehen;
handelt es sich aber um einen und denselben Körper, der da bald
einen größeren bald einen kleineren Umfang einnimmt, so ge=
schieht dies allerdings nicht mehr vermittelst bloßer Ortsbewe=
gung, sondern im Verein mit dieser oder besser von ihr
zunächst veranlaßt, vollendet sich das Andexswerden, die
alteratio, innerhalb des Dinges selbst; es ist dann die örtliche
Bewegung, die sich im Körper durch dessen größeren oder
kleineren Umfang offenbart, das Mittel, durch welches die
einwirkende und verändernde Kraft den Wechsel verursacht."

Thomas tritt mit diesem Hinweise bereits tiefer in die
Art und Weise ein, der gemäß ein Ding auf das andere ein=

---

primum naturaliter. Ex quo patet, quod id, quod est posterius
in generatione est prius secundum naturam. Sed in excessu
generationis, in omnibus generabilibus, invenitur loci mutatio,
non solum in eodem, sed etiam considerando totum progressum
naturae generabilium: inter quae quaedam viventia sunt penitus
immobilia secundum locum propter indigentiam organi, sicut
plantae, quae non habent organa motus processivi et similiter
multa genera animalium: sed perfectis animalibus inest motus
localis. Si igitur loci mutatio inest illis, quae magis comprehen-
dunt naturam id est quae magis perveniunt ad perfectionem
naturae, sequitur, quod motus localis sit primus secundum substantiae perfectionem inter omnes motus.

wirkt und wonach also eine gewisse Reihenfolge in den wirken=
den Ursachen „ordo causarum efficientium", ermöglicht wird;
er bringt jedoch im weiteren Darlegen des Werthes der Be=
wegung für die Wirksamkeit der Ursachen noch mehr vor, in=
dem er auseinandersetzt, in wie vielfacher Weise die Bewe=
gung von Ort zu Ort allen andersgearteten Bewegungen und
Veränderungen der Dinge, also aller und jeder Entwickelung
vorangeht.

31. In dreifacher Weise geht die Ortsbewegung aller Ver- änderung voran.

„Vorangehen kann etwas, 1) insoweit es ist, ohne daß
das folgende existiert: dieses folgende aber nicht, ohne daß das
erstere da ist; 2) insoweit es der Zeit nach früher ist;
3) weil es substantiell wichtiger ist, wie z. B. das Han=
delnde dem Leidenden, das Vollkommenere dem Unvollkomme=
nen vorgezogen werden muß. In erstgenannter Beziehung
geht ohne Zweifel die örtliche Bewegung aller Entwickelung
voran. Denn es ist bereits gesagt worden, daß ohne dieselbe
weder eine Veränderung im Zustande eines Dinges sein kann,
noch ein Wachsen oder Minderwerden desselben. Kann nun
die rein mechanische Ortsbewegung gedacht werden, ohne mit
diesen beiden anderen Arten von Bewegung oder vielmehr Ver=
änderung: 1) Der alteratio, als der Änderung eines Zustandes
im Dinge selbst, das da im übrigen dasselbe Wesen oder sub=
stantielle Sein behält, und 2) der generatio, die vermittelst der
alteratio dazu führt, aus dem einen Sein ein wesentlich
anderes zu machen; — also ohne mit diesen zwei Arten von
Bewegung verbunden zu sein? Augenscheinlich; denn durch
nichts ist die Notwendigkeit bedingt, daß jenes Sein, welches
von Ort zu Ort bewegt wird, auch in sich verändert oder der
Zu= und Abnahme unterworfen werde, welche zum Vergehen
des Alten und zur Erzeugung des Neuen naturgemäß vor=
bereitet. Die Sterne geben davon den treffendsten Beweis;
ihre Ortsbewegung hat weder Erwärmung noch Erkältung ihrer

Substanz, weder eine Zu= noch eine Abnahme derselben zur Folge:
„Die Sterne," sagt Aristoteles, „haben an sich betrachtet die
Kraft, immer zu sein," weder läßt sich aus ihrer natürlichen
Beschaffenheit auf ihren Anfang schließen, wie dies bei den
irdischen Dingen berechnet werden kann, noch bedingt diese
Beschaffenheit ein zu festbestimmter Zeit eintretendes Ende. Dar=
aus aber geht hervor, daß die Bewegung von Ort zu Ort,
soweit sie an sich betrachtet wird, von dem subjektiven Sein,
das in der Bewegung sich befindet, gar nicht gehindert werden
kann, sondern rein von der Stärke des Anstoßes von außen
abhängt; während andere Veränderungen innerhalb desselben
subjektiven Seins (alterationes) mit dem Zustande des Körpers
zusammenhängen und so gemäß der Verschiedenheit dieses Zu=
standes verschieden eintreten; es ist eben die Bewegung von
Ort zu Ort die erste und von allem Späteren unabhängige.
Danach versteht sich auch von selbst, daß diese Art Bewegung,
auch was die Zeit betrifft, den unbedingten Vorrang hat;
denn was in sich selbst kein Hindernis hat, immer zu sein,
das muß früher sein, als dasjenige, was schon aus sich heraus,
seiner inneren Natur nach, der eigenen Dauer entgegen ist.
Eine Schwierigkeit tritt da allerdings entgegen; daß nämlich in
der uns umgebenden Welt die örtliche Bewegung bei allen
diesen entstehenden und vergehenden Dingen nicht an erster,
sondern geradezu an letzter Stelle kommt. Zuerst wird doch
offenbar ein Sein erzeugt und erst an allerletzter Stelle,
wenn dieses Sein einen gewissen Grad der Entwickelung be=
reits erreicht hat, kann es der Bewegung unterworfen werden,
oder im oben bezeichneten Sinne sich selbst bewegen. Dieser
Einwand führt aber gerade dahin zu zeigen, wie die örtliche
Bewegung auch substantiell die wichtigere ist. Oder erzeugt
sich etwa ein einzelnes Sein selber? Dann wäre es ja und
wäre zugleich auch nicht; — als erzeugendes wäre es und als zu
erzeugendes wäre es zugleich nicht. Freilich mag nun im betreffen=
den subjektiven Einzeln=Sein selber das Erzeugt=Sein, also
das Passive, Leidende, an erster und die örtliche Bewegung

erst an letzter Stelle sein. Dieses „Erzeugt-Sein" aber ver=
langt doch wieder eine bewegende und auch ihrerseits beweg=
liche Kraft, die sich dadurch vom erzeugten Sein ihrer Natur
nach unterscheidet, daß es nicht ihrem Wesen entspricht, zu
entstehen und wieder zu vergehen. Sie muß ihrer Natur
nach bewegend sein, denn das entsprechende für die Erzeu=
gung notwendige Vermögen muß in Thätigkeit gesetzt werden;
ferner muß sie selber beweglich sein und zugleich des stoff=
lichen Entstehens und Vergehens wesentlich unfähig; denn einer=
seits wird nach jener Kraft geforscht, welche das dem Ent=
stehen und Vergehen unterworfene Sein zum Werden bringen
soll, ist sie also selber dem Entstehen und Vergehen unterworfen,
so kehrt bei ihr dieselbe Frage wieder; andererseits aber ist
das Werden des Erzeugten eben bedingt durch die thatsächliche
von außen kommende Bewegung von Ort zu Ort; also
muß das Bewegende selber wieder beweglich sein, denn nur
kraft seiner eigenen Bewegung kann es dem Entstehen des
stofflichen Seins dienen. So fordert schließlich alles von unten
herauf durch die gesamten Mittelstufen des Seins hindurch
mit Notwendigkeit am Ende den Unbeweglich=Bewegenden,
der nun unter diesem Gesichtspunkte, da alle irgend möglichen
Seinsfäden in ihm zusammenlaufen, eine alles Erzeugte und
alle zum Erzeugen erforderlichen Kräfte völlig um=
fassende, d. h. eine unendlich volle und frei wirksame Kraft
in sich besitzen muß."

32. Schlußfolge.

Das Zwingende der Schlußfolge liegt auf der Hand.
Zu= oder Abnahme, Veränderung zum Guten oder zum
Schlechten, endlich das Vergehen selbst setzt mit Notwendigkeit
das Erzeugt=Sein voraus; ein Erzeugt=Sein kann jedoch schließ=
lich nur unter Annahme einer von außen kommenden ört=
lichen Bewegung stattfinden, deren Subjekt nicht der Erzeugung oder dem irdisch=stofflichen Entstehen unterliegt, wohl
aber beweglich ist. Natürlich muß diese Ursächlichkeit, welche

durch) ihre Bewegung das Entstehen und Vergehen veranlaßt, alle Kraft in sich besitzen, die in den Vermögen der ent= stehenden und vergehenden Dinge liegt, sonst wäre ein Be= thätigen, ein in Thätigkeit=Setzen derselben, ihrerseits unmög= lich. Diese Kräfte aber, die da durch ihre thatsächliche Be= wegung das irdische Entstehen und Vergehen verursachen, sind nun ihrem Wesen nach wieder selbst in Bewegung; erheischen demnach den Anstoß von außen, oder schließlich den Ur= bewegenden=Unbeweglichen. Folglich muß diese schlechthin erste Ursache, in ihrer völligen Unbeweglichkeit, wieder ihrer= seits alle Kraft in sich besitzen, welche in allen und jeden be= wegenden Ursachen sich vorfindet und — sowie dem Bewegen und dem In=Bewegung=Sein begrifflich keine Grenze, „kein Anfang und kein Ende von der eigenen Natur aus," sagte oben Thomas, innewohnt; sowie die Idee der Erzeugung gleichfalls, in welcher Seinsgattung auch immer, den Einzeln=Existenzen ihrer Zahl nach keine Schranken auflegt; sowie also auf dieser Seite die Unendlichkeit des leidenden Vermögens, des Empfangens, gefunden wird, so muß auf Seiten der ersten wirkenden Ursache die Unendlichkeit in der Fülle des wirkenden Seins beruhen.

33. Ergebnisse der modernen Physik.

Was sagt zu dieser Schlußfolge die moderne Physik? 1) Die ganze Beschaffenheit des Seins der vergänglichen Dinge setzt das Erzeugt=Sein voraus; — 2) das Erzeugt=Sein for= dert als nächste Ursache die Bewegung und auf Grund der= selben das Dasein jener beweglichen Körper, die in ihrem subjektiven Sein dem Entstehen und Vergehen nicht unter= worfen sind, wenigstens soweit dieses aus der Bewegung folgt; — 3) in diesen letzteren Körpern sind die Principien der irdischen Dinge, oder, wenn dies besser klingt, deren Elemente vorhanden, mit anderen Worten: die Himmelskörper enthalten in sich alle Kraft, welche den irdischen, dem Entstehen und Vergehen dienenden Elementen und den entsprechenden Ver= mögen eigen ist; — aber es existiert keine erste, allum=

fassende Ursache, die in ihrer wirkenden Kraft selbst
die der Himmelskörper umschließt!

Daß von den in ihrer einzelnen Natur fest geordneten
Himmelskörpern aus vermittelst des Lichtes das Entstehen
und Vergehen, der beständige Wechsel, das Werden des Irdischen
nach unumstößlichen Gesetzen geleitet werde, dies gesteht die
moderne Physik zu; — denn wenn die Ursache des Entstehens
und Vergehens immer wieder und aus dem gleichen Grunde
auch ihrerseits entsteht und vergeht, dann giebt es kein Ende
und somit auch keinen Anfang. Daß aber die Bewegung der
Himmelskörper selbst wieder etwas ganz Unbewegliches und
sonach substantiell völlig Unkörperliches, da doch, wie schon
bemerkt, alles Körperliche seiner teilbaren Natur nach auch be=
weglich sein muß, bedingungslos forbert, das fällt ihr schwer
zuzugeben; da nimmt sie lieber ihre Zuflucht zum Endlosen,
was sie eben, da es sich noch um Sicht= und Greifbares han=
delte, in der Frage nach der nächsten Ursache des Entstehens
und Vergehens als unzulässig verworfen hatte und stellt das
jedem bankerotten Kaufmann geläufige Prinzip auf: Ein Be=
dürfnis ist um so leichter zu befriedigen, je größer es ist, und
stellt es sich gar als ohne Schranken groß dar, dann ist es in
sich selbst befriedigt; je mehr Schulden, desto größer der Reich=
tum. Doch es muß ins Einzelne gegangen werden. Wie lauten
die diesbezüglichen Sätze der modernen Physik? Wie die des
Engels der Schule?

34. Sätze der modernen Physik.

a) Spektralanalyse.

Die Lage eines Verteidigers der Lehre des heiligen Thomas
ist hier noch glänzender, wie im vorigen Kapitel, wo es sich
rein um die Bewegung handelte. Wenn dort nämlich der ent=
scheidende Grundsatz, daß nicht Attraktion vom Inneren des
Körpers her, sondern der Druck von außen für die Bewegung der
stofflichen Geschöpfe allein maßgebend ist, obgleich bereits weit

verbreitet, doch noch nicht allgemein anerkannt erscheint, so gilt hier bei der Bestimmung der das irdische Entstehen und Vergehen bewirkenden oder beeinflußenden Kräfte folgendes von allen Physikern der Gegenwart ganz allgemein angenommene Prinzip: Die allgemeine chemische Kraft in der stofflichen Welt ist das Licht und zwar das Licht der Himmelskörper; Licht heißt das erste und höchste zersetzende Agens, das da von entscheidenstem Einflusse für alle stofflichen Zusammensetzungen ist. Dieses Princip findet seinen beinahe handgreiflichen Beweis in den exakten Resultaten der Spektralanalyse und muß, folgerichtig weiter gedacht, allerdings unleugbar zur Annahme auch des erstgenannten Grundsatzes vom „äußeren Drucke" führen, somit auch das Siegel der modernen Wissenschaft auf die Naturanschauung des heiligen Thomas legen.

Es kann wohl die Auseinandersetzung des Wesens und die Hervorhebung des Werthes der modernen Spektralanalyse füglich übergangen werden; dieselbe ist allgemein bekannt. Zumal wird aus den notwendig werdenden Anführungen thomistischer Texte diese moderne Entdeckung auf ihre wahre Bedeutung zurückgeführt werden, und somit eine gewisse Berührung ihrer Natur keineswegs zu vermeiden sein.

35. b) Strahlende Materie Faradays.

Was die Spektralanalyse von den Himmelskörpern darthut, daß nämlich dieselben in ihrer stofflichen Natur die Elemente aller irdischen Körper enthalten und sonach durch Vermittlung des Lichtes, welches sie ausstrahlen, auf alle diese Körper oder genauer: auf ihr Entstehen und Vergehen als wirkende Ursache bestimmenden Einfluß ausüben: das weist die „strahlende Materie", die übrigens weit älter ist wie das Jahr 1878 und wie Krookes, in entsprechender Weise vom Stoffe nach; daß derselbe nämlich die Einwirkung des Lichtes zu allererst im Entstehen aufnimmt und sie demnach im Vergehen zuletzt verliert. So schreibt Faraday im Jahre 1816: „Wenn wir uns einen Zustand der Materie denken, der ebenso

weit entfernt ist von gasförmigen wie dieser vom flüssigen, indem
wir der Vermehrung der Verschiedenheiten, welche sich in dem=
selben Maße zeigen als die Zustandsänderung größer wird,
Rechnung tragen, so würden wir vielleicht, wenn unsere Ein=
bildungskraft bis dahin vorzubringen vermag (sehr richtig!) die
„strahlende Materie" erfassen; und ebenso wie die Materie
beim Übergange vom flüssigen in den gasförmigen Zustand
eine große Anzahl ihrer Eigenschaften verliert, so müßte sie
bei jener Umwandlung noch mehrere verlieren . . . . (Bence
Jones: the Life and Lettres of Faraday vol. I. p. 216 und
eben daselbst p. 308). Ich kann hier einen bemerkenswerten
Fortgang in den physikalischen Eigenschaften der Körper, welche
die Änderungen des Aggregatzustandes begleiten, wohl an=
deuten; vielleicht genügt es, um erfindungsreiche und kühne
Denker dahin zu führen, den strahlenden Zustand den anderen
bereits bekannten Aggregatzuständen hinzuzufügen. Wenn ein
Körper aus dem festen in den flüssigen und aus diesem in
den gasförmigen Aggregatzustand übergeht, so sehen wir die
Anzahl und Mannigfaltigkeit der physikalischen Eigenschaften
sich verringern, indem jeder Zustand einige weniger aufweist,
wie der vorhergehende. Wenn feste Körper flüssig werden, so
gehen alle Grade der Härte und Weiche verloren; alle Formen;
krhstallinische und andere werden vernichtet. An Stelle der
Undurchsichtigkeit und Farbe tritt oft Durchsichtigkeit und Farb=
losigkeit und die Molekel der Körper erlangen eine vollkommene
Beweglichkeit. Bei dem Übergange in den Gaszustand geht
noch eine größere Menge charakteristischer Eigenschaften ver=
loren. Die beträchtlichen Verschiedenheiten zwischen ihren Ge=
wichten verschwindet fast gänzlich; desgleichen die geringen Ver=
schiedenheiten der Farbe, welche die Körper im flüssigen Zu=
stande noch bewahrt hatten. Nunmehr werden alle durchsichtig
und elastisch. Sie bilden nur eine einzige Gattung und an
Stelle der Mannigfaltigkeit in Dichte, Härte, Undurchsichtig=
keit, Farbe, Elastizität und Gestalt, infolge deren die Zahl
der flüssigen und festen Körper endlos erscheint, treten nun=

mehr sehr geringe Differenzen im Gewichte und unbedeutende
Nüancen im Farbenton. So dürfte für diejenigen, welche über=
haupt eine strahlende Materie zulassen, die Einfachheit der
Eigenschaften, welche diesen Zustand der Materie charakterisieren,
nicht nur keine Schwierigkeit, sondern vielmehr ein Argument
zu Gunsten seiner Existenz sein. Sie haben bislang eine all
mähliche Abnahme der Mannigfaltigkeit der Materie wahr=
genommen in dem Maße als dieselbe auf der Stufenleiter der
Formveränderung vorschritt und sie würden überrascht sein,
daß diese Wirkung mit dem gasförmigen Zustande ein Ende
nehme. Sie erblickten eine immer stärker ausgesprochene Ten=
denz der Natur, sich bei jeder Zustandsänderung zu verein=
fachen und denken, daß bei dem Übergange aus dem gasförmigen
in den strahlenden Zustand diese Tendenz noch schärfer hervor=
treten müsse als zuvor."

36. Experimente mit der strahlenden Materie. Geißler; Crookes.

Was Faraday vorausgesehen, das haben die Geißler=
schen Röhren und die Crookes'schen Lichtmühlen bereits zum
Teil durch die Erfahrung bestätigt. Sie haben allerdings
noch nicht gezeigt, daß die Materie im strahlenden Zustande
alle anderen Eigenschaften verliert und nur unter der Form
des Lichtes erscheint, was Faraday als die äußerste Stufe des
menschlichen Denkens vielmehr als des erfahrungsmäßi=
gen Nachweises zu betrachten scheint; wohl aber ist es nach
diesen Versuchen ohne Zweifel, welcher Zustand des Stoffes
der schlechthin letzte sein und so die eigentliche Grenze seines
wirklichen stofflichen Seins bilden müßte, wenn es möglich
wäre: der Stoff würde zu allerletzt die Einwirkung des Lichtes
verlieren oder noch deutlicher: er werde seine Sichtbarkeit noch ganz
allein behalten, ohne etwas anderes als eben sichtbar zu sein,
wenn wie bemerkt dies möglich wäre. Damit ist es aber
auch zweifellos, daß die Einwirkung des Lichtes das Erste im
Stoffe gewesen und daß alle anderen Einwirkungen, welche
sein Entstehen und Vergehen und seine Entwicklung begleiten,

nur vermittelſt des Lichtes möglich ſind. Folgender Verſuch von Crookes wird dies verdeutlichen: (Strahlende Materie oder der vierte Aggregatzuſtand. Vortrag von William Crookes; vgl. Zeitſchrift „Natur" 1880, Nr. 1, S. 10). „Schon einmal hatte uns Crookes mit jener wunderbaren „Lichtmühle" über= raſcht, welche uns durch die in ihr ſtattfindenden Bewegungen den ſchlagenden Beweis liefert, daß ein vollkommen luftleerer Raum gar nicht beſchafft werden kann, ſondern daß immer noch eine Materie im Raume zurückbleibt, die, möge man ſie Äther nennen oder im Sinne Robert Mayers als die mil= lionenfach verdünnte atmoſphäriſche Luft bezeichnen, immer noch ſtoffliche Eigenſchaften zeigt, indem ſie durch das Licht Bewegungszuſtände empfängt, welche ihrerſeits wieder mecha= niſche Bewegungen eines minutiöſen Mühlchens mit vier Flügeln zu Wege bringt. Jetzt aber trieb Crookes die frag= liche Verdünnung noch weiter und gewann damit Erſcheinun= gen, welche anzeigen, daß die Materie Eigenſchaften annimmt, die bei gewöhnlichem Gas= und Luftdruck ſich nicht zu zeigen pflegen. Alle dieſe Experimente, welche nur die Fortſetzung des Radiometer= (Lichtmühlen) Princips innerhalb eines Ra= diometer=Gefäßes ſind, haben deshalb eine ſo große Wichtigkeit, weil ſie die ſchlagenden Beweiſe bilden für die Richtigkeit der heutigen kinetiſchen Theorie, wie ſelbe auf dem Boyle'ſchen Geſetze, das wir Deutſche gewöhnlich das Mariotte'ſche zu nennen pflegen, beruht . . . Sämtliche Verſuche ſind ſo an= geſtellt, daß der Experimentator die unendlich verdünnten Gaſe (Luft, Waſſerſtoff, Kohlenſäure) mittelſt Induktionselektrizität oder Magnetismus erregte und in Bewegung ſetzte . . . Dabei ergaben ſich folgende Erſcheinungen: 1) Die ſtrahlende Materie übt eine kräftige phosphorogene (leuchtende) Wirkung aus, wo ſie auftritt; — 2) ſie bewegt ſich in geraden Linien, indem ſie ſich weigert, in einer knieförmig gebogenen Röhre um die Ecke zu biegen; — 3) ſie wirft einen Schatten, wo ſie von einem feſten Körper (Aluminium) in Form eines Kreuzes auf= gefangen wird, indem ſie dann das Kreuz in dunklem Schatten

6*

reflektiert; — 4) sie übt eine kräftige, mechanische Wirkung aus, wo sie anprallt und ist so im stande, innerhalb der Röhre Bewegungen von kleinen Rädern mit Glimmerschaufeln u. dgl. hervorzubringen; — 5) sie wird durch einen Magneten von ihrer gradlinigen Bewegung abgelenkt und nach demselben herabgezogen, wo dieser außerhalb der Glasröhre angehalten wird; — 6) erzeugt sie Wärme (siehe später), sobald ihre Bewegung gehemmt wird und jene tritt am intensivsten auf, sobald die Glasröhre den höchsten Grad einer grünen Phos=phorescenz annimmt, und obgleich wir es nur mit einer un=endlich verdünnten Materie zu thun haben, so ist dieselbe doch im stande, ein Stück Iridio=Platin zur Weißglut zu bringen, wobei der Wärme=Fokus durch einen Magneten ebenso abge=lenkt werden kann, wie vorhin der leuchtende Fokus ... Auch konnte bei Einführung geeigneter chemischer Absorptionsmittel für das übrige Gas in die Röhre gesehen werden, daß die chemische Anziehung noch von statten geht, lange nachdem die Verdün=nung den Punkt erreicht hat, wo die in Rede stehenden Er=scheinungen sich am besten zeigen lassen ... Der höchste Grad der Verdünnung, welcher erlangt wurde, war $1/20{,}000{,}000$ einer Atmosphäre.

37. Das Unendliche im Geschöpfe.

Hier nun liegt die positive Grundlage für die Annahme vor, die am Ende des ersten Kapitels angeführt worden ist. In der That verbinden die dort genannten Forscher mit ihrer Theorie vom Drucke, der rein von außen kommt, immer diese andere Theorie, daß der bezeichnete Druck durch die Himmels=körper vermittelst des Lichtes ausgeübt wird. Es dürfen nur die obigen fünf Thesen des Breslauer physikalischen Vereins noch einmal durchgelesen werden, um diese Behauptung durch=aus gerechtfertigt zu finden. Offenbar aber tragen alle diese Auseinandersetzungen und alle diese Ergebnisse der exakten Naturforschung den Stempel des Unfertigen an sich; der Schatten des Unendlichen umdüstert dieselben; jenen Hunger tragen sie zur Schau, von dem der Prophet singt (Pf. 103): „Alles wartet auf dich, o Herr!" Ein Bedürfnis ohne Ende, eine Not ohne Grenzen offenbart sich überall.

Nimm den Wurm, der da im Staube kriecht; — Jahrhunderte, Jahrtausende hat der menschliche Geist an selbem geforscht, seine Entstehungsweise geprüft, ihn bis zu seiner elenden, unterirdischen Wohnung verfolgt, seine Lebensgewohnheiten beobachtet, seine Organe zerlegt, seine Nahrung erprobt, seinem Verkehr gelauscht, nach seinem schließlichen Ende gefragt; er hat ihn verglichen mit anderen Thiergattungen, seinen Zweck im All untersucht, der in der Welt waltenden Harmonie ihn angepaßt; — und heute meint die Wissenschaft, erst sie habe mit dem eigentlichen Forschen begonnen und in diesem Wurm ein unabsehbares Wissensfeld dem menschlichen Geiste geöffnet. Wenn aber wieder tausend Jahre vorüber sein werden, dann wird erst die Nachwelt staunen, wie roh die über diesen Wurm gehabte Kenntnis vor ihr gewesen ist.

Tritt auf die zahllosen Flechten, die da am Gesteine hängen. Kaum berührt sie dein Fuß, so zerfallen sie in Staub und sind nicht mehr. — Und doch; studiere einmal auch nur die Bildung eines einzigen Blattes; je mehr du ins einzelne vordringst, desto weiter dehnt sich vor dir das Feld des Wissens aus. Nicht nur über der ganzen Schöpfung lagert der „Schatten deiner Flügel, indem wir hoffen, o Gott" (Pf. 56), sondern auch über jeder, selbst der geringsten Kreatur; und gerade vermittelst dieses Schattens werden wir sterbliche Geschöpfe wie im Fluge zu dir, der wahrhaften und wirklichen ungemessenen Fülle, emporgetragen, „bis der Fluch der Vergänglichkeit gelöst sein, und die Freiheit der Kinder Gottes erscheinen wird" (Röm. 8). Der Wassertropfen im Meere, das Sandkorn in der heißen Wüste predigt laut deine unendliche Weisheit und deine unermeßliche Kraft, sie „schreien zu dir", denn so klein sie sind und unbedeutend in ihrer äußeren Erscheinung; sie können nicht hervorgebracht sein ohne dich. Der Menschen Werk bedarf der äußeren Größe und des

entsprechenden äußeren Eindrucks, um gepriesen zu werden und
das Talent des Künstlers zu verraten; je mehr es zerlegt
wird in seine Einzelnheiten, desto mehr schwindet der anfäng=
liche Glanz; — um die unendliche Fülle der Weisheit Gottes
aber ahnen zu können, muß der Geist in das Innere der Werk=
stätte der Natur eintreten; je kleiner und unbedeutender der Gegen=
stand erscheint, desto mehr verliert sich der Blick in die gren=
zenlose Schönheit und in die Ordnung ohne Ende; er verkündet
denjenigen, der da das Sein und das Vollkommene selber
seinem Wesen nach schrankenlos ist.

Steige hinauf, Sterblicher, zum Himmelszelte und miß
die Bahnen der zahllosen Gestirne. Jahrtausende vor dir
haben Menschen sie gemessen und noch heute sind diese Zahlen
im wesentlichen das Ergebnis auch des modernen Forschens
mit seinen haarscharfen Instrumenten (Secchi). Ruhig kreist
die Harmonie der Sphären über der Vergänglichkeit des Ir=
dischen und dieselben Gesetze regeln noch jetzt ihre Bahn, welche
sie bereits seit Jahrtausenden geregelt haben und welche sie,
käme es auf die innere Natur der Sterne allein an, vor Mil=
lionen und Millionen von Jahren hätten regeln können. Nicht
darin, was sie zu werden vermögen, liegt bei ihnen der
Schatten der Unendlichkeit; fest und unerschütterlich vielmehr
wandeln sie auf ihren Bahnen und zeigen durch diese immer
sich selbst bleibende Thätigkeit, daß in ihrem subjektiven Sein
desgleichen nichts einen Wandel oder ein Ende fordert, denn
das Wirken entspricht dem Sein; habent virtutem ut sint
semper, sagt Thomas nach Aristoteles. Aber schaue so tief
und so weit hinein wie du willst: jener Stern da, welcher
Millionen Jahre braucht, um dir sein Licht zu senden und den
du erst hinter einem unermeßlichen Ozean von anderen gigan=
tischen Sternen zu erblicken vermagst, deren jeder wohl Mil=
lionen Male größer ist als deine Erde; dieser selbe Stern, der
anfangs, als du ihn als schwachen leuchtenden Punkt sahst, die
Sternenwelt abzuschließen schien, eröffnet dem Auge wieder
seinerseits neue Welten, wenn du ihn mit schärferen Instru=

menten verfolgst und so geht es weiter und weiter da oben
im Himmelsraume. Jeder aber unter diesen Millionen von
Sternen hat sein eigenes Licht (stella differt a stella in claritate I. Cor. 15) und offenbart dadurch eine ihm ganz eigentümliche Substanz und ein ihm einzig eigenes Wirken auf
das vergängliche Irdische herab!

Hier unten empfangendes Vermögen von seiten des Stoffes,
das kein Ende nimmt; dort oben in aller subjektiven Wirklichkeit bestimmtes Sein und unerschütterlich bestimmendes Leuchten,
das kein Ende nimmt, sondern wie ein unerschöpflicher Lebens-
born dem durstenden Stoffe entgegenquillt, mag auch jedes einzelne Glied all dieses Seins in sich begrenzt sein! „Wunder-
bar, staunenswert ist das Vermögen des Stoffes" mirabilis
est potentia materiae, ruft Thomas aus am Ende seiner
Abhandlung de natura materiae. „Die Himmel erzählen
die Ehre Gottes" verkündet dem in Staunen versunkenen Geist
der königliche Sänger.

38. Stimmen aus der modernen Naturwissenschaft für dieses Unendliche im Geschöpfe.

Vergeblich leckt die moderne Naturwissenschaft wider den
Stachel; sie selbst muß diesen eben gekennzeichneten Schatten
des Unendlichen zugestehen. Helmholtz schreibt: (Populär
wissenschaftliche Vorträge 1871, 2. Heft, S. 116): „Wenn
das Weltall ungestört dem Ablaufe der physikalischen Prozesse
überlassen wird, muß endlich aller Kraftvorrat in Wärme übergehen und alle Wärme in das Gleichgewicht der Temparatur
kommen. Dann ist jede Möglichkeit einer weiteren Änderung
erschöpft, dann muß vollständiger Stillstand aller Naturprocesse
von jeder nur möglichen Art eintreten. Auch das Leben der
Menschen, Pflanzen und Tiere kann natürlich dann nicht
weiter bestehen, wenn die Sonne ihre höchste Temperatur
und damit ihr Licht verloren hat, wenn sämtliche Bestand-
teile die chemischen Verbindungen geschlossen haben, welche
ihre Verwandtschaftskräfte erfordern."

Mit diesen Worten aber schlägt sich der berühmte Physiker
selber ins Angesicht, der da für den Stoff keinen Anfang an=
nehmen will. Denn ist die Welt thatsächlich von Ewigkeit, so
ist es klar, daß schon alle die Stadien durchlaufen sind, welche
durchlaufen sein müssen, ehe „alle Wärme in das Gleichgewicht
der Temperatur kommt" und „dann die ewige Ruhe eintritt".
Zu „ungeheueren Zeiten" seine Zuflucht nehmen heißt nur die
Denkschwäche bezeugen, die einmal von vornherein keinen außer=
weltlichen Gott haben will. Mag die Ewigkeit vorn oder
hinten sein; sie besagt eben nicht nur „ungeheuere Zeiten",
sondern geradezu ungemessene und unmeßbare Zeiten. Wenn
die Welt von Ewigkeit ist, so hat sie bereits nicht nur „un=
geheuere", sondern „schlechthin ungeheuerste" Zeiten durch=
laufen und müßte demnach schon lange stillstehen.

Gilt also das „Gesetz der endlichen Temperaturaus=
gleichung", so muß notwendig ein Anfang der Schöpfung und
damit auch offenbar ein außerweltlicher Gott angenommen wer=
den, der in thatsächlich unendlicher Fülle thront. Gilt aber ein
solches nicht, dann ist eben auf allen Seiten Werden ohne Ende:
Der irdische Stoff hat in seiner Natur als Stoff kein Maß,
welches dem Vermögen etwas zu sein, Schranken zöge, immer
nämlich kann er etwas anderes werden; — die Himmelskörper
haben in der eigenen Natur keine Grenze, die ihrer wirkenden
Kraft ein Hindernis setzte; — jedes einzelne Ding, jegliche ein=
zelne Seinsgattung bietet der Vernunft ein Arbeitsfeld ohne
Ende und je bedeutender die Vernunft ist, desto weiter er=
scheint dem geistigen Blicke, was noch zu bearbeiten übrig bleibt.

39. Unendliche Teilbarkeit der Materie.

Auch der Crookes'sche Versuch bezeugt in treffendster
Weise dieses Vermögen ohne Ende. Der Inhalt der oben er=
wähnten Glasröhre betrug $\frac{1}{20,000,000}$ einer Atmosphäre. Kann
bei einer so weit getriebenen Verdünnung noch von einem
materiellen Inhalte die Rede sein? Nach wohlberechtigter
Schätzung enthält, wie Dr. Kalischer schreibt („Natur" 1880,

S. 228), „eine Kugel von 13,5 Centimeter Durchmesser mehr
als eine Quadrillon Gasmolekel. Wenn nun die Kugel bis
auf ein Millionstel einer Atmosphäre evakuiert, also die oben
angegebene Zahl durch eine Million dividiert wird, so bleibt
immer noch eine Trillion zurück. Um uns eine Vorstellung
von diesen ungeheueren Zahlen zu bilden, denken wir mit
Crookes in eine leere Kugel von genannten Dimensionen vermittelst des Induktionsfunkens ein Loch von mikroskopischer
Feinheit gebohrt und nehmen diese Molekel von solcher Feinheit an, daß hundert Millionen in jeder Sekunde durch jene
kleine Öffnung eintreten. Wie lange Zeit würde wohl vergehen, bis die Kugel mit Luft von gewöhnlichem Atmosphären-
drucke gefüllt bis sie also eine Quadrillon Molekel aufgenommen haben würde? Ein Tag? Ein Jahrhundert? Für unsere
Begriffe eine Ewigkeit: 408, 501, 731 Jahre.“

Und kommt endlich der Forscher mit einer solchen kolos-
salen Verdünnung ans Ende der Teilbarkeit des Stoffes? Nein!
Er sieht nur, wie die Verdünnung noch viel weiter getrieben
werden kann und daß einzig und allein die Instrumente fehlen.
Und zwar nimmt mit jedem Grade der Verdünnung der Grad
der Ohnmacht, die Stufe der Indifferenz zu; — „alle Eigenschaften, die zu irgend welcher Wirksamkeit befähigen, schwinden
nach und nach,“ wie Faraday bemerkte. Die Einfachheit des
Stoffes ist die Einfachheit der Ohnmacht.

Existiert also ein infinitum in potentia, ein Vermögen
ohne Ende, ein Bedürfnis ohne Maß, eine schrankenlose Ohnmacht? Alle Beobachtungen bestätigen dies, soweit es nur
irgend möglich ist. Dann muß aber auch mit Notwendigkeit ein
infinitum actu, eine der Substanz nach schrankenlose Fülle
vorhanden sein, die dem seiner innersten Substanz nach ohne
Grenzen Bedürftigen und ohne Ende Ohnmächtigen als
wirkender Grund jeglichen Seins gegenübersteht. Einen anderen Ausweg giebt es nicht.

Diese Notwendigkeit zeigt auch Thomas und zwar auf demselben Wege wie die neuere Naturwissenschaft; nur sind in seiner

Hand die ernsten Ergebnisse gewissenhafter Naturforschung nicht mehr lose, zerstreut herumliegende, sondern bereits im Baue thatsächlich geordnete Bausteine. [14])

[14]) Thom. 2. d. 13. qu. 1. art. 3. Et quia caelum est primum alterans, inde sequitur, quod omnis alteratio quae est in inferioribus, perficiatur per virtutem luminis, sive sit alteratio secundum esse naturale, sive secundum sensum: et ex hoc habet lux, quod omnibus corporibus generationem conferat, ut dicit Dionysius: ex hoc etiam est quod coloribus esse spirituale confert, secundum quod esse recipiunt in medio et in organo; unde et ipsum lumen virtutem spiritualem habet: et inde est etiam, quod secundum Augustinum (lib. 7. sup. Gen. ad lit. c. 15.) lumen est medium in omni sensu, sed in visu primo et immediate: qualitates enim visibiles sunt priores ceteris, prout secundum esse formale sunt inventae in corporibus inferioribus secundum quod conveniunt cum corpore caelesti; sed aliorum sensuum mediantibus aliis qualitatibus.

In Dionys. de div. nominib. c. 4. lect. 3: Deinde cum dicit, „Ita quidem ei divinae bonitatis manifesta imago magnus iste et totus splendens et semper lucens sol" ostendit quomodo in radio solari inveniatur similitudo Dei . . . quantum ad universalitatem causandi.

Sententiar. lib. 2. d. 3. qu. 1. art. 2. obj. 4: Luci convenit maxime activum esse; unde luci attribuitur diffusivum esse. Sed actio convenit verius spiritualibus quam corporalibus; ergo lux maxime in spiritualibus invenitur. Resp. Ad propriam naturam lucis non pertinet quaelibet actio, sed talis quae est in corporalibus, l. c. art. 3. ad 7. Forma substantialis educitur in actum per virtutem caeli; et ideo oportet quod lumen quod per caelum in inferiora agit, generationem rebus conferat et ad formam substantialem moveat, in quantum agit in virtute ipsius caeli: sicut etiam calor ignis moveat ad formam substantialem ignis, secundum quod agit in virtute formae substantialis a qua fluit.

2 de anima lect. 14. (tota lectio de lumine) radii autem corporum caelestium transmutant totam naturam inferiorem . . . . et quia luci nihil est contrarium, in suo susceptibili non potest habere contrariam dispositionem et propter hoc suum passivum semper est in ultima dispositione ad formam et sqq. de colore.

2 de coelo et mundo lect. 10: Et ideo ipsae stellae non igniuntur et calefiunt . . . . . sed aër, qui existit sub sphaera corporis circularis, necesse est quod calescat per motum sphaerae

40. Stellen aus Thomas über das Licht.

„Jeder Wechſel im Zuſtande eines und desſelben ſtoff-
lichen Seins auf der Erde wird hervorgebracht durch die Kraft
des Lichtes, mag dieſer Wechſel nun im ſubſtantiellen Sein
ſich vollziehen, inſoweit ſelbes den wirklichen ſubjektiven Be-
ſtand des Dinges ausmacht oder die ſinnliche Auffaſſung be-
treffen, inſoweit dieſe durch den Eindruck von außen her
geregelt wird — und aus dieſem Grunde, da ja nämlich der
innere Wechſel in einem Dinge die Vorbedingung für alles Entſtehen und Vergehen bildet, iſt es dem Lichte eigen, im Bereiche des Körperlichen die erſte Urſache der Erzeugung
zu ſein.“ Wort für Wort die Sprache der modernen Wiſſen-
ſchaft! Thomas fährt rückſichtlich der ſinnlichen Auffaſſung
fort: „Das Licht vermittelt jede ſinnliche Auffaſſung, wie

---

caelestis; quia scilicet ex ipso motu sphaerae caelestis movetur
non solum ignis, sed etiam aër, usque scilicet ad istum aërem,
qui infra montes continetur, cf. l. c. lect. 12. in fine. Et ideo
alii dicunt melius quod ratio quare talis diversitas videtur in
luna, est propter dispositionem suae substantiae. Et horum est
duplex opinio. Quidam enim dixerunt, quod formae effectuum
sunt quodammodo in suis causis; ita tamen, quod, quanto aliqua
causa est superior, tanto diversae formae effectuum sunt in ea
magis uniformiter: quanto vero est inferior, tanto diversae formae
effectuum sunt in ea magis distinctae. Corpora autem caelestia
sunt causa inferiorum corporum. Inter corpora caelestia infimum
est luna: et ideo in luna, secundum inferiorem superficiem ejus,
continetur quasi exemplaris diversitas corporum generabilium.
Et ista fuit sententia Jamblici. Alii vero dicunt, quod licet corpora
caelestia sint alterius naturae a quatuor elementis, praexsistunt
tamen in corporibus caelestibus, sicut in causis, proprietates
elementorum, non tamen eodem modo sicut in elementis, sed
quodammodo in excellentiori modo: et inter elementa supremum
est ignis, qui plurimum habet de luce, infimum terra quae minimum habet de luce; et ideo luna, quae est infima inter corpora
caelestia proportionatur terrae et assimilatur quodammodo naturae
ipsius; et ideo non totaliter illustrabilis est a sole.

Augustinus lib. 7. sup. Gen. ad litt. c. 15. jagt, im Ge=
sichtssinne jedoch unmittelbar und allein und ohne irgend
welche Voraussetzung; während in den anderen Sinnen weitere
verschiedene Eigentümlichkeiten die Einwirkung des Lichtes ver=
mitteln und beschränken." Stellt nicht die neueste Wissenschaft
dasselbe Ergebnis fest, nur nicht mit derselben Bestimmtheit:
daß nämlich das Licht, wenn es allein wirkt, den Gegenstand
des Gesichtssinnes, die Farbe hervorbringt, jeder anderen Sin=
nesthätigkeit aber ebenfalls zu Grunde liegt? Wird doch neuer=
dings Bell die Entdeckung zugeschrieben, daß dünne Scheiben
unter dem Einflusse intermittierenden Lichtes tönen; sprechen
doch alle von Tonfarbe u. dgl. und bringt es der allgemeine
Sprachgebrauch bereits nach der feinen Bemerkung Ciceros mit
sich, daß die Menschen „wir sehen" sagen, auch wenn es sich
um Geschmack, Gefühl, Gehör oder Geruch handelt; jede Sinnes=
thätigkeit ist eben gewissermaßen ein Sehen.

Thomas schreibt weiter (Dionys. de div. nominib. c. 4.
lect. 3): „Gott wird deshalb Licht genannt, weil, soweit es die
Ursächlichkeit angeht, der Lichtstrahl am meisten die Spur von
ihm trägt." „Dem Lichte ist es am meisten und wesentlich eigen,
wirksam zu sein, weshalb es auch vorzugsweise der Verbreitung
des Seins dient." Genauer und bestimmter (2 d. 3. qu. 1. art. 3.
ad 7): „Die Wesenssubstanz eines jeden stofflich vergänglichen
Seins tritt ins wirkliche Sein vermittelst des Einflusses, der von
den Himmelskörpern ausgeht und deshalb ist es notwendig, daß
das Licht, welches kraft der Himmelskörper auf das irdische Sein
einwirkt, für die vergänglichen Dinge die Ursache des Erzeugt=
Seins, des Entstehens, bildet und insoweit zum wirklichen Sein
der vergänglichen Substanz beiträgt, inwieweit es die Kraft der
Himmelskörper in sich trägt; gerade so wie die Wärme, als
wesentliche Eigenschaft des Feuers, den Stoff auf den sie ein=
wirkt, notwendig zur Aufnahme der Substanz des Feuers vor=
bereitet." Und in treffender Kürze: „Die Lichtstrahlen, welche
von den Himmelskörpern ausgehen, bringen alle Änderung in
der irdischen Natur hervor." (2 de anima lect. 14.)

41. Spektralanalyse im Thomas.

Daraus ergiebt sich mit metaphysischer Notwendigkeit, daß nach Thomas schlechthin und ausnahmslos alle und jede Elemente der irdischen Körper in der Sonne beziehungsweise in den Himmelskörpern vorhanden sein müssen. Wenn die Lichtstrahlen nur die den Himmelskörpern naturgemäß innewohnende Kraft in sich tragen, also nicht das geringste eigene Sein, weder substantielles noch zufälliges, besitzen; — aller Wechsel aber auf Erden von der Einwirkung der Himmelskörper abhängt, so schließen letztere die Natur aller irdischen Elemente, vermittelst deren der subjektive Wechsel sich im einzelnen vollzieht, offenbar der Kraft nach in sich ein und die Lichtstrahlen bilden nur die völlig selbstlose und ganz reine Vermittlung zwischen der Kraft da oben und dem Mangel hier unten. Diese Vermittlung wird mit Recht wesentlich selbstlos genannt, denn würden die Lichtstrahlen von dem ihrigen etwas hineinmischen, also, da sie mit Naturnotwendigkeit wirken, ein „ihriges", ein eigenes subjektives Sein haben, so würde ihr Wirken zwecklos sein, da sie dem Irdischen nicht die reine und unvermischte Ähnlichkeit mit der Substanz des Himmlischen, „der cölesten Körper", einprägen könnten. Thomas aber geht noch weiter und zeigt der modernen Naturwissenschaft in mehrfacher Beziehung das Ziel, welchem ihre exakten Versuche zueilen.

42. Die Elemente sind in wesentlich vollkommenerer Weise in den Himmelskörpern.

Unter drei Hauptgesichtspunkten thut dies der engelgleiche Lehrer. Es können zuvörderst die Elemente der irdischen Dinge nicht nach jener Existenzweise in den Himmelskörpern sich vorfinden, die ihnen auf Erden zukömmt, sondern sie müssen dort a) von jedem Gegensatze gelöst sein; b) befreit erscheinen von jeder inneren Unvollkommenheit, die da etwa ihre Kraftentwicklung hindert; c) müssen sie sogar eine wesentlich höhere Vollkommenheit besitzen, also nicht bloß eine dem Grade, sondern der ganzen Gattung nach verschiedene. Das Erste leuchtet von selber ein. Denn wo Gegensatz zwischen den einzelnen Teilen einer Substanz ist, da ist notwendig auch Streit und die vorzüglichste Grundlage der Vergänglichkeit; überwiegt nämlich einmal in entschiedener Weise einer der Gegensätze, so folgt naturgemäß die Auflösung des Ganzen. Die Himmelskörper jedoch werden weder geboren, noch sterben sie; ihr substantielles Sein ist immer dasselbe. Das wird schon hinreichend bewiesen durch die Thätigkeit derselben, die immer dieselbe d. h. immer die gleiche Bewegung ist; nur auf diese Weise ist es auch möglich, daß, da alles Wechseln und alle Veränderung auf Erden durch die Himmelskörper und deren Bewegung verursacht wird, dieses selbe Wechseln und Ändern sich nach festen und unverrückbaren Gesetzen vollzieht. Folglich sind die irdischen Elemente in der Substanz der Himmelskörper wohl vertreten, aber ohne den Gegensatz, in welchem hier auf Erden das eine dem anderen gegenübersteht und der da die Ursache des irdischen Entstehens und Vergehens ist. Thomas macht diesbezüglich eine sehr feine, vielleicht später auch noch von der modernen Wissenschaft exakt zu rechtfertigende Bemerkung: „Die Luft um die Sonne herum ist beweglich und veränderlich, nicht die Substanz der Sonne selbst."

Es darf zudem, wo alle Elemente zusammen sind, nicht das Gegensätzliche, was im Irdischen den einzelnen zukömmt, vorhanden sein, sonst würde jedenfalls das eine vom anderen ausgeschlossen werden.

Worauf beruht nun aber jeder Gegensatz im Stofflichen und an letzter Stelle überall? Auf Mangel und Bedürfnis! Weiß und Schwarz sind entgegengesetzt, weil das vollkommene Weiß im vergänglichen Stoffe nicht existiert oder genauer, weil der vergängliche Stoff das Weiße nicht vollkommen fassen kann. Wo also das Gegensätzliche fortfällt, da verschwindet auch das Unvollkommene; folglich sind in den Himmelskörpern die Elemente frei von jeder Unvollkommenheit.

Da nun aber diesen Elementen, soweit sie substantiell auf Erden sind, es wesentlich zukommt, in die vergängliche stoffliche Substanz einzutreten, so ist ihnen auch in dieser Existenzweise der Gegensatz wesentlich; ebenso gut wie das Unvollkommene. Sonach sind sie in den Himmelskörpern ihrem Wesen nach, secundum speciem, vollkommener.

43. Stellen aus Thomas.

Thomas ist so klar als möglich: „Dem Lichte ist es eigentümlich, mit nichts im Gegensatze zu stehen, [15]) insofern es

---

[15]) S. th. 1. qu. 67. art. 3. ad 2. „Accidit luci quod non habet contrarium, in quantum est qualitas primi corporis alterantis, quod est a contrarietate elongatum, l. c. ad 3. Sicut calor agit ad formam ignis quasi instrumentaliter, in virtute formae substantialis (ignis); ita lumen agit quasi instrumentaliter in virtute corporum caelestium, ad producendas formas substantiales et ad hoc quod faciat colores visibiles actu, in quantum est qualitas primi corporis sensibilis. l. c. qu. 4. art. 2: „Quidquid perfectionis est in effectu, oportet inveniri in causa effectiva vel secundum eandem rationem, si sit agens univocum, ut homo generat hominem; vel eminentiori modo, si sit agens aequivocum; sicut in sole est similitudo eorum quae generantur per virtutem solis". l. c. ad 1: „Sicut sol, ut dicit Dionys. 5. cap. de div. nominib. a med. lect. 2.) sensibilium substantias et qualitates multas, et differentes, ipse unus existens, et uniformiter lucendo, in se ipso uniformiter praeaccipit: ita multo magis in causa omnium necesse est praeexistere omnia secundum naturalem unionem" et sic, quae sunt diversa et opposita in seipsis, in Deo praeexistunt ut unum, sine detrimento simplicitatis ipsius.

2 de coelo et mundo lect. 10: Duplex est causa caloris ex corporibus caelestibus in his inferioribus generati: una quidem causa est motus, alia causa est lumen . . . Non est autem intelligendum, quod mutua contritio vel confricatio corporis caelestis et aëris est causa caloris, sed solum motus aëris ex superiori motu corporis caelestis causatus. Movetur autem aër superior et similiter ignis, secundum motum diurnum coeli totius, secundum virtutem solis et omnium stellarum. Secunda autem causa calefactionis corporum inferiorum ab astris et praecipue a sole, est

die wesentlich natürliche Eigenschaft der Himmelskörper, der Quelle aller Veränderung auf Erden, ist; die Himmelskörper

lumen: quod quidem habet virtutem calefaciendi, in quantum est qualitas activi primi alterantis, scilicet caeli, et directe causat qualitatem primam inferiorum corporum, quae est calor. Et quia haec qualitas, scilicet lumen, magis abundat in sole, inde est, quod est maxime potens ad calefaciendum. Reliqua caelestium corporum, in quantum participant de lumine, quae est universalis virtus activa caelestium corporum, habent virtutem calefaciendi, in tantum, quod etiam lumen lunae est calefactivum, secundum id quod Philosophus dicit, quod noctes plenilunii sunt calidiores: unde quidam pisces moventur ad superficiem aquae . . . . Cum porro omnes formae substantiales inferiorum corporum sint ex virtute caelestium corporum, consequens est, quod ex eorum virtute sint etiam qualitates consequentes species seu formas elementorum, quae sunt calidum, frigidum, humidum et siccum et alia hujusmodi. Omnia ergo corpora caelestia secundum communem virtutem luminis habent calefacere; sed secundum alias proprias virtutes singulis corporibus attributas, habent non solum calefacere et infrigidare, sed etiam omnes alios effectus producere in istis inferioribus. Et secundum influentiam luminis et harum virtutum, verum est quod Alexander dicit, media corpora caelestia recipere impressionem solis alio modo quam corpora inferiora. Est igitur considerandum, quod secundum quod calor causatur in inferioribus corporibus ex motu astrorum et totius caeli, corpora propinquiora caelo, scilicet ignis, et superior aëris pars, quae circumferuntur secundum motum caeli, sunt calidiora: secundum autem quod ex lumine stellarum causatur calor, sunt calidiora ea quae sunt infima: quia in superioribus radii magis disperguntur. Et inde est etiam quod circa terram plures species rerum generantur ex virtute radiorum solis et stellarum, quae per reflexionem circa terram multiplicantur. —

l. c. in fine. Illa quae sunt nata agere et pati ad invicem, talium qualitates sunt calidum et frigidum: corpora autem caelestia agunt et non patiuntur: unde tangunt et non tanguntur. Unde in corporibus caelestibus non sunt qualitates tangibiles per modum quo sunt in inferioribus corporibus, sed per modum eminentiorem, sicut in causa activa: non est enim ibi calidum vel frigidum, humidum vel siccum sed virtus quae est horum causativa: similiter non est ibi grave et leve, sed loco horum est ibi

aber ſind von jedem Gegenſatze weit entfernt." Dazu er-
läuternd: „Wie die Wärme das Weſen des Feuers in andrem
wirkſam vorbereitet kraft des Feuers, von dem ſie ausgeht und
deſſen weſentlichſte Eigenſchaft ſie iſt; ſo wirkt das Licht gleich-
ſam als Werkzeug kraft der Himmelskörper zur Hervorbringung
irdiſch-ſtofflicher Weſen und zum Zwecke des thatſächlichen
Erſcheinens der Farben, inſoweit es die Eigenſchaft der maßgebenden Körper, nämlich der Himmelskörper, iſt." Und:
„Was auch immer im bewirkten Sein iſt, das muß auch in
der wirkenden Urſache gefunden werden, entweder in derſelben Exiſtenzweiſe, wenn das bewirkende und das bewirkte Sein einer und derſelben Weſensgattung angehört oder in
weſentlich vollkommenerer Seinsweiſe, wenn die wirkende
Urſache in einer anderen Weſensgattung iſt, als die Wirkung,
wie z. B. in der Sonne die Ähnlichkeit alles deſſen
iſt, was kraft der Sonne erzeugt wird." „Wie die
Sonne nach dem Ausdrucke des Dionyſius (c. 5 de div.
nom. lect. 2) die zahlreichſten und verſchiedenartigſten Subſtanzen
und Eigentümlichkeiten, die ſinnlich wahrnehmbar ſind, trotz ihrer
einheitlichen (uniformis) Weſenheit und trotz der ſtets gleichen
Art und Weiſe zu leuchten, in ſich ſelber ohne Gegenſatz voraus
enthält (praehabet), ſo muß um ſo mehr die Urſache alles
Seins auch alle denkbaren Vorzüge in ihrem Weſen beſitzen."
Wo möglich noch ſchärfer: „Die zweite Urſache aber für die
Erwärmung der irdiſchen Körper von ſeiten der Himmelskörper und zumal der Sonne, bildet das Licht, welches die
Kraft zu erwärmen beſitzt, inwiefern es die wirkſame Eigen-
ſchaft, die qualitas activa, der maßgebenden Urſache jeder
Erwärmung, nämlich der Himmelskörper iſt und ſonach un-

---

apitudo ad motum circularem: rarum autem et densum invenitur
in corporibus caelestibus secundum quod astra sunt spissiora et
magis commassata, quam sphaerae eorum, non tamen secundum
differentiam contrarietatis, sed solum secundum additionem vel
diminutionem virtutis et secundum majorem vel minorem congregationem partium.

mittelbar die erste Eigenschaft der irdischen Körper verursacht, die eben keine andere ist, als die Wärme"; und kurz: „Die Wärme ist die erste und maßgebende Eigenschaft der irdischen Körper; das Licht die der Himmelskörper." Damit darf nur die oben gegebene Darstellung der „strahlenden Materie" verglichen werden, um alsbald, auch aus diesen „exakten" Versuchen die Überzeugung zu schöpfen, daß das Licht die unmittelbare Ursache der Wärme im irdischen Stoffe ist. Es wird zudem auch noch experimentell erkannt werden, wie aus den betreffenden Versuchen vielmehr folgen muß, daß das Licht die Teilung des Stoffes in Molekel hervorbringt, als daß die Molekel vor dem Lichte existieren.

44. Das Licht ist nicht Bewegung, sondern bewirkt dieselbe.

Der zweite Gesichtspunkt, den Thomas der modernen Naturwissenschaft als leitenden klar angibt, ist kurz dahin zu bestimmen, daß das Licht nicht Bewegung sei, sondern dieselbe bewirke. Es besteht in dieser Beziehung bei der modernen Physik eine Unentschlossenheit, die Thomas nicht kennt. Daß das Licht in der Bewegung bestehe, ist rein unmöglich; denn es wäre dann ein Körper, da ja der Begriff „Bewegung" diesen anderen Begriff „Stoff" durchaus bedingt. Daß das Licht aber stofflich sei, ist allgemein zurückgewiesen.

Ferner heißt Bewegung ebensoviel als „auf dem Wege sein", „in der Entwickelung begriffen sein". Das Licht aber ist seiner Natur nach rein bestimmend, es ist die erste bewirkende Ursache der irdischen Entwickelung, also einer subjektiven Entwickelung ganz unfähig, als: „formalius omnibus aliis" bezeichnet es Thomas. Nie ist zudem eine Entwickelung in der Natur des Lichtes beobachtet worden.

Es könnte auch, wie schon oben angedeutet, nicht die Kräfte der Himmelskörper in voller Reinheit tragen und dem Stoffe, wie es dieselben empfängt, unverletzt und unvermischt vermitteln, wenn es eine eigene Bewegung besäße; sein eigentlicher Zweck bliebe unerreicht. Auf der anderen Seite ist ohne Zweifel die Bewegung dem Lichte sehr nahestehend, ja

so nahe, daß, wenn von seinen Wirkungen die Bewegung fortgedacht wird, wohl nichts übrig bliebe.

Da hilft nur die Lehre des Aquinaten, das Licht sei eine
durchaus wirksame, d. h. nur aufs Wirken oder Geben gerichtete, nie, soweit das Irdische in Betracht kommt, dem Empfangen oder Leiden zugängliche Eigenschaft der Himmelskörper,
qualitas activa corporum coelestium, die ihrem Wesen nach
nur bewegt, nie aber selber der Bewegung unterliegt; gleichwie etwa die Wärme eine Eigenschaft des Feuers ist, die ebenfalls nur zum Wirken, nur zum Bestimmen berufen ist. Das
Licht ist ein Erzeugnis der Bewegung und erzeugt wieder
Bewegung; — deshalb ist es auch „in instanti, im Augenblicke, allem irdischen Sein gegenwärtig, weil die Erde im
Vergleiche zur Sonne nur als ein Punkt (ad instar puncti)
erscheint, also ohne Zeitverlust durchbrungen wird." Die in
der Verbreitung des Lichtes beobachtete Dauer würde nach
Thomas nicht vom Lichte selbst, sondern von der Natur der
Zwischenräume abhängen, welche das Licht mehr oder minder schnell zeigen; was übrigens auch mit den neuesten optischen
Versuchen am besten stimmen möchte. Der Druck, der von
der Wärme ausgeht, als der Wesenseigenschaft des Feuers,
bewirkt je nach der Natur der Molekel deren gegenseitige An-
näherung oder Entfernung; in ähnlicher Weise wirkt das Licht,
welches von den Himmelskörpern ausgeht, vermittelst des
Druckes auf die stofflichen Molekel.

So begreift es sich vollkommen, wie das Licht, obgleich
seinem subjektiven Wesen nach den irdischen Substanzen fremd,
doch in seiner Wirksamkeit denselben ganz natürlich ist und
rein natürliche Ergebnisse erzielt und wie es sonach, je tiefer
es einwirkt, desto mehr gerade die eigenartige Natur und das
selbständige Sein des stofflichen Dinges wahrt oder vielmehr
hervorbringt. Das Licht ist eben nichts anderes als reine
Vermittlung zwischen den Kräften der Himmelskörper und den
stofflichen Dingen. Jene Kräfte sind aber ihrerseits wieder
nichts anderes als die irdischen Elemente selber, welche die Natur

7*

der stofflichen Dinge bilden; nur freilich mit dem Unterschiede, daß letztere allen Mangel und alles Unvollkommene da oben abstreifen und demnach auch nicht mehr von anderm Stofflichen zu leiden oder zu empfangen vermögen, sondern ganz rein, nur stoffliche Kraft und als solche in ihrer ganzen Wirksamkeit auf die stoffliche Erde gerichtet sind. Die vollständige Ursache der Natur eines Dinges kann aber durch ihren Einfluß dieses letztere nur vervollkommnen, ihm das Mangelhafte nehmen und dadurch diese innere Natur selbst nur kräftigen und möglichst selbständig machen. Thomas drückt dieses alles noch folgendermaßen aus: „Jene Dinge, die da von Natur aus dazu bestimmt sind, gegenseitig auf einander einzuwirken und so auch gegenseitig von einander zu leiden, d. h. wechselseitig zu geben und zu empfangen, sind auch gegenteiliger Eigenschaften, wie z. B. der Kälte und der Hitze fähig: die Himmelskörper aber wirken nur, sie geben nur und leiden weder noch empfangen sie: sie berühren also durch ihre wirkende Kraft, werden aber selbst von keiner im irdischen Stoffe befindlichen Kraft erreicht. Deshalb sind in ihnen keine Eigenschaften nach Maßgabe derer, welche in den irdischen Dingen sich vorfinden, sondern sie sind daselbst bei weitem vollkommener, so nämlich wie sie in der wirkenden Ursache existieren müssen; da ist nicht „kalt“ und nicht „warm“ und auch nicht „feucht“ oder „trocken“, sondern dies alles ist da nur vorhanden seiner wirkenden Kraft nach, insoweit es subjektiv vollkommen ist; denn nur insoweit kann etwas wirken, also geben, inwieweit es selber vollkommen, d. h. bis zum „voll“ gekommen ist. Ebenso ist da nicht „schwer“ oder „leicht“, sondern anstatt dessen die natürliche Neigung zum Kreislaufe, der wirkenden Ursache des „leicht“ und „schwer“; auch nicht „dünn“ und „dick“ ist da dem Gegensatze gemäß, in welchem diese zwei Zustände zu einander stehen, sondern nur, insofern ein Gestirn größer ist und das andere kleiner, also inwieweit die Teile, welche das eine zusammensetzen, nicht so nahe aneinander hängen, wie die des anderen.“ (2 de coelo et mundo lect. 10.)

45. Licht und Leuchten.

Auf einen dritten Gesichtspunkt noch macht Thomas auf= merksam, der, wenn auch von der neueren Wissenschaft anerkannt, doch nicht gehörig von derselben ausgebeutet wird. In den bisher angezogenen Stellen, besonders in de coelo et mundo, lib. II et III de anima, unterscheidet der heilige Lehrer aus= drücklich zwischen lux und lumen, zwischen Licht und Leuchten. Nicht alles Licht nämlich leuchtet, sondern nur dasjenige, welches auf einen wie auch immer gestalteten Gegenstand fällt; der Wiederschein, der Reflex, macht erst das lux zum lumen. Mit anderen Worten: Das Licht ist zwar seinem Wesen und seiner Natur nach unabhängig vom irdischen Stoffe, schließt aber nicht in sich selbst den Gegenstand ein, auf den es wirken soll. Da es nun wesentlich wirksam und kein bloßes leiden= des Vermögen ist, ohne Stoff aber nicht wirken kann, so fordert es mit Naturnotwendigkeit außerhalb seiner selbst die gleichzeitige Existenz des Stoffes. In keiner Weise hat das Licht die Beschaffenheit und Natur des Stoffes in seiner Ge= walt und doch ist dieser Stoff dem Lichte wesentlich notwendig. Naturgemäß bringt es den Wechsel im stofflichen Sein durch seinen bestimmenden Einfluß hervor; aber die Natur des Stoffes als subjektive Grundlage dieses Wechsels ist ebenso naturnotwendig erfordert.

Damit liegt zugleich die einzige Gegenseitigkeit vor, welche dem Lichte und den Himmelskörpern einerseits und dem irdischen Stoffe andererseits herrscht: die des Gebens und Bestimmens auf der ersten Seite, die des Empfangens und Bestimmtwerdens auf der zweitgenannten. Wenn die moderne Wissenschaft aus der Sackgasse, in die sie sich mit ihrer Leidenschaft, ohne Gott fertig zu werden, verläuft, mit Phrasen von „Druck und Gegendruck" herauskommen will, wie dies die im vorigen Kapitel angezogenen fünf Thesen zu thun scheinen, so beweist sie nur, daß sie, wenn sie durchaus ohne Gott sein will, auch ohne die Vernunft sich behelfen

muß. Alles irdische Werden soll vom bestimmenden und be=
wegenden Einflusse der Himmelskörper vermittelst des Lichtes
herkommen, wie dies in den genannten Thesen und bereits nach
den Ergebnissen der Spektralanalyse behauptet wird; wo soll
aber dann von seiten des Werdens ein unabhängiger „Gegen=
druck" möglich sein. Giebt der „Druck von oben" die volle
Lösung der einschneidendsten naturwissenschaftlichen Fragen, so
kann unmöglich ein „Druck von unten" oder auch nur ein
Widerstand von unten hineingemischt werden.

46. Notwendiges Ergebnis.

Ist jedoch die eben erwähnte Gegenseitigkeit die einzige und
zwar von der Natur der Dinge notwendig erforderte, — und
das kann nach den Thatsachen der neueren Physik, mit
denen die Principien des heiligen Thomas haarscharf über=
einstimmen, gar nicht geleugnet werden — dann ist auch die
Notwendigkeit der Existenz einer allwirkenden ersten Ursache
eine unbedingt von der ganzen Natur vorausgesetzte. „Die
moderne Wissenschaft verfällt dem Urteile des Psalmisten: in
circuitu impii ambulant," „die so ohne Gott sind, wandeln
im Kreise umher" (Ps. 11); sie kommt aus ihren Kreis=
schlüssen nie heraus, wenn sie nicht mit Entschiedenheit einen
Gott mit aller möglichen Seinsfülle annimmt.

Alle stoffliche Entwickelung hängt vom Lichte ab. All=
gemein zugestanden! Die Thätigkeit des Lichtes, das Leuchten,
ist nicht möglich ohne den Stoff. Ebenfalls allgemein zuge=
standen! Das Wesen des Lichtes besteht im Thätig=Sein.
Desgleichen allgemein zugestanden! Also ist das Licht seiner
Natur nach gar nicht denkbar ohne den Stoff. Macht es sich
nun aber den Stoff als Grundlage seiner Wirksamkeit oder
schließt es denselben in seiner Natur ein? Nein! im Gegenteil
sind diese beiden Seinsarten notwendig einander entgegengesetzt.
Das Licht setzt unbezweifelt die Natur des Stoffes als unab=
hängige leidende Grundlage seiner Wirksamkeit voraus.

Auf der anderen Seite ist aber der Stoff im Bereiche der

Wirklichkeit wiederum nichts ohne das Licht, das ihm die erste, wenn auch möglichst allgemeine Bestimmung giebt. Beides gehört zusammen: die Natur des Stoffes und die Natur des Lichtes, um ein wirkliches, bestimmtes, stoffliches Sein zu ermöglichen — und doch schließt die Natur des einen keineswegs die des anderen in sich ein!

Noch mehr! Das Licht wirkt nur kraft der Himmelskörper, in denen die Elemente der stofflichen Dinge als reine Kräfte vorhanden sind; diese Himmelskörper aber wirken ihrer Natur nach wieder nur vermittelst ihrer eigenen Bewegung und somit wirken vermittelst dieser Bewegung auch die Kräfte, durch welche die Natur dieser Körper gebildet wird. Ist jedoch etwas beweglich, so hat es den ersten Grund seiner Bewegung nicht in sich, sondern außerhalb. Das Licht kann sich nicht den Stoff machen, um wirklich leuchten zu können; der Stoff kann nicht das Licht veranlassen, zu wirken; die Himmelskörper, welche vermittelst ihrer Bewegung das Licht, die ruhige Frucht ihrer unruhigen beweglichen Natur, ausstrahlen, tragen die Natur der irdischen Veränderungen, die Natur der Erde, könnte beinahe gesagt werden, in sich, jedoch in so vollkommener Weise, daß da nur stoffliche Kraft und keinerlei Grenze oder irgend eine Möglichkeit, vom irdischen Stoffe beeinflußt zu werden, sich vorfindet und demgemäß in ihrer Substanz nicht der mindeste Grund weder zu einem bestimmten Anfange noch zu einem gewissen Ende ihrer Wirksamkeit sich vorfindet; ihre Natur drückt sich eben in der Bewegung aus, die ihrem Begriffe nach Anfang und Ende, Maß und Ziel, nicht in sich besitzt! Wo aber kein Maß, da ist auch kein Sein! Und doch ist alles so schön ineinander gefügt: der Stoff gehorcht dem Lichte; das Licht aber strömt in festbestimmtem Maße aus den Himmelskörpern und vermittelt die unsterblichen Kräfte dem veränderlichen Wesen. Es keimt und blüht und wächst auf Erden und alles strebt nach der Ähnlichkeit dessen, was da am Sternenzelte waltet! „Kennst du die Ordnung am Firmamente und kannst du in ihr den Grund finden für das, was auf

Erden geschieht? Wer will erzählen die Harmonie der Sphären und den Zusammenklang der Himmel, wer vermag, ihn
zu stören" (Job 38).

Es muß ein Sein existieren, welches ganz unabhängig
in sich selbst, alles zu verleihen vermag; ein Urgrund muß
sein, der dem Licht es giebt, daß es bestimmend einwirkt, dem
Stoffe, daß er diese Einwirkung aufnimmt, den Himmelskörpern, daß sie die Kräfte, die ihre Natur bilden, in sich enthalten; der dies alles zudem nach Maß, Zahl und Gewicht
verbindet zu einer einheitlichen Gesamtwirksamkeit; dessen
Wirken nichts voraussetzt, ein in sich schlechthin vollkommenes,
in sich alleinstehendes Sein. „Das Licht wirkt nach der substantiellen Wesensform hin", „movet ad formam substantialem", sagt Thomas treffend; es wirkt nicht geradezu das
Wesen des Dinges, sondern es setzt ein Subjekt voraus, dessen
Beschaffenheit im dritten Kapitel noch näher zu prüfen ist.
Gott allein wirkt mit Voraussetzung von nichts.

Mögen nun die Textesworte des zweiten Beweises folgen,
nachdem deren weite, unermeßliche Grundlage einigermaßen ver-
anschaulicht worden ist: [16] „Der zweite Weg, auf welchem zur
Anerkennung des Daseins Gottes gelangt wird, beruht auf
dem Begriffe der bewirkenden Ursache. Wir finden nämlich

---

[16] Secunda via est ex ratione causae efficientis. Invenimus
enim in istis sensibilibus esse ordinem causarum efficientium;
nec tamen invenitur, nec est possibile, quod aliquid est causa
suiipsius; quia sic esset prius se ipso, quod est impossibile. Non
autem est possibile quod in causis efficientibus procedatur in
infinitum; quia in omnibus causis efficientibus ordinatis primum
est causa medii et medium est causa ultimi; sive media sint
plura, sive unum tantum. Remota autem causa, removetur
effectus. Ergo si non fuerit primum in causis efficientibus, non
erit ultimum, nec medium. Sed si procedatur in infinitum in
causis efficientibus, non erit prima causa efficiens; et sic non
erit effectus ultimus, nec causae efficientes mediae, quod patet
esse falsum. Ergo est necesse ponere aliquam causam efficientem
primam, quam omnes Deum nominant.

in den uns umgebenden, sinnlich wahrnehmbaren Dingen eine geordnete Folge von bewirkenden Ursachen; es kann nun jedenfalls nicht gesagt werden, daß etwas sich selber hervorbringe, da es einfach unmöglich ist, daß etwas früher sei als es ist. Gleicherweise ist es aber unmöglich, daß die Folge von bewirkenden Ursachen ununterbrochen ohne Ende sei, da in allen solchen bewirkenden Ursachen, die unter sich einen geordneten Zusammenhang haben, in denen also das eine die Ursache des anderen ist, das Erste die Mittelursache hervorbringt und diese die letzte Wirkung zur Folge hat, mag nun eine einzige Mittelursache oder eine Mehrzahl angenommen werden. Wird nun die Ursache entfernt, so muß auch die Wirkung fort bleiben; giebt es also kein Erstes, so fällt auch die Mittelursache weg und folgerichtig zugleich die letzte Wirkung. Da aber bei einer Reihe ohne Ende von bewirkenden Ursachen keine erste bewirkende Ursache vorhanden sein kann, so kann es auch keine Mittelursache und demgemäß keine Schlußwirkung geben, was offenbar den Thatsachen widerspricht. Es existiert daher notwendig eine erste bewirkende Ursache, welche eben alle Gott nennen."

§. 2.
Erläuterung des Textes.

47. Eigentliches Ergebnis des göttlichen Wirkens.

Thomas nimmt bei seinen Beweisen des göttlichen Daseins niemals seine Zuflucht weder zu einem rätselhaften sensus intimus, den noch niemand gesehen und dessen Existenz selber erst zu beweisen wäre, noch zu den immerhin fraglichen Ergebnissen geschichtlicher Forschung. Er sagt vielmehr zu jedem Menschen: Frage deine Sinne, sie werden es dir künden, deinen Verstand, er wird es dir sagen und regelrecht erschließen, daß die Existenz einer ersten wirkenden, dem Wesen nach von der Welt schlechthin getrennten Ursache eine unbedingte Notwendigkeit sei. „Das Reich Gottes ist in euch," ruft hier Thomas in ebenso man-

nigfaltiger Weife als er Gründe aufführt. Das innerfte
Fundament der Stimme des perfönlichen Gefühls, fowie der
Stimme der Völfer berührt der Engel der Schule; unbe=
ftimmte Phrafen macht er nie. Hier im zweiten Beweife weift
Thomas die Exiftenz Gottes nicht nur irgendwie nach, fondern
indem er darauf hinweift, was eigentlich im einzelnen Dinge,
welches Moment im einzelnen Sein, das Ergebnis
des Wirfens der erften Urfache bilde, und führt fomit
den erften Beweis weiter bis zur Grundlage der Beweglich=
feit einerfeits, wie diefelbe tief im Innerften des Beweglichen
fich findet und zu derjenigen des Bewegens andererfeits, wie
fie im Bewegenden befteht.

Vielfach find die auf jedes einzelne Sein einwirfenden
Urfachen, ganz entfprechend den vielfachen Beziehungen, die
dasfelbe zum anderen Sein hat. Der einzelne Menfch z. B. ift
einmal von großer oder fleiner Figur, dann mit Einbil=
dungsfraft begabt, ferner ein vernünftiges Wefen, ebenfo
ift er Menfch und endlich ift er einfach. Das find Be=
ziehungen zum Raume, zur Sinnenwelt, zur geiftigen
Idee, zur Gattung Menfch, zum Sein im allgemeinen;
Beziehungen, welche nur dann recht beurteilt werden fönnen,
wann deren wirfende Urfache berücffichtigt wird.

48. Erklärender Text.

Das thut aber Thomas folgendermaßen (qu. 1 de pot. art. 4):
„Es muß erwogen werden, daß, wenn zwei Wiffenfchaften vor=
liegen, von denen die eine höhere Urfachen zum Gegenftande
ihres Forfchens hat, die andere aber nicht gerade fo hohe, das
Urteil in beiden nicht auf diefelbe Art und Weife gewonnen wer=
den wird, fondern gemäß den Urfachen, welche den Gegenftand
einer jeden derfelben bilden; wie das z. B. offenbar ift beim
Ärzte und beim Sternfundigen, die wohl beide über eine ge=
wiffe Kranfheit ihr Urteil abgeben fönnen, der eine aber wird
in feinem Urteile durch höhere Gefichtspunfte und Urfächlich=
feiten geleitet werden, nämlich der Sternfundige; der andere

durch die zunächstliegenden. Der Arzt wird daher sein Urteil
über den Stand der Krankheit oder den bevorstehenden Tod
nach der unmittelbaren Ursache abgeben, also nach der körperlichen Konstitution des Kranken und dem Mißverhältnisse, das
unter den Teilen des Körpers durch die Krankheit hervorge-
rufen worden ist; der Sternkundige aber nach den Konstellationen
am Firmamente." Wo ist nun die Grundlage für die Erwägung und Auffindung solcher verschiedener Ursächlichkeiten?
Thomas setzt sie auf folgende Weise auseinander: „Jedes
Wirken muß einem Dinge in der Weise zugeteilt werden,
welche seinem thatsächlichen Sein entspricht. Nun hat aber
ein beschränktes, gesondertes Ding auch nur ein beschränktes,
gesondertes Sein und zwar in doppelter Hinsicht: 1) mit
Rücksicht auf sich selbst, denn nicht seine ganze Substanz ist
thatsächliches Sein, da derartige Dinge mit Vermögen ausgestattet sind, und demnach nur insoweit thätig erscheinen, also
wirklich thatsächliches Sein haben, inwieweit sie gebildet und
geformt worden, nicht aber inwieweit die Substanz noch das
Vermögen darbietet zu weiterer Entwickelung und Bildung;
ist doch der Mensch nicht mit dem Verstande thätig, also
thatsächlich verständig, inwieweit dieser das Vermögen ist,
zu verstehen, sondern inwieweit er wirklich versteht; sowohl
aber das Vermögen als auch die wirkliche Bethätigung sind
gleicherweise von der Substanz getragen; — sonach ist nicht
die ganze Substanz des beschränkten Seins wirkliche Thätigkeit und demgemäß wirkliches thatsächliches Sein, sondern was
in ihr von der bildenden Form wirklich bestimmt und bethätigt ist, woneben noch der Substanz ein sehr weites Vermögen bleibt; — 2) mit Rücksicht auf das andere thatsächlich bestehende Sein; denn in keinem Dinge innerhalb der
Natur sind die Vollkommenheiten aller der Dinge, die thatsächliches Sein haben, vorhanden und noch weniger also sind sie thatsächlich wirksam; sondern eine jede Gattung des Geschöpflichen
und ein jedes Einzeln-Sein in einer solchen Gattung hält
von Natur aus seine Wirksamkeit auf einen bestimmten Seins-

kreis gerichtet, wie z. B. die menschliche Vernunft ihrer Natur
nach die Ideen nur aus den stofflichen Substanzen zu schöpfen
vermag und das Auge nur der Farbe zugewendet ist. Des=
halb kann auch das Wirken keiner natürlichen Seinsgattung
sich auf das Sein im allgemeinen, d. h. auf das Sein an
und für sich, erstrecken, insoweit ein Ding eben einfach ist,
sondern nur auf dieses oder jenes Sein, insoweit es nämlich
in bestimmten Schranken sich befindet und einer bestimmten
Gattung angehört; es ist ja auch natürlich, daß eine Substanz,
deren thatsächliches zum Wirken befähigendes Sein beschränkt
und bestimmt ist, auch von sich aus nur Beschränktes und zwar
ihm Ähnliches wirken kann. Jedes natürliche Sein setzt so=
mit für sein Wirken ein bereits existierendes Sein voraus, das
da in einer festbegrenzten Gattung sich befindet oder wenig=
stens die Hinneigung zu einer solchen schon positiv in sich ent=
hält, wie z. B. das Feuer, wenn es seiner Natur gemäß
wirken soll, bereits ein Sein vor sich haben muß, welches die
bestimmt ausgesprochene Fähigkeit hat, erwärmt zu werden.
Daher kommt es auch, daß jedes natürliche Sein vermit=
telst der Bewegung wirkt und sonach als unerläßliche Vor=
bedingung einen Stoff verlangt, welcher das Subjekt der Be=
wegung und Veränderung sein, also bewegt oder verändert
werden kann; mit einem Worte, daß es nicht aus Nichts etwas
zu bewirken vermag. Gott aber ist nur und rein thatsäch=
liches Sein — sowohl rücksichtlich seiner selbst, weil
in ihm keinerlei Vermögen ist, das weiterer Entwickelung fähig
wäre; — als auch rücksichtlich aller Dinge, die that=
sächlich bestehen — denn in ihm ist die Quelle alles Seins.
Deshalb bringt er auch durch sein Wirken das ganze Sein
hervor und nichts wird für dieses Wirken vorausge=
setzt, da er das Princip des Seins an sich und seiner ganzen
Substanz nach (actualitas) Thatsächlichkeit ist. Aus diesem
Grunde kann er aus Nichts etwas machen und nennt man
dieses Wirken „Schaffen" . . . Das bloße reine Sein näm=
lich, wonach etwas eben ist und weiter nichts, wird von der

allumfassenden Ursache gewirkt, der nichts entgeht, was irgend=
wie ist; was aber diesem Sein bestimmend und beschränkend
hinzugefügt wird (wie z. B. das Mensch=Sein, das Ver=
nünftig=Sein, das Groß= oder Klein=Sein), das kommt
von den untergeordneten, von den zweiten Ursachen her, die da
erst wirken können unter der Voraussetzung, daß etwas da ist,
also unter Voraussetzung der Wirkung des allumfassenden
Grundes, und daraus ergiebt sich, daß kein Ding etwas Sein
verursachen kann, außer indem es irgendwie teilnimmt an der
göttlichen Gewalt und von dieser die Kraft erhält, selber auch
zu wirken."

49. Beziehung auf den Text des zweiten Beweises.

Mit dieser Auseinandersetzung erläutert Thomas selbst die
Bedeutung der wenigen Worte des obigen Textes: „Die erste
Ursache ist der Grund von der Wirksamkeit der Mittelursachen
und somit auch von der Schlußwirkung; fällt sonach die erste
fort, dann fällt auch zugleich alles fort, was folgt." Entwickelt
sich vor den Augen des Menschen eine Folge von Ursache und
Wirkung? Unleugbar. Verlangt eine jede dieser natürlichen Ur=
sächlichkeiten einen bereits gegebenen Stoff oder allgemeiner ein
wie auch immer beschaffenes Sein, um darauf ihre Wirksamkeit
zu richten? Ohne Zweifel. Der Tischler bedarf des Holzes,
der Bildhauer des Marmors, der Maler der Leinwand. Dies
gilt aber mit metaphysischer Notwendigkeit von jeder Ursächlich=
keit, welche im subjektiven Sein beschränkt, d. h. von außen ab=
hängig ist; kann doch keine Ursache über ihr Sein hinauswirken.
Ist ihr eigenes Sein beschränkt und demgemäß entwickelungs=
fähig, sei es auf Grund der Bewegung von außen her, sei es
vermittelst innerer Veränderung, so kann sie nicht schrankenlos
in der Wirksamkeit sein, somit nicht wirken, wo nichts vorliegt.

Andererseits wirken aber diese Ursächlichkeiten thatsächlich
vor den Augen der Menschen; — invenimus in istis sensi=
bilibus; — also erfordert eine jede derselben, so klein oder so
groß sie sein mag, das Dasein einer völlig schrankenlosen

Ursächlichkeit, von welcher die erste Unterlage für das Wirken einer jeden von ihnen ausgehen muß und deren Wegfall not=wendig den Wegfall aller anderen zur Folge hat, da jede ein=zelne von diesen auf einen vorausgesetzten Stoff angewiesen ist und ohne einen solchen, d. h. mit Voraussetzung von Nichts, nicht wirken kann. Eine in der Wirkung durch nichts ge=hinderte, schrankenlose Ursache bedingt aber auch nach dem oben bereits erwähnten Grundsatze, dem gemäß das erzeugte Sein der Art und Weise des Wirkens und diese ihrerseits dem subjektiven Sein im Wirkenden entspricht, ein völlig schrankenloses, alles Vollkommene in sich enthaltendes Wesen.

Aber auch von seiten des thatsächlichen Wirkens der untergeordneten zweiten Ursachen, nicht bloß von seiten dessen, was für die Möglichkeit einer Wirkung seitens des Gegen=standes erfordert wird, führt der engelgleiche Lehrer zum selben Schlusse (qu. 3 de pot. art. 7):[17] „Die untergeordnete

---

[17] Qu. 1. de pot. art. 4. Si sunt duae scientiae, quarum una considerat causas altiores et alia minus altas; judicium in utraque non eodem modo sumetur; sed secundum causas, quas utraque considerat, ut patet in medico et astrologo, quorum astrologus considerat causas supremas et medicus causas proximas. Unde medicus dabit judicium de sanitate vel de morte infirmi secundum causas proximas, id est virtutem naturae et virtutem morbi; astrologus autem secundum causas remotas, scilicet secundum positionem siderum.

l. c. qu. 3. art. 1. Omne agens agit, secundum quod est actu; unde oportet quod per illum modum alicui agenti actio attribuatur quo convenit ei esse in actu. Res autem particularis est particulariter in actu; et hoc dupliciter: Primo ex compara-tione sui, quia non tota substantia sua est actus, cum hujusmodi res sunt compositae ex materia et forma: et inde est quod res naturalis non agit secundum se totam, sed agit per formam suam per quam est in actu. Secundo in comparatione ad ea, quae sunt in actu. Nam in nulla re naturali includuntur actus et perfectiones omnium eorum, quae sunt in actu; sed quaelibet illarum habet actum determinatum ad unum genus et ad unam speciem: et inde est, quod nulla earum est activa entis secundum

Natur, wenn sie in Thätigkeit übergeht, bewegt und verändert nicht, außer inwieweit sie selber in Bewegung gesetzt worden

---

quod est ens, sed ejus entis secundum quod est hoc ens, determinatum in hac vel illa specie: nam agens agit sibi simile. Et ideo agens naturale non producit simpliciter ens, sed ens praeexistens et determinatum ad hoc vel ad aliud, ut puta ad speciem ignis vel albedinis vel ad aliquid hujusmodi. Et propter hoc agens naturale agit movendo; et ideo requirit materiam, quae sit subjectum mutationis vel motus et propter hoc non potest aliquid ex nihilo facere. Ipse autem Deus est totaliter actus — et in comparatione sui quia est purus actus, non habens ad mixtam potentiam; — et in comparatione rerum, quae sunt in actu, quia in eo est omnium entium origo; unde per suam actionem producit totum ens subsistens, nullo praesupposito, utpote qui est totius entis principium et secundum se totum. Et propter hoc ex nihilo aliquid facere potest: et haec actio ejus vocatur creatio. Et ideo dicitur in libro de causis prop. 18., quod esse ejus est per creationem, vivere vero et caetera hujusmodi per informationem. Causalitates enim entis absolute reducuntur in primam causam universalem; causalitates vero aliorum, quae ad esse superadduntur vel quibus esse specificatur, pertinent ad causas secundas, quae agunt per informationem, quasi snpposito effectu causae universalis: et inde etiam est, quod nulla res dat esse nisi in quantum in ea est participatio divinae virtutis.

qu. 3. de pot. art. 7. Et quia natura inferior non agit nisi mota, eo quod hujusmodi corpora inferiora sunt alterantia alterata: caelum autem est alterans non alteratum et tamen non est movens nisi motum et hoc non cessat quousque perveniatur ad Deum: sequitur de necessitate quod Deus sit causa cujuslibet actionis naturalis ut movens et applicans virtutem ad agendum.

l. c. ad 4. Ordo effectuum est secundum ordinem causarum. Primus autem effectus est ipsum esse, quod omnibus aliis effectibus praesupponitur et ipsum non praesupponit aliquem alium effectum; et ideo oportet quod dare esse in quantum hujusmodi sit effectus primae causae solius secundum propriam virtutem: et quaecunque alia causa dat esse, hoc habet in quantum est in ea virtus et operatio primae causae et non per propriam virtutem; sicut et instrumentum efficit actionem instrumentalem non per virtutem propriae naturae, sed per virtutem moventis; sicut calor natu-

ist: denn die irdischen stofflichen Dinge sind wohl geeignet, Ver=
änderungen in anderen zu bewirken, unterliegen aber auch
wieder ihrerseits der Veränderung: und selbst die Himmels=
körper, obgleich sie in ihrer Substanz nicht dem Einflusse
äußerer verändernder Ursachen unterworfen sind, befinden sich
doch in Bewegung und bedürfen demnach eines Anstoßes von
außen her, der sie in Bewegung setzt, so daß da an kein Ende
zu gelangen wäre, wenn man nicht zu einer ersten, ganz
und gar aus sich heraus wirksamen und demgemäß
wesentlich unveränderlichen Ursache schließlich käme."

50. Ordnung in den bewirkenden Ursachen.

Noch ein Wort hebt Thomas in den Texteswortes des
zweiten Beweises hervor, das einige Erläuterung verdient und
dieselbe auch im Thomas, welcher immer der einmal gegebenen
Lehre getreu bleibt, findet. Thomas sagt: „In allen Ursachen, in
welchen Ordnung herrscht;" — was meint er damit? Er ant=
wortet so (l. c. ad 4): „Die geordnete Reihenfolge in den Wir=
kungen bildet sich gemäß der Ordnung, die in den Ursachen
herrscht. Die erste Wirkung ist natürlich das Sein selbst, ipsum
esse, das alle anderen Wirkungen voraussetzen und das selber
von sich aus keine andere Wirkung voraussetzt; somit ist es er=
forderlich, daß das Verleihen dieses Seins, insoweit es als Sein

---

ralis per virtutem animae generat carnem vivam, per virtutem
antem propriae naturae solummodo calefacit et dissolvit.

l. c. ad 5. Oportet enim si aliquid unum communiter in
pluribus invenitur, quod ab aliqua una causa in illis causetur;
non enim potest esse quod illud commune utrique ex seipso conveniat, cum utrumque, secundum quod ipsum est, ab altero distin-
guatur; et diversitas causarum diversos effectus producit. Cum
ergo esse inveniatur omnibus rebus commune, quae secundum
illud quod sunt ab invicem distinctae sunt, oportet, quod de
necessitate eis non ex seipsis, sed ab aliqua una causa esse
attribuatur. Et ista videtur ratio Platonis, qui voluit, quod
ante omnem multitudinem esset aliqua unitas, non solum in
numeris sed etiam in rerum naturis.

einfach und ohne weitere Beschränkung betrachtet wird, derjenigen Ursächlichkeit allein eigentümlich sei, welche ohne Voraussetzung der Wirksamkeit einer anderen Ursache thätig ist, also
offenbar der unbedingt ersten gemäß der dieser Ursache allein
eigentümlichen Kraft." Noch klarer (l. c. ad 5): „Es ist unbedingt notwendig, daß, wenn eine Eigentümlichkeit oder ein Zustand in mehreren Dingen als ein allen diesen gemeinsamer vor-
gefunden wird, dies von einer gemeinsamen Ursache für sie alle
ausgehe; denn es ist nicht möglich, daß das Gemeinsame jedem
Einzelndinge zukomme, insoweit ein jedes einzeln besteht; da
es ja als einzelnes durchaus getrennt und geschieden von
allem anderen Einzelnen ist und die Verschiedenheit in den
Wirkungen auf die Verschiedenheit in den Ursachen führt. Da
also das „Sein" von allen bestehenden Dingen schlechthin
ausgesagt wird, mithin allem gemeinsam ist, mag auch jedes
einzelne vom anderen als einzelnes getrennt und geschieden
sein, so kann dieses Sein den Einzelndingen nicht, insoweit sie
einzeln sind, zukommen aus sich selbst, sondern es muß von
einer und derselben Ursache herrühren. Und diesen Grund
scheint Plato zu haben, wenn er bestimmt, daß vor jeder Menge
eine Einheit sei, nicht nur in den Zahlen, sondern auch in
den Wesenheiten." Es darf hier nur noch angedeutet werden,
wie auch aus diesem Beweise die zwei bereits in der Darlegung des ersten Beweises aufgestellten Sätze als sich gegenseitig bedingend hervorgehen: 1) Gott ist seinem Wesen nach
völlig und in jeder Beziehung getrennt vom Geschaffenen; —
2) er ist mit der Schöpfung auf das innigste verbunden als
wirkende Ursache. Je mehr die Dinge in der Natur nach
Gott als nach ihrem Grunde rufen, desto lauter und entschiedener rufen sie auch hinaus „non est in nobis". „Wie die
Himmel hoch erhaben sind über der Erde" und derselben wohl
geben, aber nichts erhalten, „so hoch erhaben ist die Barmherzigkeit Gottes über das Gebilde seiner Hände" (Ps. 102).
Darauf geht der nächste Paragraph mehr ein.

§. 3.

Die formelle Beschaffenheit der Gotteserkenntnis und die Zurückweisung der entgegenstehenden Irrtümer.

51. Endliches und Unendliches. Kuhn.

Es ist gerade für die vorliegende Untersuchung nicht genug zu betonen, daß, wenn der denkende Geist zu ernsten und eingreifenden Ergebnissen gelangen will, er nach dem Vorbilde des heiligen Thomas nur nüchternen, beinahe möchte der Ausdruck am Platze sein, nur saß- und greifbaren Begriffen zugänglich sein darf. Wer nicht für die natürliche Gotteserkenntnis immer wieder auf das „sensu constat", „invenimus in istis sensibilibus", also auf die von Gott gegebene Grundlage der sichtbaren Welt zurückkommt, wird vielleicht mit hohen Redensarten das Dasein Gottes feiern und seine Vollkommenheiten darthun; aber er wird am Ende selbst nicht wissen, woher eigentlich er seine Kenntniß schöpft und was schließlich Positives und wirklich Erbauendes darin enthalten ist.

Die Ansicht Kuhns von der formellen Gotteserkenntnis und zumal von der Idee des Unendlichen, beziehungsweise von deren Gewinnung ist unter den modernen katholischen Ansichten wohl die mildeste und dem heiligen Thomas noch am nächsten liegende; aber weil sie nicht auf dem festen klaren Fundamente der sichtbaren Außenwelt steht, kann sie auch nicht die Einfachheit und Tiefe besitzen, die ein solches die Spur des Unendlichen selbst tragendes Fundament mitzuteilen vermag.

52. Text aus Kuhn; Dogmatik 2. Aufl. Bd. 1, S. 6.

Kuhn schreibt S. 6: „Kraft dieser uranfänglichen und allgemeinen Offenbarung Gottes (der Schöpfung) trägt der Mensch in seinem vernünftigen Geiste das Bewußtsein des Unendlichen unmittelbar in sich und durch seinen verständigen Geist ist er im stande, dasselbe durch denkende Betrachtung der Außenwelt, wie seines eigenen Innern zur vermittelten Erkenntnis

Gottes zu erheben . . ." S. 506: „Der menschliche Geist wird nicht erst durch einen auf sein Selbstbewußtsein gebauten Schluß, sondern ebenso unmittelbar Gottes inne wie seines eigenen Selbst . . ." S. 589: „Denkt man sich der christlichen Idee gemäß Gott als die unmittelbare, absolute Ursache der Welt, so kommt das Wesen des Unendlichen im Endlichen zur Erscheinung und zwar in aufsteigender Progression oder so, daß in den vollkommensten Weltwesen, den Vernunftwesen, die Erscheinung Gottes sich zum Bewußtsein gestaltet . . ." S. 6: „Der Urheber der Welt ist auch ihr Träger, Erhalter und Leiter; als solcher ist er in den von ihm ins Dasein gerufenen Dingen immer gegenwärtig und zwar nicht bloß von außen auf sie wirkend durch seine allmächtige Kraft, sondern mit seinem Wesen selbst sie innerlich durchdringend (Apst. 17, 26—28); vermöge dieser seiner wesentlichen Präsentialität ist er das Licht der Menschen, das von Anfang an leuchtet" (vgl. Heinrich, Dogmatik, III. S. 137).

53. Thomas.

Alle diese Äußerungen können sich vielleicht durchaus rechtfertigen lassen. Gemäß der ersten trägt der Mensch das Bewußtsein des Unendlichen wohl unmittelbar in sich, aber doch nur kraft der äußeren Schöpfung. Das eigene Selbst ferner schaut auch nach Thomas der Mensch nicht unmittelbar, sondern vermittelst der aufgefaßten, aus den sinnlichen Dingen geschöpften Ideen; noch weniger baut endlich Thomas auf das Selbstbewußtsein einen Schluß, um „Gottes inne zu werden"; vielmehr könnte nach Thomas der Mensch wohl eben so schnell zum thatsächlichen Selbstbewußtsein gelangen, als zur Erkenntnis Gottes. Aber davon abgesehen; — wie klar und durchsichtig ist im Vergleiche zu diesen Auseinandersetzungen die Sprache des heiligen Thomas. Er erkennt mit dem Areopagiten einen dreifachen Weg an, um vermittelst der natürlichen Vernunft etwas von Gott zu wissen. Die geschöpfliche Vernunft kann nämlich Gott erkennen: 1) indem sie die Schranken des geschaf-

8*

jenen Seins wegdenkt — via negationis; 2) indem sie alles von ihm aussagt, was dem ersten wirkenden Grunde gebührt — via causalitatis; und 3) das von Gott behauptet, was die Geschöpfe als reine Vollkommenheit unstreitig besitzen — via affirmationis oder supereminentiae.

Werden nun mit dieser Angabe die Gottes=Beweise verglichen, zu welchen die Sinnenwelt bei Thomas der Vernunft das Material bietet, so erhellt leicht, wie der heilige Lehrer seine Theorie durch die Praxis bestätigt. In jedem dieser Beweise ist einer dieser drei Wege, um Göttliches zu erkennen, vorzugsweise betreten; der erste bewegt sich zumeist auf der via negationis, der zweite betritt schon mehr den Weg der Ursächlichkeit; in allen aber besteht die unumgängliche Vorbedingung darin, daß aus dem Endlichen das Unendliche erkannt werde; also weder vermittelst angeborener Ideen noch durch die unmittelbare Gegenwart des Unendlichen. Ist nun die Verwirklichung dieser Vorbedingung dem Wesen der Vernunft entsprechend? Ist es und beziehungsweise wie ist es möglich, daß die geschöpfliche Vernunft im Endlichen das Unendliche, im Geschaffenen das Dasein eines persönlichen und voll selbständigen Unendlichen erkenne? Die Ontologisten, Traditionalisten 2c. leugnen diese Möglichkeit; Thomas behauptet dieselbe offenbar.

54. Einwurf des Ontologismus.

Zur Vermeidung aller Zweideutigkeiten sei von vornherein ausdrücklich darauf hingewiesen, daß es sich hier nicht um den Begriff eines unbestimmt Unendlichen, sondern um das wirklich und thatsächlich Unendliche, also um jenes Unendliche handelt, das vollauf Wirklichkeit ist und nicht bloß in der Möglichkeit oder in der träumerischen Phantasie existiert. Nicht nach dem sogenannten ens commune der modernen Philosophie, das da aller weiteren Bestimmung noch fähig und somit unendlich, d. h. ohne Ende unbestimmt ist, wird gefragt, sondern nach dem ens perfectum. Die Gegner leugnen im allgemeinen, daß das Endliche zu jenem Unendlichen geleiten kann, welches in sich vermöge seiner souveränen Fülle vollauf bestimmt ist und demgemäß keiner Bestimmung oder Beendung von außen her zugänglich erscheint. Der Aquinate bezeichnet dieses letztere Unendliche mit dem stehenden Ausdrucke: ens quod est sibi maxime finitum, das somit nur in sich sein eigenes Maß hat oder vielmehr sein Maß selber ist. Nach dem Ontologismus könnte die Idee des Unendlichen nur dann aus dem Endlichen geschöpft werden, wenn diese erstere Idee keine eigene Selbständigkeit im subjektiven Sein, keine eigene Natur bedingte, sondern nur jene, die rein aus der Ver= mehrung des Endlichen oder aus der einfachen Leugnung der Grenzen entstände.

Darauf ist zu erwidern, daß allerdings das bloße Hinzu= fügen des einen Endlichen zum anderen keineswegs die Idee des thatsächlich Unendlichen, das infinitum actu, ergiebt, sondern nur die eines Vermögens, wonach etwas immer zahlreicher oder immer größer gedacht werden kann, ein in= finitum in potentia, wie Locke in der Abhandlung über den menschlichen Verstand (2, 15.) richtig bemerkt; — daß ferner auch aus der bloßen Leugnung der Grenzen noch lange kein in der Thatsächlichkeit Unbegrenztes gewonnen wird, sondern daß eine solche reine Leugnung, da eben das Endliche nur kraft seiner Grenzen in Wirklichkeit ist (— ohne Grenzen be= stände es jedenfalls nur in der Möglichkeit —) vielmehr ge= eignet wäre, alles Wirkliche hinwegzuräumen; — daß aber wohl beides zusammen, in Verbindung mit der natür= lichen Kraft der Vernunft, also die Vereinigung dieser drei Elemente, mit Notwendigkeit das Dasein des gesuchten Unendlichen erschließt.

55. Stelle aus Thomas.

Eine Stelle aus Thomas möge diese Behauptung zu= vörderst verdeutlichen:[18] „Je erhabener eine Ursächlichkeit ist,

---

[18] Qu. 3. de pot. art. 7. Quanto enim una causa est altior, tanto est communior et efficacior, et quanto est efficacior, tanto

desto umfassender und wirksamer ist sie; und je wirksamer sie
ist, desto tiefer durchdringt ihre Gewalt das Gewirkte und
desto weniger setzt sie für ihre Wirksamkeit voraus. Nun finden
wir aber in jeglichem Dinge, 1) daß es ist, also überhaupt
am Sein teilnimmt; 2) daß es ein Glied der Natur mit
ihren Grenzen ist; 3) daß es in einer Seinsgattung sich
vorfindet. Die erste Eigentümlichkeit ist gemeinsam Allem,

---

profundius ingreditur in effectum, et de remotiori potentia ipsum
reducit in actum. In qualibet autem re naturali invenimus quod
est ens et quod est res naturalis et quod est talis vel talis naturae.
Quorum primum est commune omnibus entibus; secundum
omnibus rebus naturalibus; tertium in una specie; et quartum,
si addamus accidentia est proprium huic individuo. Hoc ergo
individuum agendo non potest constituere aliud in simili, nisi prout
est instrumentum illius causae, quae respicit totam speciem et
totum esse naturae inferioris. Et propter hoc nihil agit in speciem
in istis inferioribus nisi per virtutem corporis caelestis, nec aliquid agit ad esse nisi per virtutem Dei. Ipsum enim esse est
communissimus effectus primus et intimior omnibus aliis effectibus;
et ideo soli Deo competit secundum propriam virtutem talis
effectus; unde etiam, ut dicitur in lib. de causis prop. 9. intelligentia non dat esse nisi prout est in ea virtus divina. Sic ergo
est causa omnis actionis, prout quodlibet agens est instrumentum
divinae virtutis operantis. Sic ergo, si consideremus supposita
agentia, quodlibet agens particulare est immediatum ad suum
effectum. Si autem consideremus virtutem qua fit actio, sic virtus
superioris causae erit immediatior effectui, quam virtus inferioris;
nam virtus inferior non conjungitur suo effectui nisi per virtutem
superioris; unde dicitur in lib. de causis prop. 1, quod virtus primae
causae prius agit in causatum et vehementius ingreditur in ipsum.
Sic ergo oportet virtutem divinam adesse cuilibet rei agenti, sicut
virtutem corporis caelestis oportet adesse cuilibet corpori elementari agenti. Sed in hoc differt, quid, ubicunque est virtus divina,
est essentia divina; non autem essentia corporis caelestis est, ubicunque est sua virtus: et iterum Deus est sua virtus, non autem
corpus caeleste. Et ideo potest dici, quod Deus in qualibet re
operatur in quantum ejus virtute quaelibet res indiget ad agendum: non autem potest proprie dici, quod caelum semper agat
in corpore elementari, licet ejus virtute corpus elementare agat.

was ist: omnibus entibus; die zweite allen Dingen, die im Bereiche der Natur sind; die dritte allen, die an derselben Seinsgattung teilnehmen und, soll noch eine vierte hinzugefügt werden, so wird sie alles jenes umfassen, was dem einzelnen Dinge als solchem, d. h. als einzelnem zugehört. Deshalb kann das Einzeln=Sein als solches durch sein Wirken es nicht erreichen, daß etwas dieselbe Seinsgattung erhält, denn die niedrigere Ursache kann nicht bewirken, was höher ist und was auf sich selbst beschränkt ist, kann nicht hervorbringen, was Vielem gemeinsam ist; nur in dem einzigen Falle kann auch das Einzelnding auf die Mitteilung der Seinsgattung hinwirken, wenn es derjenigen Ursache als Werkzeug dient, die sich auf die ganze Seinsgattung erstreckt oder noch weiter, welche das ganze Sein, inwieweit es im Bereiche der irdischen Natur sich befindet, mit ihrer Kraft umschließt. Deshalb bewirkt auch das Einzelnding innerhalb der stofflich-irdischen Natur nur insofern etwas der Gattung nach, inwiefern es die verursachende Kraft der Himmelskörper im einzelnen Falle vermittelt, die da Gewalt haben über den ganzen, der Veränderung sowie dem Entstehen und Vergehen unterworfenen Stoff; und selbstverständlich trägt die verursachende Gewalt des Einzelndinges nur insoweit zum einfachen Sein eines anderen bei, ist also die Ursache des letzteren, insoweit dieses ist, als es unter Voraussetzung der Wirksamkeit des ersten Grundes und kraft desselben thätig ist. Denn das Sein ist die allgemeinste Wirkung und die erste und durchgreifendste, bis tief ins Innere des Dinges hinein, die da allen anderen Wirkungen, wie immer sie auch beschaffen sein mögen, vorausgeht und deshalb auch Gott allein zukömmt. Nur vorausgesetzt, daß der Mensch ist, gehört er zur Gattung Mensch, ist vernünftig, freien Willens, wohl= oder übelgestaltet u. dgl.; die verursachende Kraft Gottes ist somit dem einzelnen Menschen näher als seine eigene Seele, welche ihn zum Menschen, näher als die Vernunft, welche ihn vernünftig, näher als der eigene Wille, der ihn zum freien Menschen macht; denn sie ist es, welche die Voraussetzung von allem diesem bewirkt, nämlich daß der Mensch ist. In solcher Weise ist Gott die Ursache alles und jeden Wirkens, inwiefern jegliche wirkende Ursache nur wirkt unter der Voraussetzung des Wirkens der göttlichen Kraft oder richtiger als Werkzeug derselben. Wenn wir also die Einzeldinge als selbständig existierende in ihrem Einzeln=Dasein betrachten, sei es, daß sie Personen, sei es, daß sie nur supporita sind, so ist ihr Wirken unvermittelt auf das Gewirkte gerichtet; wenn wir aber die Kraft berücksichtigen, vermittelst deren sie wirken, so ist die Kraft der höheren Ursäch= lichkeit unmittelbarer mit der Wirkung verbunden, als die der niedrigeren; denn letztere kann gar nicht wirken außer vermittelst der höheren (etwa gleichwie die Gewalt des Königs als obersten Kriegsherrn eher und wirksamer und unvermittelter dem Unteroffiziere Gehorsam verschafft, welcher kraft derselben kommandiert, als die Gewalt seines Bataillons= chefs, während, was die Person betrifft, die des Unter= offiziers und auch des Bataillonschefs unvermittelter dem Exerzieren des Rekruten gegenübersteht). Deshalb sagt der „liber de causis" mit Recht, daß die Kraft der ersten Ur= sache eher und tiefer auf das Verursachte einwirkt, als die jeder anderen. So also muß die göttliche wirkende Macht in jeder anderen Ursache wirksam sein, etwa wie das Licht als Vermittelung der Kraft der Himmelskörper die Grundlage des Wirkens aller stofflich vergänglichen Ursachen bildet. Freilich ist darin ein gewaltiger Unterschied, daß Gottes Substanz selber reine Thatsächlichkeit ist und somit, wo Gott wirkt, auch kraft dieses Wirkens seine Substanz sich findet, daß letztere also überall ist, während die Himmelskörper ihrer subjektiven Natur nach nicht überall da sind, wohin ihr Thätig=Sein reicht."

56. Drei Obliegenheiten der Vernunft.

Aus dieser lichtvollen Stelle ergeben sich alsbald drei natürliche Obliegenheiten der Vernunft, durch welche sie mit dem in Wirklichkeit Endlichen in Verbindung steht. Die Vernunft erfaßt 1) das Wesen der endlichen Dinge; 2) das Allgemeine; 3) sieht sie ab vom Besonderen, inwieweit dadurch das Einzelding als einzelnes bedingt wird. Thomas bezeichnet dies oben mit den Worten, daß jedes Ding 1) ist, 2) ein Glied des Alls, der Natur, ist, und 3) zu einer bestimmten Gattung gehört. Mag zuerst der Thatbestand festgestellt werden.

Existiert in den Dingen und zwar in jedem einzelnen, soweit es geschaffen ist, eine Möglichkeit, zuzunehmen oder abzunehmen, sich weiter zu entwickeln oder zurückzugehen und hat diese Möglichkeit in sich selber ihre allseitige Grenze? Genauer: Hat jegliches Geschöpf innerhalb seiner Natur eine Beziehung zu allem Sein, sei es, daß es in sich die Fähigkeit hat, ein anderes und wieder ein anderes und so weiter fort ohne Ende anders zu werden: sei es, daß es ein Glied des Alls ist, als solches die entsprechende Wirksamkeit alles anderen Seins in dieser oder jener Weise voraussetzt und sein eigenes Wirken wieder vom anderen Sein ohne Ende vorausgesetzt wird? Die Beantwortung dieser Fragen läßt keinen Zweifel zu. Denn jedes Geschöpf hat sein einfaches Sein, also daß es eben ist, der ersten Ursache zu danken, welche die allgemeine Ursache des Seins ohne jede weitere Voraussetzung bildet, wie in den obigen Worten Thomas bemerkt. Offenbar entsteht aber aus dieser Ursächlichkeit, wie aus jeder anderen eine Beziehung des Verursachten zur Ursache:[19] „Eine Sache kann

---

[19] In Boët. de Trinit. qu. 1. art. 2. Dupliciter aliqua res cognoscitur. Uno modo per formam propriam, sicut oculus videt lapidem per speciem lapidis: alio modo per formam alterius similem sibi, sicut cognoscitur causa per similitudinem effectus, ut homo per formam suae imaginis ..... causa autem tanto ex effectu perfectius cognoscitur, quanto ex effectu magis apprehenditur habitudo causae ad effectum. Quae quidem habitudo in effectu non pertingente ad aequalitatem suae causae attenditur secundum tria: scilicet secundum progressum effectus a causa

auf zweifache Weise erkannt werden," so Thomas, „einmal vermittelst der eigenen Wesensform, wie z. B. der Stein erkannt wird vermittelst des Bildes, welches von seiner eigenen subjektiven Form im Auge wiederstrahlt; dann aber auch vermittelst einer anderen, ihr ähnlichen Form, wie z. B. die Ursache durch die Ähnlichkeit, welche zwischen ihr und der entsprechenden Wirkung besteht. Unsere Vernunft wird aber umsomehr die Ursache aus der Wirkung erkennen, je mehr sie die Beziehung, welche die Ursache zur Wirkung hat, auffaßt. Diese Beziehung bemißt sich nun in allen Wirkungen, welche nicht bis zur Theilnahme am wesentlichen Gattungs-Sein der Ursache reichen, also in der bestimmten Art zu sein, der Ursache nicht gleich werden, nach drei Umständen: nämlich 1) danach, daß die Wirkung ihr Sein von der Ursache hat, also von dieser gerade in solcher und nicht in anderer Weise ausgeht; dann 2) danach, daß erstere irgendwie eine Ähnlichkeit mit der Ursache besitzt, und endlich 3) danach, daß sie unter verschiedenen Rücksichten von der Vollkommenheit der Ursache sich entfernt."

Steht also demgemäß jedes geschöpfliche Sein in einer derart gestalteten Beziehung zur allgemeinen Seins-Ursache, so hat es ebenso notwendig in sich ein Vermögen für alles, nämlich sowohl für das, was wirklich als was bloß möglich ist, d. h. ein Vermögen „ohne Ende", wie diese allgemeine wirkende Ursache, als unbedingt erste und grenzenlos unabhängige, eine

---

et secundum hoc quod consequitur effectus de similitudine suae causae et secundum hoc quod deficit ab ejus perfecta consecutione. Et sic tripliciter mens humana proficit in cognitione Dei; quamvis ad cognoscendum quid non pertingat sed solum an est. Et primo secundum quod perfectius cognoscitur ejus productio et efficacia. Secundo prout nobiliorum effectuum causa cognoscitur; quia cum ejus similitudinem altiori modo gerant, ejus eminentiam magis commendant. Tertio quod magis ac magis cognoscitur elongatus ab his omnibus quae in effectibus apparent. Unde dicit Dionys. de div. Nom. quod cognoscitur ex omnium causa et excessu et ablatione.

unermeßliche Fülle, eine Fülle ohne Ende, in sich besitzt und ebenso natürlich wie der genannten ersten Ursache das thatsächlich Unendliche, d. h. die Unmöglichkeit, von außen her „geendet" zu werden, zukömmt, ebenso natürlich ist in jeder Wirkung dieser Ursache die Spur des Unendlichen als Vermögen ohne Ende, d. h. als Vermögen, unter der von außen kom= menden Einwirkung des thatsächlich Unbegrenzten zu stehen. Dies ist die Grundähnlichkeit, vermittelst deren jedes Geschöpf ohne Ausnahme zum Urgrunde führt.

Auf welche Art und Weise soll es aber führen? Wie soll dieses passive Vermögen für eine Entwickelung und Ver= vollkommnung „ohne Ende" vom Geschöpfe kundgethan werden? Das kann nur in und vermittelst der Vernunft geschehen. Hat die Vernunft also den Begriff des Unendlichen innerhalb ihrer selbst, ehe sie das Endliche vor sich hat? Nein! Das ist unmöglich! Das „ohne Ende" ist ja nur möglich in einem Wirklichen, also in einem dem thatsächlichen Bestande nach Endlichen; kann doch ein solch reines endloses Vermögen ohne jegliche positive Grundlage gar nicht einmal gedacht werden, also auch keine Wahrheit und somit kein Erkennt= nißgegenstand sein. Besteht andererseits ein solches Ver= mögen unabhängig im wirklichen Sein der Dinge? Wieder entschieden Nein! Was subjektiv wirklich ist, das ist ohne Widerrede begrenzt und nach allen Seiten hin endlich. Nur die Verbindung des Endlichen mit der Vernunft fügt dem in Wirklichkeit Begrenzten und Endlichen das Grenzenlose und Unendliche dem Vermögen nach hinzu und zwar in Folge der natürlichen Kraft der Vernunft. Liegt darin ein Widerspruch? Ebensowenig wie darin, daß das Licht nicht leuchtet, wenn es ohne den Stoff gedacht wird, der es auf= fängt und wiederstrahlt und daß der Stoff ebenso nichts zu werden vermag, wenn das Licht nicht darauf fällt. Auch der menschliche Leib ist nicht vor der Seele und die Seele ist nicht vor dem Leibe; sondern der Mensch ist und zwar dann, wenn Leib und Seele naturgemäß verbunden sind.

Darin also haben die Ontologisten und die ihnen verwandten Systeme recht, daß im Endlichen das Unendliche nicht in dem Grade sich fertig vorfindet, um ohne weiteres erkannt zu werden; aber sie verkennen die Natur der Vernunft, die wohl den Begriff des Unendlichen aus sich selber schöpft, jedoch erst, nachdem vermittelst ihrer natürlichen Verbindung mit dem Stoffe im Menschen das Endliche als Träger eines Vermögens „ohne Ende" in sie eingetreten ist. Von der Auffassung eines Vermögens „ohne Ende" aber, die da der eigensten Natur der Vernunft entspricht und deshalb mit natürlicher Notwendigkeit geschieht, bis zur Behauptung eines Unendlichen in wirklicher thatsächlicher Fülle, ist nur ein Schritt, den die Vernunft allerdings machen kann oder nicht.

Doch behufs der Veranschaulichung des Gesagten muß die Arbeit der Vernunft und ihr Gegenstand im Einzelnen geprüft werden. Auf welche Weise tritt das Endliche in die Vernunft? Durch die Auffassung des Wesens.

57. Die Auffassung des Wesens.

Was bedeutet der Ausspruch, daß die Vernunft kraft ihrer natürlichen Fähigkeit das Endliche mit dem Vermögen „ohne Ende" verbindet? Nichts anderes als das, was der Schall für das Ohr, das Licht für das Auge ist; daß genau dieselbe naturnotwendige Beziehung zwischen dem Wesen eines Dinges und der Vernunft besteht. Das Wesen ist der im Tiefinnersten eines Dinges ruhende Grund davon, daß das Ding thatsächlich ist. Dieses Wesen ist nicht für eine gewisse Seite oder Beziehung des Dinges maßgebend, wie z. B. die Größe oder Kleinheit für die Beziehung zum Raume, sondern nur und einfach für das Sein und kann deshalb ruhig als Antwort benützt werden auf die Frage: was ist das. Daraus geht bereits hervor, daß das Wesen eines Dinges gleichsam die Brücke bildet zwischen dem bestimmten und begrenzten Endlichen und dem Vermögen für das Unendliche oder richtiger, daß es im wahren Sinne des Wortes der eigentliche Träger und die

Unterlage für letztgenanntes Vermögen ist; weshalb es auch substantia = sub-stare oder essentia genannt wird nach dem Sein, das es trägt oder noch tragen kann. Das Wesen ist nach der einen Seite hin die Quelle der thatsächlichen, in der Wirklichkeit bestehenden Begrenzung, wonach ein Ding es selber und zwar nur es selber und kein anderes ist, so lange es dieses Wesen trägt: und nach der anderen Seite hin ist es auch wieder der Grund, demzufolge das Ding überhaupt einfach ist und somit am Sein als dem allgemeinsten Begriffe teilnimmt. Vom Lichte wird z. B. das einfache Sein ausgesagt, daß es nämlich im allgemeinen ist, nicht weil es etwa Pflanze oder Tier und auch nicht, weil es einmal ist; — sondern gerade und nur auf Grund der Wesensform Licht und dieser selben Wesensform gemäß steht es auch auf der fest=bestimmten und begrenzten Seinsstufe „Licht".

Besser und genauer würde vielleicht noch gesagt werden, daß diese beiden Eigentümlichkeiten des Wesens sich notwendig gegenseitig bedingen, daß nämlich eben deshalb ein Ding troz aller an demselben vorgehenden Änderungen, so lange es sein Wesen hat, dasselbe bleibt, weil es durch das Wesen über=haupt und einfach ist; offenbar können ja Ursachen, die bloß ein besonderes Sein verleihen, nicht die Wirksamkeit jenes inneren Grundes überwiegen, welchem das Sein überhaupt gedankt wird.

58. Das Allgemeine.

Ist nun das eben gezeichnete Wesen dem wirkenden Ein=flusse besonderer und beschränkter Ursachen ganz und gar ent=zogen? Diese Frage wird am besten durch einen Vergleich be-antwortet. Das Wort, mit welchem der Unteroffizier seinen Befehl ausdrückt, ist begrenzt und beendet durch die Zunge und den Geist der betreffenden Person; hat aber kraft der ab=hängigen Stellung des Befehlenden, also durch die ihm inne=wohnende Gewalt des Oberbefehlshabers und an letzter Stelle des Königs, eine bei weitem allgemeinere, schließlich mit der Gewalt des Königs sich deckende Wirkung. Ebenso ist auch der Platz, welchen der einzelne Soldat im Heere einnimmt, ein sehr beschränkter; die Beziehungen aber, welche er als Glied des Ganzen hat, erstrecken sich auf alle Teile des Heeres. Dabei muß bemerkt werden, daß weder die Gewalt, von der das Wort des Unteroffiziers begleitet wird, noch die Menge der Beziehungen, welche den einzelnen Soldaten mit dem ganzen Heere in Verbindung setzen, in diesen beiden Einzeln-Existenzen ihren bewirkenden Grund haben, sondern einzig und allein im Oberbefehlshaber, oder besser im Könige, von dem alle Gewalt im Königreiche ausgeht und dessen Person das Heer erst zu einem einheitlichen Ganzen macht. Im Unteroffizier sowie im einzelnen Soldaten ist bloß das einfache Vermögen, höherer Gewalt als Werkzeug zu dienen und dieses Vermögen selbst bekommt, auch abgesehen von seiner wirklichen Anwendung, nur als Vermögen betrachtet, seine eigentliche Bedeutung nur erst in dem, der das Ganze leitet oder voll begreift.

Ähnlich verhält es sich auch mit den einzelnen Seins-wesen in ihrer Beziehung zum Sein im allgemeinen. Das Wesen „Mensch" kann nicht existieren außer in einem einzelnen Menschen. Ein Wesen „Mensch" als solches giebt es im wirklichen Sein nicht, sondern es giebt einen wirklichen Men-schen in dieser oder jener bestimmten Größe, mit diesem oder jenem bestimmten Verstandesgrade u. s. w. und diesen Men-schen wohnt im Tiefinnersten seines Seins der Grund inne, daß er Mensch und daß er, weil Mensch, einfach ist: non exsistit nisi in particulari sagt beständig Thomas vom Wesen. Danach bestimmt sich aber auch die Ursächlichkeit. Freilich wirken auf das Wesen, sowohl in seinem Entstehen als während seines wirklichen Bestandes, beschränkte und beson-dere Ursachen ein, trotzdem dasselbe der innere formale Grund des einfachen allgemeinen Seins ist, demzufolge gesagt werden kann: „dieses Ding ist eben im allgemeinen, wie alles an-dere;" diese besonderen Ursachen üben jedoch unmittelbaren Ein-fluß nur auf die einzelnen beschränkten Verhältnisse aus, in denen das Wesen sich vorfindet. Insoweit letzteres als Wesen im eigentlichen Sinne des Wortes berührt wird, wirken diese selben Ursachen, wie Thomas oben bemerkt: nur „als Werkzeuge der allumfassenden Kraft Gottes", universalis virtutis, der es naturgemäß ist, als Wesens=Fülle des Seins, das Sein zu bewirken und damit auch den bewirkenden Grund des Ver= mögens „ohne Ende" zu bilden.

Die Pflanze erzeugt z. B. in Wahrheit und Wirklichkeit die Pflanze; jedoch mit dieser Einschränkung, daß der wirkende Grund, demzufolge letztere an diesem bestimmten Orte, unter diesen bestimmten Einflüssen der Luft, des Bodens u. dgl. sich vorfindet, die erzeugende Pflanze selber unmittelbar als einzelne ist; als suppositum sagte oben Thomas; — während der Grund dafür, daß die erzeugte Pflanze das Gattungswesen „Pflanze" hat und aus diesem inneren formalen Grunde am einfachen, allgemeinen Sein teilnimmt, also Beziehungen und Entwicke= lungskraft „ohne Ende" hat, der entsprechende allgemein wir= kende Seinsgrund ist, durch dessen Kraft einzig und allein die einzelne erzeugende Pflanze thatsächlich zu wirken vermag. Thomas bemerkte deshalb im oben angeführten Texte: „Wird das suppositum das Einzeln=Sein, als solches in Betracht gezogen, so ist dieses in der Reihe der Ursächlichkeiten die erste und unmittelbarste, wie z. B. der Unteroffizier dem Rekruten seiner Person nach näher steht, als der König; kommt aber die Kraft, vermöge deren gewirkt wird, in Erwägung, so ist das Einzeln=Sein die letzte und am meisten vermittelte. Die unmittelbarste ist dann die göttliche Kraft, die da in allem wirklichen und möglichen Sein, in dem was ist und was noch möglich ist, wirkt und allein die Möglichkeit verleiht, ebenfalls wirken zu können. Das führt zur dritten Obliegen= heit der Vernunft. Sie muß vom Einzeln=Sein als solchen absehen, das Allgemeine losschälen vom Besonderen und Be= schränkten."

59. Die Abstraktionsthätigkeit der Vernunft.

Das ist nun auch die Thätigkeit, vermittelst deren allein die Vernunft ihren Gegenstand, das Wesen und das Allge=meine, erreichen kann. Oder findet sich dieses Allgemeine, welches in der vorigen Nummer gekennzeichnet worden und das da nichts anderes ist als das Wesen in seiner Beziehung zum ersten allumfassenden Grunde, thatsächlich und un=abhängig von der Vernunft vor? Ist der Gegenstand der Vernunft im subjektiven Sein so fertig, wenn der Ausdruck erlaubt ist, wie der Schall, den das Ohr, die Süßigkeit, welche der Geschmack, die Wärme, die das Gefühl aufnimmt, resp. auffaßt?

Ganz sicher nicht! — Das Wesen „Mensch", „Stein", „Pflanze" z. B. kann gar nicht am wirklichen Sein teilneh=men, außer vermittelst des Stoffes; der Stoff aber will ein einzelnes, völlig und allseitig bestimmtes Sein, er will diesen einzelnen Menschen, diese einzelne Pflanze, diesen einzelnen Stein mit seiner bestimmten Gestalt, Größe, Farbe ꝛc.! Es ist der Vernunft vorbehalten, sich selber ihren Erkenntnis=gegenstand zu bilden und demnach das, was eigentlich Wesen ist, zu trennen von den Bedingungen des Einzeln=Seins; das eine: nämlich das Beständige, Allgemeine zu erfassen und das andere: die bestimmten und beschränkten Zeit=, Orts=, Größen= und ähnliche Verhältnisse zu verschmähen. Danach stellt sich nun das Verhältnis der Vernunft zum Endlichen und zum Unendlichen so: Insoweit die menschliche Vernunft mit den Sinnen, die ihrer Natur nach als stoffliche Organe auf das Einzelne als solches, also auf Größe, Farbe, Geschmack u. dgl. gerichtet sind, zu einer einheitlichen Substanz von Natur aus verbunden ist, erkennt der Mensch thatsächlich auch das Einzelne, die Quelle des Endlichen, Gesonderten; — in=sofern aber die Vernunft als reines Vermögen betrachtet wird, welches eine ihm allein eigentümliche Thätigkeit zu entwickeln hat, erkennt sie nur das Wesen, das Allgemeine, das vom

Bejonderen Losgeschälte und von sich aus auf das Gemein=
jame Gerichtete.

Diese drei Begriffe haben somit allerdings eine verschiedene
Entstehungsweise, führen aber zu demselben Gegenstande; sie
stellen nur verschiedene Beziehungen des Objektes der natür=
lichen Vernunfterkenntnis dar. Durch das Wesen ist ein
Ding einerseits der Allgemeinheit zugehörig, andererseits wird
es befähigt, als einzelnes inmitten besonderer Verhältnisse immer
dasselbe und kein anderes zu sein. Diese letztere Aufgabe des
Wesens kann von der Vernunft nur kraft ihrer thatsächlichen
Verbindung mit den Sinnen durch den wirklichen Erkenntnis=
akt aufgefaßt werden, also inwieweit die Vernunft als Ver=
mögen zum substantiellen Sein „Mensch" gehört.

Daß aber vom Wesen die Thüre nach dem All geöffnet,
daß von Seiten des Wesens keine Grenze, kein „Ende" für
die Zahl der Einzelndinge, denen es zukommen kann, und eben=
jowenig für die Beziehungen zum anderen Sein gesetzt wird,
daß, soweit das Wesen geht, auch die Gemeinsamkeit reicht,
wenigstens der Möglichkeit nach: „quod potest inesse pluribus" heißt es in der Begriffsbestimmung des Wesens —; also
recht eigentlich das „ohne Ende" in den Dingen: das ist, von
allen Seiten betrachtet, der genaue Gegenstand des Vermö=
gens der Vernunft, insoweit dieses als geistig=allgemeine
Potenz aufgefaßt wird, die da ihrer Natur nach einen ganz
eigengearteten Gegenstand verlangt. Zur Aufnahme dieses Gegen=
standes bedarf es nun ganz folgerichtig der Losschälung vom
thatsächlich Begrenzten und Geendeten, vom Besonderen und
Beschränkten. Das Vermögen für die unendliche Fülle, welches
in den äußeren Dingen schläft, wird lebendig und thätig erst
in der Vernunft.

Aber da muß doch jedenfalls ein wirkender Grund dieses
Vermögens „ohne Ende" vorhanden sein, sei es, daß dasselbe
aufgefaßt wird, wie es im subjektiven Sein verborgen liegt,
sei es, daß es in der Vernunft sich wirklich und thatsächlich
als Vermögen „ohne Ende" vorstellt!

60. Zusammenfassung.

Ganz unzweifelhaft muß ein solcher Grund bestehen! Existiert in den Dingen und zwar auch in den unbedeutendsten, sobald sie nur wirkliches Sein haben, eine positive Beziehung zu allem, was möglich oder wirklich ist, auf Grund der Thatsache, daß sie sind? Jedenfalls! Kommt eine solche Beziehung von den einzelnen Dingen als einzelnen? Ebensowenig, wie die Beziehung des Platzes, den der einzelne Soldat einnimmt zum Heeres-Ganzen, vom einzelnen Soldaten herrührt! Also besteht auch für die natürliche Vernunft ein Bedürfnis, von ihrem eigensten Gegenstande, den sie als Vermögen betrachtet mit Naturnotwendigkeit auffaßt, nämlich vom Endlosen im Endlichen, auf einen wirkenden Grund dieses Vermögens „ohne Ende" zu schließen, welches ja die Substanz, den Träger aller geschaffenen Wirklichkeit, den inneren formalen Grund jedes geschöpflichen Seins so recht eigentlich ausmacht. Natürlich kann dieser wirkende Grund dann nur die unendliche Fülle und muß seiner ganzen Natur nach getrennt von allem Geschöpflichen sein.

Nur derjenige, welcher in seiner wirklichen Thatsächlichkeit alles Sein einschließt, ohne in sich einem Vermögen zu weiterer Entwickelung Raum zu geben, nur dieser kann nicht das geringste Wirkliche verursachen, ohne daß mit demselben das Vermögen nach dem All irgendwie naturnotwendig verbunden wäre, als eine unwiderlegliche Spur der Unendlichkeit des Urgrundes. In ihm ist dann die Vernunft nicht mehr ein bloßes Vermögen, welches an und für sich nur ein begrifflichideales Sein, den Abglanz des Vermögens „ohne Ende", die Allgemeinheit, insoweit sie jedem geschaffenen Dinge innewohnt und es fähig macht, vernünftig aufgefaßt zu werden, in sich verursachen und herausbilden kann und auch dies erst auf Grund einer einzelnen vorliegenden Substanz; sondern diese unendliche Seinsfülle ist notwendig von sich selber substantiell vernünftige Thätigkeit, vernünftiges Erkennen in wesentlicher

Wirklichkeit und bringt eben deshalb auch gemäß seiner Erkenntnis und seinem Willen wirkliches Sein außerhalb seines eigenen Wesens hervor, gleichwie etwa der König seiner Würde gemäß das Heer, das ihm dient, notwendig zum königlichen macht. Das göttliche Sein ist substantielle Wirklichkeit, ist wesentlich unveränderliche That. „Jedes Ding ist,“ sagte oben Thomas, „es steht in Beziehung zur Allgemeinheit, zur Natur, es befindet sich innerhalb einer Seinsgattung; in dieser dreifachen Beziehung wird es durchdrungen von der Ursächlichkeit des ersten Grundes; — und ebenso steht es kraft dieser dreifachen Beziehung in Verbindung mit dem reinen Vermögen der geschaffenen Vernunft, die darin kraft ihrer eigenen Natur und ohne alles weitere das „Endlose,“ den ersten, inneren geschöpflichen Formalgrund erfaßt und daraus auf das Dasein einer höchsten, göttlichen und unendlichen Fülle zu schließen vermag.

61. Potentia obedientialis.

Noch mehr erweitert aber Thomas den Blick des Geistes durch folgende Worte (qu. 1. de pot. art. 3. ad 1.):[20] „Was auch immer Gott in den geschaffenen Dingen verursacht, das ist nicht gegen die Natur derselben, sondern ist für sie eben

---

[20] Qu. 1. de pot. art. 3. ad 1. „Deus frequenter facit contra consuetum cursum naturae; sed quidquid ipse in rebus facit, non est contra naturam, sed est eis natura, eo quod ipse est conditor et ordinator naturae. Sic enim in rebus naturalibus videtur, quod quando aliquid corpus inferius a superiori movetur, est ei ille motus naturalis, quamvis non videatur conveniens motui naturali quem habet ex seipso; sicut mare movetur secundum fluxum et refluxum a luna; et hic motus est ei naturalis, sicut Commentator dicit, licet aquae secundum seipsam motus naturalis est, ferri deorsum; et hoc modo omnes creaturae quasi pro naturali habent quod a Deo in eis fit. Et propter hoc distinguitur in eis potentia duplex: una naturalis ad proprias operationes et motus; alia quae obedientialis dicitur, ad ea quae a Deo recipiunt.“

Natur; denn er ist der Gründer und Leiter der Natur. So nämlich sehen wir es auch im Bereiche der natürlichen Ordnung, daß, wenn ein Körper durch einen anderen, von Natur höheren bewegt wird, diese Bewegung ihm natürlich ist, trotzdem sie derjenigen Bewegung, welche der Körper aus seiner eigenen, niedriger gestellten Natur besitzt, entgegengesetzt erscheint, wie z. B. die Bewegung des Meeres, die da Ebbe und Flut verursacht, vom Monde hervorgebracht wird und für das Meer eine völlig natürliche ist, obwohl es der Natur des Wassers, für sich im einzelnen betrachtet, zukömmt, nicht nach oben, sondern nach unten zu fließen. Demgemäß leidet die Natur keinen Zwang, wenn Gott in derselben etwas verursacht, sondern jede Ein= wirkung Gottes ist für sie vielmehr gewissermaßen natürlich. Deshalb wird in jeder Natur ein doppeltes Vermögen unter= schieden: Das eine ist rein natürlich und erstreckt sich auf jene Wirksamkeit oder Bewegung, die den natürlichen Kräften und Bedürfnissen entspricht; das andere wird das der Unterwür= figkeit (obedientiae) genannt und erstreckt sich auf alles, was Gott unmittelbar in der Natur wirken will."

Weit entfernt also, daß, wie die Gegner wollen, aus der unmittelbar geschauten und mit der Natur des Geistes fertig gestellten Idee des thatsächlich Unendlichen das Endliche sich er= gebe, sind die bestehenden Verhältnisse gerade der entgegengesetzten Behauptung entsprechend. Gemäß der Natur 1) der Vernunft, die im Geschöpfe nur als Vermögen zu erkennen, besteht; 2) der Außendinge, deren vom beschränkten wirklichen Sein losgeschälte Wesen, den Erkenntnisgegenstand des Geistes bildet: und endlich 3) des ersten unabhängigen Grundes, dessen Wesen oder Substanz als Wirklich=Sein völlig getrennt ist vom Wesen des Geschöpfes, ist der naturgemäße Gegenstand der Ver= nunft, wie dies nicht genug auch für das Verständnis der folgen= den Beweise eingeprägt werden kann, kein anderer im Grunde genommen, als das dem wirklich Endlichen anhaftende und demnach von der wirkenden Kraft Gottes allein getragene Ver= mögen „ohne Ende", aus dem sich mittelst einer Schlußfolge,

die allerdings von der freien Vernunft gezogen werden kann
oder nicht, das Dasein eines wirklich Vollkommenen mit meta=
physischer Notwendigkeit ergiebt.

§. 4.
Thomas und die Kirchenlehre.

**62. Die Kenntnis Gottes einerseits leicht und andererseits
sehr schwer zu erlangen.**

Mit diesen Ansichten steht Thomas voll und ganz auf
dem Boden der Kirche. Das beweisen die zahlreichen Väter=
stellen, die, oft beinahe wörtlich, die Lehre des Heiligen
verkünden; das beweisen die Aussprüche der kirchlichen Lehr=
autorität.

Gerade die thomistischen Beweise für das Dasein Gottes
machen es erklärlich, wie einerseits das christliche und bereits
schon das heidnische Altertum die Erkenntnis Gottes für höchst
schwierig hält, andererseits dieselbe als einem jeden zugänglich er=
klärt. Das erstere behauptet Klemens von Alexandrien (5 Strom.
p. 428.): ²¹) „Darüber zu forschen, was Gott angeht, ist außer=
ordentlich schwer; denn wenn es schon überhaupt nicht leicht ist,
von irgend einer Sache den zunächst liegenden Grund zu er=
forschen, so wächst doch die Schwierigkeit, wenn es gilt, die erste
Ursache, also die Ursache aller anderen Ursachen, durch welche

---

²¹) Clem. 5. Strom. p. 428. Καὶ μὲν ὁ δυσμεταχειριστότατος περὶ
Θεοῦ λόγος οὗτός ἐστιν· ἐπεὶ γὰρ ἀρχὴ παντὸς πράγματος δυσεύρετος,
πάντως που ἡ πρώτη καὶ πρεσβυτάτη ἀρχὴ δύσδεικτος, ἥ τις καὶ τοῖς
ἄλλοις ἅπασιν αἰτία τοῦ γενέσθαι καὶ γενομένους εἶναι.

Philo de Monarchia, p. 629. Δυστόπαστος μὲν οὖν, καὶ δυς-
κατάληπτος ὁ πατὴρ καὶ ἡγεμὼν τῶν συμπάντων ἐστίν· ἀλλ' οὐ διὰ
τοῦτο ἀποκνητέον τὴν ξήτησιν αὐτοῦ· δύο δὲ ἐν ταῖς περὶ θεοῦ
ξητήσεσι τὰ ἀνωτάτω ταῦτα ἐπαπυρεῖ ἡ διάνοια τοῦ φιλοσοφοῦντος
ἀνόθως· ἕν μὲν εἰ ἔστι τὸ θεῖον ἕνεκα τῶν ἐπιτηδευσάντων ἀθεότητα
κακιῶν τὴν μηγίστην· ἕτερον δὲ τὸ, τί ἐστι κατὰ τὴν οὐσίαν.

Tertull. lib. 1. cont. Marc. c. 10. „Habet enim Deus testi-
monia totum hoc quod sumus, et in quo sumus.

alles ohne Ausnahme hervorgebracht und erhalten wird, dem
Verstande zugänglich zu machen." In ähnlicher Weise hatte
bereits Philo die dahin gehenden Meinungen der heidnischen
Philosophen zusammengefaßt (de monarchia p. 629): „Obgleich
es außerordentlich schwer ist, den Urgrund zu erfassen, von
welchem alles ausgeht und gelenkt wird, so darf dies doch nicht
davon zurückhalten, über denselben höchst eifrig nachzuforschen.
Zwei Fragen liegen hier vor, welche vom denkenden Geiste zu
beantworten sind, erstens: ob Gott ist, worauf nur die höchste
Stufe der Gottlosigkeit mit Nein antwortet; und zweitens:
was Gott seinem Wesen nach ist . . ."

Dagegen bemerkt Tertullian (Contra Marcion c. 13.):
„Wir bekennen keinen unbekannten Gott, sondern wir schließen
auf ihn unmittelbar aus den Geschöpfen und zwar muß ihm
eine Güte und Weisheit zugeschrieben werden, daß eine größere
gar nicht denkbar erscheint." So hatte auch bereits Cicero
gemeint (II. de nat. deor.):[22] „Was kann so offenbar und
unzweifelhaft sein, wenn wir den Himmel anschauen, als daß

---

[22]) Cicero II. de nat. deor. Quid potest esse tam apertum
tamque perspicuum, cum coelum suspeximus, caelestiaque con-
templati sumus, quam esse aliquod numen praestantissimae mentis,
quo haec regantur . . . quod qui dubitat, haud sane intelligo.
cur non idem, sol sit an nullus sit dubitare possit. De nat.
deor. I, 17. Quum enim non instituto aliquo aut more, aut lege
sit opinio constituta maneatque ad unum omnium firma consensio,
intelligi necesse est, esse Deos, quoniam insitas eorum aut vel
potius innatas cognitiones habemus. De legibus I, 18. Nemo
omnium tam est immanis, cujus mentem non imbuerit Deorum
opinio. Ex tot generibus nullum est animal praeter hominem,
quod habeat notitiam aliquam Dei. Ipsisque in hominibus non
est gens tam immansueta tamque fera, quae non, etiamsi ignoret,
qualem habere Deum deceat, tamen habendum esse sciat.
Plutarch. C. Colost. epic. Si terram obeas, invenire possis
urbes muris, litteris, legibus, domibus, opibus, numismate carentes,
urbem vero templis Diisque destitutam, quae precibus, jure-
jurando, oraculis non utatur, non bonorum causa sacrificet, non
mala sacris avertere nitatur, nemo unquam vidit.

eine alles überragende Gottheit vorhanden ist, von der alles
gelenkt und regiert wird." (De leg. I. 18.): „Es giebt keinen
so wilden und herabgekommenen Menschen, dessen Geist nicht
einen Gedanken an Gott hätte. Darin besteht der Unterschied
des Menschen vom Tiere, daß der erstere eine Kenntnis von
Gott hat. Deshalb wird auch vergeblich auf dem weiten
Erdenrunde ein Volk gesucht, welches so tierisch wäre, daß
es nicht wüßte, es müsse einen Gott geben, wenn es auch
nicht erkennt, wie beschaffen dieser Gott sei." In derselben
Weise Plutarch (contra Colost. epicur.): „Durchwandelst
du die Erde, so kannst du Städte finden, die keine Mauern,
keine Vertreter der Wissenschaft, keine Gesetze, keine Reichtümer und Münzen oder gar anstatt Häuser nur Hütten besitzen; umsonst wirst du aber eine Stadt suchen, welche keine
Götter und keine Tempel, weder Gebete noch Opfer noch Eid-
schwüre hätte und durch heilige Handlungen nichts Gutes zu
erlangen oder Böses abzuwenden strebte."

Denselben scheinbaren Gegensatz, welcher diesen beiderseitigen Aussprüchen innewohnt, enthalten die Beweise des
Daseins Gottes bei Thomas. Jedem sind sie zugänglich und
doch bieten sie auch dem tiefsten Forschergeiste überreiche Nahrung. Gleichwie beim ersten könnte der Leser auch beim
zweiten mit Recht aus rufen: Wer in der Welt kann diesen
Schluß nicht fassen! Offenbar giebt es in der Welt wirkende
Ursachen; wenn aber eine jede wirkende Ursache wieder bewirkt
ist, so entsteht eine Reihe wirkender Ursachen, bei welcher kein
Ende abzusehen ist. Existiert aber keine erste, so existiert
keine der folgenden und, da eine von der anderen abhängt,
schließlich auch nicht die letzte; es würde also schlechthin
nichts sein.

Wie jedoch andererseits derjenige, welcher die Worte des
heiligen Thomas eingehender prüft, zu anstrengender Denk-
arbeit greifen muß, um freilich zuletzt zu einem alle Wirklichkeit und Möglichkeit umfassenden Urgrunde zu gelangen,
erhellt bereits aus den bisherigen Auseinandersetzungen.

63. Väterstellen für Gott als wirkende Ursache.

Die Väter sind nicht nur im allgemeinen mit Thomas im Einverständnisse, sondern der heilige Lehrer scheint geradezu alle seine gewaltigen Beweise aus den Vätern entlehnt zu haben. So schreibt Gregor von Nazianz (orat. 28.):[23]

---

[23] Gregor. Naz. orat. 28, 16. (Migne.) Neque enim rationis erat, iis, quae, quantum ad sensum, pari nobiscum conditione sunt, principatum dare. Quin potius eorum ope atque adjumento nos ad id, quod his superius est, cujusque beneficio haec sunt, ducit.

Greg. Niss. orat. de beat. 6. Divina natura, quidquid tandem per se secundum essentiam est, superat omnem comprehendendi rationem atque solertiam.

Joa. Damasc. I. de fid. orthod. Itaque cum sint mutabilia, plane creata erunt. Si creata sunt, prorsus ab aliquo condita sunt. Oportet autem conditorem increatum esse. Nam si etiam ille creatus est, omnino ab aliquo creatus est, donec ad increatum aliquid perveniatur. Increatus ergo conditor plane est et immutabilis. Hoc vero quid aliud potest esse quam Deus?

Theodor. Abucara tertio dialogo. Hominum certus est numerus. Fingamus illos esse centum. Non possunt omnes illi esse geniti, quippe ab invicem propagati sunt. Itaque genealogiam retro percurrens nostra mens plane unum in aliquem incidit ingenitum. Non enim fieri potest, ut cum ad primum perveniamus, dicamus, ipsum esse genitum, quandoquidem etiam ille ab altero esset genitus, donec in primo quopiam ingenito mentem nostram defixerimus. Igitur necesse est, istum vel ex terra editum esse velut stirpes, vel esse aeternum, vel esse ab opifice aliquo factum. Atqui si ex terra pullullasset, adhuc usque in hodiernum diem terra alios procrearet, sicut fit in genere arborum et herbarum. At quia hoc fieri non videmus, manifestum est, neque primum germinasse. Sed nec aeternus erat. Si enim principio carnisset essetque aeternus, nunquam mortuus fuisset neque interiiset. Quod enim principium non habet, neque finem habet. Relinquitur igitur, ut factus fuerit; quod autem factum est, auctorem habet. Est igitur creator et auctor hominum Deus.

Anselm. monol. c. 65. Quaecunque nomina de illa natura (divina scil.) dici posse videntur, non tam mihi ostendunt per proprietatem, quam per aliquam innuunt similitudinem.

„Nicht vernunftgemäß würde es sein, dem, was den Sinnen
zugänglich ist, also soweit es den Stoff betrifft, in gleicher Lage
mit uns sich befindet, den Vorrang einzuräumen, wohl aber
führt uns die Vernunft zum Grunde des Sinnlich=Stoff=
lichen und vermittelst dessen zu dem Sein, welches in jeder
Beziehung erhabener ist, durch dessen Güte alles hervorgebracht
worden." Jedoch können die sinnlichen Geschöpfe nur zur
Erkenntnis des Daseins Gottes führen, nicht zum Begreifen
seines Wesens; vielmehr zeigen sie, daß sein Wesen völlig ge=
trennt ist von dem des Geschaffenen und deshalb ganz und
gar unbegreiflich: „Was aber die göttliche Natur ihrem Wesen

Thom. C. G. III. c. 47. Unde nec per hanc viam cognosci
Deus altiori modo potest, quam sicut cognoscitur causa per
effectum.

Aug. de lib. arb. l. 2. c. 17. Omnis res mutabilis etiam
formabilis sit, necesse est . . . Nulla autem res formare seipsam
potest, quia nulla res dare sibi potest quod non habet.

Cat. Rom. p. 1. c. 2. qu. 6. Nam ut mens nostra ad Deum,
quo nihil est sublimius, perveniat, necesse est, eam omnino a
sensibus abstractam esse, cujus rei facultatem in hac vita naturaliter non habemus. Sed quamvis haec ita sint, „non reliquit
tamen Deus, ut inquit Apostolus, semetipsum sine testimonio,
benefaciens, de coelo dans pluvias et tempora fructifera implens
cibo et laetitia corda hominum." Quae causa fuit philosophis,
nihil abjectum de Deo sentiendi et quicquid corporeum, quicquid
concretum et admistum est, ab eo longissime removendi; cui
etiam bonorum omnium perfectam vim et copiam tribuerunt, ut
ab eo, tanquam a perpetuo et inexhausto quodam fonte bonitatis
ac benignitatis, omnia ad omnes creatas res atque naturas perfecta bona dimanent, quem sapientem, veritatis auctorem et
amantem, justum, beneficentissimum, et aliis nominibus appel-
laverunt, quibus summa et absoluta perfectio continetur; cujus
immensam et infinitam virtutem, omnem complentem locum et
per omnia pertinentem, esse dixerunt.

Vatic. c. 2. de revel. can. 1. Si quis dixerit, Deum unum
et verum, creatorem et Dominum nostrum, per ea quae facta
sunt, naturali humanae rationis lumine certo cognosci non posse,
anathema sit.

nach) ist," so drückt sich Gregor von Nyssa aus (orat. de beat. 6.), „überragt alle Möglichkeit des Begreifens und wird durch keine Anstrengung im Forschen erreicht."

Fast derselben Worte wie Thomas bedient sich Johannes von Damaskus (lib. I. de fide orthod.): „Was veränderlich ist, das ist offenbar geschaffen; was geschaffen ist, das muß von irgend einem geschaffen sein. Dieser aber muß als unerschaffen gedacht werden. Denn ist er wieder erschaffen, so müßte einer sein, der ihn erschaffen hätte und das müßte so weiter gehen bis zu jenem, der schlechthin ungeschaffen ist. Der Schöpfer muß also unerschaffen und unveränderlich sein." Diesem heiligen Lehrer schließt sich sein Schüler Theodorus Abukara an, der eingehend die Unvernünftigkeit einer endlosen Reihe beweist (dialog. tertius): „Die Anzahl der Menschen ist bestimmt. Nehmen wir an, es seien hundert. Diese können nicht alle von einander gezeugt sein, sondern wer ihr Geschlechtsregister durchgeht, der muß auf einen stoßen, der nicht gezeugt ist. Denn wenn wir beim ersten wieder sagen müssen, er sei gezeugt, so ist er offenbar von einem anderen gezeugt und dieser wieder von einem anderen, bis wir zu einem kommen, der in keiner Weise gezeugt ist. Dieser muß nun entweder wie die Pflanzen aus der Erde hervorgewachsen sein oder von Ewigkeit her existieren oder von einem Meister gemacht worden sein. Das erste ist unmöglich, denn sonst würde die Erde noch heute Menschen hervorwachsen lassen, gleichwie ihr Pflanzen und Bäume entsprossen. Auch ewig kann er nicht sein; denn angenommen, er sei ohne Anfang gewesen, so würde er noch heute leben und nicht untergegangen sein, was nämlich keinen Anfang hat, das kann auch kein Ende haben. Also ist er gemacht worden und dann ist er notwendigerweise von irgend einem anderen gemacht worden. So ist Gott der Urheber und Schöpfer des Menschen."

Anselmus schließt sich dem ebenfalls an sowohl in der Behauptung der unbedingten Ursächlichkeit Gottes als auch der allseitigen Trennung seiner Natur von der Natur des Ge=

schaffenen (Monolog. c. 65): „Welche Namen auch immer
von dieser (göttlichen) Natur ausgesagt werden können, sie bedeuten keine Eigenschaft ihres inneren Wesens, sondern nur
eine gewisse Ähnlichkeit;" — beinahe ebenso, wie Thomas kurz
sagt (C. G. III. c. 47): „Deshalb giebt es auf diesem Wege
keine erhabenere Weise, Gott zu erkennen, als diejenige, vermittelst deren von der Wirkung auf die Ursache geschlossen
wird." Augustin mag diese Anführungen schließen (de lib.
arbit. 2. c. 17. nr. 45): „Jegliches Ding, das da veränderlich
ist, das ist auch geformt . . . kein Ding aber kann sich selbst
formen, weil keines sich das zu geben vermag, was es selber
nicht besitzt."

64. Kirchliche Lehrautorität.

Die kirchliche Lehrautorität drückt ohne Zweifel ebenfalls
ihr Siegel auf den zweiten Beweis, welcher Gott als bewirkende Ursache der sinnlich-wahrnehmbaren Welt hinstellt.
Bereits im römischen Katechismus will sie, daß den Gläubigen
gelehrt werde (p. 1. c. 2. qu. 6): „Obgleich unsere Vernunft
nicht das über alles erhabene Wesen Gottes schauen kann, so
lange sie nicht in ihrer Thätigkeit von der Mitwirkung der
Sinne völlig losgelöst ist, was während dieses Lebens im Bereiche der natürlichen Bedingungen nicht als möglich erscheint,
so hat doch Gott seine Schöpfung nicht ohne ein Zeichen von
sich selbst gelassen, wie der Apostel schreibt (act. 14, 16),
sondern sie mit seinen Wohlthaten angefüllt, „indem er Regen
sendet vom Himmel und fruchtbare Zeiten und die Herzen der
Menschen durch Spendung von Speise und Trank mit Freude
erfüllt." Das war für die Philosophen ein hinreichender Grund,
von Gott alles Unwürdige fern zu halten, und was auch immer
körperlich, greifbar und gemischt ist, ihm abzusprechen; wohl
aber die vollkommene Fülle aller Güter ihm zuzuschreiben, so
daß von ihm, als dem unerschöpflichen Quell, alles, was in
den geschaffenen Dingen an Güte und Vollkommenheit sich
vorfindet, unaufhörlich ausgeht; sie nannten ihn weise, Grund

aller Wahrheit und die Liebe, gerecht, wohlthätig und ähnlich, damit sie so seine höchste und unumschränkteste Voll= kommenheit ausdrückten und lehrten, daß seine Macht unendlich und unermeßlich sei, jeglichen Ort erfülle und alles durchdringe."

Das Vatikanische Konzil verurteilt desgleichen offen und klar die gegnerische Lehre mit den treffenden Worten (cap. II. de revel. can. 1): „Wenn jemand meint, daß der eine und wahre Gott, unser Schöpfer und Herr, durch das, was ge= schaffen worden ist, nicht mit voller Gewißheit vermittelst des natürlichen Lichtes der menschlichen Vernunft erkannt werden könne, der sei im Banne."

Doch Thomas dringt noch weiter vor; ihm ist die ganze Natur nur jene helltönende und scharfe Trompete, die nach Paulus mit Bestimmtheit ihren Ton von sich giebt, um da= durch die geschaffene Vernunft und in derselben alles Fleisch zum Kampfe für die Ehre Gottes und das Heil der unsterb= lichen Seelen aufzurufen (I. Kor. 13).

Drittes Kapitel.

Beweis des Daseins Gottes aus der geschichtlichen Nothwendigkeit.

---

§. 1.

Text des heiligen Thomas.

65. Habakuk 3, 6 und die Wissenschaft des heiligen Thomas.

„Und es krümmten sich die stolzen Hügel der Welt unter den Heerstraßen seiner Ewigkeit." Eine unermeßliche Majestät tritt in der Sprache der heiligen Schrift immer dann entgegen, wenn es gilt, die Größe unseres Gottes, den „die Himmel der Himmel nicht fassen", im Verhältnisse zur Welt zu zeichnen und die unverrückbare Gewalt der Ewigkeit im Vergleiche zur Zeit. Wie doch da in den eben angeführten Worten des Propheten die Geschöpfe mit ihren zahllosen Unterschieden und ihrem endlosen Wechsel gleichsam zu verschwinden scheinen unter der ungestört dahinlaufenden, immer in sich dieselbe bleibenden und mit unbezweifelbarer Sicherheit zum schließlichen Ziele führenden Herrscherstraße der Ewigkeit! Isaias drückt den großartigen Gedanken Habakuks wo möglich noch großartiger und schärfer aus (Isai. 40, 4; 66): „Und das Rauhe und Hügelige selber wird ebener Weg werden" und „alles Fleisch wird das Heil Gottes schauen". Vereinigen sich die Hügel

und Berge dieser Welt, um alle zusammen zur Kenntnis Gottes
zu führen, so werden sie alsbald ebener Weg, auf dem der
menschliche Geist mit Riesenschritten zur Wertschätzung seines
letzten Zieles und endlich zum Besitze desselben gelangen kann.
Das ist aber keine langweilende und unfruchtbare Ebenheit,
wie es etwa die dürre und trockene Wüste wäre, sondern sie
ist im Gegenteil so wirksam und mächtig, daß die einzelnen
Hügel der Welt lautlos unter ihr zusammenfallen, so reich an
Anziehungskraft, daß voll Begier, an ihr teilzuhaben, die Abgründe emporsteigen und keine Unterbrechung gestatten: „alles
Thal wird ebener Weg;" so voll von Lebenskraft, daß selbst
der Tod in ihr als Lebensquell erscheint.

Thomas kennt diese herrlichen Wege der Ewigkeit genau;
er weiß, zu krümmen sowohl den eigenen erhabenen Geist als
auch die Berge des menschlich-natürlichen Wissens überhaupt und
kann so eintreten durch die enge Pforte; aber eingetreten einmal läuft er auch wie ein Riese und ohne Aufenthalt die
breite, ebene, majestätische Straße Gottes; sein Herz hat sich
erweitert und wie ein unendlicher Ocean dehnt sich vor seinem
Auge die Offenbarung der göttlichen Güte in der Natur aus;
der Psalmist hatte es bereits gesungen (Ps. 118): „Viam
mandatorum tuorum cucurri cum dilatasti cor meum:
latum mandatum tuum nimis." Thomas weiß auch, warum
der eine Prophet von „mehreren" Wegen der Ewigkeit spricht
und der andere nur von einem. In verschiedenster Weise
und nach den verschiedensten Richtungen hin krümmen sich
die Geschöpfe vor dem Glanze des Ewigen; sie zeigen von sich
ab — und auf die Ewigkeit hin und bilden so verschiedene
Wege zur einen Ewigkeit: — hat aber der Blick des Geistes
einmal das Ewige erreicht oder ist derselbe gar vom ewigen
Lichte selber, vom Lichte des Glaubens, durchleuchtet, dann gewinnt die ganze Schöpfung eine Einheit, in der nur Gott und
immer wieder Gott mit seinen Vollkommenheiten geschaut wird.

Mühevoll ist es und reich an Trangsal, „die Wege der
Ewigkeit" zu wandeln, so lange noch die Hügel der Welt so

viele Schwierigkeiten bereiten, ehe sie endlich gekrümmt sind.
Wie oft muß da der erkennende Geist die Krone vom Haupte
nehmen und sich vor der ewigen Majestät in den Staub
werfen, um allein Gott die Ehre zu geben. Die eigenen
geistigen Anlagen, der Glanz der Wissenschaft als Tochter der
himmlischen Weisheit, die natürliche Erhabenheit der Geschöpfe
und die staunenswerte Gewalt der sie regelnden Gesetze, stehen
oft wie hohe Berge vor dem denkenden Geiste und hemmen
die freie Aussicht; — die ermüdenden Schwierigkeiten, die sich
der ernsten Forschung entgegenstellen, gleichen tiefen Abgründen,
aus welchen die Nebel der Entmutigung und nicht selten der
Verzweiflung emporsteigen und sich vor den ermattenden Blick
lagern; — nicht nur eng erscheint dann die Pforte des Heiles,
sondern ganz und gar unzugänglich.

Da kann nur die gottbegeisterte Sprache des Psalmisten
helfen. Thomas kannte sie genau (Pf. 138, 16): „Imperfectum meum viderunt oculi tui." Was unvollkommen am
Geschöpfe ist, das bildet den unmittelbarsten Gegenstand des
göttlichen Schauens; jenes endlos Unvollkommene, was da in
jedem Geschöpfe zu Grunde liegt und alle weitere Entwickelung
trägt, das weist seiner ganzen Natur nach auf Gott als seine
eigenste Ursache hin; gerade dieses Endlose ist die erste Wirkung des allgewaltigen Blickes Gottes. Nur wer auf Tritt
und Schritt die eigene Ohnmacht sowie die des Geschaffenen vor
Augen hat und dieselbe als das eigenste Eigentum des Geschöpflichen ansieht, dagegen aber auch dann in Gott die Quelle
aller Macht und Kraft erblickt, nur der wird die „enge
Pforte" finden; nur wer davon in seinem weiteren Forschen
immerwährend ausgeht, wird auf dem einen breiten Wege
bleiben, der da, majestätisch hingestreckt, weit mehr vom Lichte
der Ewigkeit beleuchtet wird, als vom Lichte der Zeit.

Hoch erhebt sich gleich einem öden Berge der Pantheis-
mus. Mit seinem „Alles ist Gott" und dem schließlichen:
„Ich bin Gott" scheint der Pantheist, wie auf den Stufen des
Turmes zu Babel bis in des Himmels Höhen emporsteigen zu

wollen, aber einem Häufchen Staube ähnlich zerstiebt er vor
dem Herannahen der wahren Wege der Ewigkeit und nur
das bleibt als Unterlage für die „ewige" Heerstraße zurück,
was an wirklichem inneren Gehalt ihm etwa zu eigen war.

Vom „unmittelbaren Schauen Gottes" beginnt der Onto=
logismus seinen Weg und „erhebt so seinen Mund (beinahe
ehe er beginnt) bis zum Himmel," (Pf. 72) um beim Heran=
nahen eines bloßen Schatten des wirklich Unendlichen in seine
eigene Leere zu versinken.

Thomas aber geht auf festem Boden. Er hat den Pfal=
misten gelesen: Seine Augen haben es gelernt, das Ohn=
mächtige in der Natur als ihr wahres Erbteil, aber zugleich
als das Thor „des Bekenntnisses und Preises der unbe=
grenzten Macht des Schöpfers" (introite portas ejus in con=
fessione) zu betrachten. Deshalb ist er auch der beste Leiter
in das Gebiet des Unendlichen hinüber. Er beginnt fort=
während und bei jedem Beweise in gesteigertem Maße mit
dem „imperfectum" mit der allgemeinen Ohnmacht der Natur;
dafür endet er aber auch ebenso mit dem All Gottes, und so
entschieden eben erscheint sein Weg schon im Beginne, daß
da bereits das Ende mit voller Sicherheit erkannt wird, mag
auch die volle Pracht und allumfassende Schönheit der Heer=
straße erst nach und nach sich vor dem sterblichen Auge
entwickeln.

„Es giebt etwas Bewegliches." Aber das ist ja von
Allen anerkannt, das hat jeder vor Augen. Giebt es etwas
Elenderes? Ist etwas ohnmächtiger? Als Bewegliches, also
gerade so weit die Thätigkeit der Bewegung in Betracht kommt,
ist es ein wahres, lebendiges Nichts. Weder ist es, was es
im Anfange gewesen, noch ist es, was es am Ende sein wird.
Besitzt es denn wenigstens die Bestimmung zum Ziele und
damit die Richtung zu demselben in sich? Auch das nicht!
Es ist ganz von außen abhängig. Von sich aus kann es
weder nach links noch nach rechts; hat weder für ein Jahr
Dauer noch für tausend. Aber eben deshalb kann von ihm

aus kühn der Weg zum Unendlichen betreten werden. Von
vornherein erscheint bereits das Heil Gottes am Ende: „Es
giebt notwendig etwas außerhalb aller Bewegung Stehendes,
ein in jeder Beziehung Unbewegliches;" und je weiter der
forschende Geist auf dieser Straße fortschreitet, desto herrlicher
und prachtvoller wird sie. Er erkennt alsbald, wie dieses Unbewegliche ewig, d. h. sich selber Maß und Ziel sein muß,
wie nur ein völlig reiner Geist schlechthin unbeweglich und
an keine außen bestehende Schranke gebunden sein kann, wie
ein solcher Geist der Mittelpunkt alles Seins und Wirkens,
die Fülle des Seins selber ist.

Und doch giebt es noch etwas Elenderes und Ohn-
mächtigeres. Bei all seinem Nichts hat das Bewegliche ein
bestimmtes Sein, welches der Bewegung von Ort zu Ort
zu Grunde liegt und von dem das Bewegt-werden ausgesagt
wird. Der zweite Beweis aber beginnt so: „Wir finden, daß
die uns umgebenden Dinge gewirkt werden." Also auch dieses
Sein, ihre subjektive Wesensform, haben die Dinge nicht von
sich selber: „Desto glücklicher aber und schneller geht die Reise
von statten" (Pf. 67), die Reise nämlich zur Erkenntnis der
ewigen Wahrheiten. Es muß, so heißt alsobald die notwendige
Schlußfolge, es muß ein erstwirkender Grund existieren,
der selber nicht bewirkt ist; sonst wäre gar nichts. Je mehr
jedoch der Wanderer vorankommt, desto heller und strahlender
zeigt sich der gewaltige Umfang der göttlichen Allmacht;
desto glänzender heben sich vom Dunkel der Geschöpfe die
leuchtenden göttlichen Vollkommenheiten ab, kann ja doch kein
Grund etwas geben, was er selber nicht in vollkommenster
Weise zuerst besitzt.

Noch weiter scheint die Natur im dritten Beweise zurück-
zuweichen: „Es giebt ein Entstehen und Vergehen in der
Welt." Also nicht einmal Festigkeit hat das verliehene Sein
von sich aus, sondern es ruft gleichsam laut in die Welt
hinaus (Job 17, 14): „Der Fäulnis habe ich gesagt, du bist

mein Vater und die Würmer nannte ich Mutter." Doch es darf nicht vorgegriffen werden.

Nur darauf sei noch hingewiesen, wie unter den Wegen der Ewigkeit, welche Thomas den Sterblichen zu wandeln lehrt, auch die Abgründe emporsteigen und ihrerseits nicht zulassen, daß die wunderbare und glanzvolle Ebenheit dieser Prachtstraßen irgendwie unterbrochen werde. Solche Abgründe sind die verschiedenen Formen des Materialismus, die ohne weitere Prüfung an' Gott und der Ewigkeit verzweifeln. Umsonst jedoch sprechen die Vertreter der modernen Naturwissenschaft: „Die Kenntnis deiner Wege wollen wir nicht;" vergeblich ruft letztere mit den Thoren (Pf. 10): „es ist kein Gott;" sie selbst widerspricht am lautesten der Aufforderung, die Mahnung des Psalmisten zu verachten (Pf. 31): „Erniedriget euch nicht bis zu dem Grabe, daß ihr dem Pferde und dem Esel ähnlich werdet, denen nicht die Gabe der Vernunft geworden ist." Mag sie wollen oder nicht, bewußt oder unbewußt steigt sie zumal in ihren neuesten, staunenswerten Ergebnissen mit reißender Schnelligkeit herauf aus den tiefen Thälern und schwindeligen Abgründen, um freudig ihrem bisherigen Wege den Rücken zu kehren und denjenigen zu wandeln, welcher durch Gotteserkenntnis zur Ewigkeit führt.

Gerade die heutige Naturwissenschaft ist vor die Wahl gestellt, entweder den vernünftigsten Schlußfolgerungen sich mit boshafter Hartnäckigkeit zu entziehen und endlosem Zweifel zu verfallen oder das Beispiel des großen Aquinaten nachzuahmen und neuer Blüte entgegenzueilen. Ein Beweis davon ist bereits die neueste Lehre von der Bedeutung und dem Wesen der Bewegung, sowie die von der umfassenden Einwirkung des Lichtes, welche beide ohne einen lebendigen ersten Beweger und eine allgewaltige erste wirkende Ursache trotz ihres inneren Wertes nur zu einem unentwirrbaren Knäuel von Widersprüchen führen. Einen anderen Beweis für die nämliche Behauptung wird im nächsten Paragraphe der sogenannte „Darwinismus" bieten; auch er wird vor den in klarster Einsachheit leuchtenden Worten des englischen Lehrers das Dunkel ablegen, welches ihn in scheinbar abschreckendster Weise umhüllt und ein Theil des ebenen Weges werden, der zum „Einen Nothwendigen" geleitet.

66. Text des Beweises.

Der Text dieses Beweises ist folgender:[24] „Der dritte Weg zur Anerkennung der Nothwendigkeit des Daseins Gottes geht aus vom Möglichen und Nothwendigen. Wir finden nämlich in den Dingen manches, was sein oder auch nicht sein kann; zeigt doch die Thatsache des Entstehens und Vergehens, dem viele Dinge unterworfen sind, daß eine Möglichkeit vorhanden ist, zu sein, und zugleich die Möglichkeit, nicht zu sein. Es ist aber unmöglich, daß, was so beschaffen ist, immer sei; weil, was in seiner Natur die innere Möglichkeit besitzt, nicht zu sein, zuweilen auch wirklich nicht ist. Wenn nun aber schlechthin alles die Möglichkeit hat, nicht zu sein, so war einmal auch nichts. Ist dies jedoch der Fall, so würde auch jetzt noch nichts

---

[24] S. th. 1. qu. 2. art. 3. „Tertia via sumta est ex possibili et necessario; quae talis est. Invenimus enim in rebus quaedam quae sunt possibilia esse et non esse: cum quaedam inveniantur generari et corrumpi, et per consequens possibilia esse et non esse. Impossibile est autem, omnia quae sunt talia semper esse: quia quod possibile est, non esse, quandoque non est. Si igitur omnia sunt possibilia non esse, quandoque nihil fuit in rebus. Sed si hoc est verum, etiam nunc nihil esset: quia, quod non est, non incipit esse nisi per aliquid quod est. Si igitur nihil fuit ens, impossibile fuit, quod aliquid inciperet esse; et sic modo nihil esset, quod patet esse falsum. Non ergo omnia entia sunt possibilia, sed oportet aliquid esse necessarium in rebus. Omne autem necessarium vel habet causam suae necessitatis aliunde, vel non habet. Non est autem possibile, quod procedatur in infinitum in necessariis quae habent causam suae necessitatis; sicut nec in causis efficientibus, ut probatum est, in isto art. Ergo necesse est ponere aliquid, quod sit per se necessarium, non habens causam necessitatis aliunde, sed quod est causa necessitatis aliis; quod omnes dicunt Deum.

sein, was offenbar falsch ist. Nicht also alles Sein schließt in sich die Möglichkeit ein nicht, zu sein, sondern es muß etwas sein, was mit Notwendigkeit existiert. Alles derartige hat nun die Ursache seiner Notwendigkeit entweder von außen oder nicht. Da aber auch hier keine Reihe ohne Ende angenommen werden kann, ebenso wenig wie rücksichtlich der wirkenden Ursachen so muß ein Sein existieren, das ganz und gar aus sich heraus notwendig ist und diese Notwendigkeit keinem äußeren Grunde verdankt, vielmehr sie in allem, was notwendig ist, verursacht; dieses Sein aber nennen alle Gott."

§. 2.
Erläuterung und Entwickelung des Textes.

67. Worterklärung.

Die Beweiskraft dieser Worte liegt auf der Hand, mag auch die Weite und der Umfang derselben erst demjenigen sich erschließen, welcher eine eingehendere Prüfung anstellt.

„In den Dingen ist manches, was sein oder nicht sein kann." Das ist der Ausgangspunkt der Beweisführung; kann an der zu Grunde gelegten Thatsache gezweifelt werden? Dieselbe ist vor aller Augen. Entstehen und Vergehen beherrschen die Zeit nach jeder Richtung hin und auf allen Seiten.

„Was aber in seiner Natur die innere Möglichkeit besitzt, nicht zu sein, das ist auch manchmal nicht." Wiederum außer allem Zweifel. Der Mensch z. B. kann groß sein oder klein, tugendhaft oder schlecht, weise oder dumm, ohne daß dadurch die Natur „Mensch" aufgehoben würde; deshalb aber gerade, weil die Natur „Mensch" diese Zustände haben kann oder auch nicht haben kann, sind nicht alle Menschen groß und nicht alle klein, haben nicht alle Menschen Tugend und Wissenschaft, sowie auch nicht von allen das Laster oder die Dummheit ausgesagt werden kann. Der innere metaphysische Grund davon, daß in Wirklichkeit ein Mensch etwas ist, was ein anderer nicht ist, trotzdem aber die gleiche Natur „Mensch" besitzt,

kann offenbar kein anderer sein, als der, daß in dieser Natur
die innere Möglichkeit besteht, dieses „etwas" in Wirklichkeit
zu sein oder auch nicht zu sein.

Oder ist etwa die an diesen Satz geknüpfte Folgerung
falsch? „Wenn nun alles Sein die innere Möglichkeit in sich
schließt, nicht zu sein, so war einmal Nichts und würde auch
noch jetzt Nichts sein." Die Folgerung ist von kolossalem Um=
fange und von einschneidenster Energie, aber nichtsdestoweniger
ganz klar auf den ersten Blick. Es würde eben für das Sein
nichts anderes fehlen, als der innere hinreichende Grund; denn
nimmermehr giebt die reine Möglichkeit, zu sein oder nicht zu
sein, einen Grund dafür ab, in Wirklichkeit zu sein. Wird
das vom Menschen fortgedacht, was zum Gattungsbegriffe
„Mensch" gehört, somit die Natur „Mensch" bildet; so fällt
zugleich auch die wirkliche innere Grundlage für das Große
oder Kleine, Tugendhafte oder Schlechte, Dumme oder Ver=
ständige 2c. Die unzweifelhafte Voraussetzung für alles, was
möglicherweise dem Menschen anhängen, demnach auch nicht
anhängen kann, muß in dem bestehen, was den „Menschen"
notwendig als solchen ausmacht. Wird letzteres geleugnet
und auch dahinein die Möglichkeit getragen, Mensch zu sein
oder auch nicht, so giebt es überhaupt kein Mensch=Sein
mehr; wird eine solche Möglichkeit für alles Sein behauptet,
so giebt es folgerichtig kein Sein.

Dabei bemerke man die Feinheit der Textesworte: „Dann
war einmal Nichts und es würde noch heute Nichts sein."
Thomas leugnet da nicht nur alles Wirklich=Sein, sondern
weist auch die Möglichkeit, zu sein oder nicht zu sein zurück;
denn ohne Zweifel fehlt im genannten Falle die positive Grund=
lage für irgend welches Mögliche. Die endgültige Schlußfol=
gerung stützt sich wieder auf die Unmöglichkeit einer Reihe
ohne Ende. Haben nun die Dinge den Grund dieser Not=
wendigkeit innerhalb ihrer selbst oder wird derselbe von
außen her in den Dingen bewirkt? Ist das letztere der Fall,
so muß, um eine Reihe ohne Ende zu vermeiden, zu einem

Sein gelangt werden, welches aus sich heraus, unabhängig von allem, das Sein hat oder vielmehr substantiell das Sein ist. Trifft das erstere zu, so ergiebt sich das Gesuchte, denn es steht eben nur in Frage, ob es ein Sein giebt, das von seiner inneren Natur her die Notwendigkeit hat, wirklich zu sein. Naturgemäß würden die Dinge insgesamt alles, was sie an Notwendigem in sich schließen, sei dies „Mensch=Sein" oder „Tier= Sein" oder was auch immer für Sein, diesem Sein, dessen inneres Wesen es fordert, einfach und demnach notwendig wirklich zu sein, verdanken, als der freien Ursache jeglicher Notwendigkeit.

68. Thomas und Plato.

Thomas ist nie größer als wenn er im Gebiete der allgemeinen, von allem Stofflichen und Einzelnen losgeschälten Ideen sich bewegt. In diesen Höhen scheint der Geistesriese sich so recht zu Hause zu fühlen. Er gleicht darin dem großen Griechen, dem die Nachwelt den Beinamen des „Göttlichen" gegeben hat. Nichts ist so falsch als die Annahme, Thomas sei ein bloßer Nachtreter des Stagiriten. Die glänzendsten Beweise und die erleuchtetsten Darlegungen über das Dasein und die Vollkommenheiten Gottes hat Thomas mit Plato gemein. Der eben angeführte Text des dritten Gottesbeweises bezeugt die Richtigkeit dieser Behauptung. Freilich nennt Thomas nicht so oft den Plato als seinen Gewährsmann wie den Aristoteles; aber das hängt einerseits mit der Zeit zusammen, in der er lebte und wirkte, andererseits hat es darin seinen Grund, daß sich das wörtliche Anführen Platonischer Texte wegen deren mehr oder minder poëtischen Form häufig nicht recht empfiehlt und zudem die scharfe Ausdrucksweise des Aristoteles für eine in jeder Beziehung philosophisch = nüchterne Darlegung dienlicher ist.

Thomas verbindet den erhabenen Geist Platonischer Forschung mit der kalten Unterscheidungskraft des nüchternen Stagiriten und vervollkommnet so den einen durch den anderen. Gewiß hatte er bei Augustin gelesen, daß „nach dem Urteile der Verstän=

digsten der Unterschied zwischen beiden Philosophen sachlich
ein sehr geringer sei, daß vielmehr wer beide aufmerksam
liest und durchforscht, eine bei weitem größere Harmonie findet,
als es zuerst den Anschein hatte." Thomas hat von dieser
Ansicht den praktischen Beweis geliefert. Bei ihm durchdringen
sich Platonische und Aristotelische Ideen derartig, daß der Leser
fast meinen sollte, die beiden großen Heiden hätten sich im
größeren Schüler Christi die Bruderhand gereicht, um fortan
ihre Lehre als ein einziges gewaltiges Zeugnis von der Kraft
des menschlich=natürlichen Geistes, Christo, dem Erlöser, als
Schemel seiner Füße anzubieten.

Wie anders klingt hier bei Thomas der Beweis als bei
Plato. Wie die Morgenröte zum hellleuchtenden Tage, wie
das Ahnen zur Gewißheit sich verhält, so steht Plato neben
dem Aquinaten. Da ist nicht mehr die Rede von einer ewigen
Materie, die bei Plato die erhabensten Wahrheiten verdunkelt;
da wird nicht mehr gesprochen von einem Weltbildner, der bei
dem, was er thut, nach allen Seiten ausschauen muß, um
nirgends anzustoßen; — „dann war einmal Nichts" heißt es
einfach und folgerichtig bei Thomas.

Plato und Darwin; welcher Gegensatz! Bei Thomas
vereinigen sie sich im positiven Gehalt ihrer Lehre; und was
darin falsch ist, weist der eine dem anderen nach.

69. Darwin.

„Was da möglich ist, nicht zu sein, das ist auch in der
That zuweilen nicht." Ist demnach irgend etwas, so giebt
es ein Notwendiges. So schließt Thomas und begründet die
Schlußfolge damit, daß, wenn es gar kein Notwendiges gäbe,
dann unbedingt alles nur möglich wäre zu sein oder nicht zu
sein, also einmal Nichts gewesen sein würde und demnach auch
jetzt Nichts wäre. Nun kommt der heilige Lehrer von diesem
Schlußsatze wohl zur vernünftig notwendigen Anerkennung des
Daseins Gottes, aber doch nicht so unmittelbar.

Darwin dagegen gelangt vom selben Ausgangspunkte weit

schneller und, freilich nur dem Anscheine nach, sicherer zum
Ziele; mag Darwin oder die Darwinisten wollen oder nicht.
Was lehrt denn in der That Darwin? Alles ist schlechthin
und durchaus möglich, nicht zu sein oder etwas anderes zu
sein; — also ist die unvermeidliche Folge, daß ein Notwen=
diges bestehe, das da in diesem „Alles" seinem Wesen nach
nicht inbegriffen ist; sonst wäre noch heute nichts. Oder ist
etwa der Vordersatz nicht die Lehre Darwins? Ohne Zweifel!
Ist etwa im Affen notwendig etwas vorhanden, was ihn eben
zum Affen und unmöglich zu etwas anderem macht? Durch=
aus nicht! Die Zelle ist ihrem ganzen Sein nach nur Mög=
lichkeit für die Pflanze; die Pflanze ist wieder der ganzen
Ausdehnung ihres Seins nach möglich, nicht Pflanze zu sein,
sondern Tier; im Tiere ist wiederum nichts, was sich dem be=
ständig Möglichen, anders zu sein, widersetzte und inmitten
aller Veränderungen von innen heraus etwa bewirkte, daß,
so lange es da ist, das Tier notwendig Tier sei und nicht ein
möglicher Mensch. Das ist doch sicher die Lehre Darwins in
aller ihrer Schärfe: Alles ist möglich, Alles zu werden.
Kein Sein ist von dem anderen durch eine feste innere Grund=
lage getrennt, die da, so lange sie vorhanden ist, den einen
Seinsgrad des wirklichen Seins vom anderen trennt und be=
wirkt, daß das entsprechende Sein unmöglich einer anderen
Gattung oder einem anderen Seinsgrade angehören kann. Es
giebt keine eigentliche Gattung. Aber in diesem Falle ist ent=
weder auch noch heute Nichts oder es giebt mit metaphysischer
Gewißheit ein unbedingt in sich wirklich Notwendiges; da doch,
was nur und in jeder Beziehung möglich ist, keinen hinreichen=
den Grund in sich selber hat, wirklich zu sein, folglich der
Grund seines Wirklich=Seins außerhalb liegen muß.

Darwin hätte nur immer seinem eigenen Beispiele folgen
sollen, welches er in der Abstammungslehre des Menschen mit
solcher Bescheidenheit giebt und das sich in den Worten zusammen=
fassen läßt: „er liefere im folgenden nur eine Anzahl von ihm
beobachteter Thatsachen und wolle durchaus keine Schlüsse für

irgend ein allgemeines Syftem ziehen, dies überlaffe er Weiferen."
Etwas anderes ift Naturwiffenfchaft und etwas anderes Meta=
phyfif; und wenn derfelbe ausgezeichnete Naturforfcher in der
Einleitung zur „Abftammung des Menfchen" fagt: „Unwiffen=
heit erzeugt viel häufiger Sicherheit, als es das Wiffen thut,"
fo fpricht er damit nur den wahren Grund aus, dem zufolge
das Schlußergebnis feiner thatfächlich fo genauen Angaben ein
felbftverfchuldet unvernünftiges genannt werden muß, trotzdem
bereits er felber, allerdings fehr behutfam, und noch weit aus=
drücklicher feine deutfchen Anhänger es mit Sicherheit vor=
tragen.   Darwin führt gern die Worte Karl Vogts an, welche
diefer in der Eröffnungsrede als Präfident des Nationalinftituts
zu Genf (1869) gefprochen hat: „Personne, en Europe au
moins, n'ose plus soutenir la création independante et de
toutes pièces, des espèces;" beweift aber gerade mit diefen
Worten, daß thörichte Maßlofigkeit Unvernunft, weife Be=
fchränkung ein Zeugnis der Meifterfchaft im Gebrauche der
Vernunft ift.   Denn jene Worte find fchon an fich unver=
nünftig.   Wie kann in einem Atemzug eine von den Stoff=
gefetzen „abhängige Schöpfung" behauptet werden? Giebt es
eine Schöpfung, fo muß fie ihrem Begriffe nach unabhängig
von allem Gefchaffenen fein, und in Abhängigkeit nur vom
Schöpfer ftehen.

Die Thatfache ift die, daß die Natur der eigenen Ver=
nunft zu der allein richtigen Schlußfolgerung drängt, während
der Wille fich dagegen fträubt; der gefunde Kern des Darwi=
nismus treibt mit aller möglichen Gewalt zur Notwendigkeit
eines freien Schöpfers, der Darwinift aber will einen folchen
nicht.   Daher die Widerfprüche auf allen Seiten, fobald das
metaphyfifche Gebiet betreten wird; Widerfprüche, vor denen
nur ihre Urheber die Augen fchließen.

Wer kann gegen die oben gezogene Schlußfolgerung aus
der Lehre Darwins etwas einwenden? Vernünftiger Weife
kann derfelben, d. h. der zu Grunde liegenden Darwiniftifchen
Vorausfetzung, nur zu große Eile vorgeworfen werden. Thomas

geht bedächtiger zu Werke. Er hat nicht nur für die Ehre
Gottes, sondern auch für die Behauptung der geschöpflichen
Vorzüge zu sorgen. Er erkennt wohl auch einen Urstoff an und
zwar einen solchen, welcher dem Darwinistischen, wenigstens
insofern dieser positiven Gehalt besitzt, ähnlich sieht wie ein Ei
dem anderen; aber er ist weit davon entfernt, denselben als
reine und bloße Möglichkeit, Alles zu werden, in die wirk=
liche Welt einzuführen. Vielmehr ist es seine erste Sorge, die
innere Selbständigkeit aller und jeder stofflichen Dinge fest=
zustellen, wonach das dem Stoffe innewohnende Vermögen,
alles zu werden, sich zuerst darin äußert, daß es den bildenden
und formenden Grund seines wirklichen Seins in sich selber
aufnimmt und somit kraft eines eigenen, inneren Formalgrundes,
also kraft eines inneren notwendigen Elementes, seine
Stelle im wirklichen Sein einnimmt. Deshalb schließt Thomas
nicht sofort von der Unmöglichkeit des wirklichen Bestandes
eines bloßen Vermögens, „das da sein oder auch nicht sein
kann", auf die Notwendigkeit eines in sich bestehenden schöpferischen
Seins; sondern zunächst auf das Dasein eines „notwendigen"
Elementes im Inneren eines jeglichen, wirklich existierenden
Seins, wodurch dasselbe dieses ist und unmöglich ein anderes.
Davon erst gelangt er auf ein Sein, das nicht von außen
dieses „Notwendige" erhalten hat, sondern in seiner eigenen
Natur die Quelle aller Notwendigkeit ist. Diese Mittelstufe
des Denkprozesses im Thomas, nämlich das notwendige Element
innerhalb eines jeden geschöflichens Seins, sein Formalprincip,
ist die Ehre und Festigkeit des natürlichen Seins. Gerade sie
aber vergißt Darwin; während Thomas von ihr zum Dasein
des Einen=Notwendigen emporsteigt.

70. Der Urstoff materia prima des Thomas.

Worin besteht nun aber eigentlich der Urstoff des heiligen
Thomas, die materia prima? In der Annahme eines ein=
heitlichen Vermögens, alles zu werden, stimmt Thomas mit
Darwin überein; in zwei Punkten unterscheidet er sich von

ihm, vermeidet aber gerade dadurch alle offenbaren Unzuträglich=
keiten der Darwinistischen Theorie. Diese Punkte sind: 1) Der
Urstoff ist zwar in der Natur wirklich vorhanden und bildet
den positiven tiefsten Grund für die Ausdehnung und zusammen=
hängende Kontinuirlichkeit des stofflichen Seins; aber er existiert
nie und in keiner Weise allein für sich, sondern immer durch=
drungen bereits von einer gewissen bestimmten Wesensform.
Die einzelnen Dinge also, in denen er sich befindet und von
denen jedes kraft der Wesensform einer gewissen Seins=
stufe angehört, sind wohl bestimmt, fühlbar und sichtbar, sie
sind Gegenstand der Sinnesthätigkeit; nicht aber so der Urstoff
selber als solcher. Dieser ist vielmehr völlig unbestimmt und
kann nur Gegenstand rein vernünftiger metaphysischer Erkenntnis
sein. — 2) Der Urstoff ist nach der einen Seite hin Träger
und Quelle der geschöpflichen Notwendigkeit und andererseits
ermöglicht er die ungezwungene natürliche Änderung, sowohl
die an ein= und derselben Substanz als auch jene die durch
das Übergehen von einer Substanz in die andere bedingt wird.

71. Der Urstoff liegt allem Werden zu Grunde.

In der That! Muß es ein Vermögen geben, das
allem stofflichen Werden zu Grunde liegt? Darwin
nimmt dies ohne weiteres an; Thomas beweist es unwider=
leglich nach den großen griechischen Meistern und gelangt da=
durch zur Bestimmung der wahren Natur des Urstoffes.

Giebt es im Stofflichen ein wirkliches Werden? Ebenso
gut wie ein wirkliches Bewegen. Beide Begriffe fallen schließ=
lich zusammen; beide verlangen Verschiedenheit des Anfanges
vom Ende und Gemeinsamkeit der Grundlage oder vielmehr
ein= und dieselbe Grundlage vom Anfange bis zum Ende.
Handelt es sich um ein rein örtliches Bewegen oder Werden,
so bleibt das der Bewegung unterworfene Subjekt in seinem
ganzen positiven Sein ein= und dasselbe; nur der Standpunkt,
auf welchem es sich am Ende befindet, ist verschieden von dem
im Beginne eingenommenen. Ist aber das subjektive Sein

selber der Gegenstand oder das Ziel der Bewegung, so daß es in seinem inneren Bestande ein anderes wird, wie z. B. der Mensch, welcher, trotzdem er seiner menschlichen Natur nach derselbe bleibt, groß wird, nachdem er klein gewesen ist; so bildet offenbar die Natur oder Substanz, hier also die menschliche, welche im einzelnen Menschen die Seinsstufe „Mensch" bewirkt, die gemeinsame Grundlage. Wo jedoch ist diese gemeinsame Grundlage in dem Falle zu suchen, wenn es sich um ein substantielles Werden, um ein Werden schlechthin handelt; an dessen Schlusse nämlich eine ganz andere Substanz, ein völlig verschiedenes Sein steht? Aus dem Samen wird die Pflanze, aus dem Ei die Frucht, aus dem Dampfe Wasser. Ist da die Pflanze noch in etwa Same, oder die Frucht Ei oder das Wasser irgendwie Dampf? Keineswegs! Die beiderseitigen Eigenschaften sind vielmehr entgegengesetzt: Der Same ist tot, die Pflanze lebendig; der Dampf steigt, das Wasser fällt seiner Natur nach.

Auch der Sprachgebrauch entspricht dieser Verschiedenheit im Werden. Denn wodurch wird in den entsprechenden Sätzen das Subjekt gebildet? Durch die gemeinschaftliche Grundlage. Nun heißt es bei den zwei erstgenannten Arten des Werdens z. B.: Der Wagen fuhr von A nach B; der Mensch, der krank war, ist gesund geworden; mit anderen Worten: von demselben einheitlichen Sein wird das A und B; das Gesunde und das Kranke ausgesagt. Wo es sich aber um das letzterwähnte substantielle Werden handelt, da giebt es kein gemeinschaftliches Subjekt mehr: Aus dem Samen wird die Pflanze; „das ist ein Tier" wird auf die Frage nach dem Endergebnisse der Entwickelung des Eies geantwortet: ein anderes Sein liegt vor. Auf die Frage, was ist das, wird am Ende dieser Art von Bewegung eine andere Antwort gegeben, als am Anfange: nicht von einem vertierten Ei oder einem bepflanzten Samen wird gesprochen, wie von einem gesunden oder kranken Menschen, sondern es ergiebt sich am Ende ein ganz verschiedenes Sein, eine in jeder Beziehung andere Substanz.

Und doch liegt ein Werden vor, eine Entwickelung spielt sich ab! Die Pflanze ist geworden und nicht geschaffen; das Ei ist nicht in das Nichts zurückgesunken und die Frucht an die Stelle getreten; in natürlicher Entwickelung folgt das Wasser dem Dampfe.

Ist ein bestimmtes Sein die gemeinschaftliche Grundlage dieser Art Werdens? Nein, ganz ist das Tier Tier, sowie das Ei ganz Ei war; ganz ist die Pflanze Pflanze; und seinem ganzen Sein nach war der Same eben Same. Es muß aber notwendig eine gemeinschaftliche Grundlage vorhanden sein; das fordert der Begriff des Werdens. Es bleibt nur die Annahme der beiden großen Griechen übrig: die Annahme eines reinen Vermögens, das zu allem Sein werden kann, aber an sich keinerlei wirklich bestimmtes Sein hat; die An= nahme einer potentia pura, einer materia prima; eines wirk= lichen Urstoffes.

72. Beispiel.

Dem Verständnisse dieser Annahme dürfte folgendes Bei= spiel dienen. Was mußte Michel Angelo zuvörderst thun, ehe er die Form seines „Moses" dem Marmor einprägen konnte? Den Marmor zuerst aller anderen Formen und Figuren ent= kleiden. Weder das Eckige noch das Runde und noch viel weniger durften vollendetere Formen bleiben. Nur Marmor mußte er vor sich haben, sollte die Figur seines Moses rein und voll ausgeprägt werden; d. h. nur der Stoff durfte da sein, insofern er von sich aus das reine Vermögen für den Ausdruck der Idee des „Moses" mit sich brachte; jede beson= dere Form, die etwa neben der Form des „Moses" geblieben wäre, konnte das Kunstgebilde nur stören. Desgleichen war auch die Leinwand, auf welche Raphael seine sixtinische Ma= donna malte, jedenfalls ohne irgend ein Bild, ganz rein und leer, nur mit der leidenden Möglichkeit ausgestattet, der bildenden Hand des Meisters als Unterlage zu dienen. Wird nun an= statt des „Moses" oder der sixtinischen Madonna irgend ein substantielles Sein, z. B. das des Menschen gesetzt, wodurch der Mensch eben einfach ist, so kann demselben nichts anderes zu Grunde liegen, als das **reine Vermögen zu sein.**

73. Der Urstoff ist allein Gegenstand der Vernunft, nicht der Sinne.

In einem solchen Urstoffe liegt der positive erste An= fang aller stofflichen Entwickelung vor und deshalb kann der= selbe auch nur Gegenstand der reinen Vernunft=Erkenntnis sein. Was die Sinne durch handgreifliche Versuche deutlich zu machen vermögen, das steht und gründet wesentlich auf der Bewegung und zwar so recht eigentlich auf der von Ort zu Ort, die Bewegung aber ist, wie früher schon dargelegt worden, nur Weg, Mittel, Verbindung zwischen Anfang und Ende; demgemäß ist, was außerhalb der Bewegung sich be= findet, was unbedingt feststehender Anfang oder Ende ist, auch ohne Zweifel den Sinnen unzugänglich. Der Urstoff nun, wie ihn Aristoteles und Plato und nach diesen Philosophen Augustin und Thomas aufgestellt, ist die tiefe und feste Grund= lage, nicht etwa einer einzigen stofflichen Entwickelung, sondern aller und jeder der wirklichen und der möglichen; er ist die Potenz, das Vermögen zu allem und jedem stofflich=wirk= lichen Sein innerhalb dieses Seins selber, somit ist derselbe auch nicht durch die Erfahrung der Sinne erreichbar, die nur einzelnes und besonderes zu berühren vermag, sondern Gegenstand desjenigen Vermögens, welches auf das allgemeine gerichtet ist.

Kurz! Verlangt der Begriff des Werdens eine gemein= schaftliche Grundlage zwischen dem Ausgangspunkte und dem Endziele? Das kann nicht geleugnet werden. Steht das substantielle Werden, also die Umwandlung einer Substanz in die andere zwischen zwei von einander völlig geschiedenen und getrennten Gattungsarten? Dermaßen, daß das wirkliche Sein der einen mit dem der anderen nichts, aber auch gar nichts zu schaffen hat, sondern eine jede Substanz der ganze bestimmende innere Formalgrund des entsprechenden Seins ist.

Worin also kann einzig und allein die gemeinschaftliche Grund=
lage bestehen? Unmöglich in etwas anderem als in einem Ur=
stoffe, der seiner Natur gemäß keinerlei bestimmte Seinsform
trägt, wohl aber eine solche zu tragen vermag. Welches
Wesen hat dieser Urstoff, der so mit vollem Recht diesen seinen
Namen trägt? Er ist grenzenloses Bedürfnis; er kann
nur empfangen, nie etwas geben; nur bestimmt werden, nie
bestimmen. Welche Eigenschaften hat derselbe? „Er ist weder
qualis noch quantus noch quid, weder groß noch klein, weder
dick noch dünn" sagt Aristoteles. Als „prope nihil" be=
zeichnet ihn der Platonische Augustin (Conf. lib. 12 c. 5 et sq.):
Cum in ea (mat. prima) quaerit cogitatio, quid sensus
attingat, et dicit sibi, non est intelligibilis forma, sicut
vita, sicut justitia, quia materies est corporum; neque
sensibilis est, quoniam quid videatur et quid sentiatur
in insensibili et incomposita, non est. Dum sibi haec dicit
humana cogitatio conetur eam vel nosse ignorando vel
ignorare noscendo . . . est quiddam inter formam et
nihil, nec formatum nec nihil, informe prope nihil . . .
Nec ideo tamen cessabit cor meum dare tibi honorem et
canticum laudis de his quae dictare non sufficit. Muta-
bilitas enim rerum mutabilium capax est ipsa formarum omnium, in quas mutantur res mutabiles. Et haec
quid est? Numquid animus? Numquid corpus? Numquid species animi vel corporis? Si dici posset, nihil
aliquid est et non est, hoc eam dicerem, et tamen
jam utcunque erat, ut species caperet istas visibiles et
compositas . . . Illud autem totum (coelum coeli) prope
nihil erat, quoniam adhuc omnino informe erat. Jam
tamen erat, quod formari poterat. Tu enim Domini fecisti mundum ex materia informi, quam fecisti de
nulla re pene nullam rem, unde faceres magna quae
miramur filii hominum.

Kann also dieser Urstoff für sich allein existieren? Aber
eben, weil er dies nicht kann, nennt Augustin ihn pene

nullam rem; jagt: est aliquid nihil; er hat nicht so viel Sein,
um selbständig zu bestehen und hat doch so viel um alles
werden zu können capax omnium formarum. Er ist also
immer unter einer gewissen bestimmenden substantiellen Wesens=
form, aber unter einer jeden behält er seine Natur: den
Hunger nach anderem, und zwar nach allem Sein und scheint
nur deshalb vermittelst einer bestimmten Wesensform am wirk=
lichen Sein teilzunehmen, um sein unermeßbares Bedürfnis zu
offenbaren. Kann er in Wirklichkeit etwas, ist er etwas, so
ergreift ihn das ruhelose Sehnen nach anderem und so wird er
die Quelle und zwar die ungezwungene, ganz natürliche Quelle,
die subjektive Triebkraft für alle stoffliche Veränderung. Thomas
drückt dies im Texte des dritten Beweises ebenso schlagend wie
fein mit den Worten aus: possibile aliud esse et hoc quod
est non esse: das stoffliche Sein ist eben kraft des Urstoffes
möglich, ein anderes zu sein und das, was es ist, nicht zu sein."
    Eingehender bespricht er die Eigenschaften des Urstoffes
im Kommentar zur Aristotelischen Physik:[25])

---

[25]) In phys. lib. I. lect. 15. „Quidam philosophi tetigerunt
materiam, sed non sufficienter; quia non distinguebant inter
privationem et materiam; unde quod est privationis, attribuebant
materiae. Et quia privatio secundum se est non-ens, dicebant,
quod materia secundum se est non-ens. Et sic, sicut aliquid per
se simpliciter fit ex materia, sic confitebantur, quod simpliciter
et per se aliquid fit ex non-ente. Et ad hoc dicendum duabus
rationibus inducebantur. Primo quidem ratione Parmenidis dicentis,
quod, quidquid est praeter ens est non-ens: unde, cum materia
sit praeter ens, quia non est ens actu, dicebant eam esse simpliciter
non ens. Secundo vero quia videbatur eis quod est numero vel
subjecto unum, est etiam ratione unum; quod hic appellat esse
potentia unum: quia ea, quae sunt ratione unum, sic se habent
quod eadem sit virtus utriusque. Ea vero, quae sunt subjecto
unum, sed non ratione, non habent eandem potentiam seu virtutem, ut patet in albo et musico. Subjectum autem et privatio
sunt unum numero ut aes et infiguratum; unde videbatur eis,
quod essent idem ratione vel virtute; sic igitur hic accipit uni-
tatem potentiae. Sed ne quis hic dubitet, occasione horum

74. Erklärender Text (I. Phys. lect. 15).

„Einige Philosophen berührten zwar vor Aristoteles den
Stoff, aber nicht in genügender Weise; denn sie machten keinen

verborum, quid sit potentia materiae et utrum sit una vel plures:
dicendum est, quod actus et potentia dividunt quodlibet genus
entium, ut patet in nono Metaph. et in tertio hujus. Unde sicut potentia ad qualitatem non est aliquid extra genus qualitatis, ita potentia ad esse substantiale non est aliquid extra genus substantiae.
Non est igitur potentia materiae aliqua proprietas addita super
essentiam ejus; sed materia secundum suam substantiam
est potentia ad esse substantiale: et tamen potentia materiae subjecto est una respectu multarum formarum, sed ratione
sunt multae potentiae secundum habitudinem ad diversas formas:
unde in tertio dicetur quod posse sanari et posse infirmari differt
secundum rationem. Secundo ostendit differentiam suae opinionis
ad opinionem praemissam. Et circa hoc duo facit. Primo aperit
intellectum suae opinionis; secundo ostendit, quid alia opinio
ponat. Dicit ergo primo, quod multum differt esse unum numero
vel subjecto, et esse unum potentia vel ratione. Quia nos ipsi
dicimus, ut ex superioribus patet, quod materia et privatio, licet
sint unum subjecto, tamen sint alterum ratione, quod patet ex
duobus. Primo quidem, quia materia est non-ens secundum
accidens, sed privatio est non-ens per se: hoc enim ipsum, quod
est infiguratum, significat non-esse; sed aes non significat non-
esse, nisi in quantum ei accidit esse infiguratum. Secundo vero,
quia materia est prope rem, et est aliqualiter, quia est in potentia
ad rem et est aliqualiter substantia rei, quia intrat in constitutionem substantiae. Sed hoc de privatione dici non potest. Mani-
festat intellectum opinionis Platonicae et dicit, quod Platonici
ponebant duo ex parte materiae, scilicet magnum et parvum,
sed tamen aliter quam Aristoteles: quia Aristoteles ponit, ista
duo esse materiam et privationem, quae sunt unum subjecto et
differunt ratione: sed isti non ponebant, quod alterum istorum
esset privatio et alterum materia, sed privationem coassumebant
utrique, scilicet parvo et magno: sive acciperent ista duo simul,
utpote cum loquebantur non distinguentes eam per parvum et
magnum, sive acciperent utrumque seorsum. Unde patet, quod
omnino aliter ponebant Platonici tria principia ponentes formam

Unterſchieb zwiſchen Mangel an Sein (Privation) unb bem
Stoffe, weßhalb ſie alles, was bem Mangel an Sein ent=

---

et parvum et magnum et Aristoteles, qui posuit materiam et
privationem et formam. Platonici vero usque ad hoc perveniebant
prae aliis philosophis antiquioribus, quod oportet unam quandam
naturam supponi omnibus formis naturalibus, quae est materia
prima; séd hanc faciunt unam tantum, sicut subjecto ita et
ratione, non distinguentes inter ipsam et privationem; quia, etsi
ponant qualitatem ex parte materiae, scilicet magnum et parvum,
nihilominus non faciunt differentiam inter materiam et privationem;
sed faciunt mentionem tantum de materia, sub qua comprehen-
duntur magnum et parvum, et privationem despexerunt, de ea
mentionem non facientes. Probat deinde quod sua opinio habet
veritatem; et circa hoc duo facit: primo ostendit propositum,
scilicet quod oporteat distingui materiam a privatione; secundo
ostendit, quomodo materia corrumpatur et generetur. Primum
ostendit dupliciter: primo quidem ostensive; secundo ducendo
ad impossibile. Dicit ergo, quae subjicitur, scilicet materia simul
cum forma, est causa eorum quae fiunt secundum naturam ad
modum matris: sicut enim mater est causa generationis in reci-
piendo, ita et materia. Sed si quis accipiat alteram partem contrarietatis, scilicet privationem, protendens intellectum circa
ipsam, imaginabitur ipsam non ad constitutionem rei pertinere,
sed magis ad quoddam malum rei, quia est penitus non-ens,
cum privatio nihil aliud sit, quam negatio formae in subjecto:
et est extra totum ens ut sic in privatione locum habeat ratio
Parmenidis. Quidquid est praeter ens est non-ens, non autem in
materia, ut dicebant Platonici. Et quod privatio pertineat ad
malum, hoc ostendit per hoc, quod forma est quoddam divinum
et optimum et appetibile. Divinum quidem est, quod omnis forma
est quaedam participatio similitudinis divini esse, quod est actus
purus; unumquodque enim in tantum est actu, in quantum habet
formam. Optimum autem est, quia actio est perfectio potentiae
et bonum ejus; et per consequens sequitur, quod sit appetibile:
quia unumquodque suam appetit perfectionem. Privatio autem
opponitur formae, cum non sit aliud, quam remotio ejus: unde
cum id quod opponitur bono et removet ipsum, sit malum;
manifestum est, quod privatio pertinet ad malum: unde sequitur,
quod non sit idem cum materia, quae est causa rei, ut mater.
Ostendit idem per rationem ad impossibile hoc modo. Cum

sprang, aus dem Stoffe herleiteten. Und da Mangel an Sein schließlich ein Nicht=Sein ist, so meinten sie, der Stoff wäre

---

forma sit quoddam bonum et appetibile, materia, quae est aliud a privatione et a forma, est apta nata appetere et desiderare ipsam secundum suam naturam. Sed quibusdam, qui non distinguunt materiam a privatione, accidit hoc inconveniens, quod contrarium appetit corruptionem sui ipsius; quod est inconveniens. Quia, si materia appetit formam, non appetit eam, secundum quod est sub ipsa forma, quia jam non indiget esse per eam, appetitus autem omnis est propter indigentiam, quia est non habiti; similiter non appetit eam, secundum quod est sub contrario vel privatione, quia unum contrarium est alterius corruptivum, et sic aliquid appeteret sui corruptionem. Manifestum est igitur, quod materia, quae appetit formam, est aliud a privatione et a forma. Si enim materia appetit formam secundum propriam naturam, ut dictum est: si ponitur, quod materia et privatio sint eaedem ratione, sequitur, quod privatio appetit formam et ita appetit sui ipsius corruptionem, quod est impossibile; unde et hoc impossibile est, quod materia et privatio sint eaedem ratione. Sed tamen et materia est hoc, id est privationem habens, sicut si femina appetat masculum et turpe appetat bonum: non quod ipsa turpitudo appetat bonum sibi contrarium, sed secundum accidens, quia hoc, cui accidit esse turpe, appetit esse bonum; et similiter non femineitas appetit masculinum, sed id cui accidit esse feminam. Et similiter privatio non appetit formam, sed id cui accidit privatio, scilicet materia. Sed contra haec Avicenna tripliciter opponit. Primo quidem, quia materiae non competit neque appetitus animalis, ut per se manifestum est: neque appetitus naturalis, ut appetat formam, cum non habeat aliquam formam vel virtutem inclinantem ipsam ad aliquid; sic enim grave appetit locum infimum, in quantum sua gravitate inclinatur ad locum talem. Secundo objicit, quod, si materia appetit formam, hoc est, quia caret omni forma, aut quia appetit multas formas habere simul, quod est impossibile; aut quia fastidit formam quam habet et quaerit habere aliam; et hoc etiam est vanum; nullo igitur modo dicendum videtur, quod materia appetit formam. Tertio objicit per hoc, quia dicere, quod materia appetat formam, sicut femina masculum est figurate loquentium scilicet poëtarum et non philosophorum. Sed hujusmodi objectiones facile est solvere. Sciendum est enim, quod omne, quod appetit

11*

an und für sich ein Nicht=Sein. Demgemäß nahmen sie auch
an, daß, wenn etwas, insoweit es eben einfach und subſtantiell

---

aliquid, vel cognoscit ipsum et se ordinat in illud; vel
tendit in ipsum ex ordinatione et directione alicujus
cognoscentis; sicut sagitta tendit in determinatum signum ex
directione et ordinatione sagittantis. Nihil est igitur aliud
appetitus naturalis, quam ordinatio aliquorum secundum propriam naturam in finem suum. Non solum autem
aliquid ens in actu in finem suum ordinatur per aliquam virtutem activam; sed etiam materia secundum quod est in potentia;
nam forma est finis materiae. Nihil igitur est aliud materiam
appetere formam, quam eam ordinari ad formam; ut potentia
ad actum. Et quia, sub quacunque forma sit, adhuc remanet
in potentia ad aliam formam; ideo est ei semper appetitus
formae; non propter fastidium formae, quam habet, nec propter
hoc, quod quaerat, contraria esse simul; sed quia est in potentia
ad aliam formam, dum aliquam habet in actu. Nec enim utitur
hic figurata locutione, sed exemplari. Dictum est enim supra
quod materia prima scibilis est secundum proportionem, in
quantum sic se habet ad formas substantiales sicut materiae
sensibiles ad formas accidentales. Et ideo ad manifestandam
materiam primam oportet uti exemplo sensibilium substantiarum.
Sicut igitur usus est exemplo aeris infigurati et hominis non musici
ad materiam, ita nunc ad ejus manifestationem utitur exemplo
feminae appetentis virum et turpis appetentis bonum . . . . .
Ostendit, quomodo materia corrumpatur et dicit, quod quodammodo corrumpitur et quodammodo non; quia secundum quod
est in ea privatio, sic corrumpitur, cum cessat in ea esse
privatio, ut si dicamus, aes infiguratum corrumpi, quando de-
sinit esse infiguratum. Sed secundum se, in quantum est ens
quoddam in potentia, est ingenita et incorruptibilis. Quod sic
patet. Si enim materia fiat, oportet ei aliquod subjici, ex quo
fiat, ut patet ex superioribus. Sed primum, quod subjicitur in
generatione, est materia: hoc enim dicimus materiam, primum
subjectum, ex quo aliquid fit per se et non secundum accidens et inest rei jam factae. Et utrumque ponitur ad differentiam privationis, ex qua aliquid fit per accidens et non inest rei
jam factae. Sequitur ergo, quod materia sit, antequam fiat,
quod est impossibile. Et similiter omne quod corrumpitur, resol-
vitur in materiam primam: quando igitur jam est materia prima

ift; aus dem Stoffe kommt, dies gleichbedeutend sei mit der
Behauptung, es würde aus dem Nicht=Sein; wonach also „aus
dem Stoffe werden" dasselbe sein würde als „werden nachdem
es noch nicht dagewesen sei." (Nicht der Marmor an und
für sich wäre dann z. B. der Stoff für den „Moses" des
Michel=Angelo, sondern dessen Formlosigkeit.) Das Negative
an jedem Sein bedeute demnach den Urstoff d. h. dasjenige,
wonach es im Vergleiche zu einem anderen Sein formlos
oder nicht sei. Diese Philosophen vermochten jedoch nicht
zu unterscheiden zwischen der Einheit in der bloßen Zahl und
der Einheit im Wesen oder Vermögen. Die erstere näm=
lich ist eine rein zufällige Einheit, in welcher ein jedes von
den vereinigten Elementen seine eigentümliche Thätigkeit be=
hält, wie z. B. die Einheit der weißen Farbe und des musi=
kalischen Talentes in einem= und demselben Subjekte (oder die
Einheit des Feldherrntalentes und der staatsmännischen Be=
fähigung in Cäsar); die andere aber besteht darin, daß den
zu einem Wesen vereinigten Teilen ein= und dieselbe
Thätigkeit von Natur aus zukommt. (Wenn z. B. Cäsar
als Staatsmann anders handelt als in seiner Feldherrn=Eigen=
schaft, so geschieht dies, weil bloß seine Person das zufällige
Bindemittel zwischen diesen beiden Seinsformen ist; wenn aber
der Mensch eine einheitlich=menschliche Thätigkeit entfalten
kann, so schuldet er dies dem Umstande, daß Leib und Seele
zu einem Wesen oder einer Natur in ihm verbunden sind,
der die menschliche Thätigkeit nur entspricht). Da aber
diese Philosophen, unter denen besonders Parmenides hervor=
ragt, einen solchen Unterschied nicht kannten, vermochten sie
auch nicht, das Wesen des Stoffes zu erfassen. Der Marmor
oder das Erz z. B. ist jedenfalls Träger der Formlosigkeit

---

tunc est corruptum. Et sic quando materia prima corrumpitur,
erit corrupta, antequam corrumpatur; quod est impossibile. Sic
igitur est impossibile materiam primam generari vel corrumpi.
Sed ex hoc non excluditur, quia per creationem in esse procedat.

rücksichtlich des Künstlers und sonach mit diesem Nicht=Sein, der Formlosigkeit, zu einer Einheit verbunden; auch ist dieses Nicht=Sein unbedingt notwendig, wenn ein „Moses" werden soll. Aber das ist eine rein zufällige Einheit, die keines= wegs in der Natur des Marmors oder des Erzes ihren Grund hat; es ist rein zufällig, daß Marmor oder Erz mit dem Nicht=Sein des „Moses" verbunden ist, somit kann aber auch Marmor oder Erz nicht dem Wesen nach als Stoff Nicht= Sein bedeuten, sondern nur insoweit es gerade nicht eine be= stimmte Form, wie etwa die des „Moses" trägt. Vielmehr ist zwischen dem Begriffe des Mangels an irgend einem bestimmten Sein und dem Begriffe des Stoffes ein Gegensatz vorhanden: denn der Mangel ist wesentlich Nicht=Sein, der Stoff aber ist nur zufällig Nicht=Sein. Dies wird auch dadurch bezeugt, daß, wie oben von jeder zufälligen, nur im Sein des einzelnen Subjekts begründeten Einheit behauptet wurde, die Äußerung des dem Stoffe eigenen Wesens und die seines etwaigen Nicht= Seins verschieden bleiben. Das Wesen des Stoffes näm= lich ist reines und einfaches Vermögen, eine substan= tielle Wesensform zu tragen und sonach selbständige Substanz zu sein: potentia ad esse substantiale und diesem Wesen zufolge kann der Stoff zu etwas wirklich Be= stehendem werden (wie z. B. aus dem Erze der „Moses" wird) wonach der Stoff dann auch selber zur Gattung „Substanz" gehört (wie das Vermögen, geistig aufzufassen, zur Gattung „Vernünftig=Sein" gehört); — daß aber der Stoff in einem und demselben Subjekte etwas anderes nicht ist, also einen Mangel mit sich bringt, eine wirkliche Privation, daraus folgt, daß er noch anderes werden kann, als das, was er ist.

So unterscheidet sich Aristoteles von Plato, wenn er auch im Wesen mit ihm übereinstimmt. Beide nämlich nehmen als Erklärung des stofflichen Seins und Werdens unbedingt not= wendig eine gewisse gemeinsame Natur an, die allen natür= lichen Wesen zu Grunde liegt und nennen dieselbe Urstoff „materia prima". Beide ziehen auch daraus die notwendige

Folgerung, daß dieser Urstoff selber an sich kein wirklich that=
sächliches Sein bilde, sondern nur als Vermögen zum Sein,
potentia ad esse, gedacht werden könne. Plato aber nimmt
gar keine Rücksicht auf den Mangel, die privatio, welcher
mit dem Stoffe, sobald er in Wirklichkeit subjektiv ist, ver=
bunden erscheint, sondern nennt als seine unmittelbaren Eigen=
schaften das „Große und Kleine", also die Fähigkeit, für die
Ausdehnung als positive Unterlage zu dienen, sobald der Stoff
ein der Wirklichkeit bestimmtes Sein besitzt. Aristoteles
jedoch schlägt den Mittelweg ein zwischen Parmenides und
Plato. Er hält nicht dafür, daß das Nicht=Sein, also der
Mangel an Sein, das Wesen des Stoffes bilde und somit
die Grundlage des Werdens sei -- und darin stimmt er mit
Plato überein; wohl aber stellt er die Meinung auf, daß in
Folge des Urstoffes dasselbe stoffliche Subjekt beides vereinigt:
nämlich den Besitz der einzelnen betreffenden Wesensform
z. B. der des Marmors; und den Mangel anderer bestimmter
Wesensformen, welcher Mangel, da er zugleich mit der Mög=
lichkeit, anderes zu sein, besteht, das Begehren nach anderem
Sein verursacht — und darin nähert er sich dem Parmenides.
Dieser Mangel, privatio, jedoch gehört in keiner Weise zum
Wesen eines Seins, mag dieses als Gattung aufgefaßt wer=
den oder als Einzelnding; noch weniger trägt derselbe zur
Bildung eines Seins bei, vielmehr würde derjenige Recht
haben, welcher ihn zum Übel rechnete. Denn was ist
das Übel anders als Nicht=Sein; dieser Mangel aber ist
gleichbedeutend mit dem Nicht=Sein gewisser Wesensformen im
Subjekte und steht außerhalb alles Seins. Die einzelne Wesens=
form oder das Gattungs=Sein giebt dagegen dem unbestimmten
Vermögen des Stoffes einen wirklichen Seinsgrad und ver=
mittelt so die Teilnahme an der Ähnlichkeit mit dem göttlichen
Sein, das nur und voll Wirklichkeit ist; denn jegliches Ding
ist insoweit wirklich, inwieweit es eine Wesensform hat. Da
aber jegliches Ding auch gut und vollkommen ist, insofern sein
Vermögen von der Wesensform durchdrungen und bethätigt

wird und alles Gute und Vollkommene erstrebenswerth erscheint, so wird jedes Ding zugleich sein eigenes Wesen und
die Teilnahme an demselben wollen, d. h. es wird naturgemäß
nach seiner eigenen Vollkommenheit streben und was in ihm
diesem Streben entgegen ist, das wird in entsprechender Weise
für das Ding vom Übel sein. So also begegnet denjenigen,
welche den Stoff nicht unterscheiden vom Mangel an anderen
bestimmten Seinsformen, immer die unübersteigliche Schwierigkeit, daß ein Ding sein eigenes Nicht-Sein, ohne welches ja
ein anderes Sein nicht eintreten kann, naturnotwendig erstrebt,
mögen sie wie Parmenides das Wesen des Stoffes in das
non ens das Nicht-Sein, also in den Mangel setzen oder wie
Plato eine solche privatio, ein derartiges Entbehren anderer
Wesensformen gar nicht berücksichtigen; beide Philosophen lassen
den Stoff nicht gemäß derjenigen Wesensform wirken, die er
hat, sondern gemäß derjenigen, welche er nicht hat, mit anderen
Worten: der Mangel, das Nicht-Sein hat bei ihnen Sein.

Gegen diese Schwierigkeit ist nur mit der Annahme auf-
zukommen, daß im wirklichen Einzelwesen drei Elemente zu
unterscheiden sind: 1) Die Wesensform, welche das wirkliche Sein und damit den bestimmten Seinsgrad mit sich
bringt; 2) der Urstoff, welcher an sich nur Vermögen und
zwar durch nichts bestimmtes Vermögen zum selbständigen Sein
ist; 3) der Mangel an anderen Wesensformen, welcher mit
natürlicher Notwendigkeit sich äußern muß, sobald der Urstoff als Vermögen für alles unter einer bestimmten und beschränkten Wesensform existiert, denn derselbe behält dieses seiner
Natur wesentlich zukommende Vermögen für die Aufnahme
anderer Wesensformen. Da aber weder der Urstoff seiner
Natur nach zu einer bestimmten Wesensform hinneigt, sondern
vielmehr ganz allgemeines Bedürfnis ist, noch die Natur der
einzelnen Wesensform an und für sich die Neigung hat, einer
anderen Platz zu machen, sondern im Gegenteil ihrem Ur-
sprunge nach und kraft der Ähnlichkeit, welche sie vermittelt,
so viel als möglich sich zu äußern, d. h. zu sein strebt, so ist

es nach beiden Seiten hin rein zufällig, daß das einzelne
Subjekt, als einzelnes betrachtet, Mangel hat an anderen bestimmten Wesensformen und daß somit in demselben ein
Nicht-Sein sich vorfindet, welches die Gelegenheit bietet für
das Vergehen des einen und das Entstehen des andern.

Gegen diese Ausführung des Aristoteles erhebt nun Avicenna den Vorwurf, daß einerseits der Urstoff weder gleich
einem mit Sinnen begabten Wesen nach der Wesensform
oder vermittelst derselben nach dem wirklichen Sein durch selbständiges Begehren streben kann, und das ist zweifellos offenbar; noch kraft der natürlichen Neigung es thut, wie etwa
der Stein seiner Natur gemäß nach unten strebt, da ja dieser
Stoff eben keinerlei Kraft und Form von Natur aus hat;
daß demnach von einem positiven Streben desselben nach sub-
stantiellem Sein nicht gesprochen werden kann; daß andererseits
selbst vorausgesetzt, der Urstoff strebe nach wirklichem bestimmten Sein, also nach dem Besitze einer substantiellen Wesensform, dieses Streben keine andere Quelle haben kann als den
Mangel an aller und jeder Wesensform und somit auch aller
und jeder Wirklichkeit oder das Bestreben, viele Wesensformen,
auch die unter einander entgegengesetzen, zugleich zu haben
oder den Widerwillen gegen diejenige, welche ihn wirklich formt
und das Gefallen an einer andern; da aber diese drei Gründe
teils eine Unmöglichkeit enthalten, teils ganz wertlos sind, so
ist auch die Voraussetzung hinfällig und kann von einem
Streben des Urstoffes nach einer Wesensform oder nach wirklichem, bestimmten Sein, nicht gesprochen werden; — zudem
erscheint es abgeschmackt, in solchen Untersuchungen sich der
figürlichen Redeweise, wie z. B. des umgeformten Erzes oder
Marmors oder der empfangenden Mutter zu bedienen, wie das
Aristoteles thut.   Dergleichen Einwürfe sind jedoch leicht zurückzuweisen.   Denn was auch immer nach etwas strebt, das
erkennt entweder sein Ziel und regelt sich selber danach oder
es wird von außen her gelenkt und strebt kraft dessen nach
dem ihm Zukömmlichen, wie etwa der Pfeil durch den Schützen

nach dem vorgesteckten Ziele hingeleitet wird. Die natür=
liche Neigung besteht demnach in nichts anderem als
darin, daß etwas seiner Natur gemäß zu dem ihm
gesetzten Ziele geführt wird. Es wäre jedoch ganz falsch
zu meinen, daß nur ein wirklich bestehendes Sein durch die
ihm innewohnende thätige Kraft zu seinem Ziele gelenkt wer=
den könnte; sondern das bezieht sich auch auf den Urstoff, als
ein reines Vermögen, dessen nächster Zweck die Erreichung des
substantiellen wirklichen Seins ist; gleichwie jedes Vermögen
als Vermögen von Natur zur Thätigkeit berufen ist und doch
diese Thätigkeit von vornherein und aus sich selbst nicht hat.
Die Behauptung, daß der Urstoff nach dem wirklichen Sein
strebe, hat also keine andere Bedeutung, als daß derselbe zum
vorgesetzten Ziele seiner Natur das wirkliche bestimmte Sein
der Substanz hat, wie jedes Vermögen zu seiner Thätigkeit
und zum Gegenstande derselben in Beziehung steht. Und weil
ferner im Stoffe, unter welcher substantieller Wesensform er
auch immer sein und welchem bestimmten Seinsgrade er dem=
nach auch angehören mag, fortwährend die Möglichkeit bleibt,
unter dem bildenden und formenden Einflusse anderer Wesens=
formen zu stehen, also anderen Seinsstufen anzugehören; so
bleibt ihm auch immer das Streben nach anderen Wesens=
formen, nicht auf Grund eines etwaigen Widerwillens gegen
diejenige, welche er thatsächlich besitzt, kann er doch gar nicht
anders thätig sein, als kraft der Form, die ihn augenblicklich
zum wirklichen Sein bestimmt; und noch weniger, weil er
gleichzeitig von mehreren Wesensformen gebildet werden möchte,
die vielleicht noch dazu einander entgegengesetzt sind; sondern
einfach aus dem Grunde, weil sein Vermögen durch eine
einzige Wesensform nicht erschöpft ist, beziehungsweise weil eine
einzelne substantielle Form, soweit sie auch immer vervollkom=
mend einwirkt, ihm nicht die Fülle des Seins vermitteln kann,
zu welcher er in Beziehung steht. Es ist endlich auch unrecht,
von figürlicher Redeweise zu sprechen. Aristoteles bedient sich
nur faßlicher Beispiele, was in der Philosophie wohl erlaubt

ift. Denn der Urstoff ift nur daraus erkennbar, daß er sich
zur substantiellen Form, also zum einfachen, wirklichen selb=
ständigen Sein so verhält, wie der sinnlich=wahrnehmbare
Stoff z. B. der Marmor oder das Erz zu den künstlerischen,
zum gegebenen Wesen hinzukommenden Formen und Gestal=
tungen. Deshalb gebraucht man zur Erkenntnis des unsicht=
baren Urstoffes das Beispiel der sichtbaren Dinge.

Aus dem Gesagten geht nun mit Notwendigkeit hervor,
daß der Stoff nur insoweit dem Entstehen und Vergehen
unterworfen ift, inwieweit er aufhört, einen Mangel zu haben,
also eine Form erhält, die er zuvor entbehrte; — in sich aber
ift der Stoff als das Vermögen für das substantielle Sein,
durch welches ein Ding eben einfach ift, unverwüstlich und
dem Entstehen und Vergehen im Bereiche der natürlichen
Kräfte nicht unterworfen. Denn das, woraus etwas entsteht,
ift eben der Stoff; soll nun der Stoff an sich, also der Ur=
stoff, erzeugt werden, wie etwa die Pflanze, das Tier, der
Mensch oder wie der Tisch, die Bildsäule, so fragt es sich,
woraus? Die allererste Grundlage, aus der ein Sein der Sub=
stanz nach wird und nicht bloß nach einer zu der bereits be=
stehenden Substanz hinzukommenden Form (wie etwa das
Bild des „Moses" auf den bereits bestehenden Marmor ge=
prägt worden) und welche in dem gewordenen Dinge als
innerer Wesensbestandteil bleibt, ist ja keine andere gerade als
der Stoff, der naturgemäß bei allem stofflichen Werden vor=
ausgesetzt wird. Wird er demnach selber, so ist er bevor er
ift. Und in ähnlicher Weise geht alles, was dem substantiellen
Sein nach vergeht, bis zum Urstoffe zurück, bis zum bloßen
Vermögen zu sein; erst dann kann etwas als vergangen und
verdorben bezeichnet werden, wenn nichts als das bloße Ver=
mögen für das Sein und keinerlei bestimmtes Sein zurück=
geblieben ist; demgemäß würde also die materia prima, welche
dieses bloße Vermögen für das Sein ist, auch wieder vergangen
sein müssen, ehe sie vergangen wäre, sollte auch sie dem Ver=
gehen unterworfen sein. So also haben die natürlichen, auf

das irdische Entstehen und Vergehen gerichteten und vermittelst
der Bewegung wirkenden Kräfte keinerlei Einfluß auf den Ur=
stoff; setzen denselben vielmehr als objektive Grundlage all
ihres Einwirkens notwendig voraus. Das hindert jedoch
nicht, daß er geschaffen ist!

75. Berichtigung Darwins.

Die Existenz einer so beschaffenen materia prima ist eine
von der gesunden Vernunft selbst verlangte. Der einzige Ein=
wand, der auch thatsächlich immer wieder von neuem gemacht
wird, besteht darin, daß ein solcher Urstoff durch die Sinne
nicht erreichbar ist, Stoff aber und sinnliche Auffassung sich
gegenseitig zu erfordern scheinen. Das wäre ganz richtig,
wenn von diesem oder jenem bestimmten Stoffe gesprochen
würde. Der Urstoff aber kann gar nicht Gegenstand der
Sinne sein. Die Vernunft der Darwinisten widersetzt sich
auch hier wieder ihrem befangenen Willen.

Oder ist etwa der Urstoff, den Darwin aufstellt, sicht=
und greifbar? Wer hat denn je gesehen, daß ein Affe einen
Menschen, oder auch nur einen angehenden Menschen, einen
Menschen en miniature, erzeugte? War denn jemand Zeuge,
als aus der unorganischen Urzelle der Organismus hervor=
ging? Wer hat denn jemals diese Urzelle geschaut? Und
diese Naturforscher möchten über den „unsichtbaren" Urstoff
der größten Geister, welche die Welt gesehen, sich lustig
machen, während sie selbst einen Urstoff annehmen, der keinem
physikalischen oder chemischen Versuche zugänglich ist. Tau=
sende laufen ihnen nach, und verurteilen die freie geistige Ver=
nunftkraft im selben Augenblicke, als ihnen die Sinne den
Dienst versagen und nur die vom Sinnlichen abstrahierende
Vernunft als Werkzeug des Forschens übrig bleibt. Letztere
aber rächt sich auch gewaltig an denen, die sie verachten und
trotzdem noch das, was etwa Wahres in den Ergebnissen ihres
Forschens ist, einzig und allein ihr verdanken.

Wo giebt der Darwinismus einen inneren Grund im

Dinge selbst an, der das „Bestehen", die „Dauer" wirkt?
Eines wird aus dem anderen, das Tier aus der Pflanze, die
Pflanze aus der Zelle, der Mensch aus dem Tiere, meint er
und weist auf Thatsachen hin. Gut: aber diese selben Thatsachen, soweit sie als allgemein gültig anerkannt sind, beweisen
zu allerst ganz unzweifelhaft, daß seit tausenden und tausenden
von Jahren der Stein Stein, die Pflanze Pflanze, das Tier
Tier in jeder Beziehung, auch im Erzeugen, geblieben ist; daß
der Apfelbaum noch nie Korn oder Weizen hervorgebracht,
sondern nur Äpfel und die Weinrebe nie Birnen, sondern
Weintrauben, daß jede Art „nach ihrer Art" wie die Genesis
sagt, — zeugt; — sie beweisen, daß, soweit geschichtliche Anzeichen
sich erstrecken, eine staunenswerte Gleichmäßigkeit in der Erzeugung jeglicher Art geherrscht hat. Wo hat aber Darwin
nur einen Schatten von Erklärung für diese Stetigkeit?

76. Darwin gegen Plato.

Das gerade Gegenteil hatte Plato gelehrt. Nach ihm
giebt es gar keine eigentliche Bewegung und Entwickelung im
wirklichen Sein, es giebt kein eigentliches Werden. Was auch
immer ist, dessen Substanz ist unzugänglich aller Bewegung
nicht bloß in sich als Begriff, sondern auch in ihrer wirklichen
Existenz und in ihrem Verhältnisse zum Zeitlichen ist sie
keinerlei Wechsel unterworfen. Ganz der Natur seines Urstoffes nach, der, wie oben Thomas auseinandersetzte das Nicht-
Sein, den Mangel nicht berücksichtigt, weil er gar keine Grundlage
in der wirklichen unveränderlichen Substanz findet, sondern nur
der Ausdehnung, dem Schein-Sein dient, besteht bei Plato
das Bewegliche als solches thatsächlich gar nicht. Es hat
seine Substanz, also den inneren Grund und das innere Maß
seines Seins nicht innerhalb seiner selbst, sondern außerhalb in den unabänderlichen substantiellen Ideen. Natürlich
tritt dann der Stoff nicht in die Bildung der wirklichen Substanz als Teil derselben ein; er entbehrt nichts, ist unfähig
der Entwickelung, ungeschaffen und sonach unabhängig von

Ewigkeit: er, der Grund des Scheines und der opinio, der
Wahrscheinlichkeit ganz ebenso wie die formelle Substanz,
die unbewegliche Idee der Grund des Wahren ist. Demgemäß
ist auch bei Plato das höchste Sein, die reine Wirklichkeit, die
Güte und die Wahrheit selber, ganz und gar vom Stoffe ge=
trennt. Es kann denselben keineswegs verursachen, weil es,
selber die Fülle des Seins dem Wesen nach, nur Sein,
festes und stetiges Sein, hervorzubringen vermag, nicht aber
bloßen Schein von Sein, wie sich derselbe durch die Beweg=
lichkeit ausdrückt.

77. Thomas.

Das ist bei Thomas anders. Da schauet dem Urstoffe
überall das Bedürfnis nach Gott heraus! Der Urstoff ver=
langt nach allem, kann alles werden; — das sagt Darwin, Plato,
Thomas. Wenn nun derselbe aber nach allem Bedürfnis hat,
und gemäß seiner innersten Natur alles werden kann, dann ist
er derselben Natur nach in der Wirklichkeit nichts. Denn wäre
er in seinem Wesen, also mit Natur=Notwendigkeit das ge=
ringste Sein in der Wirklichkeit, so könnte er dieses Sein nicht
mehr werden und ebenso wenig das diesem entgegengesetzte.
Die Zelle kann nicht mehr, insoweit sie diese bestimmte Zelle
ist, alles andere werden, sondern sie ist und bleibt Zelle, er=
scheint in dieser Seinsart von allen Seiten beschränkt, kann also
unmöglich ein schlechthin schrankenloses Vermögen besitzen. Der
Urstoff kann nur Vermögen sein und erst inwieweit er in die
einzelnen Dinge substantiell eintritt, erst insoweit kann auch
das Einzelne vermittelst seiner Substanz an diesem Vermögen
Anteil haben. Ein solches Vermögen kann jedoch offenbar nicht
aus sich selbst bestehen, zumal es als reines Vermögen kein
wirkliches Sein hat. Die Weite des Vermögens läßt mit Not=
wendigkeit schließen auf die Weite der es bewirkenden Ursache.
Das Vermögen im Urstoffe ist durch kein bestimmtes Sein
beschränkt und aus diesem Grunde allein kann es alles wer=
den, folglich muß die wirkende und erhaltende Ursache eine

schrankenlose im Besitze des wirklichen Seins sein wie der Urstoff ein schrankenloser im Bedürfnisse ist. Daher also kommt die in den Dingen treibende Begier, welche die entsprechenden einzelnen substantiellen Wesensformen erst lebendig machen; daher der nimmersatte Hunger nach allem möglichen Sein. Gott ist die wahre innere Seinsfülle; sein Schatten, die Spur, welche notwendig auf ihn weist, ist das allgemeine Vermögen, das da nichts Wirkliches in sich einschließt, sondern für alles nach außen gewiesen ist. Das drückt Thomas in den verschiedenartigsten Wendungen aus (S. Th. 1. qu. 77, a. 1 ad 2; l. c. qu. 115, a. 1 ad 2; I. C. G. c. 43): „materia prima est potentia pura, sicut Deus est actus purus;“ — „potentia materiae non est aliud quam ejus essentia.“ Wie weit sich die Wirklichkeit und die frei wirkende Kraft Gottes erstreckt, so weit erstreckt sich die empfangende Möglichkeit des Urstoffes.

Wessen wirkende Kraft soll denn auch diesem Urstoffe zum wirklichen Sein verhelfen? Wer soll auf dieses kolossale, unberechenbare Vermögen so einwirken, daß es in die Wirklichkeit tritt und demgemäß auf irgend einer Seinsstufe am allgemeinen Sein teilnimmt? „Das, wodurch ein Ding einfach ist, also vermittelst dessen es am allgemeinen Sein Anteil hat“ hatte oben Thomas bereits bestimmt (2. Kap. 2. §.), „kann nur von der allgemeinen Ursache alles Seins, die eben nur Sein ist, verliehen werden.“ Nun ist aber jegliches Ding nur auf Grund seiner Substanz oder seiner Wesensform: der Mensch z. B. ist nur, weil er Mensch ist, das ist der Formalgrund seines ganzen Seins; also kann auch nur der erste, unabhängige Grund den Urstoff durch Verleihung der substantiellen Wesensform bethätigen und in die Wirklichkeit einführen.

Wozu würden zudem die im Weltall wirkenden Kräfte da sein, wenn denselben keine objektive Unterlage gegeben wäre, auf Grund deren sie wirken könnten? Hier ist auch zugleich die Antwort auf die im letzten Kapitel offen gebliebene Frage. Das

Licht macht sich nicht den Stoff, und doch kann es ohne Gegen=
stand gar nicht leuchten, d. h. seine Wirksamkeit üben und da
es seinem ganzen Wesen nach wirksam ist, kann es ohne Gegen=
stand seines Wirkens gar nicht sein; — andererseits macht der
Stoff sich nicht das Licht, sondern unterliegt vielmehr ohne
Schranken in seiner ganzen Entwickelung dessen Einflusse.
Soll kein Kreisschluß entstehen, so muß eine unzerstörbare
Grundlage auf Seiten des Stoffes angenommen werden, die
wohl alle Entwickelung und Veränderung tragen kann, selber
aber nicht der Entwickelung und Veränderung fähig ist. Thomas
bietet diese Grundlage im Urstoffe. In der That können die
beschränkten geschöpflichen Kräfte nicht auf das nichts einwirken,
dazu gehört eine schrankenlose Kraft; wenigstens muß ein Ver=
mögen vorhanden sein, das ihre Wirksamkeit aufzunehmen
vermag.

So leuchtet nach sorgfältiger Erwägung des Urstoffes das
göttliche Licht von allen Seiten auf und erhellt auch das Dunkel
Darwins. Wenn alle seine Thatsachen etwas beweisen, so be=
weisen sie, wie oben bemerkt wurde, nur die Stetigkeit der
Gattungsarten und zugleich die Natur des Urstoffes kraft deren
es ihm eigen ist, einer Substanz nach der anderen unterworfen
zu sein und von den verschiedensten Seinsarten vervollkommnet
werden zu können, selbstverständlich allerdings nicht als ato=
mistischer Stoff, sondern als innerlich zusammenhängender, kon=
tinuirlicher. Es geht im Weltall wie in einer großen Kunst=
werkstätte zu.

78. Vergleich.

Der Plan des Kunstwerkes kommt vom Meister und ist
die erste Voraussetzung für die Arbeit; die zweite notwen=
dige Voraussetzung ist das Vorhandensein des rohen Stoffes.
Soll z. B. der Marmorblock zu einem Kunstwerke geformt
werden, so fertigen gewöhnliche Steinmetzen die ersten Arbeiten
am rohen Marmor; hat der vorliegende Stoff eine gewisse
Vollendung in seiner Umformung bereits erreicht, so genügen die

erften Arbeiter mit ihrem Können nicht mehr, fondern andere
mehr ausgebildete nehmen den Marmor in die Hand und so
wandert diefer weiter von einer Klaffe Arbeiter zur andern,
bis endlich der Meifter felbft die endgültige Form giebt. Daß
aber felbft die roheften Arbeiter zweckgemäß wirken, das kommt
vom Plane her, der ihnen felbft vielleicht unbekannt, oder auch
ihren Verftandeskräften unzugänglich fein mag, nach welchem
aber ihre Arme gelenkt werden: hie und da rührt es wohl auch
vom felbfteigenen Eingreifen des Meifters her, der etwaige
Fehler verbeffert oder folche manchmal fogar zu fchnellerer und
wirffamerer Erreichung des Zieles kunftgeübt benützt.

79. Anwendung auf Darwin.

Ähnlich verhält es fich im Weltall; in jener Werkftätte
nämlich, in welcher der Tempel des Ewigen entftehen foll.
Die Arbeiter, welche darin wirken und je nach ihrer Fähigkeit
bald eine niedrigere, bald eine vollkommenere Form im rohen
Stoffe verurfachen, find die im gefchaffenen Sein waltenden
Kräfte, feien fie im Stoffe felbft als innerlich waltende For-
malprincipien und Wefensformen oder feien fie außerhalb
des von ihnen Gewirkten, wie z. B. jene, die da bewegen.
Alle diefe Kräfte find gefchöpflich, aber es lenkt und leitet in
denfelben die Hand des erften Grundes; ihre Reihenfolge, ihre
Anwendung, die Art und Weife ihrer Thätigkeit, der Plan,
nach welchem fie arbeiten, ift von Gott und fo gehört auch
zunächft feiner Weisheit das endgültige Ergebnis an."[26]

---

[26] 3 de pot. art. 7. in fine. „Et ideo potest dici, quod Deus
in qualibet re operatur, in quantum ejus virtute quaelibet res
indiget ad agendum: non autem potest proprie dici quod coelum
semper agat in corpore elementari, licet ejus virtute corpus elementare agat. Sic ergo Deus est causa cujuslibet actionis, 1) in
quantum dat virtutem agendi et 2) in quantum conservat eam
et 3) in quantum applicat actioni et 4) in quantum ejus virtute
omnis alia virtus agit. Et cum conjunxerimus his, quod Deus
sit sua virtus et quod sit intra rem quamlibet non sicut pars

„Deshalb," meint Thomas, „kann gesagt werden, daß Gott in
jeglichem Dinge wirkt, insoweit jegliches Ding einer von ihm
verliehenen Kraft bedarf, um zu wirken; . . und so ist Gott
die lebendige Ursache alles Wirkens, insofern er 1) die Kraft
verleiht, 2) dieselbe erhält, 3) dem Wirken zuwendet (applicat actioni), 4) insofern vermöge seiner Kraft alle anderen
Kräfte wirken. Und wenn wir damit verbinden, daß Gott
seine eigene Kraft ist und daß er innerhalb jeglichen Seins,
nicht etwa wie ein Theil des Wesens oder der Sub=
stanz, sondern als wirkender Grund (tenens eam in
esse) thätig ist, so folgt, daß er am unmittelbarsten in
allem, was thatsächlich ist, wirkt und doch weder das Wirken
der natürlichen Anlage noch des Willens ausschließt."

Mag die mechanische Weltanschauung der Wahrheit ent=
sprechen oder nicht; jedenfalls folgt aus derselben nichts gegen
den Bestand des Urgrundes. Im Gegenteil verlangt gerade
sie erst recht das lebensvolle Eingreifen dessen, der die ganze
Mechanik übersieht. Denn würde etwas fehlen, so ginge bei
solch vollendetem Mechanismus, dessen Teile so mannigfach in
einander greifen, leicht alles in die Brüche. Ein und derselbe
Stoff liegt allem Entstehen und Vergehen zu Grunde: ein
Stoff, der von sich aus notwendig ganz ohnmächtig ist und
nicht einmal das geringste wirkliche Sein hat. Ist nun dieser
Stoff, der mit der Spur des Unendlichen in seinem Ver=
mögen trotz seiner beispiellosen Ohnmacht nun einmal nach
allem sein Verlangen ausdehnt, unter der ersten, weiten
Wesensform, wie etwa der des Feuchten, des Wassers, zu
irgend einer Würde und Vollkommenheit gelangt, so nimmt
ihn eine andere Wesensform und vermittelst derselben eine an=
dere Klasse wirkender Kräfte auf, die sein Vermögen inniger
durchdringen und auf eine höhere Seinsstufe erheben; die Ge=

---

essentiae, sed sicut tenens rem in esse, sequetur, quod ipse in
quolibet operante immediate operetur, non exclusa opera-
tione voluntatis et naturae.

hilfen folgen gleichsam den Lehrlingen, bis wieder andere noch vollkommenere Arbeiter an die Stelle der vorhergehenden treten und so geht es bis zur End-Vollendung. Der Stoff bleibt in einer gewissen Stetigkeit und doch in fortwährendem Wechsel; der Anfang der Wirksamkeit einer neuen Wesensform fällt beinahe zusammen mit dem Ende des Wirkens der früheren, wie sich Thomas oft genug ausdrückt. Die Zelle wird nie und nimmer Pflanze, sondern bleibt immer und ewig Zelle; aber nachdem der Stoff durch die Wesensform der Zelle durchdrungen und herangebildet worden, kann er nun durch die Wesensform einer niedrigeren Pflanzenart aufgenommen und weiter gebildet werden, bis, wann diese an das Ende ihrer formenden Thätigkeit gekommen, eine höhere Wesensform wieder die Arbeit der eben vorhergegangenen übernimmt und fortsetzt. Natürlich bleibt dem Stoffe, was die Wesensform der Zelle an ihm gewirkt; sowie ihm auch unter der Wesensform des Menschen, der höchsten denkbaren unter allen, die mit dem Stoffe zu einer natürlichen Einheit und zu einheitlichem Wirken verbunden werden können, das bleibt, was die Gattungsart „Tier", „Pflanze" Vollkommenes an ihm herangebildet hat; — die Substanzen jedoch selber werden keine anderen, wenn sie auch in vollendetster Ruhe und Harmonie einander in die Hände arbeiten. Die Darwinistischen Thatsachen zeigen eben nichts anderes als das alte „natura non facit saltum".

80. Geschöpfliche Notwendigkeit.

Da thut sich indessen noch ein gewaltiges Thor weit auf, durch welches der Schöpfer seinen Einzug in das Weltall hält. Dieselben substantiellen Wesensformen, welche der subjektive Grund der Ruhe und Beharrlichkeit in jedem Sein sind, können wieder ihrerseits nicht existieren und wirken für sich allein. Sowie ein Tisch dem Begriffe nach gar nicht denkbar ist ohne den bestimmbaren Stoff, mag derselbe Holz oder Marmor oder ähnliches sein, so ist auch die in der Wirklichkeit bildende Wesensform des Stofflichen nicht denkbar ohne

12*

irgendwelche Ausdehnung, Farbe, Gewicht und ähnlichen Eigenschaften, die nur in Verbindung mit dem Stoffe ein Sein zu
beanspruchen vermögen. Das formende Princip sowohl als
das empfangende haben beide wirkliches Sein einzig und allein
auf Grund ihrer Verbindung. Das eine wird vom anderen vorausgesetzt; beide aber zusammen bilden im Dinge die
Quelle der geschöpflichen Notwendigkeit: der bestimmten
Notwendigkeit des Bedürfnisses nämlich im Gegensatze zur
inneren Notwendigkeit der schöpferischen Fülle. Thomas
drückt diese Seite des geschaffenen Seins so ungemein kurz
und scharf aus: „sie haben ihre Notwendigkeit von außen.“

Die Wesensform bedarf notwendig des Stoffes, um
wirklich zu sein; der Stoff bedarf notwendig der Wesensform,
um in die Wirklichkeit treten zu können. Die Wesensform aber
kann sich nicht den Stoff geben, sie ist im Gegenteil ihrer
Natur nach ganz gleichgültig gegen alle stofflichen Einzelnheiten,
wie die des Ortes, der Zeit u. and.; ebenso kann sich der
Stoff nicht die bestimmte Wesensform geben, ist er doch gemäß
seinem Wesen nur reines Vermögen zu empfangen ohne irgend
welche bestimmte Beziehung zu einer Seinsart. Hier ist nur
Vermögen, zu bilden; dort nur Vermögen, gebildet zu werden.
Also sind beide Elemente notwendig nach außen gewiesen, um,
verbunden mit einander, einen gewissen Seinsgrad in der
Wirklichkeit einzunehmen. Sie bedürfen zu ihrer Wirklichkeit der wirkenden Ursache von außen, wie dies schon die
Sprache anzudeuten scheint.

Noch mehr! Worin besteht denn die Natur des Urstoffes?
Im Vermögen zu empfangen. Er kann also nur dieser Natur
gemäß etwas aufnehmen oder empfangen, gleichwie das Wachs
nur, wenn die Bedingungen seines natürlichen Seins berücksichtigt werden, einen Stempel tragen kann. Wie auch immer
also der Urstoff im einzelnen bestimmt und damit wirklich
wird, immer wird nur diese Notwendigkeit zu empfangen
geoffenbart. Das ganze Wesen drängt eben nach außen und
was in demselben von Seiten der Wesensform bestimmend

ist, das giebt nur die bestimmte Richtung, in welcher die Be=
friedigung von außen her eintritt, kann aber keineswegs selber
aus sich heraus voll befriedigen.

Diese fundamentale Wahrheit liegt übrigens offenkundig
vor: Jedes Sein wird durch sein inneres Wesen nach außen
getrieben, um Nahrung zu suchen und somit seine thatsächliche
Entwickelung zu finden. Nicht also darin ist die geschöpfliche
Nothwendigkeit zu suchen, daß das Ding mit Nothwendigkeit,
wenn auch nur soweit sein Wesen reicht, wirklich ist; vielmehr
ist es kraft seines Wesens ganz und gar gleichgültig dafür, in
der Wirklichkeit zu sein oder nicht zu sein: sondern darin, daß
wenn es ist, es so sein muß, wie die innere Wesensform ver=
langt, mit anderen Worten, in der Weise nach dem Einflusse
von außen verlangen muß, wie das Wesen es vorschreibt.

Dies bemerkt Thomas,[27] indem er folgende Regel auf=

---

[27] 3 de pot. art. 16. Non potest autem dici, quod effectus
ejus habet debitum essendi ex materia. Nam cum ipse sit totius
esse auctor, nihil quolibet modo esse habens praesupponitur
ejus actioni, ut sic ex dispositione materiae necesse sit dicere
talem vel talem esse ejus effectum. Similiter, nec ex potentia
effectiva. Nam cum ejus activa potentia sit infinita, non termi-
natur ad unum nisi ad id quod esset aequale sibi, quod nulli
effectui competere potest. Unde, si inferiorem sibi effectum producere sit necesse, potentia sua, quantum in se est, non termi-
natur ad hunc vel illum distantiae gradum, ut sic debitum sit
ex ipsa virtute activa talem vel talem effectum produci. Similiter nec ex fine intentionis. Hic enim finis est divina bonitas,
cui nihil accrescit ex effectuum productiore. Nec iterum per
effectus potest totaliter repraesentari vel eis totaliter communi-
cari, ut sic possit dici, quod debitum sit, talem vel talem effectum
Dei esse, ut totaliter divinam bonitatem participet, sed possibile
est, effectum multis modis eam participare; unde nullius eorum
necessitas est ex fine. Sic ex fine sumitur necessitas, quando
intentio finis compleri non potest, vel omnino, vel inconvenienter,
nisi hoc vel illo existente. Relinquitur ergo, quod debitum in
operibus divinis esse non potest nisi ex forma, quae est finis
operationis. Ipsa enim, cum non sit infinita, habet determinata

stellt: „Eine Verpflichtung im göttlichen Wirken, also eine
Notwendigkeit, in gewisser Weise zu wirken, kann nicht ange=
nommen werden, außer inwieweit dies im bestimmten Falle
durch die Wesensform, welche der Zweck der übrigen Eigen=
schaften und Zustände im Dinge ist, gefordert wird. Denn
jede Wesensform, die nicht unendlich ist, besteht aus ganz be=
stimmten Elementen, ohne welche sie nicht in der Wirklichkeit
sein kann; so müssen wir z. B. sagen, daß, wenn Gott die Absicht
hat, einen Menschen zu bilden, es durchaus notwendig ist, daß
er ihm eine vernünftige Seele und einen organischen Körper ver=
leihe, denn ohne das wäre das Wesen „Mensch“ „Nicht=Mensch“.

Wälzen sich da nicht die Geschöpfe gleich gewaltigen Meeres=
fluten dem festen Gestade der Ewigkeit entgegen? Warum ist
der Mensch Mensch, die Pflanze Pflanze, das Licht Licht?
Die ganze Grundlage jeglichen Seins, kraft deren es dieses
Sein hat und kein anderes, ist das Wesen tief im Innern.
Was zum Sein hinzukommt, das kann nur kraft des einzelnen
Wesens hinzukommen. Der einzige Seinsgrund innerhalb
eines jeden Dinges, welcher Art es auch angehören mag, ist
das Wesen, die Substanz. Das Wesen aber schließt keinerlei
wirkliches Sein in sich ein. Was es ist und was es hat,
das ist und hat es nur, weil es gemäß seiner ganzen Natur
nur empfangen kann. Es treibt mit elementarer Notwendig=
keit in seinem ganzen Umfange nach außen. Das ist von
allgemeinster Geltung für alle beschränkten Wesen.

Jedes einzelne Wesen hat „Not gewendet zu werden“
in der Richtung, nach welcher es empfangen will. Jede Seins=
art hat ihre eigene Art, in der Wirklichkeit ihren Platz einzu=
nehmen, und voll an Sein zu werden. Wo soll nun für jedes
dieser Geschöpfe die Quelle sich finden, woher ihnen ihre

---

principia, sine quibus esse non potest; et determinatum modum
essendi, ut si dicamus, quod supposito quod Deus intendat
hominem facere, necessarium est et debitum, quod animam
rationalem ei conferat et corpus organicum, sine quibus homo
esse non potest.

Nahrung, das wirkliche Sein, die einzelne Thätigkeit zufließt?
In anderen Geschöpfen? Jedes ist seinem innersten Wesen
nach in derselben Lage. Es muß mit Notwendigkeit — und
auch das wird wieder von jeglichem, auch dem kleinsten geschöpf=
lichen Sein, was auch immer ein Wesen hat, verlangt — es
muß eine Seinsfülle existieren, die jedem einzelnen Sein die
Richtung angewiesen hat, in welcher es nach Sein verlangen
und welcher gemäß es auch dieses Sein dann als sein eigenes
betrachten kann; eine Seinsfülle muß da sein, welche das
Wesen gegeben, damit sie auch einmal auf Grund desselben das
wahrhaft Vollkommene, das Voll=Sein, durch die Vereinigung
mit ihr selber die endgültige volle Befriedigung alles Verlan=
gens gewähren kann. „Teilnahme an der Ähnlichkeit Gottes"
nennt Thomas das Wesen. Zu Gott ihrer Quelle, werden die
Geschöpfe kraft ihres ganzen Wesens getrieben. „Alles wartet
auf dich, o Herr," rufen sie mit dem Psalmisten (Psl. 103),
„auf daß du Speise gebest zur rechten Zeit" und in der jeder
Natur angemessenen Weise; „wenn du giebst, vollenden sie sich;
du öffnest deine Hand und sie werden voll von deiner Güte."

§. 3.

Formelle Beschaffenheit der Gotteserkenntnis und Zu= rückweisung entgegenstehender Irrtümer.

81. Allgemeine Bedeutung der Beweise des heiligen Thomas.

Die Frage nach der formellen Beschaffenheit der Gottes=
erkenntnis ist mit anderen Worten die Frage, welche Form
die aus den stofflichen Dingen geschöpfte Gotteserkenntnis in
der menschlichen Vernunft erhält. Der dritte Beweis eröffnet
für die Beantwortung dieser Frage einen neuen Gesichtskreis.
Jedoch müssen dann die Worte des heiligen Lehrers nicht ober=
flächlich erklärt werden, wie dies Suarez thut. Dieser um
das Verständnis und die Verbreitung der Lehre des heiligen
Thomas sonst so vielfach verdiente Gelehrte sagt einfach und
unter Anführung keines einzigen Grundes, daß unter dem

„Notwendigen" in den Dingen, welches von außen her seine
Notwendigkeit erhalte, (Suarez, Metaphysik, disput. 28, sect. 1)
„die unvergänglichen Substanzen, nämlich die reinen Geister,
verstanden werden müssen, die da, wenn sie einmal sind, in
ihrem Wesen nichts haben, was zum „Nicht-Sein" drängte
und deshalb gewissermaßen eine Notwendigkeit zu sein in sich
einschließen."

Der dritte Beweis ist ebenso wie die beiden anderen
völlig universell. Es genügt für Thomas ebenso gut ein
einziges Geschöpf, um zu Gott emporzusteigen, wie ihn
Milliarden daran nicht hindern. In jedem Beweise liegt eine
Eigenschaft oder ein Zustand des geschaffenen Seins zu
Grunde, welcher allen Geschöpfen gemeinsam ist; selbst das
Bewegliche im ersten Beweise ist ja in dem Sinne für alles
Sein maßgebend, als der geschaffene Geist, sei es der mensch-
liche oder der reine, an die den beweglichen Seinsarten vom
Ur-Bewegenden eingeprägten Gesetze in seiner Thätigkeit ge-
bunden ist.

Der vorliegende Beweis stützt sich auf das „Notwendige",
was in jedem Dinge vorhanden ist und schließt davon auf den
wirkenden Grund desselben, auf das „Eine Notwendige". Wie
stellt sich danach die Form der Gotteserkenntnis in der menschlichen Vernunft?

82. Das Notwendige, Gegenstand der menschlichen Erkenntnis. Existenz von geschöpflichen Vermögen oder Fähigkeiten.

War im entsprechenden Paragraph des vorigen Kapitels
auseinander gesetzt worden, wie die Vernunft, um zu ihrem
natürlichen Gegenstande, dem Allgemeinen, zu gelangen, vom
Einzeln-Sein und, da nur dasjenige ein Einzeln-Sein hat,
was Wirklichkeit besitzt, vom besonderen wirklichen Sein absehen
muß, so bietet sich jetzt dafür der tiefste Grund in der eigen-
artigen Zusammensetzung des Geschaffenen dar.

Jedes Geschöpf hat nämlich in sich ein notwendiges
Element, welches ihm verleiht, so das zu sein, was es ist,

daß es unmöglich etwas anderes sein kann, und demnach bewirkt,
daß es den formalen Grund, den Grund jener Form des Seins,
die es einmal besitzt, innerhalb seines Seins hat. Kraft
dieses notwendigen Elementes bleibt jedes Geschöpf ungeteilt
und unter allen von außen kommenden Einflüssen dasselbe,
es hat, wie oben bemerkt, Not, gewendet zu werden;
weder darf man etwas hinzuthun noch etwas hinwegnehmen,
wenn nicht das ganze Sein des Geschöpfes in dieser seiner
Art aufhören soll. So bewirkt z. B. das „Notwendige"
im Menschen, daß er ganz und voll Mensch ist sowohl
als Kind von einem Tage als auch auf der höchsten Stufe
des Greisenalters, sowohl wenn er als großer Weiser da=
steht, als auch wenn seine geistigen Fähigkeiten niedrig sind;
er bleibt eben kraft dieses „notwendigen" Elementes inner=
halb seines Seins Mensch, so lange er ist und unter allen
Wandlungen in seinen Eigenschaften und Zuständen. „Die
Substanzen," so drückt dies Thomas gern aus, „sind wie die
Zahlen; mag auch nur eine einzige Einheit zu einer Zahl
hinzugefügt oder davon hinweggenommen werden, so ist die
Zahl der Gattung nach eine andere." Die einzelne Pflanze
z. B. kann an Triebkraft zu= oder abnehmen, sie bleibt dabei
immer Pflanze; wird aber zu den Merkmalen ihrer Substanz,
welche den inneren Seinsgrund ihres Pflanzen=Seins bildet,
auch nur das geringste hinzugefügt, etwa „sinnenbegabt" oder
von denselben hinweggenommen, wie z. B. „lebendig", so kann
von keiner Pflanze mehr die Rede sein.

Dieses selbe „notwendige" Element nun bewirkt nicht
nur die Selbständigkeit des einzelnen Seins auf der ihm eigen=
tümlichen Seinsstufe; es ist auch der tiefste Quell aller der
Beziehungen, welche das Einzeln=Sein zur Allgemeinheit be=
sitzt und demnach auch die Quelle der entsprechenden geschöpf=
lichen Vermögen, welche die mittelbare oder unmittelbare
Verbindung mit dem anderen Sein bedingen und begründen.
Dies folgt ohne weiteres aus dem im zweiten Paragraphe
Gesagten.

Die Substanz ist an und für sich nur der bestimmt for=
mulirte Ausdruck des Urstoffes oder deutlicher der Urmöglich=
keit. Der Urstoff, die materia prima, ist aber seiner innersten
Natur nach Vermögen, resp. Bedürfnis, Sein zu empfangen.
Die Substanz also macht es dem Urstoffe erst möglich, daß er
in bestimmter Weise und nach einer ausgesprochenen Richtung
hin, also überhaupt, sein Bedürfniß zu empfangen darthun
kann. Da demgemäß der Urstoff selber ohne irgend welche
substantielle Form in der Wirklichkeit gar nicht existiert und
somit auch nichts zu bewirken vermag, so kann nicht er allein,
sondern nur die Substanz, und zwar eine jede in ihrer Weise,
die verschiedenen Potenzen oder Fähigkeiten begründen, die da
gemäß dem der Substanz an sich notwendig innewohnenden
oder vielmehr mit ihr gleichbedeutenden substantiellen Ver=
mögen, so und nicht anders wirklich zu sein, die thatsächliche
Verbindung mit allen Seinsarten herzustellen geeignet sind.
Ist der Urstoff das Vermögen, überhaupt irgendwie zu sein,
so ist die Substanz das Vermögen, in dieser und in keiner
anderen Art wirklich zu sein; sie erzeugt demnach von sich aus
ebenfalls nur reine Vermögen, und zwar stärkere oder schwächere,
je nach der Einwirkung der bewirkenden Ursache. Es ist einmal
nicht anders und es muß dies immer dem Geiste gegenwärtig
sein: Die geschöpfliche Notwendigkeit ist die des Bedürfnisses
und ihre Grundlage im einzelnen Dinge ist die Substanz.

Der Mensch z. B. erfordert seiner Substanz gemäß
Nahrung; deshalb begründet dieselbe Substanz in ihm solche
Fähigkeiten oder Vermögen, die da geeignet sind, dem
Körper im einzelnen Falle Nahrung zuzuführen. Er bedarf
ferner seiner Substanz nach sinnlicher Eindrücke, demnach fließen
aus der menschlichen Substanz auch Sinnesvermögen, welche
die sinnlichen Eindrücke aufnehmen. Der Mensch hat seiner
Substanz nach einen Geist, der nach dem Wahren und Guten
hungert; demzufolge sind auch entsprechende geistige Vermögen
vorhanden, welche den Menschen mit den Dingen verbinden,
insoweit diese wahr und gut sind. Und gleichwie die Sub=

ſtanz nicht das wirkliche Sein in ſich einſchließt, müßten doch
ſonſt von jeder Subſtanz unzählbar viele Einzeln-Exiſtenzen
vorhanden ſein, da jede Subſtanz ihrer Natur nach in unendlich vielen Einzeln-Exiſtenzen ſich ausdrücken kann; ſo iſt es
auch nicht erforderlich, daß ihre Vermögen immer wirklich
thätig ſind. Nur als Vermögen oder Fähigkeiten müſſen ſie
die Subſtanz begleiten, wenn auch manche derſelben eintreten-
der Hinderniſſe zufolge vielleicht nie in Thätigkeit treten.

So allein iſt es erklärlich, wie die Subſtanz, alſo z. B. das
innere Bedürfnis, Menſch zu ſein, an und für ſich immer das-
ſelbe bleibt und von keinem äußeren Einfluſſe berührt wird,
demnach immer, ſo lange ſie da iſt, den Menſchen zum Menſchen macht; und wie trotzdem die einzelnen Menſchen ſo viel
von einander unterſchieden ſind. Die Vermögen oder Fähigkeiten haben eben verſchiedene Stärke, je nach dem Grade, in
welchem die Subſtanz vom wirklichen Einzeln-Sein durchdrungen
wird und im ſelben Grade iſt dann auch ſowohl die Äußerung des Bedürfniſſes, das der Subſtanz innewohnt, in den
Einzeldingen eine verſchiedene als auch die Art und Weiſe der
Befriedigung desſelben von außen her. Dieſe Vermögen ſind
deshalb auch einerſeits unveränderlich, inſoweit ſie als Vermögen weſentlich in der entſprechenden Subſtanz ihre Grundlage haben; andererſeits aber ſind ſie Träger des Wechſels,
dem das Einzeln-Sein unterliegt, inſofern ſie nämlich unmittelbar von außen her, alſo von ihrem Gegenſtande, bethätigt
werden und danach der bedürftigen Subſtanz mehr oder minder Nahrung zutragen.

83. Erkenntnis der Einzeln-Exiſtenz.

Dieſer Unterſchied der Subſtanz an ſich und als ſubjektiv-
formale Quelle der Fähigkeiten iſt für die vorliegende Unter-
ſuchung von durchſchlagendſter Wichtigkeit. Die Subſtanz an
ſich betrachtet, ſchließt nur die poſitive Möglichkeit ein, in der
Wirklichkeit zu exiſtieren; ſoweit ſie aber Quelle von Vermögen
iſt, wird bereits vorausgeſetzt, daß ſie von der wirkenden

Urſache erreicht und mit dem wirklichen Sein verbunden worden. Die Subſtanz an ſich iſt innerlich notwendig, keinem Wechſel unterworfen und für alles Wirkliche, mag dieſes im einfachen Sein oder in der thätigen Wirkſamkeit beſtehen, nach außen gewieſen; als innere Grundlage der Vermögen aber iſt ſie dem Zufalle zugänglich, auf Ort und Zeit beſchränkt und beſitzt wirkliches ſubſtantielles Sein, mit dem auch eine entſprechende Wirkung nach außen, nämlich nach anderem geſchaffenen Sein hin und nicht bloß ein Leiden oder Empfangen verbunden iſt. Die Subſtanz an ſich iſt reiner Gegenſtand des Vermögens der Vernunft als ſolches; während die in Wirklichkeit beſtehende Subſtanz als Träger der Fähigkeiten und der durch dieſelben vermittelten einzelnen Wirkſamkeit von der vernünftigen Er= kenntnis wohl erreicht wird, aber nur inſoweit dieſe letztere nicht vom bloßen Vermögen, ſondern von der einzeln exiſtie= renden menſchlichen Subſtanz ausgeht und ſonach mit der Sinnesthätigkeit zu einer thatſächlichen naturgemäßen Einheit verbunden erſcheint.

Da liegt der formelle Grund bereits ganz nahe, dem= zufolge die Vernunft das Einzelne und, weil alles Wirkliche nur als Einzeln=Sein vorhanden iſt, auch das Wirkliche er= kennt; wonach aber auch Gott nur und einzig und allein als wirkende Urſache von der Schöpfung erſchloſſen werden kann und das geſchaffene Wirkliche nur als Gewirktes.

In der That! Erkennt die Vernunft vermöge ihrer geiſtigen Erkenntniskraft das Stofflich=Einzelne? Wenn nicht, dann giebt es überhaupt keine geſchöpfliche Erkenntnis: quod est, cognoscitur, ſagt Thomas unzählige Male; „nur was wirk= lich iſt, kann erkannt werden und was nur möglich iſt, wird inſoweit erkannt, als es im Wirklichen ſeine Grundlage hat." Der Urſtoff, das Urmögliche wird z. B. in ſeinem allgemeinen Vermögen erſt kraft der ſubſtantiellen Form erkannt, die ihn durchdringt und dieſe, weil ſie der innere formale Grund iſt, warum etwas in der Wirklichkeit ſo iſt und nicht anders.

Auf der anderen Seite wäre es jedoch ſehr irrtümlich,

behaupten zu wollen, das Einzelne, also das Wirkliche, sei
unmittelbarer Gegenstand des geschöpflichen Erkennens oder
es werde kraft seiner Eigenschaft als einzelnes Wirkliche er=
kannt. Die Vernunft erfaßt vielmehr das Einzelne nur ver=
mittelst seiner formalen Abhängigkeit vom innersten Seins=
grunde, insofern es nämlich unter dem bildenden und formenden
Einflusse der Substanz steht. Die einzelne Thatsache des Essens
erfaßt sie z. B. beim Menschen nur als menschliches Essen;
die Schwere, den Umfang, die Klarheit und Frische des ein=
zelnen Wassers erfaßt sie nur, weil getragen von der Substanz
„Wasser"; was nicht unter dem Einflusse der Substanz steht,
das erfaßt sie nicht. Wie weit das Einzeln=Sein vom Ver=
mögen der Substanz durchdrungen wird, soweit bringt auch die
Vernunft.

Das ist nun wieder ganz entsprechend dem natürlichen
Gegenstande der Vernunft=Erkenntnis, wie derselbe im zweiten
Paragraphe des zweiten Kapitels dargestellt worden ist. Wie
das Auge mit Naturnotwendigkeit die Farbe, das Ohr den
Ton aufnimmt, so die Vernunft das „Notwendige", das innere
substantielle Wesen im Dinge. Blind, wenn der Ausdruck er=
laubt ist, das will sagen, mag sie wollen oder nicht, ergreift
die Vernunft von allem, was ihr vorgelegt wird, den innersten
subjektiven Seinsgrund, Substanz oder Wesen genannt.

Folgt nun daraus, daß dieser Gegenstand auch sogleich
gegenwärtig ist, daß sie also sagen kann: „ich erkenne".
Dies würde folgen, wenn die Vernunft im einzelnen Menschen
Substanz wäre, somit den selbständigen Grund zu einer ge=
wissen einzelnen Thätigkeit in sich schlösse. Dies würde des=
gleichen folgen, wenn der unmittelbar aufgenommene Gegen=
stand im Einzelnen, Wirklichen bestände oder auch nur seiner
Wesens=Natur nach irgend etwas Wirkliches in sich enthielte.
In beiden Fällen müßte auch das wirkliche Erkennen, der
wirkliche einzelne Erkenntnisakt, mit Naturnotwendigkeit folgen.
Das aber gerade trifft nicht zu. Das „Notwendige" im
Menschen, das also, was mit seiner Natur, Substanz oder

seinem Wesen zusammenfällt, steht dem wirklichen Sein als zufälligem, in seinem ganzen Umfange gegenüber. Daß die Substanz des Menschen fordert, es müsse, wenn eine menschliche Thätigkeit eintritt, diese der Zusammensetzung aus Leib und Seele entsprechen; daß sie vermag, der entsprechenden Thätigkeit des einzelnen Menschen ein solches Gepräge aufzudrücken; das ist notwendig. Aber das ist bloß Forderung, Bedürfnis, Vermögen und zwar ist dies in allen einzelnen Menschen von ein- und derselben Art. Das einzelne Thätig-Sein jedoch ist rein zufällig, ebenso gut wie das einzelne Wirklich-Sein des Menschen eine Zufälligkeit ist.

Der eine Hauptgrundsatz wird immer mehr von allen Seiten her beleuchtet: Die Substanz oder das notwendige Element im einzelnen geschöpflichen Sein ist an sich durch und durch Vermögen für das betreffende wirkliche Sein. Und dieses Vermögen, welches, verbunden mit dem wirkenden Grunde, die Kraft entwickelt, das im ganzen Umfange an wirklichem Sein zu geben, was das einzelne Ding ist; dieses substantielle Vermögen im äußeren Dinge ist der eigenste, naturnotwendige Gegenstand des Vermögens der Vernunft. Vermögen steht da gegen Vermögen. Sowie das äußere substantielle Vermögen, die Substanz also selber, erst, insoweit sie getragen wird vom wirkenden Grunde, für das Einzeln-Sein thatsächlich Formalursache wird, so setzt das einzelne thatsächliche, geistig-menschliche Erkennen nicht bloß die Anwesenheit der äußeren Substanz in dem Vernunftvermögen voraus, sondern auch den gemäß der ganzen menschlichen, mit den Sinnen verbundenen Substanz, im einzelnen einwirkenden Grund von außen.

Mit Naturnotwendigkeit tritt das Bild der sichtbaren Dinge in das Auge; aber damit ist noch nicht gesagt, daß der Mensch thatsächlich sieht; er hat damit nur die nächste Möglichkeit zu sehen, das wirkliche Sehen hängt noch von anderen Umständen ab. Ähnlich verhält es sich in der Vernunft. Das geistige Bild der außen existierenden Substanz tritt naturnotwendig in sie: aber damit ist das wirkliche Erkennen noch nicht gegeben, sondern nur das medium quo, die nächste Möglichkeit dafür. Daß die Vernunft wirklich in sich zurückgeht, um zu sehen, was thatsächlich in ihr ist, das hängt von der ganzen menschlichen Substanz, also vornehmlich von der Sinnesthätigkeit ab. Der Erkenntnisgegenstand ist kraft des reinen Vermögens wohl in der Vernunft gegenwärtig, aber nicht i h r gegenwärtig.

Es ist das so wie der Psalmist singt (Ps. 65): „iniquitatem, si aspexi in corde meo" die Bosheit kann im Innern da sein, aber damit ist noch nicht gesagt, daß sie angeschaut werde; sie braucht nicht dem Einzelnen gegenwärtig zu sein. Die Substanz schließt in ihrem Begriffe nur die Möglichkeit ein, daß das Einzelding existieren kann, enthält aber nicht das Wirklich=Sein; — ganz entsprechend verleiht die Idee, also das Bild der Substanz, nicht, daß das einzelne Sein erkannt wird, sondern daß es erkannt werden kann, inwieweit es von der Kraft der Substanz durchdrungen ist. Thomas bezeichnet die so vom reinen Vermögen der Vernunft aufgefaßte Idee als indivisibile und das dadurch geformte und vervollkommnete Vernunft=Vermögen selbst als intellectus indivisibilium, welcher noch nicht thatsächlich erkennt (S. thom. I. qu. 85. art. 5). Demgemäß mußte auch oben die Immanenz der Vernunfterkenntnis dahin festgestellt werden: Die Vernunft ist als Vermögen innerlich, immanent, weil der eigenste Gegenstand ihrer Erkenntnis, das Wesensbild, die das entsprechende Sein leitende Idee, ganz und gar innerhalb ihres Vermögens sich findet; — sie ist aber nicht vollkommen oder genauer substantiell innerlich, weil sie zur Vergegenwärtigung dieses ihres Gegenstandes, also zu dessen thatsächlicher Erkenntnis ganz der Natur der Substanz gemäß, welcher sie als Vermögen angehört, des Beistandes der Sinne und dessen, was damit verbunden ist, notwendig bedarf. Daraus ergiebt sich eine doppelte Ordnung in der Erkenntnis und in den Dingen.

84. Doppelte Ordnung.

In der Erkenntnis ist die Substanz, also der leitende Seinsgrund innerhalb des Dinges, zuerst: dasjenige aber, was von der Substanz durchdrungen und zur entsprechenden Seins= stufe erhoben wird, also das Einzelne und zwar in dem Grade, daß es einzeln oder wirklich ist, zuletzt: — in der äußeren, wirklichen Existenz jedoch ist auf dem Wege des Werdens und Erzeugens die Substanz zuletzt und die einzelnen Umstände, unter denen ihre Existenz sich verwirklicht hat, zuerst.

Diese Verschiedenheit ist in die Augen fallend. Das Ver= mögen der Vernunft erfaßt gleich jedem Vermögen zu allererst seinen eigensten natürlichen Gegenstand: das Wesen oder die Substanz; alles übrige erst, inwieweit es zum Wesen in Be= ziehung steht. Auch das Auge sieht ja zuerst die Farbe und das andere, wie Größe, Gestalt u. dgl. erst auf Grund dieses seines naturgemäßen Gegenstandes. Für die eigentliche wissen= schaftliche Forschung ist es gleichgültig, welche Größe, Figur, welchen Verstandesgrad der einzelne Mensch thatsächlich hat oder zu welcher Zeit und an welchem Orte er ist: es liegt ihr nur an der Durchforschung seines Wesens, also im be= sonderen Falle höchstens daran, zu erkennen, für welchen Wissens= grad, oder für welche Größe, Figur, Stärke der Mensch seiner Natur nach fähig ist. Die Einzelnheiten als solche kümmern die Sinne; die Vernunft beurteilt sie nur unter dem Gesichts= punkte des Menschlichen, also des substantiellen Vermögens im Menschen, wodurch seine Fähigkeit als Mensch bestimmt wird.

Das gerade Gegenteil findet beim subjektiven Werden eines Dinges statt. Da bildet die Substanz den Schlußpunkt des ganzen Prozesses. Ist der Mensch einmal da, so ist das Werden desselben abgeschlossen. Die Substanz war einfach der Zweck alles dessen, was zu ihrem Sein erforderlich erschien. Wie die Arbeiter an einem Hause durch die Herstellung des Hauses in ihrer Thätigkeit geregelt werden und letztere beendet ist, wenn das Haus dasteht; so werden die Kräfte, die zum

Werden einer stofflich natürlichen Substanz verbunden sind, sowohl eine jede für sich als auch im Verhältnisse zu einander geordnet gemäß dem zu erreichenden Zwecke, dem Dasein der betreffenden Substanz. So erhellt auch, wie begründet die Bezeichnungen sind, welche Thomas dieser doppelten Ordnung beilegt.

Er nennt die erstere, also die in der Erkenntnis, die Zweckordnung (S. th. I. 2. qu. 1. art. 4): ordo intentionis, und die andere die der Ausführung: ordo exequutionis. In der Vernunft geht nämlich der Zweck, die Substanz, allem übrigen voran; — im äußerlichen stofflichen Sein aber ist das Werden zuerst, das subjektive Sein des Zweckes zuletzt. Deshalb nennt Thomas die Zweckordnung auch (S. th. 3. qu. 62. art. 6 ad 3): ordo formae und die letztere: ordo materiae, denn der Form ist es eigen gleich dem Zwecke bestimmend einzuwirken; dem Stoffe aber, der seiner Natur nach Vermögen, Möglichkeit ist, kommt es zu, der bestimmenden Gewalt zu unterliegen, und demnach, da eine Bestimmung, um eintreten zu können, die andere voraussetzt, erst allmählich, nach und nach, vom Unvollkommeneren zum Vollkommenen in beständigem Werden fortzuschreiten. Auch Naturordnung nennt Thomas die Ordnung in der Erkenntnis oder die Zweckordnung und die andere (S. th. I. 2. qu. 62. art. 4): ordo temporis, denn die Natur eines Dinges ist maßgebend für sein Werden und seine Entwickelung; dieses beides aber geschieht in der Wirklichkeit nach und nach, d. h. in der Zeit. Übrigens findet sich diese ganze bis jetzt gegebene Darstellung bei Thomas. [28])

---

[28]) In Boët. de Trin. qu. 5. art. 2. Et quia singularia includunt in sui ratione materiam signatam, universalia autem materiam communem, ut dicitur 7 Metaph.; ideo praedicta abstractio non dicitur formae a materia absolute, sed universalis a particulari. Possunt igitur hujusmodi rationes sic abstractae dupliciter considerari. Uno modo secundum se et sic considerantur sine motu et materia signata: et hoc non invenitur in eis, nisi secundum esse quod habent in intellectu. Alio modo, secundum quod

85. **Erklärender Text** in Boët. de Trinit. qu. 5 art. 2.

„Es wäre ein Irrtum zu meinen, die Vernunft müsse bei der Auffassung ihres Gegenstandes vom Stoffe ganz und gar absehen; sie abstrahiert vielmehr nur von diesem bestimmten Stoffe, z. B. von dieser bestimmten Figur, Farbe oder Größe; nicht aber vom Stoffe im allgemeinen, ist ja doch der Stoff dem Wesen des Menschen wie überhaupt aller stofflichen Sub=stanzen naturgemäß zugehörig. So können die wesentlichen Formen im Stoffe, also die unverrückbaren Substanzen 1) in der Weise Gegenstand der vernünftigen Erkenntnis sein, in=wieweit sie ganz für sich, in ihrer Unveränderlichkeit, ohne Be=ziehung zum einzelnen bestimmten Stoffe bestehen und in dieser Beziehung sind sie nur innerhalb des Ver=mögens der Vernunft, nicht aber außerhalb; 2) können sie von der Vernunft aufgefaßt werden, inwieweit sie auf jene Dinge bezogen und mit denselben verglichen werden,

comparantur ad res, quarum sunt rationes, quae quidem res sunt in materia et motu; et sic sunt principia cognoscendi illas; quia omnis res cognoscitur per suam formam et ita per hujus-modi rationes immobiles et sine materia particulari consideratas, habetur cognitio in scientia naturali de rebus mobilibus et materia-libus extra animam existentibus.

l. c. ad quartum. Scientia est de aliquo dupliciter. Uno modo primo et principaliter; et sic scientia est de universalibus rationibus, super quas fundatur. Alio modo est de aliquibus secundario et quasi per reflexionem quandam; et sic de rebus illis est, quarum sunt illae rationes, in quantum rationes illas applicat ad res etiam particulares, quarum sunt, adminiculo in-feriorum virium. Ratione enim universali utitur sciens et ut re scita, et ut medio sciendi. Per universalem enim rationem hominis possum judicare de hoc vel illo. Rationes autem univer-sales rerum sunt omnes immobiles; et ideo quantum ad hoc, omnis scientia de necessariis est: sed rerum, quarum sunt illae rationes, quaedam sunt necessariae et immobiles, quaedam con-tingentes et mobiles; et quantum ad hoc de rebus contingentibus et mobilibus dicuntur esse scientiae.

für welche sie der innere Seinsgrund sind und die da der Bewegung und der Veränderung unterworfen erscheinen — und
so sind sie die Erkenntnisquellen für diese selben Dinge, denn
jedes Ding wird erkannt durch seine Wesensform, die ihm das
Sein giebt. Auf diese Weise giebt es eine wirkliche Erkenntnis der beweglichen und stofflichen Dinge in der Naturwissenschaft."

Wo möglich noch deutlicher (l. c. ad 4): „Es kann ein
Ding auf zweifache Weise Gegenstand der vernünftigen Erkenntnis sein: 1) unmittelbar und vorzugsweise; danach
ist die Erkenntnis auf die allgemeinen Wesenheiten gerichtet
und beruht in ihrer ganzen Existenz auf denselben; 2) mittelbar und erst unter gewissen Rücksichten; danach richtet
sie sich auf die einzelnen Dinge, denen diese Wesenheiten angehören und wendet letztere auf die besonderen und im Einzelnen stofflich bestimmten Dinge an, wobei sie sich des Beistandes der niedrigeren Kräfte bedient. Die allgemeinen Wesenheiten, also die Ideen, gebraucht die Vernunft
sowohl als Gegenstand des Wissens als auch zur Vermittelung der Erkenntnis: medium quo. Eben durch die
Anwendung des allgemeinen Begriffs „Mensch" urteile ich
über diesen oder jenen Menschen. Insofern nun diese
Wesenheiten unverrückbar sind, ist der Gegenstand des
Wissens immer notwendig; insofern aber die Dinge, für die
und in welchen sie als Wesen oder innerer Seinsgrund sich
vorfinden, der Bewegung und der Zufälligkeit unterworfen sind,
ist auch das Bewegliche und Zufällige Gegenstand des Wissens."

86. Unterschied zwischen dem Vermögen der Vernunft und dem wirklichen Erkennen bei Thomas.

Daß aber Thomas auch die oben ausgesprochene Ansicht
teilt, wonach zwischen dem reinen Vermögen der Vernunft, in
welches die Wesenheiten der Dinge vermittelst ihres geistigen
Abbildes naturnotwendig eintreten, einerseits und dem thatsächlichen Erkennen der Vernunft, welches nur vermittelst der Mit-

13*

wirkung des einzelnen wirklichen Seins von außen und der
Sinne innerhalb der menschlichen Substanz geschieht und
durch welches erst die im reinen Vernunftvermögen befind=
lichen Wesenheiten dem erkennenden Menschen gegenwärtig
werden, andererseits ein durchgreifender Unterschied besteht,
geht aus folgender Stelle klar hervor: [29])

„Die Thätigkeit der Vernunft ist eine doppelte: die eine
wird die Kenntnis der unteilbaren Wesenheiten, also der
Wesenheiten, an und für sich betrachtet, genannt: intelligentia
indivisibilium; durch sie wird es möglich, vom Dinge den
inneren Seinsgrund, die Substanz, zu erkennen; die andere
aber ist diejenige, welche zusammensetzt und teilt, bejahend ur=
teilt oder verneinend, behauptet oder läugnet. Diese doppelte
Thätigkeit entspricht genau der Seinsweise der Dinge. Die
erste Thätigkeit nämlich erfaßt die Natur oder Substanz
des Dinges selber, welcher gemäß es auf einer bestimmten
Seinsstufe steht; die zweite aber entspricht dem wirklichen
Sein des Dinges, welches sich aus der Zusammensetzung aller
inneren Seinsprincipien ergiebt oder wie in den einfachen Sub=
stanzen die einfache Natur begleitet.“

Es ist ja einleuchtend, daß erst kraft der Vergegen=
wärtigung der empfangenen Ideen ein Bejahen oder Ver=
neinen derselben wirklich statthaben, also ein wirkliches Erken=
nen ermöglicht wird, demgemäß der Erkennende sagen kann,

---

[29]) In Boët. de Trin. qu. 5. art. 3. Duplex est operatio intellectus. Una quae dicitur intelligentia indivisibilium, qua
cognoscitur de unaquaque re quid est. Alia vero est, qua
componit et dividit, scilicet enunciationem negativam vel affir-
mativam formando: et hae quidem duae operationes duobus,
quae sunt in rebus respondent. Prima quidem operatio respicit
ipsam naturam rei, secundum quam aliqua res intellecta aliquem
gradum in entibus obtinet; sive sit res completa ut totum aliquod,
sive incompleta, ut pars vel accidens. Secunda operatio respicit
ipsum esse rei, quod quidem resultat ex aggregatione prin-
cipiorum rei in compositis, vel ipsam simplicem naturam rei
concomitatur, ut in substantiis simplicibus.

„das ist ein Mensch" oder „das ist kein Mensch". Deshalb betont auch Thomas, daß gemäß der ersteren Thätigkeit das substantielle Wesen des Dinges erkannt wird; sie bewirkt, daß das Mittel der Erkenntnis innerhalb der Vernunft sich vorfindet, somit die Erkenntnis nach dieser Seite hin eine innerliche ist; — aber sie enthält nicht in sich die Anwendung auf das Einzelne-Wirkliche. Diese kommt erst dann von der Vernunft, nachdem diese in die thatsächliche Verbindung mit den niedrigeren Kräften eingetreten ist, wie dies die formale Trägerin der menschlichen Thätigkeit, die aus Leib und Seele zusammengesetzte und zu einer einheitlich-natürlichen Wirksamkeit berufene Substanz, erheischt.

87. Zurückweisung des ontologischen Beweises.

Es bedarf nur einiger leicht zu ziehenden Schlußfolgerungen, um nach dem Gesagten die Leerheit und Unmöglichkeit des sogenannten ontologischen Beweises zu zeigen. Derselbe besteht kurz darin, daß im Wirklichen, Einzelnen das Mögliche, Allgemeine geschaut; durch das unmittelbare Erkennen des wirklichen (göttlichen) Einzeln-Seins die Erkenntnis des Wesens, der Substanz im Geschöpfe vermittelt werde. Er stellt die ganze Erkenntnistheorie und somit auch natürlich die formelle Gotteserkenntnis auf den Kopf. Es sei der Thatbestand in wenigen Worten noch einmal vorgeführt; das Ergebnis wird dann dem Geiste gegenwärtiger sein.

Was ist der Urstoff nach Thomas: potentia pura, reines Vermögen, nichts als Möglichkeit! Dieser Begriff der Möglichkeit muß in der Philosophie wieder zu durchgreifender Geltung kommen. Thomas operiert mit demselben auf allen Seiten seiner Werke, sowohl in der Zerlegung der inneren menschlichen Erkenntnis als in der Ergründung der metaphysischen Zusammensetzung der Körper und in allem, was sich darin anschließt. Analogien, die das Verständnis einer reinen Möglichkeit erleichtern, liegen im Sichtbaren vor, wenn auch dieses Verständnis selber ein rein vernünftiges ist. Was unterscheidet in Rücksicht auf den Künstler den rohen Marmorblock vom Wasser? Hat etwa der erstere in seiner Natur etwas, was ihn in notwendige Beziehung setzte zum Bildhauer? Seine Natur treibt den Marmor weder dazu in einem gewöhnlichen Saale als Fußboden zu dienen noch in der Hand Michel Angelos ein „Moses" zu werden. Aber er trägt neben seinem positiven subjektiven Sein für den Künstler die passive Möglichkeit, zu einer schönen Bildsäule geformt werden zu können und diese Möglichkeit besitzt das Wasser, die Luft u. dgl. nicht. Ebenso hat für den Maler die Leinwand neben ihrem subjektiven Sein noch die Möglichkeit, allerhand Zeichnungen auf sich zu dulden. An der Existenz einer solchen unabhängigen, von der bildenden Kraft getrennten Möglichkeit kann niemand zweifeln.

Nun schließe man nach dem Rate, welchen Thomas in der Physik giebt, vom Sicht= und Greifbaren auf das einfache Sein. Man setze an die Stelle der Bildsäule, des Gemäldes das einfach bestimmte substantielle Sein, wodurch etwas eben und nur ist; dann kann die Möglichkeit dafür nur eben reines Vermögen sein. Ein solches reines Vermögen kann freilich in seiner völligen Unbestimmtheit nicht allein existieren, wohl aber existiert es in Verbindung mit der wirkenden Ursache, gleichwie das Vermögen des Marmors ein „Moses" zu werden nur in Verbindung mit der bildenden Kraft des Michel Angelo besteht. Sonach kann die reine Möglichkeit zu sein, der Urstoff, seinen Charakter der unbeschränkten Möglichkeit nur bewahren in Verbindung mit dem und mit Rücksicht auf das unbeschränkt wirkliche Sein der unendlichen Fülle.

Ist aber der Urstoff von Natur aus nur Vermögen, so kann auch, was er zu natürlicher Einheit in sich empfängt, nur wieder Vermögen, wenn auch bestimmteres Vermögen werden. Dazu kommt, daß die den Urstoff bestimmende substantielle Form wieder in sich nichts wirklich Bestehendes ist, sondern an sich nur das Vermögen hat, bestimmend einzuwirken, wie der Stoff das Vermögen besitzt, bestimmt zu

werden. Die Form des Dreiecks, des Steines, der Pflanze existiert
ja an sich nicht; sie ist gar nicht denkbar ohne irgend einen Stoff.
Von beiden Seiten also ist nur Vermögen da, bestimmendes
von der einen, bestimmbares von der anderen. Das kann
folgerichtig aus sich heraus noch nichts in der Wirklichkeit
Einzelnes ergeben, sondern nur in Verbindung mit der all=
wirkenden Ursache. Das beste Zeichen für die Richtigkeit dieser
Anschauung ist die offenkundige Thatsache, daß die Pflanze, der
Stein u. dgl. in ihrer Substanz nicht das mindeste wirklich Ein=
zelne haben, daß sie weder eine bestimmte Zeit noch einen genau
bestimmten Ort noch ähnliche ganz ins Einzelne gehende Bestim=
mungen mit sich bringen, sondern kraft ihrer Substanz eben
definiert werden, als: „möglich in mehreren zu sein" „potentia
esse in pluribus" und Thomas bestimmt den Begriff der Substanz
nicht anders als potestas essendi, potentia proxima ad esse.

Das kann auch in dem Falle nicht anders sein, wenn die
geschöpfliche Vernunft in Betracht gezogen wird. Dieselbe ist
ihrem anerkannten, allgemeinen Wesen nach „Vermögen" und
zwar ein vom einzelnen Stoffe losgelöstes, für sich unab=
hängiges, ein geistiges Vermögen. Demnach kann auch ihr
eigenster Gegenstand an und für sich nur Vermögen sein.
Hätte derselbe die geringste einzelne Wirklichkeit seiner Natur
nach, so wäre er, da der natürliche Gegenstand eines Ver=
mögens mit Notwendigkeit erfaßt wird, immer erkannt, müßte
er doch der Wahrheit gemäß als wirklicher erkannt werden.
Dann würde aber auch, da es sich hier um die Natur, um das
Wesen handelt, die Vernunft ihrem Wesen, ihrer Natur
nach immer in Thätigkeit sein, sie wäre vielmehr selber ihre
eigene Thätigkeit, da alles Geistige einfach und ohne Teile ist.
Soll sie Vermögen bleiben, so muß ihren naturnotwendigen
Gegenstand die Substanz, nämlich das unmittelbare Vermö=
gen zu sein, bilden, wie sie selber das Vermögen zu erken=
nen ist und es muß dann gemäß derjenigen Substanz, zu
welcher die Vernunft als Vermögen gehört und die erst eine
wirklich einzelne kraft der Verbindung mit der wirkenden

Urſache iſt, auch die Thätigkeit der Vernunft, d. h. der wirk=
liche einzelne Akt des Erkennens, beurteilt werden.

Es iſt durchaus falſch, daß im Begriffe des Schönſten,
Beſten ꝛc., wie das der ontologiſche Beweis annimmt, das
Wirklich=Sein ſich befinde; im Gegenteil ſchließt jedes faßbare
wirkliche Sein, wenn es bloß in ſeiner Subſtanz betrachtet wird,
das Wirklich=Sein aus. Nimm den Begriff Menſch, Baum,
ſelbſt den des Wahren, Guten; nie, auch wenn du ſie bis
zum vollkommenſten Grade denkſt, gelangſt du zum Merkmale
„Wirklich=Sein“; ſondern du bleibſt immer im Möglich=Sein.
Du kannſt einen größeren Eroberer denken wie Alexander den
Großen; einen größeren Philoſophen wie Plato; ſobald du
nur nicht die Möglichkeit, dies wirklich zu ſein, vergiſſeſt,
ſo lange bleibſt du im richtigen Geleiſe. Würdeſt du jemals
daran denken, daß am Ende der Vollkommenheit das Wirklich=
Sein käme, daß alſo das ſo Gedachte exiſtieren müßte? Nie=
mals. Denke dir das Wahre ſo vollkommen wie möglich, das
Gute ſo erſtrebbar wie immer möglich; es kommt von ſich
aus trotzdem zu keinem Wirklich=Sein.

Der Gegenſtand der Vernunft=Erkenntnis iſt die Sub=
ſtanz; die Subſtanz aber, das Weſen in jedem Dinge, findet
ſich mit ihren Eigenſchaften des Allgemeinen, Notwendigen,
thatſächlich nur in der Vernunft: habent esse suum tantummodo in intellectum; außen im ſubjektiven Sein iſt ſie
mit dieſen ihren Eigenſchaften nur dem Vermögen nach. Was
von ihr wirklich iſt, das iſt zufällig, an Zeit und Ort
gebunden. Und die Vernunft ſoll dann in ihrem eigenſten
Gegenſtande finden, daß er notwendig wirklich iſt, daß er
nämlich in ſeinen ſubſtantiellen Weſensmerkmalen das Wirklich=
Sein trägt, während in Wahrheit alles Wirklich=Sein für den
unmittelbaren Gegenſtand der Vernunft zufällig iſt? „Quod
est, cognoscitur,“ ſagt Thomas, und anderswo (S. th. I.
qu. 86. art. 1): „Die Vernunft erkennt das Wirklich=Sein nicht
immediate, ſondern per quandam reflexionem, inſoweit es
nämlich von der Subſtanz durchdrungen und getragen iſt.“

Die Ontologisten täuschen sich! Sie wollen die geschaffene Vernunft erheben und zerstören sie; sie wollen, daß die Vernunft im Wirklichen das Mögliche erkenne und vergessen, daß dann für das Geschöpf überhaupt die Möglichkeit des Erkennens genommen ist. Wer allein kann zum unmittelbaren Gegenstande des Erkennens das Wirklich=Sein haben? Derjenige, zu dessen Wesen, zu dessen Substanz das wirkliche Sein gehört. Erkennen erstreckt sich immer auf die Substanz. Dessen Natur Wirklichkeit und zwar reine Wirklichkeit ist, der allein kann unmittelbar und muß sogar das rein Wirkliche zum Erkenntnisgegenstande haben, d. h. sich selbst; er muß sein eigenes Erkennen thatsächlich sein. Er allein erkennt im Wirklichen das Mögliche, in seiner eigenen wirkenden Kraft das, was er wirken kann. Die substantielle Grundlage des Geschaffenen jedoch ist „Möglich=Sein". Das Möglich=Sein aber kann nie aus sich heraus das Wirklich=Sein fordern. Es kann nur sein, es kann nur wirken, wenn es getragen wird von der allwirkenden Ursache.

Wenn also der geschaffene Geist die substantielle Möglichkeit in sich aufnimmt als seinen eigensten Gegenstand; wenn er das Wirkliche nur als Wirkung erkennt, inwieweit es in seiner Art wesentlich von diesem Innerlich=Möglichen getragen wird und auf Grund der allwirkenden Ursache wieder weiterer Möglichkeit sich öffnet (per quandam reflexionem, sagt Thomas); wenn endlich infolge dessen die wirkende erste Ursache in ihrem Dasein erkannt wird, so ist das eine Erkenntnis, die ganz der Natur der Dinge und dem Wesen des Schöpfers entspricht, welches letztere dann im Gegensatze zur geschöpflichen Möglichkeit nur Wirklichkeit und reine Thätigkeit ist.

88. Ursächlichkeit und Spinoza.

Was ist denn eigentlich verursacht? Nicht daß der Mensch seinem Wesen nach Vernunft besitzt; nicht daß der Stein kein Leben hat; nicht daß der Geist stofflos ist. Im allgemeinen nicht was zum begrifflichen Wesen gehört, ist ver=

urjacht, das ist vielmehr notwendig; sondern dieser einzelne
Mensch, dieser einzelne Stein, dieser einzelne Geist ist ver=
ursacht und zwar gerade insoweit, als das einzelne Sein von
der entsprechenden Substanz durchdrungen ist. Demzufolge kann
aber auch die einzelne Substanz nur auf Grund ihrer Einzeln=
existenz, also nur auf Grund ihrer eigenen Verursachung
selber Ursache sein.

Damit fällt die unendliche Substanz Spinoza's mit ihren
zwei Attributen der Unendlichkeit und der Ausdehnung. Ein
Ding wirkt, je nachdem es ist; es ist auf Grund seiner Sub=
stanz; das Wirken also entspricht genau der Substanz. Was
demnach ohne Ende in der Substanz ist, das kann auch kein
begrenztes Wirken ausüben, d. h. es kann überhaupt nicht
wirken außer auf Grund der ersten Ursache, welche der in
ihrer Möglichkeit unbegrenzten Substanz eine Wirklichkeit,
also begrenztes Sein giebt.

Spinoza hat den Urstoff des heiligen Thomas im Sinne
gehabt, der allerdings unendlich ist, aber nur dem Ver=
mögen nach, also vielmehr als ein endloser erscheint. Er
hat jedoch nicht erwogen, daß, um Substanz zu sein, mit der
Endelosigkeit dem Vermögen nach, in Wirklichkeit eine bestimmte,
besondere, unteilbare Seinsstufe verbunden sein muß, die das
Endlose zu durchdringen und zu bethätigen vermag, weil
in ihr die von allem Endelosen freie Kraft der unendlichen
Seinsfülle wirkt. Unendlichkeit in der wirklichen Substanz,
also wirkliche, thatsächliche Unendlichkeit und Ausdehnung sind
ja unvereinbare Begriffe. Die erstere ist unumschränkte Fülle,
die letztere ist bedingt durch grenzenloses Bedürfnis.

Die ganze bisherige Darstellung in diesem Paragraphen
läßt sich im Sinne des heiligen Thomas dahin zusammen=
fassen: Drei Umstände treten im vernünftigen Erkennen zweifel=
los hervor. 1) Vermittelst der Substanz, die mit ihren Eigen=
schaften der Notwendigkeit und Allgemeinheit nur in der geistigen
Idee, also in der Vernunft, ein thatsächliches Sein hat, außen
aber nur dem Vermögen nach existiert, erkennt die Vernunft

und zwar ist diese Substanz im Inneren des Vernunft=
vermögens als bildende Form gerade so, wie sie durch die
natürliche Kraft der Vernunft vom stofflichen, wirklichen Einzeln=
Sein losgeschält wird. 2) Trotz dieses Daseins der Substanz
in der Vernunft als bildende Idee bleibt letztere nur Ver=
mögen, wenn auch ein für den bestimmten einzelnen Erkenntnis=
akt vollgenügend vorbereitetes Vermögen; das thatsächliche Er=
kennen ergiebt sich daraus noch nicht. „Etiam postquam
species intelligibiles abstraxerit" (l. c. oben), also nach=
dem das Wesen des Einzelnen losgeschält und als geistige
Idee in die Vernunft versenkt worden ist, vermag letztere noch
nicht thatsächlich zu erkennen, „non potest actu intelligere";
sie muß erst ihrer Verbindung mit der Substanz „Mensch"
gemäß zu einheitlicher Thätigkeit mit den Sinnen verbunden
sein: intelligit species intelligibiles in phantasmatibus.
3) Sonach erkennt auch die Vernunft in ihrem thatsächlichen
Erkenntnisakt zuvörderst Petrus oder Johannes, d. h. den
einzelnen Menschen als wirkliches Sein und erst dann kann
sie, immer aber mit Hilfe und auf Grund dieser ersten Er=
kenntnis die Idee „Mensch" allein für sich zum Gegenstande
ihrer Erkenntnis machen oder, wie Thomas sagt, das medium
quo, die Idee, wird in zweiter Linie ebenfalls Gegenstand des
Erkennens: medium quod. — Gerade also was gewirkt ist
im Dinge ist die erste und vornehmste Grundlage auch für das
wirkliche Erkennen der Vernunft; ohne das Gewirkte, also
ohne das Einzelne, ist ein wirklich=thatsächliches Erkennen nach
keiner Seite hin denkbar. Das Gewirkte aber führt unmittel=
bar zum Wirkenden, zur göttlichen wirkenden Kraft, die
da allein die Grundlage alles Wirklichen und alles Möglichen
ist. Diese drei Punkte bereiten die weitere Entwickelung, welche
der vierte Beweis giebt, unmittelbar vor; doch muß zuvor noch
geprüft werden, wie Thomas durchaus auf dem Boden der
Väter und der kirchlichen Lehrentscheidungen, auch mit Rück=
sicht auf seinen dritten Beweis, unwandelbar steht.

§. 4.
Thomas und die Kirchenlehre.

89. Anselm und der ontologische Beweis.

Die Anhänger des ontologischen Beweises stützen sich zu=
vörderst auf Anselm und nicht selten auch auf Augustin. Mit
Unrecht!

Vor Allem sei bemerkt, daß, selbst wenn der ontologische
Beweis, wie ihn Anselm giebt, zugegeben würde, daraus noch
gar nichts zu Gunsten des modernen Ontologismus mit seiner
angebornen Idee des Unendlichen folgen würde. Denn in
diesem Beweise geht Anselm davon aus, daß jemand hört von
etwas „Höchstem und Größtem" und nach der Zerlegung des
entsprechenden Begriffes zum Schlusse kommt, also existiert ein
solches Sein in Wirklichkeit, nicht bloß im Begriffe. Die
Ontologisten aber gründen ihr ganzes System auf die natür=
liche Anschauung des Unendlichen, welche, wie die in §. 3,
Kap. 1 angeführten Texte zeigen, durch keinen von außen her=
rührenden Einfluß erzeugt wird, sondern eine natürliche Eigen=
schaft des Geistes ist.

Den sogenannten ontologischen Beweis, in welchem ohne
weiteres aus dem Begriffe des denkbar Vollkommensten dessen
wirkliches Dasein hervorgehen soll, hat Anselmus weder auf=
gestellt noch verteidigt. Der heilige Kirchenlehrer lehrt zu=
vörderst offenbar, daß aus den Werken und nicht vermittelst
eines bloßen Vernunftbegriffes das Dasein Gottes erschlossen
werde. So schreibt er ganz im Sinne der Athanasius, Gre=
gorius von Nazianz und Augustinus (orat. adv. Gent. orat. 28.
Migne tom. 2. pag. 31; de musica lib. 6. cap. 1.; div.
puaest. 83. 54):[30] „Ganz treffend kann die Seele sich selber

---

[30]) Anselmus: monolog. cap. 67. Aptissime ipsa anima sibimet
velut speculum esse potest, in quo speculetur, ut ita dicam,
imaginem ejus, quem facie ad faciem videre nequit.

l. c. cap. 66. Cum igitur pateat, quia nihil de hac (divina)

ein Spiegel sein, in welchem sie das Bild dessen erforscht,
welchen sie von Angesicht zu Angesicht nicht sehen kann"
(monol. cap. 66). Aus den Tugenden, welche die Seele in
sich selbst sieht, aus ihrer Liebe zur Wahrheit (cf. Aug.
l. c.), selbst aus ihrer Wandelbarkeit kann sie emporsteigen
zur Quelle alles Guten und zur unwandelbaren Wahrheit.
Ebenso: „Da es also offenbar ist, daß von dieser göttlichen
Natur nichts wahrgenommen und gewußt werden kann, was
ihr als wesentliche, innere Eigenschaft ihrer Natur zu=
kömmt, so kann es auch keinen Zweifel leiden, daß durch an=
deres zu deren Kenntniß gelangt werden muß und zwar wird
etwas desto mehr zu dieser Kenntnis führen, je mehr Aehn=
lichkeit es mit Gott hat (monol. cap. 66) .... So ist
also die menschliche Vernunft allein geeignet inmitten der
stofflichen Geschöpfe nach Gott zu forschen und sie wird
wiederum durch sich selber am besten zu diesem Zwecke ge=

---

natura possit percipi per proprietatem, sed per aliud, certum
est, quia per illud magis ad ejus cognitionem acceditur, quod
illi magis per similitudinem propinquat ... Patet igitur, quia
sola est mens rationalis inter omnes creaturas, quae ad ejus
investigationem assurgere valeat: ita nihilominus eadem sola est,
per quam maxime ipsamet ad ejus inventionem proficere queat.

Cont. Gaunilon. cap. 8. Quia omne minus bonum in tantum
simile est majori bono, in quantum est bonum, patet cuilibet
rationali menti, quia de minoribus ad majora conscendendo, ex
his quibus aliquid cogitari potest majus, multum possumus con-
jicere illud, quo nihil potest majus cogitari.

Prosl. cap. 2. Convincitur ergo etiam insipiens esse vel
intellectu aliquid, quo nihil majus cogitari potest, quia hoc
cum audit, intelligit, et, quidquid intelligitur, in intellectu est.
Et certe id, quo majus cogitari nequit, non potest esse in solo
intellectu. Si enim vel in solo intellectu est, potest cogitari et
in re; quod majus est. Si ergo id, quo majus cogitari non
potest, est in solo intellectu, idipsum, quo majus cogitari non
potest, est, quo majus cogitari potest; sed certe hoc non esse
potest. Existit ergo procul dubio aliquid, quo majus cogitari
non valet, et in intellectu et in re.

langen." Endlich sagt er ganz ausdrücklich (C. Gaunilo. cap. 8):
„Da jedes geringere Gut insoweit ähnlich ist einem größeren,
als es eben ein Gut ist, so erscheint es für jede vernünftige
Kreatur ohne Zweifel klar zu sein, daß die geringeren Güter
Gelegenheit geben, die größeren wertzuschätzen und daß aus
dem Guten, über welchem noch ein anderes denkbar
ist, jenes Gute einigermaßen erschlossen werden kann,
über welchem kein anderes Gut mehr gedacht werden
kann." Wenn nun Anselmus des weiteren bemerkt (Prosl.
cap. 2): „Aber jedenfalls der Thor selber, wenn er hört, was
ich jetzt sage — etwas, worüber kein anderes Gut mehr denk=
bar ist — so versteht er, was er hört, und was er versteht,
das ist in seiner Vernunft, wenn er auch nicht versteht, daß
ein solches Gut in der Wirklichkeit vorhanden sei; er muß eben
zugeben, daß es in seiner Vernunft sei. Aber dann kann es auch
nicht allein in der Vernunft existieren, denn was in der Ver=
nunft und in der Wirklichkeit existiert, das ist jedenfalls über
dem, was bloß in der Vernunft existiert, es muß auch aus
demselben Grunde notwendig in der Wirklichkeit sein" — so
steht doch fest, daß diesem ganzen Denkprozesse die stoffliche Wirk=
lichkeit zu Grunde liegt und daß die Idee von einem denkbar
höchsten Gute eben in der Wirklichkeit, „in den minder oder
mehr vollkommenen Gütern der Erde," ihren festen Grund und
Boden besitzt. Daß also ein solch hohes Gut in der Vernunft
und in der Wirklichkeit sei, dies folgt bei Anselm durchaus
nicht aus dem bloßen Begriffe des denkbar Höchst=Vollkommenen,
sondern aus dem Umstande, daß dieser Begriff aus den verschie=
denen im Stoffe vorhandenen Graden des Vollkommenen ge=
schöpft ist. Daraus kann doch nimmermehr der besonders von den
Neuerern ausgebildete sogenannte „ontologische Beweis" hervor=
gehen, der aus dem bloßen Begriffe des „quo melius nibil cogitari potest" das physische Dasein dieses Gutes folgert, außer
wenn eben Anselmus, wie das so oft geschieht, weiter=
gebildet, d. h. ihm schnurstracks Widersprechendes gesagt
wird. Ob der Schluß des heiligen Anselm nun angenommen

ober abgelehnt wird, ist für den vorliegenden Zweck von wenig
Belang. Der Unterschied zwischen demselben und dem thomi=
stischen dürfte sich dahin zusammenfassen lassen:

Anselm: 1) Die in der stofflichen Wirksamkeit vor=
handenen Güter ergeben mit Notwendig=
keit den Begriff eines höchsten Gutes; — ein
solcher Begriff aber schließt das wirkliche
Sein in sich ein —, also ist das höchste Gut.

Thomas: 2) Die in der stofflichen Wirklichkeit vor=
handenen Geschöpfe ergeben das **Sein** einer
höchsten Ursache; — eine solche höchste Ur=
sache ist aber notwendig die höchste Voll=
kommenheit, das höchste Gut; also ist ein
höchstes, notwendiges, allseitig vollkommenes
Sein.

In beiden Schlußfolgen bilden, was hier die Hauptsache
ist, die Geschöpfe die Grundlage; aus ihnen schöpft die erste
ein höchstes Gut und schließt auf ein höchstes Sein; die zweite
ein höchstes Sein und schließt auf ein höchstes Gut.

90. Augustin.

Ähnlich wie dem heiligen Anselm geht es dem heiligen
Augustin. Er trägt in seinen unsterblichen Werken ebenfalls
das Kreuz der großen Geister, daß sie sich vor kleinen, unbe=
deutenden und manchmal boshaften Geistern müssen weiter=
führen, d. h. in das gerade Gegenteil von dem verkehren
lassen, was sie klar und deutlich behauptet haben. Diese er=
leuchteten Heroen der menschlichen Forschung erfreuen sich des
Vorrechts, daß sie gern, bergehoch erhoben über den niederen
Stoff, im rein geistigen Gebiete sich erholen und ihren Geist
in den reinsten Freuden, der Freude an der Wahrheit, sich
vergnügen lassen. So fliegt auch der Adler schnurstracks dem
Sonnenlichte entgegen hoch in die Wolken und weiter in die
reinen Lichtstrahlen hinein, so daß das schärfste Menschenauge
vom Gipfel hoher Berge aus noch kaum ein Pünktchen am

Horizonte unterscheidet. Ist deshalb sein Nest da oben? Nein! des Adlers Horst liegt auf festem, unerschütterlichem Felsen.

Nicht waghalsig bringen jene Adler=Geister in die Höhen des Gedankens; ihre Forschung geht von einem festen, greif= baren Fundamente aus und kehrt immer wieder dahin zurück, wie erhaben auch ihr Geistesflug gewesen sein mag. Wenn nun kleinere Geister solche Adler=Stellen lesen, so möchten sie auch, hingerissen von der eigentümlichen Schönheit der Worte, die wie Feierklänge aus dem ewigen Heim klingen, alsogleich da oben in den rein geistigen Sphären sich wiegen; sie glauben es den Augustinen, Gregoren, Anselmen gleichthun zu können; aber sie vergessen, wie jene großen Geister eben deshalb so groß sind, weil sie zuerst mit aller Mühe und trotz ihrer Adlernatur, die sie nach oben zog, einen festen unerschütterlichen Hort auf harten Felsen bauten; unechte Kinder des Adlers sind sie, die große Höhe verursacht ihnen Schwindel, das ungewohnte Licht blendet sie, ihr Blick zwinkert, sie stürzen schmachvoll in die Tiefe und verderben sich und andere.

Schaue wie Augustin in den reinen Geisteshöhen sich wiegt:[31] „Die Vernunft erkennt aus sich selber ein ewiges,

---

[31] Aug. de lib. arbit. lib. 2. cap. 3—15. Ratio per se ipsam cernit aeternum aliquid et incommutabile, simul et seipsam inferiorem et illud oportet Deum suum esse fateatur .... Quam ergo verae et incommutabiles sunt regulae numerorum, quorum rationem atque veritatem incommutabiliter et communiter omnibus eam cernentibus, praesto esse dixisti: tam sunt verae et incommutabiles regulae sapientiae, de quibus paucis nunc singillatim interrogatus respondisti, esse veras atque manifestas, easque omnibus, qui eas intueri valent, communes ad contemplandum esse concedis ..... Quapropter nullo modo negaveris, esse incommutabilem veritatem, haec omnia, quae incommutabiliter vera sunt, continentem; quam non possis dicere tuam vel meam, vel cujuscunque hominis, sed omnibus incommutabilia vera cernentibus, tanquam miris modis secretum et publicum lumen, praesto esse ac se praebere communiter.

Soliloqu. cap. 1. nr. 3. Deus intelligibile lumen, in quo, et

unwandelbares Sein, zugleich aber auch sich selbst als dem=
selben untergeordnet und muß bekennen, daß dieses Sein Gott
sei.... Gleichwie die Zahlen und ihre Regeln wahr und un=
wandelbar und, wie du selbst sagst, in ihrer Wahrheit und
Unwandelbarkeit allen gegenwärtig sind, so gestehe nur zu,
daß auch die Weisheit und ihre Grundsätze wahr und un=
wandelbar sind und allen offenbar, welche die Fähigkeit be=
sitzen, sie zu schauen ... Deshalb kannst du auch gar nicht
leugnen, es gäbe eine unwandelbare Wahrheit, die da alles,
was hier unwandelbar wahr ist, in sich enthält, und diese
kann weder ich die meinige noch du die deinige nennen noch
irgend ein anderer darf sie als sein Eigentum beanspruchen,
sondern sie stellt sich allen, die unwandelbares Licht zu schauen
vermögen, in wunderbarer Weise als geheimnisvolles und doch
offenkundiges Licht dar." (Cf. de Trinit. lib. 9, c. 6 n. 9.)

Natürlich will niemand zu denen gehören, die „unwandel=
bares Licht nicht zu schauen vermögen"; die Ontologisten am
wenigsten. Alles sehen sie alle in Gott. Augustin sagt ja
doch ausdrücklich (Soliloq. c. 1. n. 3): „Gott ist das Ver=
standeslicht, in welchem und von welchem aus und durch

---

a quo, et per quem intelligibiliter lucent, quae intelligibiliter
lucent omnia.

l. c. Conf. lect. 7. cap. 17. Atque ita gradatim a corporibus
ad sentientem per corpus animam, atque inde ad ejus interiorem
vim, cui sui sensus corporis exteriora annuntiaret, et quousque
possunt bestiae; atque inde rursus ad ratiocinantem poten=
tiam, ad quam defertur judicandum, quod sumitur a sensibus
corporis. Quae se quoque in me comperiens mutabilem erexit
se ad intelligentiam suam et adduxit cognitionem a consuetudine,
subtrahens se contradicentibus turbis phantasmatum, ut inveniret,
quo lumine aspergeretur, cum sine ulla dubitatione clamaret, in=
commutabile praeferendum esse mutabili; unde nosset ipsum in=
commutabile, quod nisi aliquo modo nosset, nullo modo illud
mutabili praeponeret. Et pervenit ad id, quod est, in ictu trepi=
dantis aspectus. Tunc vero invisibilia tua per ea, quae facta
sunt, intellecta conspexi, sed aciem figere non potui.

welches im Verstande alles leuchtet, was auch immer geistigen
Glanz in sich hat."

Wenn nur die Ontologisten auch ein wenig auf den am
Felsen der sichtbar=stofflichen Welt befestigten Horst des Adlers
Rücksicht nehmen wollten! Der Adler zeigt auf denselben doch
so oft! Z. B. in den folgenden Worten (Conf. lib. 7.
c. 17; lib. 9. c. 10): „So stieg ich denn auf vom Körper=
lichen zum Sinnlich=Wahrnehmbaren und von da zu meiner
eigenen innerlichen (immanenten) Seele, der da die äußeren
Sinne das außen befindliche künden, bis wohin auch die Tiere
zu bringen vermögen und von da weiter zur denkenden, for=
schenden Seele, die da urteilt über das, was durch den Sinn
von außen kommt — und da auch diese der Veränderlichkeit
sich unterworfen sieht, findet sie, indem sie sich dem wider=
spruchsvollen Getümmel der Phantasiebilder entzieht, von wo
das Licht kommt, das sie berührt; denn sie ruft ohne jegliches
Bedenken aus: Das Unveränderliche geht dem Veränderlichen
vor; . . . sie erkennt auf diese Weise das Dasein eines Un=
veränderlichen und kommt durch das Sichtbare zur Anerken=
nung des Unsichtbaren, ohne daß sie dieses letztere unwandel=
bar festhalten kann."

Thomas führt ebenso den Geistesflug seines Meisters auf
den festen allen zugänglichen Hort zurück:[32] „Augustin setzte

---

[32] S. th. 1. qu. 84. art. 5. Augustinus posuit loco harum
idearum, quas Plato ponebat, rationes omnium creaturarum in
mente divina existere, secundum quas omnia formantur et
secundum quas etiam humana anima omnia cognoscit. Cum
ergo quaeritur, utrum anima in rationibus aeternis omnia cognoscat, dicendum est, quod aliquid in aliquo dicitur dupliciter
cognosci. Uno modo sicut in objecto cognito, sicut aliquis videt
in speculo ea, quorum similitudines in speculo resultant; et hoc
modo anima in statu praesentis vitae non potest videre omnia
in rationibus aeternis; sed sic in rationibus aeternis cognoscunt
beati, qui Deum vident et omnia in ipso. Alio modo dicitur
aliquid cognosci in aliquo, sicut in cognitionis principio: sicut
si dicamus, quod in sole videntur ea quae videntur per solem;

an die Stelle der Platonischen Ideen, nach welchen es einen
„Menschen an und für sich", „ein Leben an und für sich",
„ein Pferd an und für sich" gab, an denen der einzelne Stoff
teilnehmen konnte, um sie sichtbar zu machen, aber nicht wie
bei Aristoteles, um das Seinige zum wirklichen substantiellen
Sein beizutragen, die Gründe und Urbilder aller Geschöpfe in
Gott, nach welchen alles geformt und gebildet wird und nach
denen auch die menschliche Seele alles zu erkennen vermag.
Wenn also gesagt wird, daß die Seele alles in den ewigen
Urbildern (in rationibus aeternis) erkennt, so muß darauf
hingewiesen werden, daß etwas in einem anderen in doppelter
Weise erkannt werden kann. Einmal wie im geschauten
Gegenstande, wie z. B. im Spiegel alle die Dinge geschaut

---

et sic necesse est dicere, quod anima humana omnia cognoscat
in rationibus aeternis, per quarum participationem omnia cogno-
scimus. Ipsum enim lumen intellectuale, quod est in nobis, nihil
est aliud, quam quaedam participata similitudo luminis increati,
in quo continentur rationes aeternae: Unde in Ps. 5. 6. dicitur:
„Multi dicunt, quis ostendit nobis bona?" Cui quaestioni respondet
Psalmista dicens: „Signatum est super nos lumen vultus tui,
Domine;" quasi dicat: Per ipsam sigillationem divini luminis in
nobis omnia demonstrantur. Quia tamen praeter lumen intellectuale exiguntur in nobis species intelligibiles a rebus acceptae
ad scientiam de rebus materialibus habendam: ideo non per solam
participationem rationum aeternarum de rebus materialibus notitiam
habemus, sicut Platonici posuerunt, quod sola idearum participatio
sufficit ad scientiam habendam. Unde Aug. dicit (4 de Trin. 16.):
„Numquid quia Philosophi documentis certissimis persuadent,
aeternis rationibus omnia temporalia fieri, propterea potuerunt
in ipsis rationibus perspicere, vel ex ipsis colligere, quod sint
animalium genera, quae semina singulorum? Nonne ista omnia
per locorum et temporum historiam quaesierunt." Quod autem
Aug. non sic intellexerit omnia cognosci in rationibus aeternis,
vel in incommutabili veritate, quasi ipsae rationes aeternae vi-
deantur, patet per hoc quod ipse dicit (lib. quaest. qu. 66. a med.)
quod rationalis anima non omnis et quaecunque, sed quae sancta
et pura fuerit, asseritur illi visioni (scilicet rationum aeternarum)
esse idonea," sicut sunt animae beatorum.

14*

werden, die sich darin abspiegeln und auf diese Weise kann die menschliche Seele im jetzigen Zustande nicht alles sehen in den ewigen Urbildern; wohl aber sehen so die Seligen im Himmel, welche Gott schauen und alles in ihm. Dann aber wird auch das eine im anderen gesehen, wie im Grunde, der das Erkennen möglich macht, indem durch denselben bewirkt wird, daß etwas erkennbar ist; wie in der Sonne geschaut wird alles, was vermittelst und auf Grund der Sonne sicht= bar ist und auf diese Weise schauen wir alles in ewigen Ur= bildern, weil auf Grund der Ähnlichkeit mit denselben etwas erkennbar ist. Das Licht der Vernunft, welches uns inne= wohnt, ist ja nichts anderes als eine in uns bewirkte Ähnlich= keit mit dem unerschaffenen Lichte, in welchem alle Urbilder enthalten sind .... Diese in uns verursachte Ähnlichkeit des erkennenden Prinzips mit dem göttlichen Lichte genügt aber nicht zur Erkenntnis, sondern es sind dazu noch Ideen not= wendig, die wir aus den Dingen selbst erhalten. Deshalb sagt Augustin (4 de Trin. cap. 16): War es deshalb den Philosophen möglich, in den ewigen Urbildern zu sehen oder aus denselben zu schließen, wie viele Arten von Tieren sind oder aus wie beschaffenem Samen sie entstehen, weil sie auf Grund von unzweifelhaften Beweisen behaupteten, daß alles Zeitliche durch diese ewigen Urbilder als durch seinen Urgrund bewirkt werde? Durchaus nicht! Dies lernten sie durch ge= schichtliches Nachforschen. Daß aber Augustin nicht verstanden ·hat, es werde alles so in den ewigen Urbildern oder in der unwandelbaren Wahrheit geschaut, als ob diese Urbilder oder diese Wahrheit selber irgendwie geschaut würden; das sagt er selber (83. qu. 66. a med.), wenn er behauptet, daß nicht jede Seele, sondern nur die durchaus reine und heilige, wie die der Seligen, jene Anschauung, die nämlich der rationes aeternae besitzt.

Der seraphische Lehrer drückt sich desgleichen dementsprechend aus:[33] „Einige sagen, Gott könne nicht nur im Vaterlande,

<hr />

[33] Bonav. II. Sent. d. 23. art. 2. qu. 3. Quod Deus pur-

fondern auch im Stande der Unschuld und auf dem Pilger=
wege vom geläuterten Geiste gesehen werden; nur im Grabe
dieses Schauens sei ein Unterschied, so zwar daß er im Vater=
lande in voller Herrlichkeit und Klarheit geschaut werde; im
Stande der Unschuld weniger vollkommen und ganz unvoll=
kommen auf dem Pilgerwege. Diese Meinung ist aber den
Aussprüchen der Heiligen geradezu entgegengesetzt."

Thomas leugnet noch ausdrücklicher dieselbe Meinung
(in Boët. de Trinit. qu. 1. art. 3): „Einige behaupten, daß
auch in diesem Leben das erste, was vom geschöpflichen Geiste
aufgefaßt werde, Gott selber sei, als die erste Wahrheit und
daß vermittelst dieser Auffassung dann die Seele das Andere
schaue, — doch das ist offenbar falsch."

So hatte übrigens bereits der Areopagite geschrieben
(myst. Theol. c. I.): „Es gebe auf Erden keine vollkommenere
Art und Weise, Gott zu erkennen, als vermittelst der Un=
kenntnis, nämlich (wie bereits ein andermal bemerkt worden)
vermittelst der Leugnung" ignote ascendere. Desgleichen
behauptet Gregor der Große (cf. Bonav. l. c.): „Wie weit

---

gatis mentibus non solum in patria, sed etiam in statu innocentiae, et in statu viae in seipso videri habet: nec est differentia,
nisi in gradu, quod clarius et perfectius in statu gloriae videbitur
et minus perfecte in statu innocentiae et minime in statu naturae
lapsae . . . . Sed haec positio . . . dictis sanctorum non consonat.

S. Thomas in Boët. de Trin. qu. 1. art. 3. Quidam dixerunt,
quod primum, quod a mente concipitur, etiam in hac vita est
ipse Deus, qui est veritas prima et per hunc per animam alia
conspiciuntur . . . Sed hoc aperte falsum est.

Dionys. Areop. Mystica Theol.: Excellentissimus contem-
plationis modus est ignote ascendere, quia nec ipse Moyses
voluit Deum videre; et ideo introductus fuisse dicitur in caliginem.

Gregor. cf. Bonav. l. c. „Quantumcunque mens in con-
templatione profecerit, nunquam pervenit ad contuitum Dei."

Bonav. l. c. Unde si quae auctoritates illud dicere inveniantur, quod Deus in praesenti ab homine videtur et cernitur,
non intelligendae sunt, quod videatur in sua essentia, sed quod
in aliquo effectu inferiori cognoscitur.

auch immer der geschaffene Geist in der Betrachtung voran=
geht, er kann nie zum Schauen Gottes gelangen." Bona=
ventura führt endlich als allgemeine Regel an (II. Sent. 3.
q. 6. art. 3. qu. 1. ad 6): „Wenn es also in den Vätern
Stellen giebt, die da von einer Anschauung Gottes in der
Zeit sprechen, so sind sie dahin zu verstehen, daß Gott nicht
in seinem Wesen geschaut wird, sondern daß eine unter=
geordnete Wirkung zu dessen Kenntnis führt." Dabei
stützt er sich auf Augustin, der da will, daß zwischen dem Geist
und Gott keine andere bewirkende oder beeinflussende
Ursache vermittele, sondern daß Gott allein in den
Geist hineinwirke, daß letzterer aber an der Hand der Ge=
schöpfe vom niedrigeren zum höheren emporsteige: non est
medium inter Deum et mentem ratione causae efficientis
et influentis, cadit tamen medium ratione manuductionis.

Dieser Lehre entsprechen auch ganz und gar die Entschei=
dungen der kirchlichen Autorität, die zusammengestellt sind in
den resolutiones Congregationis s. Officii et Indicis de
Traditionalismo, Ontologismo, Traducianismo et Duo-
dynamismo. Es sei hier bloß der vierte Satz von den sieben
erwähnt, die am 18. September 1861 vom heiligen Offizium
als nicht tuto docendae verurteilt worden sind:[34] „Die an=
geborene Idee Gottes als des einfachen Seins an sich schließt
alle anderen Kenntnisse in sich ein, so daß wir durch dieselbe
alles Sein, soweit es erkennbar ist, zu erkennen vermögen oder
vielmehr implicite bereits erkennen."

---

[34] Decretum s. officii 18. Sptbr. 1861. Congenita Dei tanquam entis simpliciter notitia omnem aliam cognitionem eminenti
modo involvit, ita ut per eam omne ens, sub quocunque respectu
cognoscibile est, implicite cognitum habeamus.

Viertes Kapitel.

Beweis des Daseins Gottes aus dem Wahren, Guten und Vollkommenen.

---

§. 1.

Text des heiligen Thomas.

91. Allgemeine Charakteristik des Textes.

Weit öffnet Thomas in seinen Gottesbeweisen die Thore der Natur! Wie der Adler hoch oben in den Lüften mit scharfem Blicke die Beute auf dem Erdboden erspäht und im Augenblicke herunterstößt, um sie mit gewaltigen Fängen zu ergreifen und mit sich in die Höhe zu tragen, so etwa durch= dringt der Engelsblick des Aquinaten die Tiefen des geschöpf= lichen Seins und, wo andere meinen könnten, es eile vor Dunkel und Ohnmacht seinem Ende zu, da gerade ergreift es dieser Geistesriese, nimmt es in die stahlfesten Fänge seines Gedankens und schwingt es mit unwiderstehlicher Kraft empor; das andere Sein blickt erstaunt auf und schickt sich freudig an, denselben Weg einzuschlagen, auf welchem die wohl scheinbar verächtlichsten, aber zugleich auch allgemeinsten Eigenschaften seiner Elemente ihm Führer sind. Was die Plato und Ari= stoteles mühsam und unter Thränen gesäet, das erfreut sich in Thomas hundertfältiger Frucht. Klar und ruhig fließen·

da die kraftvollen Worte dahin, die ungeahntes Licht verbreiten; friedlich und ohne einen Anschein von Verwirrung strömen die geschöpflichen Wasser zusammen mit allen ihren so vielseitigen und mannigfaltigen Beziehungen; der Menschengeist aber ruft mit dem Psalmisten (Ps. 64): „O Gott, mein gewaltiger Gott, auf dich schaut meine Seele, wenn ich bei Tagesanbruche erwache; gedürstet hat meine Seele nach dir, o wie vielfach verlangt mein Fleisch nach dir."

Es ist der Gott des Psalmisten, der geoffenbarte Gott, dessen Kenntnis die Beweise des heiligen Thomas vorbereiten. Die angeführten Worte des vierundsechzigsten Psalmes leiten den erhabenen vierten Beweis in passendster Weise ein. „Die vernunftlose Natur," hatte einst Augustin gesagt, „kann freilich selber Gott nicht erkennen, dafür scheint sie ihn aber gleichsam mit Gewalt bekannt machen zu wollen" innotescere tamen velle videtur. Die innerste Grundlage der Schöpfung ist eine kaum zu erschöpfende Ohnmacht. Oder was ist denn die Beweglichkeit, die Veränderlichkeit, die innere Mög=lichkeit nicht zu sein anders als der beständige Ausdruck der Machtlosigkeit, des Hinsinkens zum Nichts, der allereigensten Schwäche: so zwar, daß der eine dieser Zustände immer die Bestätigung und nicht selten die innere Begründung für das natürliche Nichts des anderen in sich enthält! Und doch ist die ganze Natur auf dieser Ohnmacht aufgerichtet und selbst die erhabenen geistigen Gewalten müssen ihre Thätigkeit danach einrichten! Was ist demnach auch natürlicher, als daß zu=vörderst die zu Grunde liegende Schwäche selbst und dann die auf ihr ruhenden Geschöpfe laut rufen nach dem unbeweg=lichen, allwaltenden, innerlich notwendigen Sein! „A finibus terrae ad te clamavi", sagt der Psalmist (Ps. 60, 3). Wer aber soll diesen durch nichts unterbrochenen vielfältigen Ruf aus der Tiefe vor den Thron Gottes bringen? In wem sollen die Geschöpfe ihre Krone vom Haupte nehmen und sich wie ein Nichts zu den Füßen dessen werfen, dem allein „alle Ehre und aller Preis, aller Dank und alles Lob" gebührt?

Im Geiste des Menschen vereinigt sich der Durst aller Ge=
schöpfe und schreit nach Gott. Durst nach Gott ist das wesent=
liche Kennzeichen oder besser die Natur der Seele; Gott erkennen
ihre natürlichste Thätigkeit. Nach Gott schreit das Fleisch, in=
sofern es kraft der Einheit der menschlichen Natur mit dem
Geiste verbunden ist, in ebenso lebendiger und mannigfaltiger aber
bewußter Weise, wie draußen die Geschöpfe unbewußter Weise.
Durch die Vermittelung der menschlichen Seele tritt das mehr
oder minder Wahre vor die unwandelbare Wahrheit; das
mehr oder minder Gute vor das allumfassende Gut; das
mehr oder minder Möglich=Seiende, vor den, „der da war
und ist und sein wird;" alle Stufen der Geschöpfe treten vor
das Alpha und Omega. Das rastlose Verlangen nach Gott
ist der Anfang des Heiles: „Mein Herz ist unruhig in mir,"
sagt der von Gottesliebe entzündete Kirchenvater, „bis es in
dir ruht, meinem Heilande." Dieselbe Wahrheit ergeben die
hier behandelten Beweise seines glänzendsten Schülers.

92. Freiheit Gottes.

Es ist eine ganz irrtümliche Meinung, wenn von der
rücksichtslosen Betonung der geschöpflichen Bedürftigkeit und der
daraus entspringenden Notwendigkeit zu empfangen für die
Freiheit Gottes in etwa gefürchtet wird. Es sind da zwei
Dinge wohl zu unterscheiden: die Notwendigkeit, welche dem
Geschöpfe von Natur innewohnt rücksichtlich des Empfangens
und die etwaige Notwendigkeit im Schöpfer rücksichtlich des
Gebens. Die erstere ist an sich unbegrenzt, nur schranken=
loses Nichts bringt das Geschöpf von Natur aus mit; —
letztere existiert in Rücksicht auf das wirkliche Sein des Ge=
schöpflichen in keiner Weise.

Allerdings kann Gott, falls er einen Menschen schaffen
will, ihn nicht ohne Körper oder ohne ein Vernunftvermögen
machen; aber das ist keine Notwendigkeit, die ihn nach außen
zieht, und ihn etwa zwingt, überhaupt einen Menschen zu
machen. Vielmehr wäre das Gegenteil nichts anderes als

eine Leugnung des schöpferischen Seins, welches, falls es die
Substanz „Mensch" in der Wirklichkeit vertreten wissen will,
nicht die Substanz „Nicht=Mensch" verwirklichen kann. Der
Fall würde anders liegen, wenn eine derartige Substanz in
ihrem Wesen ein Wirklich=Sein einschlöße, also mit derselben
Notwendigkeit die wirkliche Existenz forderte, wenn auch nur
für diese oder jene Zeit, wie die Substanz „Mensch" z. B. die
Zusammensetzung aus Leib und Seele verlangt.

Dies ist aber so wenig der Fall, daß die Substanz eines
Dinges eben nur die positive Möglichkeit ist, auf einer be=
stimmten Seinsstufe auch wirklich zu sein; somit für das ganze
Ding im gesammten Umfange seines wirklichen Seins irgend
welche Notwendigkeit oder irgend eine Forderung, wirklich zu
sein, gegenüber dem Schöpfer jederzeit durchaus leugnet; ja
daß selbst was in dieser substantiellen Möglichkeit etwa positiv
ist, einzig und allein auf etwas Wirklichem, also schließlich auf
dem erstwirkenden Grunde, beruht. Ist aber so die Grundlage
des geschöpflichen Seins beschaffen, daß in ihr wohl die Quelle
von Dürftigkeit, aber keineswegs von irgend einem Rechte ge=
sucht werden muß, so setzt sich dies naturgemäß auch in der
wirklichen Entwicklung fort; bringt doch die Substanz, wie die
Sprache dies so ausgezeichnet wiedergiebt, aus sich heraus nur
Vermögen hervor und sind doch diese Vermögen die un=
mittelbaren Träger der einzelnen Entwickelung. Jeder Grad
wirklicher Entwickelung offenbart wohl die Möglichkeit, einen
weiteren zu empfangen und zeigt so auf das Endlose im sub=
jektiven Sein; aber er schließt auch zugleich die Ohnmacht in
sich ein, irgend eine Forderung zu machen. Das substantielle
Wesen, die Grundlage im Sein des Geschöpfes, bedingt zu
allererst, daß das Geschöpf alles empfangen muß, was es
haben kann und ebenso, daß es nichts mit irgendwelcher Not=
wendigkeit zu fordern vermag.

Dem Schöpfer allein ist es eigentümlich, nur geben, aber
nicht empfangen und zwar noch dazu nur ganz selbständig,
ohne jegliche äußere Nötigung, geben zu können. Das zeigt

doch aber gerade die volle Freiheit auf seiten des Schöpfers. Oder kann nicht der freie Künstler, wenn ihm das so gefällt, den Stoff nach den ersten rohen Formen und selbst nach den vollkommeneren liegen lassen, ohne die letzte entscheidende Form zu verleihen? Je schöner vielmehr der Stoff und je mehr derselbe bereits bearbeitet ist, desto mehr erhellt die freie Unabhängigkeit des Künstlers, wenn er trotzdem ihn verachtet und einen anderen nimmt. Gott ist nur sich selbst verpflichtet und ein Grad der Entwickelung im Geschöpflichen bedingt den anderen erst insoweit, als dies in der erstwirkenden Ursache begründet ist.

93. Die Seele und Gott.

„Wenn die Hand Gottes selbst die Seele erhebt" (Pf. 36,24), quia Dominus supponit manum suam; erst wenn Gott selber die Seele erleuchtet, daß sie sieht, „wie die Erde öde, unfruchtbar und ohne Weg und Steg ist" (Pf. 64) und „inmitten der ohnmächtigen Nacht des Irdischen im flehentlichen Gebete die Hände zum Herrn emporstreckt" (Pf. 73); erst wenn Gott selber der Seele die hilflose Schwäche des Geschaffenen zeigt, „auf daß sie so, über die Maßen arm geworden (pauper factus sum nimis), im Heiligtume erscheine;" erst dann und erst deshalb wird sie in ihrem Durste nach Gott nicht getäuscht werden: manibus meis nocte contra eum et non sum deceptus. Erst dann wird sie ihrer Natur nach wohl fallen, aber nicht zu Grunde gehen können „cum ceciderit, non collidetur; denn die von Gott verliehene Kenntnis der ungemessenen Zahl ihrer Schwächen wird die Äußerung der unermeßlichen Macht und Barmherzigkeit Gottes veranlassen.

Der Pfalmist sagt somit ganz zutreffend: „Nach dir hat meine Seele gedürstet" erst dann, nachdem er den Grund davon angegeben, daß dieser Durst ein heilsamer sei. „Mit dem Anbruche des Tageslichtes der Ewigkeit in meinem Herzen wacht meine Seele auf zu dir." Den Durst der Verzweiflung, endlosen Zweifel allein kann in der Seele die Nacht des Geschaffenen verbreiten, wenn letztere an sich allein betrachtet wird; sobald aber in diese Nacht ein Strahl von oben, vom ewigen Lichte, fällt, da wird die Seele aufgerichtet und sucht von Gott getrieben wieder Gott. Auch der „vielfache Durst des Fleisches", der vernunftlosen Natur, erscheint dann nicht mehr in seiner Trostlosigkeit, sondern vermehrt das Verlangen der Seele nach der Herrlichkeit Gottes: ut viderem virtutem tuam et gloriam tuam.

94. Die vierfache Ursächlichkeit.

In allen Tonarten bereits hat bis jetzt im Thomas die Natur nach Gott gerufen; von überall her ertönt das Wort des Psalmisten: „Wenn der Herr nicht das Haus bauet, so arbeiten die Bauleute vergebens; wenn der Herr nicht die Stadt beschützt, so mühen sich fruchtlos ab die aufgestellten Wächter." Die allgemeine Bewegung fordert eine erste und allbewegende Ursache; das gewirkte Sein erheischt eine erste und allbewirkende Ursache. Die Dinge sind nun aber auch selber, ihr Sein ist ihr wirkliches Eigentum; der formale Grund, weshalb sie dies sind und nichts anderes, ist innerhalb ihrer selbst; — doch was ist diese ihre Grundlage am Ende? Worin besteht diese Formalursache? Was bedeutet ihre innere Substanz? Nichts anderes als Möglichkeit, Vermögen. Die innere Substanz ist notwendig und alles geschöpfliche Wirklich-Sein ist zufällig; sie ist allgemein und alles geschöpfliche Wirklich-Sein ist ein einzelnes, besonderes; sie ist beständig und alles geschöpfliche Wirklich-Sein ist vorübergehend. Mehr wie alles ruft die tiefste Grundlage des Seins in ihrem ganzen Bereiche nach dem nur Wirklichen und nur Notwendigen; denn er allein ist befähigt, der wirkende Grund alles Möglichen außerhalb Seiner selbst und damit alles Notwendigen im Geschöpfe zu sein. So weit das bis jetzt gewonnene Resultat.

Die Natur ist und lebt wohl selber je nach der Art und Weise ihres Seins; aber auch wirken möchte sie. Sie

möchte durch das Gute anziehen, durch das Wahre bilden.
Die Geschöpfe rufen deshalb von neuem zu Gott: „Deine
Barmherzigkeit wiegt mehr als alles so vielfach gestaltete
Leben" (Pf. 64), wir möchten nun auch wirklich und in der
einem jeden Wesen eigenen Weise wirken; fordern können
wir es nicht, doch das Vertrauen auf deine Barmherzigkeit
wird uns nicht täuschen.

Da ist Thomas jedoch mit seinem Texte, durch welchen
er in tiefster und klarster Weise darlegt, wie die Güte Gottes
diesen Durst befriedigt und so wieder von einer anderen Seite
sich von den Geschöpfen bekannt machen läßt. Die Geschöpfe
erkennen selber und werden gemäß dieser Erkenntnis auch ihrer=
seits wirkende Ursachen; können aber nun zugleich nachhaltiger
und eindringlicher mit eigener Stimme Gott loben: „labia
mea laudabunt te." So würde, wenn dann noch im fünften
Beweise Gott als Zweckursache dargestellt worden, der Kreis=
lauf der Natur in ihrer Offenbarung des göttlichen Seins
vollendet sein.[35]

95. Text.

Der Text ist folgender: „Der vierte Weg, um zur
sicheren Kenntnis des Daseins Gottes zu gelangen, geht von
der Thatsache aus, daß in den Geschöpfen sich verschiedene Ab=
stufungen des Seinsgrades vorfinden. Es wird nämlich ohne

---

[35] Quarta via sumitur ex gradibus, qui in rebus inveniuntur.
Invenitur enim in rebus aliquid magis et minus bonum, et verum,
et nobile; et sic de aliis hujusmodi. Sed magis et minus dicuntur
de diversis, secundum appropinquat diversimode ad aliquid quod
maxime est; sicut magis calidum est quod magis appropinquat
maxime calido. Est igitur aliquid quod est verissimum, et optimum, et nobilissimum; et per consequens maxime ens. Nam quae
sunt maxime vera, sunt maxime entia, ut dicitur 2 Metaph. Quod
autem dicitur maxime tale in aliquo genere, est causa omnium
calidorum, ut in eodem libro dicitur. Ergo est aliquid quod
omnibus entibus est causa esse, et bonitatis, et cujuslibet perfectionis; et hoc dicimus Deum.

Zweifel in den Dingen ein höherer und ein niedrigerer Grad von Güte, Wahrheit und Seinswert gefunden. Eine solche Verschiedenheit kann aber nur insoweit als möglich angenommen werden, inwieweit ein derartiger Grad mehr oder minder absteht von dem, was den entsprechenden Vorzug im unbedingt höchsten Grade besitzt; wie z. B. etwas im selben Grade warm ist, als es dem unbedingt und notwendig am meisten Warmen nahe steht. Es giebt also ein im höchsten Grade Wahres, ein ausschließlich höchstes Gut, ein schlechthin Ewiges; folgerichtig auch ein Sein, welches auf der ohne Zweifel höchsten Stufe steht. Denn was im höchsten Grade wahr ist, das ist auch im höchsten Grade Sein. Nun ist aber, was irgend eine Eigenschaft im höchsten Grade besitzt, die Ursache dieser selben Eigenschaft, insoweit sie sich in anderen Dingen vorfindet, wie z. B. das Feuer, das am meisten und unabhängig von allem warm ist, die Ursache der Wärme in allen übrigen Geschöpfen bildet. Also existiert ein höchstes Sein, das da wirkende Ursache des Seins und des Wahren und des Guten, mit einem Worte aller Vollkommenheiten ist, die sich irgendwie oder irgendwo vorfinden."

§. 2.
Zerlegung und Erläuterung des Textes.

96. Einwürfe.

Schließt dieser Beweis? Wenn er schließt, dann erscheint er überflüssig, denn bereits im zweiten Beweise ist eine allbewirkende, unabhängige Ursache das Ergebnis des Denkprozesses. Hier aber heißt es am Ende nur: „Also giebt es ein Sein, welches die Ursache alles anderen Seins ist."

Es scheint jedoch vielmehr, daß ein folgerichtiger Schluß gar nicht erzielt worden ist. Jedenfalls nämlich kann der ganze Beweis auf folgende einfache Sätze zurückgeführt werden:

Ein „Mehr" oder „Minder" in irgend einer Vollkommenheit setzt ein „Meist" voraus;

Das „Meist" aber ist die wirkende Ursache des „Mehr" oder „Minder".

Also wo ein „Mehr" oder „Minder" vorhanden ist, da ist ein „Meist" die wirkende Ursache.

Daraus folgert nun Thomas unmittelbar die Existenz Gottes; denn:

Es existiert thatsächlich ein „Mehr" oder „Minder" im Sein, im Wahren und im Guten;

Jedes „Mehr" oder „Minder" verlangt ein „Meist" als wirkende Ursache;

Folglich giebt es ein unbedingt höchstes Sein, ein unbedingt höchstes Wahre und ein höchstes Gut, was Gott genannt wird.

Sind aber diese Vordersätze so unumstößlich wahr? Giebt es im Geschlechte „Mensch" einen unbedingt größten Menschen? Oder soll gar Gott der größte Mensch, das größte Wasser, der größte Baum sein? Ist denn der andere Grundsatz wahr, nach welchem das „Meist" der wirkende Grund des „Mehr" und „Minder" wäre? Ist nicht vielmehr der größte Machthaber z. B. die Ursache, daß andere, soweit es an ihm liegt, gar nicht existieren?

97. Beweiskraft des vierten Beweises.

Trotzdem muß gesagt werden, daß dieser Beweis sowohl in Verbindung mit den anderen deren souveräne Gewalt vermehrt als auch für sich allein geeignet ist, mit metaphysischer Gewißheit das Dasein Gottes zu erhärten und die Trennung des göttlichen Wesens von dem des Geschöpflichen mit offenbarer Notwendigkeit darzuthun. Die Auseinandersetzung der zwei im Beweise angewandten Principien wird dies zeigen. Das erste lautet so: „Wer in einer beliebigen Seinsart am vollkommensten deren Eigenschaften besitzt, der ist die Ursache von allem anderen, soweit es an dieser Seinsart teilnimmt": quod dicitur maxime tale in aliquo genere, est causa omnium quae sunt illius generis. Das zweite ist folgendes: „Was nur zufällig an einer Vollkommenheit Anteil hat, das muß auf ein anderes Sein als auf seine wirkende Ursache zurückgeführt werden, welches die entsprechende Vollkommenheit seinem Wesen nach besitzt": quod est per participationem tale reducitur ad illud quod est per essentiam tale.

98. Der erste dieser beiden Grundsätze.

Wenn im ersten dieser beiden Grundsätze gesagt ist: „am vollkommensten," so ist dies im strengsten Sinne des Wortes zu verstehen, so nämlich, daß in der betreffenden Gattung nichts Vollkommeneres denkbar ist. Dies läßt aber nur ein einziger Fall zu; es ist derjenige, in welchem die in Rede stehende Vollkommenheit oder Eigenschaft das Wesen des subjektiven Seins bildet oder notwendig zum Wesen gehört. Dann allein, dann aber auch notwendiger Weise hat dieselbe Eigenschaft, in welchem andern Sein auch immer sie sich vorfindet, im Verhältnisse zu diesem Sein, dessen Wesen sie angehört, einen geringeren Grad und geht von demselben als von seiner wirkenden Ursache aus.

Oder kann es etwas Menschlicheres geben, als den Menschen? Gewiß nicht, vielmehr steht, was sonst auch immer „menschlich" genannt wird, soweit das Prädikat „menschlich" reicht, in einer ähnlichen Beziehung zum Menschen, wie die Wirkung zur Ursache.

Thomas bezeichnet nach seiner Gewohnheit durch ein Beispiel sehr deutlich, wie er das erwähnte Princip verstanden wissen will. Wo ist die Ursache der Wärme zu suchen? Da, wo dieselbe „am meisten" herrscht. Warum ist sie im Feuer „am meisten"? Weil sie zum Wesen des Feuers gehört. Der Natur des Feuers ist es eigen, warm zu sein. Es kann ohne Wärme gar nicht in der Wirklichkeit existieren, was vom Zimmer, vom Wasser, vom Eisen u. dgl. nicht gesagt werden kann. Dann muß aber auch mit metaphysischer Notwendigkeit die Wärme, welche diese Dinge etwa besitzen, bewirkt werden durch die Wärme des Feuers, da ja, wie bereits im dritten Beweise hervorgehoben worden, „was sein kann oder auch nicht sein kann, bisweilen nicht ist,“ somit auf dasjenige als auf den wirkenden Grund zurückgeführt werden muß, was eben dasselbe notwendig, also wesentlich, ist und nicht anders sein kann. Das Zimmer, das Eisen, das Holz u. dgl. können warm sein und auch nicht warm sein, ohne das eigene Wesen zu verlieren; sie sind auch deshalb manchmal nicht warm. — Folglich haben diese Dinge nicht innerhalb ihrer selbst, d. h. nicht in ihrem Wesen, als der Quelle des Notwendigen, den Grund der Wärme, sonst müßte ihnen dieser Zustand immer zukommen; sie müssen vielmehr von außen die Wärme erhalten und zwar in demselben Grade als der Einfluß jenes Seins auf sie gerichtet ist, welches seinem innersten Wesen nach, also notwendig und ungemessen, warm ist: nämlich der Einfluß des Feuers. Mit anderen Worten: Rücksichtlich der Seinsart „Wärme“ ist überall in den Dingen, in denen Wärme ist, das Feuer der wirkende Grund.

Thomas erklärt dies lichtvoll in der Metaphysik:[36]

---

[36] In Metaph. 2. lect. 2. Unumquodque inter alia maxime dicitur, ex quo causatur in aliis aliquid univoce praedicatum de eis; sicut ignis est causa caloris in elementatis. Unde, cum calor univoce dicatur de igne et de elementatis corporibus, sequitur quod ignis sit calidissimus. Facit autem mentionem de univocatione, quia quandoque contingit, quod effectus non pervenit ad similitudinem causae secundum eandem rationem speciei, propter excellentiam ipsius causae. Sicut sol est causa caloris in istis inferioribus: non tamen inferiora corpora possunt recipere impressionem solis aut aliorum corporum caelestium secundum eandem rationem speciei, cum non communicent in materia. Et propter hoc non dicimus, solem esse calidissimum sicut ignem, sed dicimus solem esse aliquid amplius quam calidissimum. Nomen autem veritatis non est proprium alicui speciei, sed se habet communiter ad omnia entia. Unde, quia illud quod est causa veritatis, est causa communicans cum effectu in nomine et ratione

„Jenes Sein besitzt im Vergleiche zu anderm Sein eine Voll=
kommenheit schlechthin, d. h. ohne Grenzen oder „am meisten",
durch welches die wesentlich gleiche Vollkommenheit im anderen
Sein verursacht wird; wie z. B. für alles Irdische das Feuer
die Ursache der Wärme ist. Das Feuer hat also unter allen
irdischen Steinsarten die Wärme im unbedingt höchsten Grade,
schließt sie vielmehr in seinem Wesen ein, denn der Natur nach
ist es die gleiche Wärme, welche im Feuer und in allem übrigen

---

communi, sequitur quod illud, quod sit posterioribus causa, ut
sint vera, sit verissimum. Ex quo ulterius concluditur quod
principia eorum, quae sunt semper, scilicet corporum caelestium,
necesse est, esse verissima. Et hoc duplici ratione. Primo
quidem, quia non sunt quandoque vera et quandoque non, et
per hoc transscendunt in veritate generabilia et corruptibilia,
quae quandoque sunt et quandoque non sunt. Secundo quia
nihil est eis causa et ipsa sunt causa essendi aliis. Et per hoc
transscendunt in veritate et entitate corpora caelestia, quae etsi
sint incorruptibilia, tamen habent causam non solum quantum
ad suum moveri, ut quidam opinati sunt, sed etiam quantum ad
suum esse, ut hic Philosophus expresse dicit. Et hoc necessarium: quia necesse est, ut omnia composita et participantia reducantur in ea, quae sunt per essentiam, sicut in causas. Omnia
autem entia corporalia sunt entia in actu, in quantum participant aliquas formas. Unde necesse est substantiam separatam,
quae est forma per suam essentiam, principium corporalis
substantiae esse. Si ergo huic deductioni adjungamus, quod
philosophia prima considerat primas causas, sequitur, ut prius
habitum est, quod ipsa considerat ea, quae sunt maxime vera.
Unde ipsa est maxime scientia veritatis . . . Cum enim ita sit,
quod ea, quae sunt aliis causa essendi, sint maxime vera, sequitur,
quod unumquodque, sicut se habet ad hoc quod sit, ita etiam
se habet ad hoc quod habeat veritatem. Ea enim, quorum esse
non semper eodem modo se habet, nec veritas eorum semper
manet. Et ea, quorum esse habet causam, etiam veritatis
causam habent. Et hoc ideo, quia esse rei est causa verae
(cf. cap. III. §. 3) existimationis, quam mens habet de re.
Verum enim et falsum non est in rebus, sed in mente ut dicetur
in sexto hujus.

irdischen Sein sich vorfindet." Der Volksausdruck bestätigt hier, wie so oft in anderen Fällen, die thomistische Lehre: Warm wie Feuer, kalt wie Wasser, heißt es, um jenes Sein als höchstes Muster zu bezeichnen, zu dessen Wesens=Substanz die betreffende Eigenschaft gehört.

Doch Thomas geht noch weiter. Offenbar wird eine solche Eigenschaft in den bis jetzt angeführten Beispielen von den verschiedenen Seinsarten in der Weise ausgesagt, daß sie ihrem Begriffe nach (univoce) gleichermaßen in allen diesen Seinsarten vorhanden ist; wohnt doch dem Begriffe nach wesentlich dieselbe Wärme dem Zimmer inne und dem Feuer. Nun aber ist nicht selten die Ursache, zu deren Wesen die be= treffende Eigenschaft gehört, so erhaben und im Besitze einer solchen Seinsfülle, daß diese Eigenschaft, welche sie mit anderm Sein gemeinsam hat, nicht ihrem Wesen und somit nicht ihrem Begriffe nach sich in derselben vorfindet, sondern daß nur der wirkenden Kraft nach sie von der Ursache aus= gesagt werden kann. So wird z. B. sowohl von der geistigen Idee des Michel=Angelo als auch vom betreffenden geformten Marmor der „Moses" ausgesagt; aber nur mit Rücksicht auf die wirkende Kraft der genannten Idee, nicht dem Wesen nach ist diese Gemeinsamkeit vorhanden.

Deshalb fügt zu dem oben Gesagten Thomas sein hinzu: „Manchmal aber gelangt eine Wirkung nicht zu einer derartigen Ähnlichkeit mit der wirkenden Ursache, daß derselbe Gattungs= begriff sowohl dieser als jener zukommen könnte und zwar hat dies seinen Grund in der Erhabenheit der bezüglichen Ursache. Die Sonne z. B. ist offenbar die Ursache der Wärme hier auf Erden, aber sie ist in ihrem inneren Wesen nach so er= haben, daß die irdischen Körper den Eindruck von ihr, sowie auch von den anderen Himmelskörpern nicht in derjenigen Höhe und Vollkommenheit aufnehmen können, wie sie in diesen letzteren vorhanden ist; da ja die Substanz derselben einer völlig verschiedenen bei weitem erhabeneren Gattungsart angehört als die der irdischen. Während nämlich bei der irdischen Substanz der Stoff bald dieser bald jener Wesensform dient und sonach substantiell bald dieses bald jenes ist, also das Entstehen und Vergehen bedingt, ist der Stoff der Himmelskörper nicht nur an sich unzerstörbar, sondern auch von der wesentlichen substantiellen Verbindung mit der bestimmten Sternform nicht zu trennen; denn noch niemand hat beobachten können, daß der eine Stern aus dem anderen, aus dem Saturn z. B. ein Jupiter wird oder umgekehrt. Da nun aber der Stoff zur Substanz und demgemäß zum begrifflichen Wesen der Dinge gehört, so werden bei der Verschiedenheit der Natur des beiderseitigen Stoffes die Wirkungen von Seiten der Himmelskörper nicht dem Begriffe oder dem Wesen nach der Ursache ähnlich sein, soweit diese Wirkungen mit dem wandelbaren irdischen Stoffe zur innigsten, natürlichen Gattungs-Einheit verbunden erscheinen, sondern sie werden in den Himmelskörpern in wesentlich erhabenerer Weise vorhanden sein; nicht eine praedicatio univoca, sondern eine praedicatio aequivoca wird statthaben. Deshalb sagen wir auch nicht, die Sonne sei schlechthin „am meisten" warm, wie beim Feuer im Bereiche des Irdischen, sondern sie sei mehr als „am meisten" warm, insofern sie das „am meisten" warm des Feuers verursacht. Ihre Wärme steht nicht etwa noch einige Grade höher als die des Feuers, des „am meisten" warmen; sondern sie ist außerhalb des Begriffes und des Wesens der Wärme, wie dieses im Bereiche des Irdisch-Stofflichen verstanden wird, wo das Feuer nur im veränderlichen Stoffe vorhanden ist."

Da stürmt wieder Thomas mit Riesenschritten zum Unendlichen! Kann es denn ein schlechthin „Meistes" im Stoffe geben? Nein, nur beziehungsweise ist dies möglich. Aller Stoff ist beweglich und was derselbe an Vollkommenheit gewinnt, das gewinnt er vermittelst der Bewegung. Die Bewegung kennt aber ihrem Begriffe nach innerhalb ihrer selbst keinen unbedingten Anfang und kein Ende, sie hat nach der markigen Ausdrucksweise des Thomas kein primum in sich; sie bedarf, um zu sein, einer von außen her bewegenden Kraft, die natürlich größer sein muß als ihre eigene. Das schlechthin „Höchste“ und „Meiste“ also kann in keiner Weise stofflich oder seiner Natur nach, wenn auch nur im Wirken, an den Stoff gebunden gedacht werden; es darf nur Kraft, nur reine Kraft sein. Dann erst, wenn eine solche Ursache, nämlich „ein schlechthin Meistes“ existiert, ist das Dasein einer wirklichen stofflichen Vollkommenheit, die immer irgendwie ein „Mehr“ oder „Minder“ einschließen muß, möglich gemacht. Doch der ganze Glanz der Schlußfolge ergiebt sich erst nach der Veranschaulichung des an zweiter Stelle erwähnten Princips.

99. Das zweite Princip.

Es folgt so unmittelbar aus dem ersten, daß es gewissermaßen eine Umschreibung desselben genannt werden kann. Ist das Eisen warm? Dann besitzt es diese Eigenschaft nicht kraft seines natürlichen inneren Wesens; denn es kann unbeschadet seiner Natur auch kalt sein. Nicht weil es Eisen ist, hat es die Wärme, also nicht von innen heraus; sondern dieselbe fällt ihm von außen her zu, es ist für das Eisen eine zufällige Eigenschaft. Von woher fällt sie ihm zu diese Eigenschaft? Natürlich in letzter Linie von daher, wo die Wärme zum inneren notwendigen Wesen gehört, ohne welches das entsprechende subjektive Sein nicht bestehen kann. Das Eisen ist warm per participationem, durch die Teilnahme, an der wirkenden Kraft eines anderen Seins, welches per essentiam, kraft seines inneren Wesens, warm ist. Wo aber einmal die betreffende Eigenschaft aus dem Wesen und der Natur des Dinges herkömmt, da kann nicht mehr von dem „Nehmen eines Teiles“, von einer Teilnahme, participatio, die Rede sein; denn sie ist daselbst wesentlich unbegrenzt, Quelle der ähnlichen Vollkommenheit in allem übrigen Sein, wie viel und mannigfach dasselbe auch erscheine. Das Feuer hat seinem Wesen nach Wärme; sobald es ist, ist es auch warm. — Mögen noch so viele Dinge an der Wirkung derselben teilnehmen, also per participationem warm sein, so bleibt deshalb, das Feuer nicht weniger warm. Das Wasser ist seinem Wesen nach kalt und nimmer wird in demselben, wie vieles auch in und vermittelst desselben an der Kälte teilnimmt, diese Eigenschaft dadurch vermehrt oder vermindert; erst muß die Natur des Wassers zu Grunde gehen, ehe seine Kälte aufhört. Und so in Ähnlichem. Immer weist das, was bloß zufällig eine Eigenschaft besitzt, auf jenes, was dieselbe Eigenschaft seinem Wesen gemäß in Anspruch nimmt; denn nur daher, wo die Quelle unerschöpflich ist, kann die beliebige Teilnahme fließen. Das Zufällige nur ist nach allen Seiten hin begrenzt; das Wesen an sich ist ohne Ende, allgemein.

Wodurch wird aber das Maß dieser Teilnahme bestimmt? Einerseits durch die natürlichen Verhältnisse jenes Seins, welches teilnimmt, also die Wirkung des anderen Seins in sich empfängt; wie der Krug das Maß des Wassers ist, welches in denselben gegossen wird; — andererseits durch die subjektive Beschaffenheit des Seins der wirkenden Ursache.

Denn wenn eben gesagt worden ist, die betreffende Vollkommenheit sei da, wo sie zum natürlichen Wesen gehöre, unbegrenzt, so gilt das selbstverständlich von derselben nur in ihrem Verhältnisse zum inneren Wesen desselben Dinges, welches, als wesentlich allgemeines und notwendiges, kein Maß für die ihm als Wesenheit zukommenden Vollkommenheiten enthält: das Wesen des Feuers bietet jedenfalls der Wärme keine Schranken. Dieses Wesen aber kann nicht wirken, ohne wirklich zu sein; um jedoch wirklich zu sein, bedarf es des begrenzenden Einflusses einer wirkenden Ursache.

Dieses wirkliche Sein nun ist allem Geschöpflichen zufällig; kein Geschöpf hat es aus seinem Wesen, wäre ein solches doch dann notwendig unbegrenzt; es würde heute nicht mehr und nicht weniger sein, wie es gestern war oder morgen sein wird. Alles und jedes wirkliche Sein wird von außen gegeben. Das Geschaffene besitzt die Vollkommenheit des wirklichen Seins, also die Quelle seiner Bewegung und seiner

Thätigkeit, kraft Teilnahme, per participationem. Woran schließlich? An der Wirkung eines Seins, das mit Notwendigkeit, seinem ganzen Wesen nach, Wirklichkeit ist und sonach, da außer ihm nichts von sich aus wirklich oder auch nur möglich ist, allein in sich und aus sich das Maß und die Grenzen jedem Gliede der Schöpfung vorschreibt. Gott ist unbegrenzt und unverändert Sein, wie das Feuer unbegrenzt und unverändert warm ist.

Wer könnte an dieser Schlußfolge rütteln?! Sind die Dinge wirklich? Wenn nicht, dann wäre auch das Feuer nicht warm, das Wasser nicht kalt, das Eisen nicht hart; das wirkliche Sein des Wesens setzen alle diese Eigenschaften voraus, um sich geltend machen zu können. Ist denn aber in jedem Dinge alles gleichermaßen wirklich? Nimmermehr, beständige Entwickelung herrscht vielmehr; das eine ist mehr, das andere weniger und dasselbe Subjekt besitzt heute ein anderes wirkliches Sein als gestern. Folglich kommt dieses „Mehr" und „Minder" von einem „Meist". Nur jenes Sein kann „am meisten" sein, welches seinem Wesen nach, also von sich aus, unbegrenzt ist, das da nur Sein ist und dieses Sein allein kann dann den wirkenden Grund bilden für jenes Sein, welches zufällig ist, nämlich sein kann oder auch nicht sein kann, demnach auch manchmal nicht ist, „das da ist per participationem."

Die Natur dieses Beweises weist ganz von selbst auf die volle Selbständigkeit des inneren Wesens Gottes hin; sie könnte ohne die Trennung des Schöpfers vom Geschöpflichen gar nicht bestehen: Oder nimmt denn etwa das erwärmte Zimmer am Wesen, an der Natur des Feuers teil? Ist dasselbe dadurch Feuer, daß es warm ist? Im Gegenteil. Es könnte gar nicht warm werden, wenn nicht ein Sein existierte, das dem Wesen nach, also zufolge innerer Notwendigkeit Wärme hat, und demnach eben auf Grund dessen, daß sein Wesen ein anderes, völlig verschiedenes ist, durch seine wirkende Kraft Wärme mitteilt. Ist denn der erleuchtete Saal Licht? Keineswegs. Er verlangt vielmehr, daß seine Natur völlig getrennt sei von der des Lichtes, sonst könnte auch eine Erleuchtung gar nicht ausgesagt werden. Alles Sein ist auf Grund der Teilnahme an der Wirkung jenes Seins, was notwendig und wesentlich nur Sein ist. Da ist die wesentliche Trennung des schöpferischen und geschöpflichen Seins sowie ihre gegenseitige Beziehung als wirkende Ursache und Wirkung klar wie in keinem Beweise ausgesprochen.

Das ist aber für Thomas noch nicht genug. Er muß noch jene geschöpflichen Vollkommenheiten, welche am meisten dazu gemißbraucht werden, um die unendliche Fülle des schöpferischen Seins zum Staube der Erde herabzuziehen, gerade zu besonderen Werkzeugen der Ehre Gottes machen; jene nämlich die ihrem reinen Begriffe nach auch vom Schöpfer gelten. Sie sind zusammengefaßt im „Wahren" und im „Guten" und werden bei Thomas nur die geschöpfliche Offenbarung des Mangels ohne Ende, welchen jedes Geschöpf aus dem Nichts mitgebracht hat und der dem stofflichen Geschöpfe vor allem als materia prima zu Grunde liegt. Thomas tritt in das Innere der geistigen selbständigen Vermögen ein; nicht mehr das Stoffliche: „was wir sehen" (videmus aliqua moveri etc.) ist der Gegenstand seines geistigen Bildens, sondern der geschaffene Geist selber.

100. Das Wahre.

Was ist wahr? Was währt. Was thut die Wahrheit in den Dingen? Sie bewirkt, daß sie währen und nur so lange währen sie, als sie wahr sind. Wo ist nun in den Dingen das währende Element? Ist es das Wirklich=Sein? Das ist zufällig: „Heute blüht die Blume des Feldes und morgen wird sie verdorrt in das Feuer geworfen," sagt der Prophet in schneidiger Schärfe von der Wirklichkeit. Ewiger Wechsel und unaufhörliche Veränderung bezeichnen die stoffliche Kreatur und doch soll sie wahr sein, sie soll währen!

Oder ist die innere Substanz das Element, welche das

Währen begründet? Allerdings bleibt sie inmitten des beständigen Wechsels am wirklichen Sein des Dinges immer dieselbe und giebt so dem einzelnen Dinge einen gewissen Halt. Aber diese Substanz kann entweder als wirklich aufgefaßt werden — und dann ist ihr subjektiv-wirkliches Sein beständigem Wechsel unterworfen „nunquam in eodem statu permanet" sagt Job (14, 2) — oder sie wird als losgeschält von aller Wirklichkeit angesehen — und dann ist nicht geholfen, denn sie ist an und für sich nur ein Möglich-Sein, das unter allen möglichen Umständen existieren kann; die Wahrheit aber geht auf das einzelne Ding, wie es ist, unter den Beschränkungen von Zeit, Ort, Maß, Gewicht ꝛc. „quod est cognoscitur" sagt Thomas.

101. Die Wahrheit in den Dingen (S. th. 2—2. qu. 109. art. 1. de verit. qu. 1. art. 1).

Thomas bestimmt mit einschneidendster Schärfe den Begriff „wahr" und den Anteil, den die einzelnen Seinskreise daran haben; da wird nimmer etwas hinwegzunehmen oder hinzuzuthun sein. „Die Wahrheit ist begründet in der Sache; aber zu ihrem vollen Wesen gelangt sie erst infolge der Thätigkeit der Seele" fundatur in re, sed ratio ejus completur per actionem animae. Und damit keinem Zweifel Raum gelassen werde, wie diese Begründung in der Sache zu denken sei, bestimmt er weiter: „Die Wahrheit hat ihren Grund mehr im wirklichen Sein als im Gattungswesen"; mehr in esse rei als in essentia rei (de Verit. qu. 1. art 5 ad 18^m et 19^m. S. th. 2. 2. qu. 109, art. 1).

Was Thomas damit sagen will, leuchtet alsbald einem jeden ein, der sich erinnert, in welchem Verhältnisse das Wesen eines Dinges zu dessen wirklichem Sein steht. Nicht das wirkliche Sein allein kann das Wahre begründen und auch nicht das Wesen, insofern es abgelöst ist vom wirklichen Sein, sondern letzteres, das Wesen, gerade insoweit es im einzelnen wirklichen Dinge bewirkt, daß dieses zu einem bestimmten

Seinsgrade gehört und nicht zu einem andern. Der innere formale Seinsgrund ist der Grund des Wahren, inwieweit er im wirklichen Sein bestimmend bildet und formt. Daß das einzelne Sein diesem inneren substantiellen Formalgrunde gemäß ist und wirkt, das ist das Wahre in der Sache; darin gründet das volle Wesen des Wahren; wohlgemerkt: es gründet darin nur Ein Beispiel.

Die eigentliche Substanz oder das Wesen des Goldes ist nicht sichtbar. Wenn aber das einzelne wirkliche Sein mit seiner Farbe, Gestalt u. dgl. genau so einwirkt, wie es der Substanz des Goldes angemessen ist; dann liegt der positive und unabhängige Grund für das betreffende Wahre außen in der Sache vor. Wirken die einzelnen Eigenschaften auf den ersten Blick, etwa wie die des Goldes, ohne daß thatsächlich die entsprechende Substanz zu Grunde liegt oder umgekehrt; so ist von außen her der Grund zum „Währen" dieser Eindrücke, also die Begründung der Wahrheit, nicht gegeben, ebensowenig wie der Mensch auf die Dauer scheinen kann, was er nicht ist.

102. Das Wahre in der Vernunft.

Warum ist dann aber die Gleichförmigkeit des wirklichen einzelnen Seins mit dem inneren Vermögen der Substanz insoweit sie sich außen im subjektiven Sein vorfindet, nicht die ganze Wahrheit? Warum nur das fundamentum „fundatur in re?" Zur Beantwortung dieser Frage muß berücksichtigt werden, wie die substantielle Wesensform nicht als solche, nämlich nicht in ihrer Allgemeinheit und inneren Notwendigkeit, ein entsprechendes einzelnes Wirklich-Sein subjektiv besitzt, sondern eben nur ihr Vermögen vermittelst des mit ihr verbundenen wirklichen Sein offenbart, ein Vermögen, das an und für sich an keinen Ort, an keine Zeit, sowie an keinerlei ähnliche im einzelnen bestimmte Umstände gebunden ist. Was im Dinge „Substanz" genannt wird — es ist dieser Satz einmal die Lebens-Essenz der Philosophie des heiligen Thomas und im allgemeinen aller gesunden Philosophie — was im einzelnen Dinge „Substanz" genannt wird, ist vielmehr Vermögen, das wirkliche Sein zu tragen, als selber wirkliches Sein. Das Wahre aber besteht darin, daß es in Wirklichkeit erscheint, wie das Einzelne von der allgemeinen Gattungsart durchdrungen wird. Die Substanz muß mit ihrer Allgemeinheit sich thatsächlich geltend machen; sie muß als „wahre" ihre Losgelöstheit von allem Einzelnen thatsächlich zeigen, aber dabei zugleich offenbar kundthun, wie sie nichts einzelnes im Bereiche ihrer Art von sich ausschließt. Die Substanz soll nicht bloß dem Vermögen nach, sondern wirklich erscheinen mit ihren leitenden Charaktereigentümlichkeiten, ihrer Herrschaft über den Stoff und ihrer Erhabenheit über Zeit und Ort.

Erst dann strahlt das Feldherrntalent in vollem Glanze, wenn der Feldherr, mag auch immerhin sein Heer stets auf einem im einzelnen ganz bestimmten Platze und unter besonderen Verhältnissen aufgestellt sein, doch zu zeigen vermag, er vielmehr sei Meister über die äußeren Umstände und wisse sie, wie gestaltet sie auch immer seien, sich dienstbar zu machen, als daß nur die günstigen äußeren Verhältnisse die vornehmste Ursache seiner Erfolge bilden. Dann wird auch sein Talent sich immer bewähren und sein Ruhm unsterblich sein. Die Substanz gleicht einem solchen genialen Feldherrn. Sie verleiht den einzelnen Dingen das Währen, die Dauer, weil sie das Vermögen hat, die einzelnen äußeren Umstände sich dienstbar zu machen und so dem stofflich=wirklichen Sein ihren Stempel aufzudrücken, nicht aber sich von diesem einen solchen aufdrücken zu lassen.

Eben diese Kraft ist nun in der stofflichen Wirklichkeit nur dem Vermögen nach. Die Substanz „Mensch" in Adam hatte nur das Vermögen, auch sechstausend Jahre nachher sich im einzelnen Sein bestimmend vorzufinden; sie umfaßte nicht in Wirklichkeit diese Zeit und die etwa noch folgende. Im einzelnen Menschen, der zu Paris lebt, hat die Substanz „Mensch" nur das Vermögen, auch in Mexiko das einzelne

Sein zu einem menschlichen zu machen. Nur das innere Wesensvermögen, welches den Menschen zum Menschen macht, war in Alexander dem Großen ein= und dasselbe wie in Napoleon I. Nur aber was eine Einzelexistenz hat und sonach nach Zeit und Ort bestimmt ist, hat wirkliches Sein. Die Substanz als solche ist also nicht subjektiv=wirklich, außer inwieweit sie als Vermögen im Wirklichen aufgefaßt wird.

Wie aber soll sie auftreten als wirkliche, wenn sie es als Substanz nicht ist? Wie soll sie zeigen, daß sie an sich frei und ungebunden ist, wenn sie im Stoffe nur als eine an zahllose Einzelnheiten gebundene erscheint? Wie soll die innere Sub= stanz das wirkliche Sein durchdringen und es zu einer be= stimmten Seinsstufe erheben, wenn sie selber nur Vermögen ist. Da zeigt sich erst die ganze Bedeutung des vierten Beweises.

Thomas sagt, daß das Wesen der Wahrheit erst voll werde (completur) durch die Thätigkeit der Seele. Gerade was außen nur Vermögen war (fundamentum in re, fun= datur in re), gewinnt innerhalb der Vernunft und vermittelst der vernünftigen Thätigkeit wirkliches Sein; in der Ver= nunft erscheint erst das substantielle Wesen in seiner Beziehung zum allgemeinen, in seiner Erhabenheit über Zeit und Ort, in seiner wirksamen Kraft zu bilden und zu formen. Nur von der Vernunft aus kann es das Einzelne leiten und selbständig wirken, denn erst da wird es wirklich und nur in Verbindung mit ihr hat es wirkende Kraft.

In Verbindung mit der schöpferischen oder der geschöpf= lichen? Was wahr ist währt, und der da die Wahrheit selber seinem Wesen nach ist, währt in Ewigkeit und nur Er kann das Währen im anderen verursachen. Was sagt Thomas dazu?

103. Das formelle Wahre in Gott und in der geschöpflichen Vernunft.

Kurz läßt sich seine diesbezügliche Lehre in den Worten zusammenfassen: Die Dinge sind, weil sie wahr sind;

diese Formel drückt das Verhältnis aus, in welchem die
Wahrheit in den Dingen zur schöpferischen Vernunft steht.
Die Dinge sind wahr, weil sie sind; diese Formel ist
der Ausdruck des Verhältnisses der Wahrheit in den Dingen
zur geschöpflichen Vernunft. Von diesem letzteren sagt
Thomas:[37] „Die Dinge werden wahr genannt im Vergleiche
zu unserem Verstande als wirksame Ursache, insoweit sie
nämlich geeignet sind, in demselben eine ihrem wirklichen Be=
stande gemäße Idee zu bewirken." In der menschlichen Seele
also rufen die äußeren Dinge den entsprechenden Begriff her=
vor und die Kraft der Seele vollendet den Begriff, indem sie
das, was vermittelst des wirklichen einzelnen Seins, also auf
Grund der wirkenden Ursache als substantielles Vermögen wirken
konnte, in seiner eigenen Wirklichkeit, als wirklichen allgemeinen
Gattungsbegriff zeigt. Die Auffassung der geschöpflichen Ver=
nunft stützt sich demgemäß in ihrer Gleichförmigkeit mit dem
äußeren subjektiven Sein auf das Wirkliche, was außen ist;
beziehungsweise auf die bewirkende Ursache. Der Schluß ist
selbstverständlich: die Dinge müssen wahr sein, insoweit die
das Wirklich=Einzelne bewirkende Ursache gemäß dem sub=
stantiellen inneren Vermögen desselben wirkt; mit anderen
Worten: insoweit dieselben der göttlichen Vernunft entsprechen.

So sagt Thomas (S. th. 1. qu. 16. art. 6; de Verit.
qu. 1. 4. 5. 8): „Alle Dinge sind wahr kraft einer einzigen

---

[37] In Periherm. 1. lect. 3. medio. Res comparantur ad intellectum sicut ea, quorum intellectus (ideae) sunt similitudines.
Considerandum autem, quod aliqua res comparatur ad intellectum
dupliciter; uno modo sicut mensura ad mensuratum et sic comparantur res naturales ad intellectum speculativum humanum.
Et ideo intellectus dicitur verus, secundum quod conformatur
rei, falsus autem secundum quod discordat a re.
S. th. 1. qu. 16. art. 6. Si loquamur de veritate secundum
quod est in rebus, sic omnes sunt verae una prima veritate, cui
unumquodque assimilatur secundum suam entitatem. Et sic licet
plures sint essentiae vel formae rerum, tamen una est veritas
divini intellectus, secundum quem omnes res denominantur verac·

Wahrheit, nämlich der Gottes, insoweit diese die wirkende Ursache alles Seins ist und sonach die Ideen Gottes auch die Exemplare für alles Sein sind," das ist klar. Gott kann nicht anders wirken als gemäß seinen Ideen. Die substantielle Wesenheit des Geschöpflichen aber ist eben die Idee Gottes, insofern sie das Vermögen hat, auch für beschränktes, wirk= liches, stoffliches Sein den inneren Seinsgrund zu bilden; also soweit sie das Vermögen hat, als einzelne Idee unter der wirkenden Macht Gottes zu stehen. Die Wahrheit ist immer Gleichförmigkeit (adaequatio intellectus et rei, S. th. 1. qu. 21. art. 2); aber wesentlich verschieden im Schöpfer und im Geschöpfe. Wahr ist ein Ding im Verhältnisse zur schöpferischen Vernunft, insoweit es von dieser in seinem Sein abhängt und demgemäß gleichförmig mit der göttlichen Ver= nunft ist (l. c. qu. 16. art. 1): in quantum dependet ab intellectu divino secundum esse; — wahr ist es im Ver= hältnisse zur geschöpflichen Vernunft, insoweit es die frei= lich oft mangelhafte Ursache der entsprechenden Idee ist und demgemäß auch Gleichförmigkeit zwischen sich selbst und der erfassenden Vernunft in seiner Weise wirksam hervorbringt.

104. Verschiedene Grade des Wahren.

Demnach bestimmen sich leicht die verschiedenen Grade des Wahren und die unbeschränkte Notwendigkeit der ersten Wahr= heit. Zuvörderst wird ein Sein, also die im einzelnen Dinge vorhandene Grundlage des Wahren, das verum in re, in dem Grade an sich, objektiv, wahr sein, in welchem alle wirklichen Einzelnheiten der von der inneren Substanz bezeichneten Seins= weise entsprechen; ein Baum z. B., welcher gute, seiner Natur angemessene Früchte bringt, wird wahrer sein als ein anderer, welcher in seinen Früchten den Erfordernissen der Substanz nicht gerecht wird; ebenso wie der Moses des Michel=Angelo wahrer sein wird im Verhältnisse zur künstlerischen Idee als eine mehr oder minder gelungene Kopie.

Auch in der formalen Wahrheit, insoweit diese nämlich

durch die Arbeit der Vernunft in ihrem vollen Wesen her=
gestellt wird, müssen sich verschiedene Grade bilden, da der
betreffende Begriff heute mehr dem vorliegenden Sein ent=
sprechen als gestern, in der Vernunft des einen ausgeprägter
sein kann als in der des anderen. Woher kommen aber diese
verschiedenen Grade? Thomas giebt den Grund an .(S. th. 1.
qu. 16. art. 1): Die Dinge sind in sich betrachtet und in
ihrer Beziehung zur geschöpflichen Vernunft, ganz entsprechend
ihrem Sein und ihrem Wirken, nur zufällig wahr. Die
Pflanze fordert es nicht mit Notwendigkeit kraft ihres Wesens,
daß alles Einzelne, was in sie tritt, sogleich vollständig ihrer
Substanz unterworfen werde oder gar mit der Substanz ein=
und dasselbe sei; zufällig ist es also, wenn volle Einheit
vorhanden ist zwischen der Substanz und allem Einzelnen; ist
ja doch, es muß immer wieder von neuem betont werden, die
Substanz in sich nur Vermögen, dem das wirkliche Sein
entsprechen kann oder. auch nicht: possibile esse et non esse.
Das Zufällige aber setzt mit Notwendigkeit ein entsprechendes
Wesentliche voraus: „was nur Anteil hat an einer Vollkom=
menheit, das muß zurückgeführt werden auf ein Sein, zu dessen
Natur diese selbe Vollkommenheit gehört und das somit die=
selbe in anderem Sein verursachen kann." Also giebt es
ein Sein, dessen Wesen notwendig wirkliches Sein, das also
mit natürlicher Notwendigkeit immer sich selber gleichförmig
ist, sich selbst fortwährend gleich bleibt; dieses Sein ist die
objektive Wahrheit selber; es ist, weil es ist.

Muß ich notwendig diesen Baum oder diesen Stein geistig
auffassen? Nein. Das ist wieder zufällig, daß sich dieser
Baum oder dieser Stein da in meiner Vernunft abspiegelt, also
formal wahr ist. Erzwingt etwas von seiten dieser Gegen=
stände oder etwas in meiner Vernunft die klarere oder minder
klare Erkenntnis? Wiederum nicht. Auch das ist zufällig,
d. h. es fällt mir vermittelst einer außerhalb meiner selbst be=
findlichen Kraft zu, welche schließlich ihrem Wesen nach
thatsächliche Auffassung, thatsächliches Erkennen, der Akt des

Erkennens selber ist, wo kein „Mehr" oder „Minder" mehr möglich erscheint.

Damit ist aber auch zugleich alles erklärt. Das, was jene Vernunft, die thatsächlich zugleich ihre eigene Substanz und ihr eigenes Erkennen ist, als wirkliches Sein erkennt, ist kraft dieser Erkenntnis; es ist so, wie es erkannt und es ist sowohl im Sein als in der Wahrheit dadurch, daß es so erkannt wird. Von dieser Vernunft hängt dann schlechthin alles Wirkliche ab und auf Grund des Wirklichen alles Mögliche. In ihr ist die entsprechende Kraft vorhanden, welche die Substanzen als eben so viele Vermögen für das wirkliche Sein aufrecht hält, denn sie selber ist allein wesentlich Wirklichkeit, kann demnach auch Vermögen herstellen, welche auf die Wirklichkeit unmittelbar gerichtet sind, wie die Gegenwart des Feuers einen Saal vermögend macht, erwärmt zu werden. In dieser göttlichen Vernunft sind dann auch die verschiedenen geschöpflichen Substanzen je nach ihrer verschiedenen Seinsstufe in reiner Kraft, in ihrer vollen Wirklichkeit, mit allen ihren wirklichen Beziehungen zum Allgemeinen und mit ihrer inneren Notwendigkeit. Sie können somit auch kraft dieser ihrer Existenz im wirkenden ersten Grunde durch ihr rein geschöpfliches Sein, durch ihre Möglichkeit, das Wahre, also die ihnen gleichförmige Idee im geschöpflichen Vernunftvermögen hervorbringen. Da zeigt sich wieder von einer anderen Seite, wie das Geschöpfliche von Grund aus nur möglich und zufällig, der Schöpfer allein wesentlich wirklich und die verursachende Kraft aller Wirklichkeit ist.

105. Das Gute.

Auch das Gute nennt Thomas verschiedener Grade fähig und deshalb geeignet, den einen Guten, der da seinem Wesen nach gut ist, zu offenbaren. Das bedarf keiner weiteren Darlegung nach dem, was über die Wahrheit gesagt worden. Ohne Zweifel ist das eine unter den Geschöpfen besser als das andere. Denn was ist gut? Offenbar was erstrebenswert ist, quod

omnia appetunt; meint Thomas. Was aber allein ist er=
strebenswert? Das Sein und zwar das lebendige wirkliche
Sein, die Kraft. Was also dem Grade nach verschieden ist
im Sein, in der Kraft, das ist auch verschieden im Grade
des Guten. Alles geschöpfliche Sein ist nur zufällig; somit
ist auch alles geschöpfliche Gute nur zufällig und verlangt
um zu sein das Dasein eines Gutes, das seinem ganzen
Wesen, seiner Natur nach, Gut ist, worüber also ein größeres
nicht denkbar erscheint. Ist das Sein in Gott thatsächliches
Erkennen, dann ist es auch thatsächliches Lieben; ist Gott selber
sein Akt des Erkennens, dann ist er auch sein eigenes Lieben;
er liebt sich selbst notwendig. Anderes erkennt er nur, inwie=
weit es von seiner wirkenden Kraft erreicht wird, also inwie=
weit es überhaupt ist; er liebt es demnach auch nur, insoweit
seine Kraft darin wirksam ist, also inwieweit er es will.

106. Folgerungen. Die Unzulänglichkeit des heidnischen Forschens.

Thomas ist noch größer in dem, was er ahnen läßt, als
in dem, was er mit Bestimmtheit aussagt. Eingangs wurde
bereits die Aufmerksamkeit darauf gelenkt, wie der Quell der
thomistischen Lehre das gesamte Erdreich der menschlichen Ver=
nunft derart bewässert, daß dasselbe vielmehr vorbereitet wird
für Höheres, als abgeschlossen nach der reinen Natur hin.
Das erscheint schon hier vollauf bewahrheitet. Der Blick der
Vernunft steht vor dem Unermeßlichen, ohne von sich aus
irgend eine positive Möglichkeit zu besitzen, hineinschauen zu
können. Was thun nämlich die Geschöpfe? Ein jedes von
ihnen und noch weit majestätischer zeigt ihre Gesamtheit das
unbestreitbare Dasein des höchsten Wesens, aber zugleich daß
es in seinem inneren Wesen für die Kraft der Natur uner=
reichbar ist. „Gott ist sein eigenes Erkennen, Gott ist sein
eigenes Lieben, Gott ist sein eigenes Wollen." Wird er
sich selbst offenbaren? Von ihm allein hängt es ab, ob und
wie er sich es thun will. Das ist das Endergebnis aller

vernünftigen Forschung. Die Seraphim singen: Heilig, heilig,
heilig und verhüllen ihr Antlitz; alle Engelscharen beten
schweigend an: silentium magnum factum est in coelo; es
bleibt, wenn der Ausdruck erlaubt wäre, der ganze Gott
bei den thomistischen Beweisen übrig. Wie er will, so
geschieht es. „Domine quid me vis facere", so faßt dieses
Resultat Paulus in wenigen Worten zusammen. Was nicht auf
die innere subjektive Möglichkeit des Geschaffenen, also auf ihren
eigentlichen Erkenntnisgegenstand sich gründet, das weist die Vernunft mit ihren natürlichen Kräften von sich ab. Sie bejaht
da weder etwas noch verneint sie. „Es giebt einen völlig und
allseitig souveränen Willen;" das schließt sie gerade aus ihrem
natürlichen Gegenstande. Aber dieser Wille ist in sich Sein.
„Was ihm gefällt, das geschehe." Geöffnet steht sie da für
alle weiteren Einflüsse, ohne auch nur im geringsten dieselben
anzudeuten oder gar auf sich herabziehen zu können.

Hier liegt auch der Grund, weshalb die großen Heiden
nicht zum wahren Schöpfungsbegriffe zu gelangen vermochten:
„Sie konnten sich nicht," meint Thomas des öfteren, „ein
wahrhaft volles Sein denken, das da nur Sein und seinem
Wesen nach Sein und demnach von der Schöpfung als wesentlich nur möglichem Sein, seiner ganzen Natur nach getrennt
ist." Damit hätten sie ja eingestehen müssen, daß auch ihre
Vernunft aus sich heraus von dessen Wesenheit nichts wissen
und trotzdem nicht sagen kann, ein solches Wissen ist in allen
Fällen unmöglich.

Oder sollten diese erleuchteten Denker an dem Wider-
spruche nicht vorbeigekommen sein, daß Gott notwendig die
Wahrheit, daß er die Liebe ist und trotzdem nur einer
sein kann, während doch die Wahrheit als Gleichförmigkeit
zwei Elemente: adaequatio intellectus et rei und die Liebe
desgleichen zwei fordert: „Niemand nämlich," sagt Gregor der
Große (hom. 17. in Evang.), „kann eigentlich zu sich selbst
wahre Liebe haben, sondern die Liebe strebt, um Liebe genannt
werden zu können, nach der Verbindung mit einem anderen"?

Schien ihnen deshalb die Existenz eines ewigen unabhängigen Urstoffes eine unbedingte Notwendigkeit? Sollte es für die durch die Sünde verwundete Vernunft zu schwer gewesen sein, am Ende der lichtvollen Laufbahn zu rufen: „Erbarme dich meiner, o Gott!" miserere mei Deus!

107. Geschöpfliche Ursächlichkeit.

Eine Folgerung nur mag noch kurz erwähnt werden, denn sie ist die Brücke zum fünften und letzten Beweise. Die ge= schaffenen Dinge können nun auch offenbar wirklich verur= sachen. Gott ist alles Gut, alle Liebe, alles Erkennen, alles Sein dem Wesen nach; er ist, wie dies die schöne deutsche Sprache so urkräftig sagt: „sein eigen, er ist Sein." Aber dann kann er auch wirklich zu eigen geben. Nur die Liebe ist die Quelle des wahren Eigentums; nur wo diese Liebe Macht ist, also einzig durch sich selber bestimmt wird, nur von da aus kann wahres Sein geschenkt werden, dasjenige nämlich, was auch das Geschöpf sein eigen, Sein, nennen kann. Nur aber was wirkliches, eigenes Sein hat, kann auch wirklich wirken. Das Geschöpf erhält als erste Grundlage das Ver= mögen zu sein so zu eigen, daß es ihm in seiner Gattungsart zum Unterschiede von allen anderen Arten eigentümlich zugehört selbst im Gegensatze zum Schöpfer, der reine Wirklichkeit ist; es erhält das Vermögen zu erkennen, das Vermögen zu wollen; — weil Gott seinem Wesen nach wirkliches und nur wirkliches Sein ist, weil er seiner ganzen Natur nach Erkennen, seiner ganzen Natur nach Liebe, weil sein Sein Erkennen und in diesem Sein Erkennen Lieben, Wollen Wissen ist. Da aber das Geschöpf in sich selber als volles Eigentum das Vermögen hat zu sein, zu erkennen, zu wollen, deshalb ist auch das auf Grund der einwirkenden ersten Ursache sich vollziehende wirkliche Sein. Erkennen und Wollen des Geschöpfes, sein Sein sein Erkennen, sein Wollen und es gehört sein Wirken ihm zu eigen. Ebenso ist ja auch die Summe Geldes, welche je= mand als sein Vermögen besitzt, hinreichend, um zu sagen,

16*

er, der Besitzer, mache diese oder jene Ausgaben, wenn auch der die Anwendung des Geldes im einzelnen bewirkende Grund nicht mit der Summe selbst gegeben ist. So wird es klar, warum Thomas am Ende dieses Beweises bedeutsam hinzusetzt: „Gott ist die Ursache des Seins und jeglicher Vollkommenheit: causa esse et cujuslibet perfectionis." Die Geschöpfe haben ein eigenes Sein und dem angemessen eine eigene Thätigkeit, die ihnen zugehört und ihnen angerechnet wird. Jetzt können sie thätig sein zur Ehre Gottes, einzeln für sich und in der Gesamtheit; sie können Gott erkennen lassen und selbst ihn erkennen, zu seiner Liebe aneisern und selbst ihn lieben.

§. 3.

Formelle Beschaffenheit der Gotteserkenntnis und Zurückweisung der entgegenstehenden Irrtümer.

108. Das hauptsächlichste Erkenntnisprincip.

Um den Ausdruck des heiligen Thomas, das Wahre bestehe in der Gleichförmigkeit der Vernunft mit dem äußeren Sein, in seiner ganzen Schneidigkeit zu erfassen und demnach der Verflachung vorzubeugen, welche dieser Begriffsbestimmung des engelgleichen Lehrers sowie mancher anderen desselben in der neueren Philosophie droht, muß noch ein anderer tiefgreifender Grundsatz der Erkenntnislehre des Heiligen erläutert werden. Derselbe begründet das formelle Erkennen. Thomas drückt ihn gewöhnlich folgendermaßen aus:

„Die Vernunft ist, insoweit sie thatsächlich erkennt, das thatsächlich Erkannte": intellectus in actu est intelligibile in actu.

Thomas ist kein Freund der Phrase; die Worte sind für ihn Zeichen des innerlich Verstandenen, signa intellectus; je mehr ein jedes seiner Worte im eigentlichen Sinne genommen und sorgfältig nach allen Seiten erwogen wird, desto gewaltiger und umfassender erscheinen seine Principien. Der Grundsatz ist übrigens von alters her bekannt. „Gleiches wird durch

Gleiches erkannt," meinten die heidnischen Philosophen vor den
Eleaten; „deshalb," so folgerten sie, „müsse die Vernunft jede
Art Stoff in ihrem subjektiven Wesens-Sein besitzen, auf daß
dann Wasser im Wasser, Luft in der Luft, Erde in der Erde,
also jegliches stoffliche Ding in dem entsprechenden gleichen
Stoffe der Vernunft wie in einem Abbilde erkannt werden
könne; ähnlich etwa wie die Sinnesorgane dem stofflichen Gegenstande gemäß, welcher einer jeden Sinnesthätigkeit zugewiesen
ist, subjektiv zusammengesetzt erscheinen: das Ohr für den
Schall, die Zunge für den Geschmack u. s. w.

Die Eleaten verwarfen dies zwar, weil sie überhaupt
dem Stoffe alles eigentliche Sein absprachen, verleugneten jedoch
den berührten Grundsatz nicht; denn sie behaupteten, es sei nur
ein einziges Sein in der Welt, welches in der Vernunft sich
selber wahrnehme, oder vielmehr es selbst sei, nämlich die vernünftige Wahrnehmung, während der Stoff den Gegensatz
dazu, das eigentliche Nicht-Sein, darstelle. War für die Erstgenannten die Beständigkeit in den Dingen, die doch äußerlich fortwährend wechseln, also auch fortwährend eine entsprechende Veränderung in der Substanz der Vernunft voraussetzen müßten, um wahrheitsgemäß erkannt zu werden, eine
Hauptschwierigkeit, so für die letzteren die Bewegung, deren
Wirklichkeit sie natürlich leugnen mußten.

Auch Plato, der ebenfalls den stofflichen Dingen das
wirkliche Sein nahm, um ihnen nur den Schein des Wahren,
die Wahrscheinlichkeit, zu lassen, aber doch für jede Seinsart ein
eigenes substantielles Sein festsetzte und darin einen festen, stofflosen Grund für die stoffliche Verschiedenheit gewann, mochte
derselbe auch dem subjektiven Sein nach getrennt sein von der
sinnlich wahrnehmbaren stofflichen Erscheinung: — auch der
„göttliche Philosoph" konnte die Schwierigkeiten, welche seiner
Lehre die Bewegung entgegensetzte, nicht überwinden. Die Bewegung als eigentlichste Thätigkeit des Stofflichen konnte weder
von den „substantiellen Ideen" ausgesagt werden, die ihrer
Natur nach unbeweglich sein mußten, noch vom Stoffe, der

an und für sich gar kein Sein hatte, also auch keine ihm eigentümliche Thätigkeit entfalten konnte.

109. Erläuterung des Princips.

Thomas folgt dem Aristoteles, indem er denselben ver= vollkommnet und mit dem verbindet, was in den Lehren der anderen Philosophen als wahr und richtig betrachtet werden muß. Zuvörderst ist der Grundsatz, Gleiches werde durch Gleiches erkannt, ganz in der Ordnung, wenn er nur gut an= gewandt wird. Denn je ähnlicher das Abbild dem Urbilde ist, desto besser muß letzteres erkannt werden.

Ist es aber nun vom wirklichen subjektiven Sein zu verstehen, daß das thatsächlich Erkannte das thatsächlich Erken= nende ist? Offenbar nicht; denn hier handelt es sich ohne Zweifel um eine Verbindung, wonach „das eine auch das andere ist"; das subjektive besondere Sein ist aber das Princip der Trennung. Daß der Mensch groß ist, daß er an diesem bestimmten Orte und zu jener bestimmten Zeit lebt und wirkt, daß er einen genau abgegrenzten Verstandesgrad hat, mit einem Worte: alle jene Umstände, welche ihn zum einzelnen Men= schen machen, trennen denselben von den anderen Menschen.

Es besteht jedoch in einem jeden Dinge auch ein Princip der Verbindung und Gemeinsamkeit; nur diesem gemäß kann demnach ein Sein außerhalb der Vernunft sich befinden in der stofflichen Wirklichkeit und zugleich innerhalb der Ver= nunft in der Erkenntnis. Dieses Princip ist bestimmendes Seins= princip dort und bestimmendes Erkenntnisprincip hier mit diesem einzigen Unterschiede, daß es außen in der Wirklichkeit des Seins nur als Vermögen sich geltend machen kann, innen jedoch in der Vernunft als Idee der thätigen Wirklichkeit nach auftritt. So etwa ist der einfache Soldat im Heere mit seiner einzelnen Person „königlich", d. h. er stellt die Macht des Königs dar und wird durch diese Macht an seinem bestimmten Platze festgehalten, während dieselbe Macht im Könige selbst volle Wirklichkeit gewinnt.

Jeder einzelne Baum hat gleich tausenden das Wesen
„Baum", sowie jeder Mensch ganz gleichmäßig die Substanz
oder das Wesen „Mensch" besitzt und noch endlos viele andere Einzelndinge könnten, soweit es dieses Wesen selber angeht,
dasselbe als inneren Seinsgrund in sich tragen. In der Gattungsart sind alle beteiligten Dinge ein und dasselbe; ein
jedes trägt in sich den einen Grund, der auch das andere auf
dieselbe Seinsstufe erhebt und wird dadurch das, was es ist.
Deshalb ist nun das einzelne Ding nicht in der Wirklichkeit das
andere, trotzdem es derselben Gattung angehört; ganz dasselbe
substantielle Vermögen aber, welches in ihm bewirkt, daß es
der Art nach dieses ist und kein anderes, vermag dies auch
in anderen und kann es in unabsehbar vielen anderen noch
thun, behält also in jedem seine volle Macht; offenbart dieselbe vielmehr nur in jedem Einzelndinge, dessen Sein es
bildet und formt, anstatt sie zu verlieren oder zu vermindern.

Was kann es also hindern, daß dieses selbe substantielle
Vermögen, welches in den verschiedensten stofflichen Einzelndingen das betreffende, übereinstimmende Gattungs-Sein verleiht, auch in die Vernunft trete und dort gemäß der Natur
des subjektiven Vernunftvermögens und der danach sich richten-
den vernünftigen Thätigkeit sein entsprechendes Wirklich-
Sein findet? In der Vernunft erscheinen die verschiedenen
Einzelndinge, die an derselben Gattung und je nach dem sie
daran teilnehmen, nicht bloß als dem Vermögen nach eins,
sondern wirklich eins ihrer Gattung nach und zwar in dieser
Weise wirklich eins, daß noch unendlich viele Einzelndinge,
soweit es auf die Gattungsart ankommt, an dieser Einheit teilnehmen könnten, während dieselben kraft ihres Wirklich-Seins
von einander getrennt sein würden.

Deshalb verschwinden auch in der Vernunft alle Gegensätze, wie Thomas ausdrücklich sagt (cf. C. G. II. cap. 50.
n. 6). Friedlich existiert die schwarze Farbe zugleich mit der
weißen, ohne daß die eine von der anderen gehindert würde.
Vielmehr erklärt der eine Teil des Gegensatzes dem anderen:

„Der Wolf weidet ruhig mit dem Lamme und der Löwe liegt neben dem Ochs," denn nur das subjektive Einzeln=Sein und dessen Quelle, der Stoff mit seinen natürlichen Schranken, trennt, nicht aber das substantielle Wesen.

Es ist wörtlich richtig zu sagen: „Das thatsächlich Er= kennende ist das thatsächlich Erkannte." Wie der Urstoff unter der bestimmenden Wesensform „Mensch", nur Mensch that= sächlich ist und keinerlei anderes Sein: ebenso ist die Vernunft unter derselben ganz gleichen, bestimmenden (Gleichförmigkeit, adaequatio) Wesensform nur „Mensch" und nichts anderes; aber freilich nicht dieser oder jener wirkliche Mensch, sondern die Gattung „Mensch" und erkennt natürlich kraft dieser ihrer bestimmenden Erkenntnisform alle einzelnen Existenzen, welche in der Wirklichkeit durch diese selbe Form das sind, was sie sind.

Abgesehen nun davon, daß das Vernunftvermögen geistig, also an sich rücksichtlich der Aufnahme jeglicher Substanz völlig unbebeschränkt ist, besitzt es im Menschen noch eine besondere ganz dem Urstoffe entsprechende Eigentümlichkeit. Die menschliche Vernunft hat nämlich von Natur aus keinerlei bestimmte Erkennt= nis und ist durch keinerlei bestimmte Idee geformt, kann also auch ihrem ganzen Sein nach das werden, woburch sie aus dem Stoffe heraus bestimmt wird und gleichwie weder der Urstoff noch die denselben bestimmende Wesensform je für sich allein etwas in Wirklichkeit ist, sondern erst aus der Verbindung beider Elemente, des bestimmbaren und des bestimmenden, sich etwas wirklich Existierendes ergiebt, so erkennt auch für sich allein weder die bestimmende und formende Idee noch das Vermögen der Vernunft, sondern erst der Verbindung beider und der in ihnen wirkenden Kraft entspringt die thatsäch= liche Erkenntnis, der Akt des Erkennens, und zwar dann in einer dem Wesen des Vernunftvermögens voll entsprechenden Weise.

Demnach wird die Vernunft nicht etwa die Idee, son= dern sie wird, wie Thomas treffend sagt, das Erkannte; nicht der vom Wirklichen losgelöste Gattungsbegriff wird sie, sondern sie wird ganz dasselbe der Gattung nach, was außen wirflich ist. Auf das Wirkliche richtet sich unmittelbar und immer ihr geistiger Blick, insofern dieses durch die Gattungs= art durchdrungen wird, denn ebendieselbe Form bestimmt sie als Idee, welche in ihrer Eigenschaft als substantielle Wesens= form das wirkliche einzelne Sein zu dem machte, was es ist; — erst in zweiter Linie kann das Wesen an sich Erkenntnis= gegenstand der Vernunft werden, aber immer nur auf Grund und vermittelst der erstgenannten, von der Wirklichkeit kom= menden und deshalb die Kraft des wirkenden Grundes in sich tragenden Form.

Damit hängt der praktische Vorzug der Vernunft zusam= men, die äußeren Dinge nach deren Wesensform zu leiten: rationis est ordinare, sagt Thomas. Es ist ja ganz natür= lich, daß, wenn dieselbe Pflanze der Gattung nach, also gemäß dem innerlich alles pflanzliche Wirklich=Sein bestimmenden Grunde, dergestalt im Gärtner ist, daß dieser ideell Pflanze genannt werden kann, er auch die Entwickelung der Pflanze in so angemessener Weise zu leiten vermag, wie es ihr eigenstes Pflanzen=Sein erfordert.

In mehrfacher Weise kann er sie sogar über ihr eigenes subjektives Sein, also über die einzelnen Beschränkungen, welche der Stoff auflegt, hinaus leiten, weil er das reine Gattungs= Sein und damit den inneren vollen Grund ihres Seins wirk= lich und ohne die Schranken stofflicher Einzelnheiten in sich hat, somit auch mehr Gewalt über die äußeren Umstände aus= züüben vermag. Ebenso wird derjenige Mensch zum Regieren am tauglichsten sein, der kraft seiner Vernunft die Eigentüm= lichkeiten und Bedürfnisse anderer mehr oder minder vollkommen und rein in sich besitzt und er deshalb zu ihrem eigenen Besten zu führen versteht. Deshalb sagt die Weisheit (Sap. 8, 1): „Gott leite alles mit Kraft und Milde vom Anfange bis zum Ende", weil er einerseits alles nach der einem jeden Dinge eigenen natürlichen Neigung leitet und andererseits nichts so kraftvoll durchgeführt werden kann, als was der wahren inneren Natur entspricht und demnach mit Liebe ge=

than wird; und Paulus sagt bezeichnend (I. Cor. 9, 22):
„Den Juden bin ich Jude geworden .... und denen, die
ohne das Gesetz waren, als ob ich nicht unter dem Ge=
setze wäre; .... allen bin ich alles geworden, damit ich
alle rette."

Damit es noch klarer werde, inwiefern das Erkannte und
das Erkennende identisch ist und wie demgemäß die Vernunft
notwendig stofflos sein muß, bedarf es des Nachweises der
Art und Weise, wie das Erkenntnisvermögen der menschlichen
Vernunft durch seinen Gegenstand bethätigt wird. Daraus wird
sich des weiteren ergeben, daß die Übertragung der geschöpflichen
Vollkommenheiten auf Gott und die dementsprechend ein=
tretende Kenntnis des göttlichen Seins nur und einzig und allein
auf der Urfächlichkeit Gottes und der unbedingten Trennung
seines Wesens von allem geschöpflichen Wesen beruhen kann.

110. Zweifache Thätigkeit der Vernunft. Text des heiligen Thomas.

Bereits im dritten Paragraph des vorigen Kapitels war
auf die zweifache Thätigkeit der Vernunft hingewiesen worden:
die Auffassung des Wesens und die Vergegenwärtigung
desselben. Die erstere kommt der Vernunft zu als einem
reinen, über den Stoff wesentlich erhabenen Vermögen; die
zweite entspricht ihr als einem auf Grund der menschlichen
Substanz thatsächlich wirkenden Vermögen.

Thomas unterscheidet diese beiden Thätigkeiten haarscharf
in folgenden Worten: [38] „Die Wahrheit ist ihrem vollen Wesen

---

[38] S. th. 1. qu. 16. art. 2. Verum secundum sui primam
rationem est in intellectu. Cum autem omnis res sit vera secundum quod habet propriam formam naturae suae, necesse est,
quod intellectus, in quantum est cognoscens, sit verus, in quantum
habet similitudinem rei cognitae, quae est forma ejus in quantum
est cognoscens; et propter hoc per conformitatem intellectus et
rei veritas definitur: unde conformitatem istam cognoscere est cognoscere veritatem. Hanc autem nullo modo

nach in der Vernunft. Da aber auch jegliches Ding wahr
ist, insoweit es seine eigene Wesensform und damit, wie bereits
gesagt, eine Ähnlichkeit mit der göttlichen Vernunft besitzt, so
ist die erkennende Vernunft notwendigerweise wahr, insoweit
eine Ähnlichkeit mit der erkannten Sache in ihr sich vorfindet
und zwar ist diese Ähnlichkeit die bestimmende Form im be=
treffenden Erkennen. Da nun dieselbe bestimmende Form
in dem subjektiv selbständigen einzelnen Sein ist und
in der erkennenden Vernunft, so wird die Wahrheit als
Gleichförmigkeit des Gegenstandes und der Vernunft be=
grifflich bestimmt (conformitas rei et intellectus); diese Gleich=
förmigkeit also erkennen, heißt eben so viel als die Wahrheit er=
kennen. Durch die Sinnesthätigkeit kann nun diese Erkenntnis
niemals geschehen, sie ist dieser Wahrheit unfähig; denn wenn
auch im Auge die Ähnlichkeit des äußeren Gegenstandes ist,

---

sensus cognoscit. Licet enim visus habeat similitudinem visibilis,
non tamen cognoscit comparationem, quae est inter rem visam
et id quod ipse apprehendit de ea. Intellectus autem conformitatem sui ad rem intelligibilem cognoscere potest; non tamen
apprehendit eam, secundum quod cognoscit de aliquo quod
quid est. Sed quando judicat rem ita se habere, sicut est forma,
quam de re apprehendit, tunc primo cognoscit et dicit verum;
et hoc facit componendo et dividendo. Nam in omni proposi-
tione aliquam formam significatam per praedicatum, vel applicat
alicui rei significatae per subjectum vel removet ab ea; et ideo
bene invenitur, quod sensus est verus de aliqua re, vel intellectus cognoscendo quodquid est; sed non cognoscat aut dicat
verum. Et similiter est de vocibus incomplexis. Veritas ergo
potest esse in sensu vel in intellectu cognoscente quod quid est,
ut in aliqua re vera, non autem ut cognitum in cognoscente;
quod importat nomen veri. Perfectio enim intellectus est verum,
ut cognitum. Et ideo, proprie loquendo, veritas est in intellectu
componente et dividente, non autem in sensu vel in intellectu
cognoscente quod quid est.

l. c. art. 3. ad 1. Verum quod est in rebus convertitur cum
ente secundum substantiam; sed verum quod est in intellectu
convertitur cum ente ut manifestativum cum manifestato.

so erkennt dieser Sinn doch nicht das Verhältnis, welches zwischen dem Gegenstande besteht und dem, was er von selbem erfaßt hat. Die Vernunft jedoch erkennt eben diese Gleichförmigkeit zwischen ihr selber und dem äußeren Gegenstande; — freilich aber nicht gemäß derjenigen Thätigkeit, nach welcher sie das Wesen des Dinges auffaßt, das quod quid est, den inneren Seinsgrund. Erst wenn sie urteilt, daß der äußere Gegenstand so sei, wie sie selben aufgefaßt (erst wenn sie sich also ihre eigene Auffassung vergegenwärtigt), erst dann erkennt sie das bereits in ihr bestehende Wahre, nämlich die oben erwähnte Gleichförmigkeit, und erst dann begreift sie Wahres; das geschieht aber durch die Thätigkeit des Bejahens oder Verneinens (componendo et dividendo). Denn sie behauptet dann entweder eine Eigenschaft, wie sie durch das Prädikat bezeichnet wird, von einem Subjekte, setzt also diese Eigenschaft mit dem Subjekte zusammen; — oder sie leugnet dieselbe rücksichtlich des Subjekts und trennt sie demnach vom Subjekte, wie wenn sie z. B. die Vernünftigkeit dem Menschen zuschreibt und dem Tiere abspricht. So wird also wohl gefunden, daß der Sinn sowie auch die Vernunft, insoweit letztere das Wesen umfaßt, wahr ist, wie eben die Dinge durch ihre Wesensform objektiv wahr sind; aber das ist nicht das eigentliche Wesen der Wahrheit. Die Vervollkommnung der Vernunft besteht vielmehr darin, daß in ihr die Wahrheit ist als Erkanntes im Erkennenden, was nur vermittelst der zweiten Thätigkeit statthaben kann. Nur dann also ist die Vernunft ihrer Natur gemäß voll bethätigt, wenn sie das Wahre nicht nur in sich hat, sondern auch erkennt."

Damit stimmt überein, was er in derselben quaestio noch sagt (l. c. art. 3. ad 1): „Das objektiv Wahre sowie es in den Dingen abgesehen von der Vernunft ist, bedeutet dasselbe wie das Sein der Sache selbst gemäß ihrer Substanz; aber das Wahre, wie es in der Vernunft ist, bedeutet dasselbe, wie das wirkliche Sein der Sache, insofern es dieselbe bekannt macht."

Demnach ist bei Thomas ein großer Unterschied zwischen dem bloßen vernünftigen Auffassen und dem bewußten Denken der Vernunft. Soll derselbe mit wenigen Worten ausgedrückt werden, so könnte gesagt werden, daß die erstere naturnotwendige Thätigkeit den Stoff für die zweite (materia causae, vergl. oben) bewirkt oder, wie Thomas gewöhnlich sagt (S. th. 1. qu. 85. art. 3), das Mittel, das medium quo, herstellt, wodurch die Erkenntnis sich vollziehen kann; während die zweite den Gegenstand, das medium quod, giebt, auf den die thatsächliche Kenntnis gerichtet ist.

Das Verhältnis ist etwa dasselbe, wie das der substantiellen Form im Dinge, medium quo, welche das nächste und unmittelbarste Vermögen für das Sein bildet, zum wirklichen Bestehen desselben Dinges. Vermöge des Auffassens ist das Vernunftvermögen einer rein innerlichen Thätigkeit fähig: non transit operatio intellectus in rem exteriorem, sicut calefacere et secare, sagt Thomas des öfteren: nicht wie der Marmor, in den Michel-Angelo seinen „Moses" einprägt, ist der Gegenstand der vernünftigen Thätigkeit außen, sondern innen; die Vernunft bleibt in jeder Beziehung Herrin ihrer selbst, ungebundener Quell freier Selbständigkeit.

Da liegt zugleich die entscheidende Grenze zwischen den beiden Thätigkeiten vor. Die Auffassung des quod quid est, des Wesens, die notwendige Voraussetzung aller vernünftigen Thätigkeit im Innern des Vermögens selbst, ist die Quelle alles Vollkommenen in der Vernunft; das wirkliche Erkennen trägt den Stempel des Unvollkommenen. Auf welche Weise? Eben so gut wie die Seele im Menschen das Vollkommene vertritt und trotzdem ohne die Teilnahme des Körpers innerhalb der menschlichen Natur keinerlei Wirken besitzt. Es muß eine doppelte Immanenz, eine doppelte Innerlichkeit in der Vernunft unterschieden werden, wie dies bereits früher angedeutet ward. Das reine Auffassen ist vollkommen innerlich, d. h. es ist ganz innerhalb des Vernunftvermögens, von welchem das Wesen der Dinge unmittelbar wie vom Auge die Farbe auf=

gefaßt wird (in Boët. de Trin. qu. 5. art. 3): „Es berück=
sichtigt," sagt Thomas, „die reine Natur des Dinges, welcher
gemäß dieses eine gewisse Seinsstufe innehält und sieht völlig
ab von der selbständigen oder unvollständigen, notwendigen
oder zufälligen Existenz."

Das schließliche thatsächliche Wirken der Vernunft aber
muß der ganzen einheitlichen menschlichen Substanz entsprechen,
deren Vermögen sie ist. Die Vernunft kann eben so wenig
als reines Vermögen selbständig sein und selbständig wirken,
wie die Substanz an sich, also z. B. der Mensch als wirklicher
Gattungsbegriff nach seiner Allgemeinheit und Notwendigkeit
in der äußeren stofflichen Wirklichkeit sein kann. Gleichwie
die Substanz in der Wirklichkeit mit dem Stoff zu einer natür=
lichen Einheit verbunden ist und nur auf Grund dieser
Verbindung und der damit verbundenen Schranken des Ein=
zeln=Seins wirken kann: so kann auch die Vernunft als
Vermögen nur thatsächlich wirken gemäß dem Sein der
menschlichen Substanz; mit anderen Worten: Die durch
die natürliche Kraft der Vernunft in sie niedergelegte bil=
dende Form, die Idee, kann nur in Verbindung mit der
Sinnesthätigkeit der innere Formalgrund des wirklichen Er=
kennens sein.

Wird also das wirkliche und thatsächliche Erkennen in
Erwägung gezogen, so muß die Innerlichkeit nicht mehr
bloß mit Rücksicht auf das reine Vermögen der Vernunft
betrachtet werden, sondern mit Rücksicht auf das ganze sub=
stantielle Sein des Menschen, dem als Vermögen sowohl die
Sinne als die Vernunft zugehörig sind.

111. Die zwei Ordnungen im Erkennen.

Thomas drückt diese Lehre folgendermaßen aus:[39] „Eine
dreifache Abstufung giebt es im Erkennen.

---

[39] S. th. 1. qu. 85. art. 1. Triplex est gradus cognoscitivae
virtutis. Quaedam enim virtus cognoscitiva est actus organi

Es existiert zuvörderst eine Erkenntnißkraft, welche ihrem inneren Wesen nach an ein stoffliches Organ gebunden ist, das sind die Sinne; ihr Gegenstand ist deßhalb das rein stoffliche Sein, insoweit es von Zeit und Ort und anderen Beschränkungen im einzelnen abhängt. Da aber der Stoff immer das Princip der Vereinzelung und Trennung ist, so bildet auch den Gegenstand der Sinnesthätigkeit immer und nur das besondere und beschränkte Sein. Eine zweite Erkenntnißkraft aber ist weder in ihrem inneren Wesen noch in irgend einer anderen Weise dem Sein nach an den Stoff gebunden: es ist die Vernunft der reinen Geister, ihr Erkenntnißgegenstand ist sonach das stoffliche Sein. Obgleich sie nämlich wohl das Stoffliche erkennen, so erkennen sie es doch nur im und vermittelst des Stofflosen entweder in Gott als dem Grunde oder in ihrer

---

corporalis, scilicet sensus: et ideo objectum cujuslibet sensitivae potentiae est forma, prout in materia corporali existit. Et quia hujusmodi forma est individuationis principium, ideo omnis potentia sensitivae partis est cognoscitiva particularium tantum. Quaedam autem virtus cognoscitiva est, quae neque est actus organi corporalis, neque est aliquo modo corporali materiae conjuncta, sicut intellectus angelicus; et hujus virtutis cognoscitivae objectum est forma sine materia subsistens. Etsi enim materialia cognoscunt, non tamen nisi in immaterialibus ea intuentur, vel in seipsis, vel in Deo. Intellectus autem humanus medio modo se habet: non enim est actus alicujus organi; sed tamen est quaedam virtus animae, quae est forma corporis. Et ideo proprium est ei, cognoscere formam in materia quidem corporali individualiter existentem, non tamen prout est in tali materia. Cognoscere autem id quod est in materia individuali non prout est in tali materia, est abstrahere formam a materia individuali quam repraesentant phantasmata. Et ideo necesse est dicere quod intellectus noster intelligit materialia abstrahendo a phantasmatibus; et per materialia sic considerata ad immaterialium aliqualem cognitionem devenimus; sicut e contra Angeli per immaterialia materialia cognoscunt.

S. th. 1. qu. 4. art. 2. Non quidem hoc est, hoc autem non; sed omnia est, ut omnium causa.

eigenen Substanz und deren angeborenen Ideen. Eine mittlere
Stellung nimmt die menschliche Vernunft ein, denn sie ist zwar
ihrem inneren Wesen nach an kein stoffliches Organ gebunden,
wohl aber ist sie ein Vermögen der Seele, die da mit dem
Körper eine natürliche Substanz bildet. Deshalb ist es dieser
Art Vernunftkraft eigentümlich, daß sie wohl das Wesen erkennt,
wie es im einzelnen Sein bildend und formend einwirkt, aber
nicht als einzelnes und getrennt dastehendes, sondern in seiner
über den Stoff erhabenen Allgemeinheit. Erkennen aber, was
im einzelnen Stoffe ist, und nicht so erkennen, wie es wirklich
nämlich einzeln im Stoffe ist, das will nichts anderes besagen,
als das Wesen loslösen (abstrahieren) vom einzelnen Stoffe,
welchen die Bilder der Phantasie vermitteln. Deshalb kann
unsere Vernunft nur erkennen, indem sie das Wesen des
Stofflichen loslöst und gleichsam abhebt vom stofflichen Bilde
der Phantasie: und so gelangen wir durch das Stoffliche
einigermaßen zur Kenntnis des Unstofflichen, während die
reinen Geister das Stoffliche vermittelst des Stofflosen er=
kennen."

Demgemäß kommen auch die beiden Ordnungen, die im
entsprechenden Paragraphe des vorigen Kapitels auseinander=
gesetzt worden sind, im wirklichen Erkennen zur Geltung und
führen beide, eine jede in ihrer Weise, zu Gott: sowohl die
Zweckordnung, ordo intentionis, als die Ordnung des Ent=
stehens, ordo generationis. Denn wird das Erkennen be=
rücksichtigt, wie es sich thatsächlich auf Grund der menschlichen
Substanz vollzieht, so hat es gemäß der Art und Weise dieser
Substanz ein Werden und folgt also der unvollkommenen
Ordnung, der des Entstehens. Wie in der stofflichen Natur
das Unvollkommene und Unbestimmte vorangeht, wie z. B. dem
Marmor zuerst eine allgemeinere, unbestimmtere Form einge=
prägt wird, ehe nach und nach die bestimmte und endgültige
Form des „Moses" kommt; wie das neugeborene Kind erst
allmählig bestimmtere und vollendetere Züge annimmt: — so
heben sich von den Phantasiebildern zuerst die allgemeineren,

unbestimmteren Erkenntnisformen ab. Ehe beispielsweise das genaue und vollständige Wesen „Mensch" als solches thatsächlich geistig geschaut wird, kommt erst das „Sichbewegende", „Lebendige", „Sinnenbegabte" zur Geltung; aus dem Unvollkommenen erschließt sich nach und nach das Vollkommene, sowie aus dem Unbestimmteren und Allgemeineren das Bestimmtere und Besondere, insofern es von der Allgemeinheit der Gattungsart durchdrungen und geformt wird.

Wird jedoch das Vernunftvermögen an sich als reines Vermögen betrachtet, so findet sich darin von vornherein und mit natürlicher Notwendigkeit als erstes Element das bestimmte maßgebende innere Wesen des äußeren Dinges, wenn es auch nicht thatsächlich als solches erkannt werden kann. Nur auf Grund des Vorhandenseins einer solchen Idee, die im Innern der Vernunft den ganzen Denkprozeß leitet, ist ein Werden im Erkennen möglich, wie Thomas oben so fein hervorhebt: „Das wirkliche Erkennen richtet sich auf die schon bestehende Gleichförmigkeit zwischen der Vernunft und der Sache."

112. Zusammenfassung der Eigentümlichkeiten des menschlichen Erkennens.

Daraus erklären sich die verschiedenen Eigenthümlichkeiten des menschlichen Erkennens. Da ist kein solches Werden, wie in der stofflichen Natur, wo das leitende Princip außerhalb ist. Die Form des „Moses" z. B. ist ganz außerhalb des Marmors; nur im Künstler ist sie, während sie im Marmor wird, vollkommen vorhanden. Das menschliche Erkennen dagegen ist selbstherrlich; innerhalb ihrer selbst trägt die Vernunft das formende und bildende Princip. Sie hat es sich vermittelst der Phantasiebilder nur gegenwärtig zu halten und geistig zu durchdringen: „Das Reich Gottes ist in euch" heißt es da; und: „in die Freude des denkenden Geistes mischt sich nichts Fremdes;" (Prov. 14, 10.) vielmehr scheint das Unvollkommene im wirklichen Erkennen nur da zu sein, um vervollkommnet zu werden. Der Stoff scheint nur einzuwirken,

um seine eigene Niedrigkeit und Ohnmacht zu schauen. Des=
halb tritt auch im menschlichen Erkennen die Ordnung des
Zweckes alsbald in ihre Rechte, so zwar daß „Zweckordnung"
beinahe dasselbe besagt wie „Ordnung des Erkennens" ordo
cognitionis. Kaum ist nämlich der geringste Akt des wirk=
lichen Erkennens vollendet, so werden auch sofort die stofflichen
Einzelheiten des erkannten Gegenstandes gemäß der im In=
nern anwesenden Substanz geordnet und beherrscht, als ob der
Erkennende im wirklichen Gegenstande selbst die innere bildende
Wesensform wäre.

113. Folgerungen für die Erkenntnis Gottes.

Die eben entwickelte Lehre des heiligen Thomas ist von
einschneidender Wichtigkeit für das Verhältnis des Geschöpf=
lichen zum Schöpfer. „Das thatsächlich Erkannte ist das that=
sächlich Erkennende": so heißt das hauptsächliche Erkenntnis=
princip des Engels der Schule. Nach dem Gesagten entsteht die
Frage: Was ist nun im Grunde genommen identisch zwischen
dem geschöpflichen Erkennen und dem erkannten Gegenstande?
Was eigentlich ist die Vernunft im Akte des Erkennens? Die
Antwort ist: Die substantielle Wesensform, insoweit von ihr das
wirkliche Sein durchdrungen und getragen wird! Eine solche
Wesensform ist nun aber nur dem Vermögen nach draußen in
der Wirklichkeit; sie bewirkt somit, daß alles wirkliche Sein viel=
mehr Vermögen ist im Verhältnisse zum Schöpfer als Wirklich=
keit. Auch das Vermögen der Vernunft, insoweit es von dieser
substantiellen Wesenheit geformt wird, kann da nur wieder Ver=
mögen werden; es wird aus einem ganz und gar unbestimmten
Vermögen vermittelst der substantiellen Wesensform, die wieder
ihrerseits nur potentia ad esse oder potens essendi in pluri=
bus ist, ein bestimmteres Vermögen; sie wird unmittelbar
fähig, etwas Bestimmtes zu erkennen. Das also ist alles, was
die höchste geschöpfliche Fähigkeit, gerade in ihrer Vollkommenheit
betrachtet, dem Schöpfer darbietet: Von allen Seiten ver=
mehrtes Vermögen, das da, je größer es ist, desto mehr die

Ohnmacht offenbart, aus sich heraus das wirkliche Sein irgend=
wie zu schöpfen; und damit zugleich die alleinige Macht des
Schöpfers darthut. Oder würde nicht der Marmor, wenn
ihn Michel=Angelo, bevor er die letzte Linie am „Moses" aus=
führte, hätte liegen lassen, gerade um so eindringlicher seine
eigene Hilflosigkeit gezeigt und allein auf den Künstler als den
Besitzer der bis zum Ende notwendigen wirkenden Kraft gewiesen
haben, sollte anders der „Moses" im Stoffe sich darstellen!

Die Vernunft sammelt kraft ihrer Natur als Vermögen,
was in den Geschöpfen die Grundlage des Seins bildet; sie
reicht hinunter, bis wohin keine andere geschöpfliche Kraft bringt,
bis zur Erfassung des Endlosen; — aber gerade da in dieser
Tiefe was findet sie? Mehr als irgend eine geschöpfliche Kraft
stößt sie auf Vermögen, auf die Möglichkeit, endlos vielem
mitgeteilt werden zu können. Und sie selber? Sie bleibt in
dieser Auffassung nur wieder Vermögen: „die Gleichförmig=
keit, die in ihr vorhanden ist, erkennt sie erst vermittelst
einer anderen Thätigkeit," sagt ja Thomas. Da ist doch die
Vernunft nur das weit hinaus in die Schöpfung tönende
Zeugnis, daß Gott allein Wirklichkeit, nur und reine Wirk=
lichkeit sei und daß die Geschöpfe alle bis in ihr tiefstes Funda=
ment hinab auf seine wirkende Kraft angewiesen sind, wenn sie
wirklich sein sollen! Thomas drückt dies schön und kraftvoll
aus (S. th. 1. qu. 4. art. 2): „Gott ist nicht dieses oder
jenes Sein, sondern er ist alles Sein als die Ursache von
allem": omnia est ut omnium causa.

Außerhalb des Wesens Gottes ist nur Vermögen und
das Wesen der Geschöpfe, die Grundlage ihres Seins, ist am
allermeisten und am allerausdrücklichsten Vermögen oder Mög=
lichkeit. Wodurch wird nun aber ein solches Vermögen erst
wirklich und positiv Vermögen und bleibt nicht reines Nichts?
Allein durch das Sein Gottes. Stelle den Marmor vor
Michel=Angelo; — und der rohe Stein empfängt im Augenblicke
die Möglichkeit, das Bild des „Moses" zu tragen. Stelle
das Nichts im Vergleiche zur Seinsfülle? Es empfängt da=

17*

durch bereits die entfernte Möglichkeit, sein zu können. Wann, wie, wo soll der Marmor anfangen, der Form des „Moses" unterworfen zu werden? Das hängt vom Willen des Künstlers allein ab. Wann, wie, wo soll das Nichts etwas werden oder sein können? Das hängt einzig und allein vom Willen der wirkenden Ursache ab. — Ein Willensakt; und es vermag that= sächlich am Sein teilzunehmen; sein Eigentum wird das bestimmte Vermögen, nach irgend einer gewissen Richtung hin am wirklichen Sein Anteil zu haben. Das diesem Wesen entsprechende wirk= liche Sein ist dann gleichfalls sein volles Eigentum; es ist sein.

114. Die wirkende Vernunft.

Oder soll die Identität zwischen Sein und Vernunft im Bereiche des Geschöpflichen etwas anderes beweisen und weniger Gottes bedürfen, wenn etwa das wirkliche Denken berück= sichtigt wird, das also was Thomas oben die zweite Thätig= keit der Vernunft nennt? Unmöglich; denn das wirkliche that= sächliche Denken hat eben die erwähnte erste, naturnotwendige Thätigkeit des Vernunftvermögens als seinen ganzen inneren Seinsgrund zur unvermeidlichen Voraussetzung; erkennt es ja doch, wie bereits wiederholt bemerkt, die innere Gleichför= migkeit, welche zwischen der Vernunft und dem äußeren Sein vermittelst der Idee besteht, nur an und verhält sich dem= nach zum dergestalt geformten Vermögen, wie das wirkliche äußere Sein zum inneren substantiellen Seinsgrunde, wie actus secundus zum actus primus (de Verit. qu. 5. art. 10). Aber nein! Das wirkliche Denken beweist noch weit eindringlicher die Ohnmacht des Geschöpflichen und zeigt somit in noch ausgeprägterem Maße auf den Schöpfer als das reine, wenn auch geformte Vermögen es thut.

Wer hebt den Schleier von den stofflichen Substanzen, auf daß die reine Gattungswesenheit wirklich erscheine und eintrete in die Vernunft, wie die Herrscherin in ihr König= reich? Was will denn das am Ende heißen, daß kraft der natürlichen Vernunftthätigkeit das Wesen innerhalb der

Vernunft sich bildend und formend vorfindet, aber nur erkannt zu werden vermag und rein von sich aus nicht thatsächlich erkannt wird? Nichts anderes will das heißen, als daß das Vermögen der Vernunft, welches die Ideen von den Dingen her aufzunehmen geeignet ist, auch naturnotwendig von der wirkenden Kraft begleitet wird, die da, was nur im entfernten Sinne vermag geistig erkannt zu werden, auch thatsächlich der hindernden Schranken der stofflichen Einzelnheiten entkleidet und dadurch wirklich erkennbar macht.

Oben im 2. Kap. §. 3 war gesagt worden, es genüge nicht zur Bildung eines Begriffes vom Endlosen oder Unendlichen, daß von dem beschränkten Einzelnen bloß das Ende oder die Schranken entfernt werden, sondern es müsse damit die natürliche Kraft der Vernunft in Verbindung gebracht werden. Die alleinige Entfernung der Schranken würde eben nur die Leugnung des Einzelnen bedeuten, also folgerichtig, da nur das Einzelne wirklich ist, auch die Leugnung des Wirklichen und somit zugleich die Leugnung des Möglichen, das nur auf Grund des Wirklichen existiert und erkannt wird. Die Kraft der Vernunft erst fügt zu dieser Entfernung die Beziehung auf das Allgemeine hinzu und erzielt somit als ihren eigensten Gegenstand naturgemäß das Endlose.

Hier liegt nun der tiefste Grund für das dort Gesagte vor. Diese wirkende Kraft der Vernunft kann nicht das aufnehmende und erkennende Vermögen selber sein; denn da sie naturnotwendig wirkt, würde letzteres immer erkennen müssen, was thatsächlich nicht der Fall ist. Sie kann auch nicht fehlen, sonst würde das Vermögen überhaupt nicht zu erkennen vermögen, da sein unmittelbar formender Gegenstand, der Gattungsbegriff als solcher, außen nicht wirklich mit seiner Allgemeinheit und Notwendigkeit existiert, wie etwa das Licht für das Auge. Der Schöpfer aber kann kein Vermögen ohne geeigneten Gegenstand, er kann kein unmögliches Vermögen schaffen.

Welche andere Kraft soll nun diese „wirkende Vernunft" sein, als die schöpferische Kraft selber, welche die Substanzen gebildet und den Urstoff aus dem Nichts gezogen hat; diese allgemeine Kraft, welche allein Allgemeines zu wirken versteht? „Gesiegelt ist über uns das Licht deines Antlitzes," ruft der Psalmist (Pf. 4). Du selbst, Herr, hast das Siegel deines Antlitzes, dein Ebenbild, dem Menschen einprägen wollen; du allein kannst es auch bethätigen und vervollkommen. Das Bild ruft nach dem Urbilde und der Maler wird nur dann sein Bild vollenden können, wenn das Urbild so recht lebendig in seinem Inneren wirkt. Sie selbst, die schöpferische Kraft, welche die verschiedenen Naturen gegründet und durch das einzelne stoffliche Sein gleichsam von sich und von einander getrennt hat, ist der Urheber des vernünftigen Vermögens und bindet sich dadurch selbst, auch die allgemein bestimmende Kraft zu sein, vermittelst deren die Naturen in der Vernunft sich wieder sammeln und in freier Unabhängigkeit vereint zum Quell ihres Seins zurückkehren können.

Können? Ja wohl; in eigener Thätigkeit und Mitwirkung; daher aber auch unter eigener Verantwortlichkeit sowie Fehlern und Mängeln zugänglich! Der Herr nimmt den Geschöpfen nicht ihre Ehre, sondern ist vielmehr der erste Grund derselben. Die wirkende Vernunft ist, wie oben gesagt, eine allgemein wirkende Kraft; — und gleichwie die göttliche Ursache in der Bildung der stofflichen Seinsarten wohl die erste, aber nicht die alleinige ist, sondern vielmehr durch ihre Wirksamkeit das Wirken der anderen erst möglich macht; ebenso macht die wirkende Vernunft nicht den einzelnen, bestimmten Akt des Erkennens, sondern sie ist nur dessen erster Grund. Indem sie von den Phantasiebildern die Hülle der stofflichen Einzelnheiten hebt und sie dadurch als reine substantielle Formen, also als reine allgemeine Ideen in das empfangende und schließlich erkennende Vermögen der Vernunft versenkt, macht sie es dieser möglich, die Einwirkung der stofflichen Ursachen gemäß der zu Grunde liegenden Substanz vermittelst der Sinne aufzunehmen und so auch im Einzelnen, nämlich das Einzeln=Stoffliche, wirklich zu erkennen. Aber diese Einwirkungen

der stofflichen Ursachen, welche den einzelnen Akt des geistigen
Erkennens als einzelnen hervorbringen, müssen wieder durch
die im zweiten Kapitel gezeigten Mittelstufen zu Gott zurückgeführt werden, als zu der ersten unbeweglichen und unveränderlichen Ursache; — also weist das wirkliche Denken, der
einzelne Erkenntnisakt, in doppelter Weise auf Gott: 1) auf
Grund des reinen Vermögens, welches von der wirkenden
Vernunft begleitet sein muß und 2) auf Grund der Einwirkungen von seiten des Stofflichen, welche erst den einzelnen
Akt als bestimmt einzelnen hervorbringen und somit ihrerseits
desgleichen eine ersteinwirkende Ursache voraussetzen.

Daraus erhellt, warum denn diese stofflichen Naturen so
langsam einziehen durch das Thor der menschlichen Vernunft in
das Reich des Ewigen. Der Stoff, der da selbsteigen einwirken soll auf das wirkliche Erkennen, und somit das Erhabenste, wozu er befähigt werden kann, erreicht, ist im höchsten
Grade ohnmächtig! Lange Zeit ist das Phantasiebild gar nicht
geeignet, dem Verständnisse zu dienen und ist es endlich einmal dazu fähig geworden, dann vergeht mehr als die Hälfte
Zeit in Krankheit, Schlaf, Leidenschaft, was wieder dem Phantasiebilde die erforderliche Ruhe für die geistige Thätigkeit raubt.

Weit entfernt, daß die Identität zwischen Sein und Vernunft durch das wirkliche Denken vermehrt würde, wird der bereits gelegten Grundlage im Vermögen selber, der Auffassung,
gar nicht einmal voll entsprochen; sondern bleibt vielmehr das
Wirkliche hinter dem, was positiv möglich gewesen wäre,
immerdar zurück: ein Bild der Unvollkommenheit, welche sogar
die begrifflich reinen Vollkommenheiten, wie das Erkennen und
Wollen, in der Wirklichkeit immer wesentlich begleitet. Insoweit dieselben begrifflich rein betrachtet werden, sind sie nur
Vermögen, die da ihrer Wesenheit nach, als medium quo,
die Existenz einer rein wirklichen und erstwirkenden Ursache
notwendig fordern. Wird dagegen ihr wirkliches Sein erwogen
in der Substanz, in welcher sie sind, und mit der sie eine
natürliche Einheit bilden, so erscheint so recht im Gegensatze

zum reinen Begriffe und zum entsprechenden demgemäß geformten
Vernunft-Vermögen ihre thatsächliche Unvollkommenheit. Sie verlangen mit Notwendigkeit auch von dieser Seite her ein Sein,
das in Wirklichkeit dem Begriffe voll und ganz entspricht;
oder vielmehr derselbe substantiell oder dem Wesen nach ist.

So verlangt die geschöpfliche Vernunft und ihre schwache
dem Zufalle vielfach unterworfene Einheit mit dem Sein von
allen Seiten und unter allen Rücksichten eine schöpferische Vernunft, die ihr eigenes Sein, also dem Wesen nach notwendig
Sein ist und somit alles umfaßt; — die, wie bereits gesagt,
„alles Sein ist, als die Ursache von allem", omnia est ut
omnium causa.

115. Irrtümer.

a) Ontologismus.

Nun erscheint zugleich auch der tiefste Grund, weshalb
der sogenannte ontologische Beweis offenbar entweder ein
innerer Widerspruch oder eine ganz unverhüllte petitio
principii ist. Im Begriffe des denkbar Vollkommensten soll
das subjektive wirkliche Sein liegen und auf Grund dessen das
vollkommenste Gut für das geschöpfliche Erkennen wirklich existieren. Entweder wird dieser Begriff als reiner Begriff aufgefaßt
oder in Beziehung auf das und in Verbindung mit dem wirklichen Sein. Im ersten Falle ist der ganze Beweis nichts
als ein innerer Widerspruch. Der reine Begriff, der da nur
das innere Wesen bedeutet, widerstreitet nämlich dem „Mehr"
oder „Minder" und kennt weder ein denkbar Höchstes noch ein
denkbar Niedrigstes; er ist, wie Thomas dies nennt, in indivisi-
bili; was „gut" ist, ist „erstrebenswert", was „wahr" ist, ist
„gleichförmig"; was „Mensch" ist, hat „Vernunft und Sinne";
nichts darf davon hinweggenommen, nichts hinzugethan werden. Vom reinen Begriffe und dabei zugleich vom Grade
sprechen, ist ein Widersinn. Wird aber, wie dies im zweiten
Falle vorausgesetzt erscheint, vom Begriffe „quo melius cogitari nequit", in seiner Verbindung mit dem wirklichen Sein

gesprochen, so geschieht dies auf Grund des „Mehr" oder „Min=
der". Ein in Wirklichkeit schlechthin Vollkommenstes kann erst
gedacht werden, wenn ein weniger oder mehr Vollkommenes vor=
handen ist; sonst handelt es sich eben nur um ein einfach Voll=
kommenes. Wer also aus dem so gefaßten Begriffe das subjek=
tive wirkliche Sein des Vollkommensten beweisen will, der setzt
diese Wirklichkeit bereits für den Begriff voraus. Ein „Mehr=
oder Minder=Sein" verlangt als Ursache und zwar als wir=
kende Ursache ein „Meist=Sein" und dieses „Meist=Sein" besteht
eben darin, daß die betreffende Vollkommenheit zum inneren
begrifflichen, substantiellen Wesen gehört, also im Vergleiche
zur übrigen Existenzweise derselben schlechthin ist.

b) Pantheismus.

Kann etwa auch im Pantheismus ein vernünftiger
Kern gefunden werden? Jedem Irrtum liegt eine Wahrheit
zu Grunde und jeder Bosheit etwas Gutes, wie Augustin und
Thomas bemerken. Je verbreiteter ein Irrtum ist, desto ver=
führerischer ist die zu Grunde liegende Wahrheit, desto mehr
ist sie aber auch mit trübem Dunkel umhüllt. Der berechtigte
Kern im Pantheismus ist der Satz des Thomas: „Das Er=
kennende ist das thatsächlich Erkannte." Es ist derselbe wie
etwa der folgende: „Das Feuer, insoweit es thatsächlich er=
wärmt, ist der Saal, insoweit er thatsächlich erwärmt ist."
Das Feuer in seinem subjektiven Sein ist nicht das subjektive
Sein des Saales, ebenso wie die erkennende Vernunft in ihrem
subjektiven Sein nicht Pflanze oder Stein ist; aber die Wir=
kung oder Thätigkeit des Feuers ist dasselbe als die Wärme
des Saales. So könnte auch gesagt werden: intellectus in
potentia est intelligibile in potentia: Soweit die Vernunft
vermag zu verstehen, ist sie das, was verstanden zu werden
vermag. Nur wenn das subjektive Sein beiderseitig in
dieser Weise auseinandergehalten wird, ist eine Identität oder
Gleichförmigkeit und auf Grund derselben ein Erkennen möglich.

Der Pantheismus fehlt darin, daß er den thomistischen

Grundsatz einseitig auf die Spitze treibt und dadurch das geistige Erkennen unmöglich macht. Eine unbedingte und allseitige Identität des Seins und der Vernunft verlangt Thomas ebenfalls als eine Notwendigkeit; aber von dieser Notwendigkeit wird eine allwirkende und in keiner Beziehung gewirkte erste Ursächlichkeit getragen, von welcher dann alles der Entwickelung fähige Sein hervorgebracht wird, jenes Sein also, das als fähig aufgefaßt wird, „mehr“ oder „minder“ zu sein, somit nach dieser Seite hin nicht identisch erscheint mit der rein begrifflichen Auffassung, die immer genau dieselbe bleibt.

Das subjektive stoffliche oder in seiner Thätigkeit naturnotwendig auf den Stoff gerichtete Sein ist eben gerade, weil wesentlich mit dem Stoffe verbunden, subjektiv getrennt von allem anderen; es hat ja sein eigenes suppositum als Quelle des Geschiedenseins. Es kann also gar nicht als subjektives Sein seiner Natur nach zugleich da und dort sein. Nur „was in mehreren sein kann“ quod potest esse in pluribus, und zwar ohne begrenzte Zahl, kann auch in der Vernunft als Grundlage geistigen Erkennens wirkliche Gleichförmigkeit ermöglichen. Das ist aber nur die Substanz und anderes nur insoweit, als es von der Substanz getragen und durchdrungen wird, also allein das Vermögen, in Wirklichkeit zu sein. Durch diese Anschauung ist ebenso gut das Wirkliche oder Einzelne im Bereiche des Geschöpflichen gewahrt, als die unbedingte Wesens-Trennung dessen, der seinem Wesen nach Wirklichkeit, dessen Substanz also wirkliches Sein und kein Vermögen ist und der somit alles Wirkliche und Mögliche sowohl insofern es ist als auch insofern es verstanden wird verursacht.

Will demnach der Pantheismus sei es als Cant'scher Subjektivismus, der in dem geschöpflichen Vernunftvermögen die Quelle der Identität sucht oder als Fichte'scher Idealismus, welcher der bestimmten Idee nicht allein Möglichkeit, sondern an sich sogleich und ohne weiteres Wirklichkeit und Thätigkeit zuschreibt also schließlich der Allgemeinheit wirkliches subjektiv-stoffliches Sein verleiht oder als Hegel'scher

Realismus und Spinoza'scher Substanzivismus, der die Identität vom wirklichen äußeren Sein oder der inneren Substanz ableitet, während in der That von beiden Seiten gleichmäßig zur einzig-möglichen Identität beigetragen wird — will der Pantheismus seinen Haupt=Satz festhalten, so muß er das subjektive Sein des Erkannten vom subjektiven Sein des Erkennenden im Bereiche des Geschöpflichen trennen und nach der entwickelten Weise nur in das Vermögen die Identität oder Gleichförmigkeit setzen: mit anderen Worten ein von der Schöpfung dem Wesen nach geschiedenes, alles außer sich selbst verursachendes Sein annehmen; und dieses Sein ist dann identisch mit seinem eigenen wirklichen Erkennen.

116. Andere Irrtümer.

Über die Irrtümer des Malebranche, die sich besonders um die Abwesenheit jeglicher wirklich wirkenden geschöpflichen und am Ende auch der schöpferischen drehen, braucht wohl nicht des weiteren gehandelt werden; dieser in vielfachen anderen Beziehungen höchst bedeutende Mann, hat nur in den schlechtesten Zeiten der Philosophie eine Berühmtheit als Philosoph erhalten können. Home und Locke, mit ihrem Widerwillen gegen die Einwirkung des Stofflichen auf die Vernunft, sind ebenfalls durch den oben festgestellten Unter= schied zwischen dem reinen Vernunftvermögen und dessen auf das substantielle Sein des Menschen gegründeten und des= halb naturnotwendig mit der Sinnesthätigkeit zusammenhän= genden Wirken samt allen Folgerungen, die sie aus diesem ihrem Widerwillen ziehen, in der Wurzel ihrer Anschauung widerlegt. Es ist keineswegs notwendig, die Vernunft zu den Sinnen zu erniedrigen, weil offenbar das Stoffliche auf sie einwirkt; vielmehr muß dieselbe gerade vermittelst der Ursächlichkeit des Stofflichen emporsteigen zur thatsächlichen Erkenntnis des rein Geistigen. Mag Thomas diesen Paragraph mit einem Texte schließen, der alle Schwierigkeiten löst:[40] „Weil das, was

---

[40] In Boët. de Trin. qu. 5. art. 4. Et quia illud, quod est

für alles andere das Sein verursacht, voll und nur sein,
„am meisten" sein muß (maxime ens); so darf es auch nur
reine Thätigkeit mit Ausschluß aller inneren Möglichkeit sein,
denn die Ursache ist früher als die Wirkung, das Wirkende
mächtiger als das Leidende. Deshalb muß es auch ganz und
gar und in jeder Beziehung stofflos sein, denn Stoff ist gleich=
bedeutend mit Möglichkeit. Ebenso muß es ohne irgend welche
Beweglichkeit gedacht werden, denn Bewegung ist ja nichts
anderes, als die Thätigkeit des Möglichen, soweit es möglich
ist, also etwas werden kann. So aber kann nur das gött=
liche Sein gedacht werden, nämlich dem Wesen nach ganz und
gar vom Stoffe getrennt und ohne Möglichkeit einer Änderung.
Da also dieses Sein in sich eine vollständige Natur hat und
zugleich der wirkende Grund von allem anderen Sein ist:
kann es in doppelter Weise behandelt werden; insoweit es
nämlich wirkender Grund und insoweit es seinem Wesen nach
wirklich ist. Obgleich nun ein solches göttliches Sein die
Vernunft selber, also aus sich heraus ohne weiteres wohl er=

---

principium essendi omnibus, oportet esse maxime ens, ut dicitur
2 Metaph. (supra) ideo hujusmodi principia oportet esse com-
pletissima: et propter hoc oportet ea esse maxime actu, ut nihil
vel minimum habeant de potentia, quia actus est prior et potentior
potentia. Et propter hoc oportet ea esse sine materia, quae
est potentia, et absque motu, qui est actus existentis in
potentia: et hujusmodi sunt res divinae (supra rationes aeternae):
quia si divinum alicubi existit, in tali natura immateriali et immobili maxime existit. Hujusmodi ergo res divinae, quia sunt
principia omnium entium et sunt nihilominus in se naturae com-
pletae, dupliciter tractari possunt. Uno modo prout sunt principia communia omnium entium; alio modo prout sunt in se res
quaedam. Quia autem hujusmodi prima principia, quamvis sint
in se maxime nota, tamen intellectus se habet ad ea sicut oculus
noctuae ad lumen solis, ut dicitur 2 Metaph. (cf. S. th. 1. qu. 2.
art. 1. et C. G. lib. 1. cap. 11. [3.]); per lumen naturalis rationis
pervenire non possumus in ea, nisi secundum quod ad ea per
effectus ducimur, et hoc modo Philosophi ad ea pervenerunt; sicut
dicitur Rom. 1, 20.

kennbar, vielmehr die Erkenntnis, das Licht selber ist, so kann
es doch gerade wegen seiner Lichtfülle, von der natürlichen, auf
das innere Vermögen und die äußeren Dinge, deren Grund=
lage, die Substanz, wieder nur eigentlich Vermögen (de Verit.
qu. 5. art. 10): actus primo primus, ist, angewiesene Kraft
der Vernunft nicht erreicht werden; wie auch die Fledermaus,
infolge der Schwäche ihrer Augen, nicht das klare Tageslicht zu
ertragen vermag. Mit ihrer natürlichen Kraft kann deshalb die
Vernunft nur zur Kenntnis Gottes gelangen, dadurch daß sie
von den Wirkungen desselben sich führen läßt, sie kann Gott
nur als Ursache erkennen; wie Paulus sagt (Röm. 1, 20).

Anstatt daß also durch diesen vierten Beweis, wie Thomas
schon verleumdet worden, ein Semipantheismus aufgestellt würde,
nach welchem Gott wohl dem Grade, nicht aber dem Wesen
nach von der Schöpfung verschieden wäre, beweisen eben die
Stufen des Seins, der Wahrheit und der Güte in den Ge=
schöpfen nur das eine, daß es ein Sein giebt, welches dem
Wesen nach Sein, Wahrheit und Güte sein muß, worüber
hinaus nichts mehr an Wahrheit, Sein und Güte gedacht
werden kann; — während das Geschöpfliche nur eine zu=
fällige und deshalb je nach dem Willen Gottes größere oder
mindere Teilnahme an diesen Vollkommenheiten kennt.

§. 4.
Thomas und die Kirchenlehre.

117. Leitender Gesichtspunkt für die Väterstellen.

Wohl mit keinen Väterstellen ist so viel Mißbrauch ge=
trieben worden und wird heute noch getrieben, als mit denen,
welche die Existenz Gottes auf die Wahrheit gründen, zumal
gerade diese Väter rücksichtlich der theologischen Forschung die
bedeutendsten sind. Allem diesem Mißbrauche liegt ein nebel=
hafter Begriff der Wahrheit zu Grunde. Der richtige Begriff
derselben, wie ihn Thomas entwickelt, führt aus seiner Natur
heraus dazu, den Weg zum Ziele klar und unmittelbar zu

zeigen; denn gerade die Wahrheit ist der Vernunft eigentümlich oder bildet vielmehr deren Natur.

In der That ist es so recht Sache der Vernunft, zu vergleichen. Warum? Weil sie allein das unstreitig „Höchste", im Verhältnisse zu welchem ein „Mehr" oder „Minder" denkbar erscheint, aufzufassen vermag; d. h. weil sie allein das Wesen zum Gegenstande ihrer Thätigkeit hat. Das unbedingt „Höchste" eines gewissen Seinskreises ist eben im selben Augenblicke gefunden, in welchem erkannt ist, daß die fragliche Vollkommenheit das Wesen oder die Natur eines gewissen Seins bildet. Dann ist auch zugleich erkannt, wo allein die wirkende Ursache gesucht werden muß für die verschiedenen Grade oder Abstufungen, gemäß denen sich diese selbe Vollkommenheit in anderem Sein vorfindet; nie werden diese Grade oder Abstufungen, mögen sie noch so sehr in die Höhe geführt werden, die Stufe desjenigen Seins erreichen, wo die betreffende Vollkommenheit Wesen ist, denn in diesem letzteren liegt eben das Maß der verschiedenen Stufen und Grade. Das Zimmer kann geheizt werden bis zu welch immer einem Grade, es wird nie die Wärme des Feuers selber erreichen; denn hier ist die Wärme wesentlich, dort zufällig; — das Erleuchtete ist wesentlich vom Lichte entfernt, dem Leuchten Natur ist.

Danach kann leicht der Maßstab erkannt werden, nach welchem die verschiedenen Arten Vollkommenheiten im Bereiche des Geschöpflichen zu Gott führen. Handelt es sich um solche, deren Wesensbestand den Stoff und damit die Beschränkung fordern, so ist auch das maximum, also das Wesen, dem sie angehören, im Stoffe. Gott ist formell seinem Wesen nach weder Feuer noch Licht noch Ähnliches. Diese Eigenschaften führen zu Gott einzig und allein, wie die Wirkung zu ihrer bewirkenden Ursache führt.

Stehen aber andere Vollkommenheiten in Rede, deren reines Wesen den Stoff und alle Schranken ausschließt, welche vielmehr jedem solchen stofflichen und beschränkten Sein nur zufällig anhaften, so kann ihr maximum, ihre höchste denk-

bare Höhe, nur in einem Sein gefunden werden, was außer=
halb aller Beschränkung und alles Zufalls steht, in einem
Sein, welches selber innerlich notwendiges Wesen ist. Sie
führen zu Gott auf dem Wege der supereminentiae und der
negatio. Der Begriff derselben wird auf Gott übertragen.
Aber daß das diesen Begriff oder diese Vollkommenheit tragende
subjektive Sein ein zufälliges, mitgeteiltes und demnach
beschränktes sei, wird für Gott geleugnet; daß es in ihm
sein Wesen, seine Natur, und somit unbeschränkt sei, wird
behauptet. Nun ist es nur die Vernunft, deren Auffassung
das Wesen eines Dinges erreicht; also ist es auch ganz und
gar und ohne Einschränkung Sache der Vernunft, aus der
Notwendigkeit eines unbedingt Höchsten, eines maximum, auf
die Notwendigkeit eines Seins zu schließen, das dem Wesen
nach Sein, Wahrheit, Güte ist und dieses Sein allem übrigen
seiner innersten Natur nach gegenüber zu stellen.

„Alles ist wahr auf Grund der ersten Wahrheit,“ weil
diese erste Wahrheit die alleinige Ursache ist, „daß die anderen
Dinge wahr sind,“ d. h. daß das wirkliche Sein eines jeden
derselben dem inneren Seinsgrunde, der Substanz, entspricht.
Da aber dieses Sein, wieder die wirkende Ursache ist, daß die
Idee im menschlichen Verstande mit ihm übereinstimmt, weil
sie dieselbe Form mit ihm trägt, so ist die erste Wahrheit
auch die Ursache des Wahren, insoweit es sich im geschöpf=
lichen Verstande findet. Sie ist die Ursache schlechthin aller
Wahrheit, sowohl der objektiven als der formalen.

118. Text des heiligen Thomas.

Diese Lehre faßt Thomas so zusammen:[41]) „Wenn etwas
dem Wesen nach von mehreren Dingen ausgesagt wird, also

---

[41]) S. th. 1. qu. 16. art. 6. Quando aliquid praedicatur univoce de multis, illud in quolibet eorum secundum propriam
rationem invenitur, sicut animal in qualibet specie animalis. Sed
quando aliquid dicitur analogice de multis, illud invenitur
secundum propriam rationem in uno eorum tantum,

univoce, so ist es in allen diesen seiner ganzen Natur nach,
wie z. B. wenn von vielen Menschen der Begriff „Mensch"
ausgesagt wird; wird aber etwas analogice, also nur unter
einer gewissen Voraussetzung von mehreren Dingen ausgesagt,
so findet es sich in einem derselben dem Wesen nach und die
übrigen werden nach diesem benannt. So wird das Tier und
die Medizin und der Urin „gesund" genannt, nicht als ob
nicht die Gesundheit allein dem Tiere wesentlich zukäme, son=
dern weil die Medizin die Gesundheit des Tieres bewirkt und
der Urin ein Zeichen dieser Gesundheit ist. Und obgleich die
Gesundheit weder im Urin noch in der Medizin ist, so findet
sich doch in beiden etwas, was dieselbe bewirkt, resp. ein
Zeichen davon ist. Oben aber wurde gesagt (art. 1), daß
die Wahrheit ihrem vollen Wesen nach in der Vernunft ist,
in den Dingen und nur, insoweit dieselben auf die göttliche
Vernunft bezogen werden . . . . Wenn also von der Wahr=
heit die Rede ist, inwiefern sie in den Dingen ist, so sind
diese alle wahr auf Grund einer einzigen Wahrheit, deren
Ähnlichkeit sie ihr Sein verdanken. So mögen wohl viele

---

a quo alia denominantur, sicut sanum dicitur de animali et de
urina et medicina, non quod sanitas sit nisi in animali tantum
sed a sanitate animalis denominatur medicina sana, in quantum
est illius sanitatis effectiva; et urina, in quantum est illius sanitatis significativa. Et quamvis sanitas non sit in medicina neque
in urina, tamen in utroque est aliquid per quod illud quidem
facit, istud autem significat sanitatem. Dictum est autem artic. I.,
quod veritas per prius est in intellectu, et per posterius in rebus,
secundum quod ordinantur ad intellectum divinum. Si ergo
loquamur de veritate prout existit in intellectu secundum propriam rationem sic in multis intellectibus creatis sunt multae
veritates, et in uno et eodem intellectu secundum plura cognita.
Unde Aug. in ps. 11. „Diminutae sunt veritates a filiis hominum
quod sicut ab una facie hominis resultant plures similitudines
in speculo, sic ab una veritate resultant plures veritates." Si
autem loquamur de veritate, secundum quod est in rebus, sic
omnes sunt verae una prima veritate, cui unumquodque assimilatur secundum suam entitatem.

Wesenheiten und Substanzen in der Schöpfung sein; es ist
aber nur eine Wahrheit, die der göttlichen Vernunft, nach
der sie wahr genannt werden und nach der sie die Fähig=
keit besitzen, die Wahrheit auch in der geschöpflichen
Vernunft zu bewirken." Vielleicht für manche noch klarer
ist folgender Text: [12] „Alles, was in einem Dinge vermittelst
Teilnahme sich vorfindet, also dem Wesen nach abhängig
von einem anderen ist, muß zuvörderst in einem anderen dem
Wesen nach sein (substantialiter) . . . Die menschliche Seele
aber ist nicht ihrem Wesen nach Vernunft, wie etwa das Feuer
Wärme ist; sonst müßte sie es ganz sein; sondern ihr höchstes
Vermögen nur ist vernünftig. Also muß eine Natur existieren,
welche nach ihrem ganzen Wesen durchaus und rein Vernunft
ist, von der das Vermögen der Vernunft im Menschen stammt

---

[12] De spirit. creat. qu. un. art. 10. Omne quod convenit
alicui per participationem, prius est in aliquo substantialiter . . .
anima autem humana est intellectiva per participationem; non
enim secundum quamlibet sui partem intelligit, sed secundum
supremam tantum. Oportet igitur esse aliquid superius anima,
quod sit intellectus secundum totam suam naturam, a quo in-
tellectualitas animae derivetur, et a quo ejus intelligere dependeat.
Necesse est deinde, quod ante omne mobile inveniatur aliquid
immobile secundum motum illum; .. omnis enim motus causatur
ab aliquo immobili. Ipsum autem intelligere animae est per
modum motus; intelligit enim anima discurrendo de effectibus
in causas et de causis in effectus et de similibus in similia et
de oppositis in opposita. Oportet ergo esse supra animam aliquem
intellectum, cujus intelligere sit fixum et quietum absque hujusmodi discursu. Denique necesse est, quod, licet in uno et eodem
potentia sit prior actu, tamen simpliciter actus praecedat potentiam
in altero; et similiter ante omne imperfectum necesse est esse
aliud perfectum. Anima autem humana invenitur in principio
in potentia ad intelligibilia et invenitur imperfecta in intelli-
gendo; quia nunquam consequetur in hac vita omnium intelligi-
bilium veritatem. Oportet ergo supra animam esse aliquem
intellectum semper in actu existentem et totaliter perfectum intelligentia veritatis.

und von welcher dann auch die Wirksamkeit dieses Vermögens
abhängt. Ferner setzt alles Bewegliche je nach der Art seiner
Bewegung ein Unbewegliches in dieser Art voraus . . . .;
das Erkennen der Seele aber hat etwas von der Bewegung an
sich, denn die Seele schließt von den Wirkungen auf die Ursachen und wiederum von den Ursachen auf die Wirkungen
und von Ähnlichem auf Ähnliches und von einem Teile des
Gegensatzes auf den anderen. Über der menschlichen Art und
Weise zu erkennen, muß deshalb ein Erkennen existieren, das
da unveränderlich fest basteht. Endlich ist es unbedingt erforderlich, daß, obgleich in einem und demselben Dinge das
Vermögen früher ist als die Wirksamkeit, doch, wenn das
Ganze betrachtet wird, immer vor dem Vermögen ein wirkliches und wirkendes Sein in einem anderen vorhanden sei,
und daß vor allem Unvollkommenen ein Vollkommenes existiere.
Nun wird aber die menschliche Seele im Anfange nur im Besitze der Fähigkeit zu erkennen gefunden und jeder Zeit unvollkommen im Erkennen selber; denn nie kann sie in diesem
Leben zur Erkenntnis aller Wahrheiten gelangen; also muß
eine Vernunft sein, die da immer und alles und in vollkommenster Weise erkennt."

Danach mögen die betreffenden Stellen Augustins und
der anderen Väter beurteilt werden, von denen manche bereits
in den früheren Kapiteln angeführt worden und die übrigens
als allbekannt vorausgesetzt werden können.

119. Väterstellen.

Zum augenscheinlichen Beweise nur, wie enge Thomas
mit den Vätern und Kirchenlehrern auch in der eben aus-
einandergesetzten Lehre zusammenhängt, mögen zwei Stellen
angeführt werden, welche ganz so wie Thomas das Dasein
Gottes auf Grund des „Guten" zeigen. Sie sind zugleich
geeignet, zum fünften Beweise hinüber zu geleiten.[13]) „Ihr

---

[13]) Aug. de Trin. lib. 8. cap. 3. nr. 4. Non amas certe nisi
bonum; quia bona est terra . . . bona facies hominis . . . bonus

wollet ein Gut," schreibt Augustin (Enarr. 2, in ps. 26),
„und was für ein Gut? Dasjenige, wodurch jegliches Gut
ein Gut ist und dem nichts hinzugefügt werden kann. Ihr
sprecht von einem guten Acker, einem guten Menschen, einem
guten Hause, Tiere, Baume, Körper, von einer guten Seele;
aber ihr habt doch das „gut" noch immer hinzugefügt (per
participationem, würde Thomas sagen). Das unbedingt ein=
fache Gut jedoch ist eben das Gut selbst, das Gut der Sub=
stanz nach, das zu nichts hinzugefügt und zu dem nichts sub=
stantiell Bestimmendes hinzugefügt werden kann, durch welches
alles andere erst eben „gut" wird." Ebenso Anselmus (Monol.
cap. 1 et sq.): „Welche Vollkommenheit auch immer in
höherem oder niedrigerem oder gleichem Grade von ver=
schiedenen Dingen ausgesagt wird, die kann nur auf Grund
eines anderen Seins ausgesagt werden, welches dieselbe nicht
heute in einem geringeren und morgen in einem höheren Grade,
sondern immer gleichmäßig und aus sich selbst, seiner Natur
nach, besitzt. Oder wie können etwa Dinge mehr oder min=
der gerecht genannt werden außer auf Grund der Gerechtigkeit,
welche aus sich heraus, ihrem Wesen nach, also immer gleich=
mäßig Gerechtigkeit ist. Da also, wenn die verschiedenen
Güter mit einander verglichen werden, das eine größer, das

---

animus . . . bonus vir justus . . . boni angeli . . . Quid plura
et plura? Bonum hoc et bonum illud? Tolle hoc et tolle illud
et vide ipsum bonum si potes; ita Deum videbis, non alio bono
bonum, sed omnis boni bonum.

Anselm. monol. 1 et sq. „Quaecunque dicuntur ad aliquid
ita ut ad invicem magis aut minus, aut aequaliter dicantur, per
aliud dicuntur, quod non aliud et aliud, sed idem intelligitur in
diversis, sive in illis aequaliter, sive inaequaliter consideretur.
Nam quaecunque dicuntur ista ad invicem, sive pariter sive magis
vel minus, non possunt intelligi justa nisi per justitiam, quae
non est aliud vel aliud in diversis. Ergo cum certum sit, quod
omnia bona, si ad invicem conferantur, aut aequaliter aut inaequaliter sint bona, necesse est, omnia sint per aliquid bona,
quod intelligitur idem in diversis bonis.

andere geringer ist, so müssen alle durch ein anderes Sein Güter sein, welches seiner Natur nach immer in sich ein und dasselbe Gut ist und die Verschiedenheit der Güter außerhalb seiner selbst verursacht."

120. Entscheidungen der kirchlichen Lehrautorität.

Die kirchliche Lehrautorität bekräftigt vollauf die Lehre des heiligen Thomas von der geschöpflichen Wahrheit, aus der die Existenz der schöpferischen, ersten Grundwahrheit erschlossen wird und von dem wirklichen Einwirken der Dinge auf den menschlichen Verstand. Bereits im Jahre 1342 wurden folgende Sätze des Nikolaus von Ultricuria verurteilt:[44]) 1) Die äußere natürliche Erscheinungsweise der Dinge kann keinerlei Gewißheit über dieselben verschaffen. 2) Aus der Evidenz des ersten Denkprincips kann nicht das mindeste über ein Ding mit Gewißheit gefolgert werden. 10) Außer der Gewißheit des Glaubens giebt es keine andere als die des ersten Denkprincips. 11) Über keine Substanz, die von der unserer Seele

---

[44]) Denzinger, Enchir. 457—467.

1. De rebus per apparentia naturalia quasi nulla certitudo potest haberi.

2. Quod evidentia primi principii non potest evidenter inferri ex una re aliqua: vel et non esse unius rei, non esse alterius; vel ex esse, non esse; aut e converso.

10. Excepta certitudine fidei, non est alia nisi primi principii.

11. De substantia alia ab anima nostra non habemus certitudinem evidentiae.

14. Nescimus evidenter, quod aliud a Deo sit causa alicujus effectus effective aut aliter, nec quod aliquis sit effectus naturaliter productus; nec scimus evidenter, quibuscunque acceptis, quae possunt esse causa alicujus, quod illis positis illud ponatur.

27. Istae consequentiae non sunt evidentes: actus intelligendi est, igitur intellectus est; actus volendi est, igitur voluntas est.

28. Non potest evidenter ostendi, quin omnia quae apparent sint vera.

verſchieden iſt, beſißen wir irgend welche Gewißheit. 14) Wir
haben darüber gar keine Gewißheit, daß ein anderes Sein wie
Gott etwas verurſachen kann noch darüber, ob irgend eine
Wirkung durch die Kräfte der Natur hervorgebracht ſei; ebenſo
wiſſen wir in keiner Weiſe, was davon die Urſache ſei, daß
unter Vorausſetzung des einen das andere folge. 27) Dieſe Fol=
gerungen erfreuen ſich keinerlei Gewißheit: es exiſtiert die Thätig=
keit des Denkens, alſo exiſtiert eine Denkkraft, die Vernunft; es
wird etwas gewollt, alſo exiſtiert eine Willenskraft. 28) Es
kann nicht gezeigt werden, daß das, was da erſcheint, wahr iſt."

Das Vatikanum aber lehrt als Glaubensſatz: [45]) „Die
heilige katholiſche Kirche lehrt und bekennt, daß ein wahrer
und lebendiger Gott ſei, der Schöpfer Himmels und der Erden,
der da allmächtig, ewig, unermeßlich, unbegreiflich, in ſeiner
Vernunft, ſeinem Willen und in aller Vollkommenheit unendlich

---

[45]) **Vatic. De fide cap. 1.** Sancta Catholica Apostolica
Ecclesia credit et confitetur, unum esse Deum verum et vivum,
Creatorem ac Dominum caeli et terrae, omnipotentem, aeternum,
immensum, incomprehensibilem, intellectu ac voluntate omnique
perfectione infinitum; qui cum sit una singularis, simplex omnino
et incommutabilis substantia spiritualis, praedicandus est re et
essentia a mundo distinctus, in se et ex se beatissimus, et super
omnia, quae praeter ipsum sunt et concipi possunt, ineffabiliter
excelsus.

Can. I. Si quis unum verum Deum, visibilium et invisibilium
Creatorem et Dominum negaverit; an. sit.

II. Si quis praeter materiam nihil esse affirmare non
erubuerit; an. sit.

III. Si quis dixerit, unam eandemque esse Dei et rerum
omnium substantiam vel essentiam; an. sit.

IV. Si quis dixerit, res finitas, tum corporeas tum spirituales aut saltem spirituales, e divina substantia
emanasse; aut divinam essentiam sui manifestatione
vel evolutione fieri omnia; aut denique Deum esse
ens universale aut indefinitum, quod sese determi-
nando constituat rerum universitatem in genera,
species et individua distinctam; an. sit.

ift; der, da er ein getrenntes, für sich exiftierendes Sein,
durchaus einfach und unveränderlich ift, seinem Wesen und
Sein nach jvon der Schöpfung völlig getrennt gedacht werden
muß, aus sich heraus die Fülle aller Güter und über alles,
was außer ihm ift und gedacht werden kann, hocherhaben.

1) Wer da leugnet, daß ein einziger wahrer Gott sei,
Schöpfer und Herr alles Sichtbaren und Unsichtbaren, sei
im Banne.

2) Wer nicht errötet zu behaupten, außerhalb des Stoffes
sei nichts, sei im Banne.

3) Wer da behauptet, eine und dieselbe Subftanz oder
Wesenheit sei Gott und der Schöpfung gemeinschaftlich, sei
im Banne.

4) Wer da behauptet, die geschöpflichen Seinsarten, seien es
die stofflichen oder die geistigen oder auch nur die geistigen, seien
aus dem Wesen oder der Subftanz Gottes geflossen (emaniert)
oder das göttliche Wesen werde alles durch eigene Entwickelung
oder endlich Gott sei das Sein im allgemeinen oder ohne
Ende und Bestimmtheit, welches durch Selbstbestimmung das
All herftellt und in Arten, Gattungen und Einzelnwesen scheidet,
sei im Banne.

5) Wer nicht bekennt, daß die Welt und alle darin ent=
haltenen Dinge, seien es stoffliche oder geistige, nach ihrer
ganzen und vollen Subftanz von Gott aus nichts geschaffen
sind, oder meint, Gott habe nicht aus völlig freiem Willen,
sondern ebenso notwendig die Welt geschaffen, als er sich selber
liebt; — oder leugnet, daß die Welt zur Ehre Gottes ge=
schaffen worden, sei im Banne.

Can. V. Si quis non confiteatur, mundum resque omnes, quae
in eo continentur, et spirituales et materiales, secundum totam suam substantiam, a Deo ex nihilo esse
productas; aut Deum dixerit, non voluntate ab omni
necessitate libera, sed tam necessario creasse, quam
necessario amat seipsum; aut mundum ad Dei gloriam
conditum esse negaverit; an. sit.

Fünftes Kapitel.

Der fünfte Beweis des heiligen Thomas aus der Zweckursache.

----

§. 1.
Text des heiligen Thomas.

121. Genaue Abgrenzung der drei Wege, die zu Gott führen.

Je weiter diese Abhandlung vorschreitet, desto mehr ist es notwendig, die Wege, welche zu Gott leiten, möglichst deutlich zu bezeichnen. Es ward im Vorhergehenden schon kurz darauf hingewiesen, wie berechtigt die Ausdrucksweise des Areopagiten von der dreifachen Art und Weise, Gott zu erkennen, sei. Das Gesagte soll nun vor der Auseinandersetzung des fünften Beweises noch einmal zusammengefaßt und so dem Gedächtnisse tiefer eingeprägt werden; es dürfte auch jetzt einem besseren Verständnisse begegnen.

a) Der erste Weg.

Der erste Weg, um mit Hilfe der Natur Gott zu erkennen, ist derjenige der Ursächlichkeit, via causalitatis. Welche Geschöpfe umfaßt dieser Weg und unter welcher Beziehung umfaßt er sie? Streng genommen befinden sich bloß jene Seinsarten und Eigenschaften auf diesem Wege, deren

Wesen den Stoff verlangt, also z. B. das Licht, die Wärme, die Farbe, der Mensch. Wo ihr Wesen ist, da existiert auch ihr „Höchstes", ihr „maximum" im Bereiche des stofflichen Seins. Nichts kann mehr leuchten als das Licht; nichts besser erwärmen als das Feuer; nichts unmittelbarer der Gegenstand des Gesichtes sein, wie die Farbe; nichts ist mensch= licher, wie der Mensch. Da nun das Sein nicht zu deren Wesen gehört, im Gegenteil Vergehen und Entstehen das Los des Irdisch=Stofflichen ist; dem Stoffe der Himmelskörper aber seinerseits die Bewegung eigentümlich ist, welche wieder einen Erstbewegenden notwendig erheischt; so müssen alle diese Wesen verursacht sein. Die Ursache aber muß natürlich alle Vollkommenheiten und alle Kraft dessen in sich enthalten, was von ihr verursacht wird und, handelt es sich um das Wesen selbst als verursachtes, so muß die hinreichende Ursache weit mehr Kraft in sich schließen, als das betreffende Wesen. Sie darf nicht auf derselben Seinsstufe stehen als dieses, sonst könnte es ja sich selber Ursache, also zugleich vorher und nach= her sein. Deshalb gilt, was Thomas beispielsweise vom Feuer sagt: „Die Sonnenwärme als Ursache des Feuers sei nicht eigentlich warm, sondern aliquid amplius quam cali- dissimum," wesentlich mehr warm als das irdische Feuer mit seinem vergänglichen Stoffe, im allgemeinen noch weit mehr vom Verhältnisse der ersten Ursache zum Stofflich=Geschaffenen: Als erste Ursache des Lichtes, der Wärme, des Menschen u. s. w. muß Gott mehr Kraft enthalten, als diese Wesenheiten; ist, um mit Thomas zu reden, mehr als Licht, mehr als Mensch u. s. w., und da solche Wesenheiten von sich aus ohne Grenzen sind, um zu empfangen und gerade kraft dessen am allgemeinen teil= nehmen, d. h. eben Wesen sind, so muß Gott ohne Grenzen mächtig sein, um zu geben; er muß der wirkende Grund des allgemeinen in der geschöpflichen Wirklichkeit sein.

b) Der zweite Weg.

Es giebt nun wieder andere Seinsarten und Vollkom=
menheiten, welche ihrem Begriffe, also ihrer Natur nach nicht
die Schranken des Stoffes erfordern, wohl aber dem Stoff=
lichen zugehören können, in jenem Sein jedoch nur mit inner=
licher wesentlicher Notwendigkeit sind, das da, unbeschränkt von
außen, die wahre Fülle des Seins besitzt, oder vielmehr selber
ist. Es sind dies reine Vollkommenheiten. So z. B. ist
der Mensch wohl seinem Wesen nach „Mensch" und in diesem
Wesen steht er an der unbestrittenen Spitze alles Menschlichen
im Bereiche des Stoffes, ähnlich wie das Feuer an der Spitze
aller irdischen Wärme. Aber der einzelne Mensch hat auch
das wirkliche Sein, er ist thatsächlich. Erscheint er demnach
kraft seines Wesens „Mensch" geschieden von anderen Wesen,
nicht selten auch im Gegensatze zu anderen, so hat er seine
Eigenschaft wirklich zu sein mit allem Wirklichen gemeinsam.
Diese Eigenschaft kommt ihm deshalb auch nicht kraft seines
Wesens zu, welches im Gegenteil sein kann und auch nicht
sein kann, sondern gehört ihm an kraft eines äußeren Grundes;
sie ist in sich unbeschränkt, steht mit nichts im Gegensatze,
ist deshalb ganz vollkommen, eine reine ungemischte Voll=
kommenheit.

Dasselbe gilt vom Wahren, Guten, überhaupt von allen
rein geistigen Eigenschaften, die alle am Ende der Einheit des
Seins dienen, indem sie dieselbe offenbaren oder bewirken.
Diese Eigenschaften nun werden einfach übertragen auf das
göttliche, als auf das subjektiv und dem Wesen nach ganz voll=
kommene Sein; wohlgemerkt die Eigenschaft ihrem Begriffe
nach wird einfach übertragen. Soweit sie aber in geschöpflichem
subjektiv=wirklichem Sein existiert, muß sie wesentlich ver=
größert oder vielmehr bis ins Unendliche gesteigert werden,
um so nicht weniger dem Begriffe als der subjektiven Existenz
nach von Gott gelten zu können: via supereminentiae.

c) Der dritte Weg.

Damit hängt der dritte Weg eng zusammen: via negationis. Denn offenbar muß die Unvollkommenheit, mit
welcher die oben erwähnten begrifflich ganz schrankenlosen Eigenschaften im Stofflichen oder überhaupt in den Schranken des
Geschaffenen substantiell zu einem natürlichen Sein verbunden
sind, von Gott entfernt werden, wenn göttliche Vollkommenheiten wahrheitsgetreu erkannt werden sollen. Dies wurde
beispielsweise oben im vierten Kapitel gesehen, nach welchem
das Erkennen als Einheit des Erkannten und Erkennenden,
also als unbeschränkte Vollkommenheit, auch von Gott galt
ebenso gut wie vom Geschöpfe; trotzdem aber das wirkliche
subjektive Sein des menschlichen Erkenntnisaktes von Gott entfernt werden mußte, denn dasselbe wird durch die von der
menschlichen Substanz als Grundlage der menschlichen Thätigkeit geforderte Teilnahme der Sinne thatsächlich beschränkt.

Dieser letztere Weg scheint der ohnmächtigste zu sein von
allen dreien; doch es scheint dies nur. In Wahrheit ist derselbe
der Anfang für die wahre Kenntnis Gottes: „ignote ascendere" nannte ihn oben Bonaventura nach dem Beispiele des
Areopagiten; fundamentum in re nennt ihn die moderne
Philosophie und Theologie. In der That sind die reinen Vollkommenheiten des Seins, des Wahren und Guten u. ähnl.
für das Geschöpf nur erkennbar auf Grund des beschränkten
subjektiven Wesens, mit dem sie im Geschöpflichen zu einer
Einheit verbunden sind. Was nicht Gott ist, das ist der Anfang, das Fundament, auf welchem einerseits das begrifflich
Schrankenlose, andererseits das in Wirklichkeit Beschränkte unmittelbar erkannt wird. Jenes führt auf dem Wege der
Übertragung und wesentlichen Steigerung, dieses auf dem Wege
der Ursächlichkeit zu Gott. Das Unvollkommene und Beschränkte kann ja nicht den vollen Grund des Seins innerhalb seiner selbst haben; es weist naturnotwendig nach außen.
Dies zeigt an letzter Stelle, aber nicht minder eindringlich

der Begriff des Guten, inwiefern derselbe gleichbedeutend ist mit dem der Zweckursache.

122. Der Begriff des Guten.

Ist das Wahre dem Guten entgegengesetzt? Fast scheint es so. Ist doch das wirkliche Einzeln=Sein mit seinen Beschränkungen der Grund, daß das Wahre nicht in seinem ganzen Umfange aufgefaßt wird. Wahr ist, wie gesagt, was währt, einfach währen kann aber nur das Unbeschränkte. Schranken führen zum Gegensatze, der Gegensatz zum Kampfe, der Kampf zur Auflösung; wie ja auch Thomas das Entstehen und Vergehen auf den im Inneren des Stofflichen waltenden Gegensatz gründet. Daß also die geschöpfliche Wesenheit und mit ihr der subjektive Grund des Wahren im Stoffe wirkliches Sein gewinnt, dieser Umstand hindert ihr volles und ganzes Widerstrahlen in der Vernunft. Es mag wohl der Seinsgrad, welchen sie dem Stoffe verleiht, immer entsprechend in die Vernunft treten; was für eine Kraft aber dieselbe Wesenheit, also z. B. die menschliche, im Durchdringen des einzelnen Stoffes entfalten, bis zu welcher Höhe sie die vom Stoffe gesetzten Schranken überwinden kann, das wird niemals in seinem ganzen Umfange offenbar werden, außer wenn die Kraft der erstwirkenden Ursache des wirklichen Seins auch in der Erkenntnis die alleinige bestimmende Ursache ist.

Worauf gründet sich aber das Gute? Gerade auf das Gegenteil; nämlich auf das wirkliche Einzeln=Sein. So sagt Thomas: „Gut ist, was von allem begehrt wird" oder: „Das Gute ist als solches im wirklichen Sein, insoweit dieses Beziehung hat zum Begehrungsvermögen und deshalb ist das Gute seinem vollen Wesen nach (nicht wie das Wahre, das sein volles Wesen erst in der Vernunft erlangt) in der wirklichen Sache, so zwar, daß das Begehrungsvermögen gut genannt wird gemäß dem erstrebten wirklichen Gegenstande." Noch deutlicher (S. th. 1. qu. 16. art. 1): „Offenbar ist jedes Einzelne erstrebenswert, inwieweit es vollkommen

ist, denn alle Dinge begehren nur, was zu ihrer Vervollkomm=
nung dienen kann. Insofern aber ist etwas vollkommen voll=
endet oder fertig, inwiefern es in Wirklichkeit ist, in quantum
est actu; woraus ohne Zweifel hervorgeht, daß etwas gut ist,
nicht nur, insoweit es bloß sein kann, was ihm das innere
Wesen giebt, sondern insoweit es in Wirklichkeit ist: denn
Sein ist nichts anderes, als die Wirklichkeit eines jeglichen
Dinges: esse est actualitas omnis rei.

Gut wird also nach Thomas ein Ding genannt, insoweit
es wirklich ist. Gut ist der Fruchtbaum, nicht bloß weil der=
selbe seiner Substanz nach Früchte hervorbringen kann, son=
dern zumal, weil er deren wirklich hervorbringt; auf Grund
dieses letzteren Umstandes erscheint er begehrenswert. Muß
der Baum wirklich Früchte hervorbringen? Nein; er kann
es wohl aber es kann auch das Gegenteil eintreten. Das
Wirklich=Sein ist für jede Substanz zufällig, also auch das
Gute. Dieses beruht deshalb als seinem ersten wirkenden
Grunde auf einem Sein, das da dem Wesen nach, d. h.
notwendig die Güte ist. Doch das gehört zum vierten
Beweise.

123. Das Gute im Verhältnisse zum Wahren und zum Sein.

Hier kommt es darauf an, zu zeigen, wie Thomas aus
dem scheinbaren Gegensatze des Wahren zum Guten an das
letzte Endziel, zum Schöpfer als die letzte Zweckursache gelangt.
Wenige Worte genügen dazu:[46] „Ich schaue in den Dingen,"

----

[46] S. th. 1. qu. 5. art. 1. obj. 1ª. Intueor in rebus aliud
esse quod sunt bona, et aliud esse quod sunt. Resp. Licet
bonum et esse sint idem secundum rem: quia tamen differunt
secundum rationem, non eodem modo dicitur aliquid ens simpliciter et bonum simpliciter. Nam, cum ens dicat, aliquid proprie
esse in actu: actus autem proprie habet ordinem ad potentiam:
secundum hoc dicitur aliquid simpliciter ens, secundum quod
primo discernitur ab eo, quod est in potentia tantum: hoc
autem est esse substantiale rei uniuscujusque; unde per suum

jo lautet der Einwand, den sich Thomas aus Boëtius macht, „wie nicht dasselbe Sein der Grund davon ist, das sie sind und daß sie gut sind." Er antwortet (S. th. 1. qu. 5. art. 1. ad 1): „Allerdings ist es dasselbe Sein, auf Grund dessen von den Dingen das Gute und das Wirkliche ausgesagt wird; aber in anderer Weise gilt von den Dingen, daß sie in der Wirklichkeit sind und in anderer, daß sie gut sind. Denn es ist etwas einfach, wenn es vom Nichts unterschieden wird oder von der reinen Möglichkeit; das aber geschieht auf Grund der substantiellen Wesensform, die da im Dinge selbst macht, daß es einfach ist, sowie z. B. der einzelne Mensch einfach und ohne weitere Voraussetzung ist, also Mensch ist und nichts anderes, dadurch, daß er die Wesensform, die Substanz „Mensch" hat. Was auch immer hinzukommt, wie beim Menschen die große oder kleine Figur, die Weisheit oder Tugend u. dgl., bewirkt nicht mehr im Innern des einzelnen Menschen das einfache Sein im Unterschiede vom Nichts, son=dern nur, daß er mit Voraussetzung des substantiellen Seins

esse substantiale dicitur unumquodque ens simpliciter: per actus autem superadditos dicitur aliquid esse secundum quid, sicut esse album significat esse secundum quid. Non enim esse album aufert esse in potentia simpliciter, cum adveniat rei jam prae-existenti in actu. — Sed bonum dicit rationem perfecti, quod est appetibile; et per consequens dicit rationem ultimi; unde id, quod est ultimo perfectum, dicitur bonum simpliciter; quod autem non habet ultimam perfectionem, quam debet habere, quamvis habeat aliquam perfectionem in quantum est actu, non tamen dicitur perfectum simpliciter, nec bonum simpliciter, sed secundum quid. Sic ergo secundum primum esse, quod est substantiale, dicitur aliquid ens simpliciter et bonum secundum quid, id est in quantum est ens; secundum vero ultimum actum dicitur ali-quid ens secundum quid et bonum simpliciter.

l. c. qu. 19. art. 2. Res naturalis habet propriam inclina-tionem respectu proprii boni, ut acquirat ipsum, si non habeat, vel ut quiescat in illo, cum habet.

l. c. qu. 6. art. 1. „Unumquodque appetit suam perfectionem; bonum autem aliquid est, secundum quod est appetibile."

nach einer gewissen Richtung hin noch dazu ist. Gerade um=
gekehrt ist es beim „Guten" der Fall. Das Gute ist seiner
Natur nach gleichbedeutend mit dem Begehrenswerten; be=
gehrenswert aber ist etwas, soweit es vollkommen, also in
seinem Bereiche voll ist; das ist jedoch das Letzte in einem
Dinge; — denn nicht wenn das Ding durch seine substantielle
Form eben ist, d. h. von Nichts getrennt erscheint, ist es
auch ohne weiters gut, es besitzt dann nur eine gewisse
Vollkommenheit, diejenige nämlich, daß es nicht mehr Nichts
oder reine Möglichkeit ist. Gut ohne anderes hinzufügen, also
einfach gut ist es erst, wenn demselben keine Vollkommenheit
mehr fehlt, wenn es also am Ende des Seins steht; das
aber bedeutet für das einfache Sein und das einfache
Wahre nur eine Beziehung mehr von dem, was bereits ein=
fach und ohne weiteres hinzuzufügen kraft der substantiellen
Form ist und kraft derselben Form in der Vernunft wahr ist."

Da steht wieder Thomas in seiner ganzen schneidigen
Schärfe da. „Das einfach und ohne Zuthat Vollkom=
mene und deshalb an sich Erstrebenswerte ist am
Schlusse, am Ende des Seins." In jenem Sein fällt
demnach Sein, Güte und Wahrheit der Wirklichkeit nach
zusammen, dessen Substanz selber die Fülle, wo die Grundlage
des Seins, nach welcher einfach ausgesagt wird: es ist, zugleich
die Vollendung, wo Sein Wohl, Erkennen Wollen ist und
wo somit der letzte Endzweck vor allem notwendig gefunden
werden muß. Doch davon später noch.

Jetzt möge Thomas noch weiter fortfahren, den Begriff
des Guten selber zu entwickeln; er versteht sich auf die Pfade
des Ewigen (S. th. 1. qu. 19. art. 1):

„Was im Besitze eines Gutes ist, das ruht in diesem
Gute; was aber noch nicht in diesem Besitze ist, das strebt
nach demselben." So bezeichnet der Engel der Schule kurz
und bestimmt den wesentlichen Unterschied zwischen dem Ver=
hältnisse des Schöpfers zum Guten und dem des Geschöpf=
lichen. Und wie soll jegliches Ding sein dem Wesen ent=

sprechendes Gut finden? „Jegliches Ding begehrt seine
eigene Vollendung; dadurch aber wird etwas ein Gut, daß es
begehrenswert ist" (l. c. qu. 6. art. 1).

Mit diesen durchgreifenden Worten stellt Thomas den
denkenden Geist auf die letzte Stufe der Entwickelung des Begriffes „gut". Man sollte doch nicht an den Grundbegriffen
des Aquinaten rütteln und ihn dann noch als Führer auf-
stellen oder sich auf ihn berufen wollen! Wer da das Erkennen nicht in die innerste Einheit des Erkennenden und des
Erkannten setzt, sondern etwa als eine mechanische Gleichheit
zweier Größen betrachtet; der wird nie etwas davon verstehen,
wie Thomas aus der Wahrheit im Bereiche des Geschöpflichen
mit metaphysisch zwingender Notwendigkeit die unwandelbare
Wahrheit erschließt, welche die wesentlich vollkommenste Einheit selber ist, nämlich das substantielle Wesens-Sein des thatsächlich Erkennenden. Ebenso. Wer das Gute einseitig auffaßt als „das einem Sein Zukömmliche" als „das Vollkommene" 2c. der wird sich nie eine Idee davon machen können,
wie lebendig Thomas das Gute als Zweckursache gebraucht.

Das Gute besteht nach Thomas in der Erstrebbarkeit;
diese aber setzt im Geschöpflichen, was da nach der einen Seite
geben, nach der anderen empfangen kann, die gegenseitige
Beziehung voraus. „Das Gute ist im wirklichen Sein des
Dinges;" — allerdings, aber nur insoweit letzteres Beziehung
hat zum Begehrungsvermögen oder zur natürlichen, unbewußten
Neigung eines anderweitigen Seins. Da tritt sogleich Leben in
die Schöpfung. Es erscheint sogleich die Schwierigkeit gelöst, daß
etwas die Einheit mit dem wirklichen Sein eines anderen
Dinges erstrebt und doch nicht aus sich heraustritt um ein
anderes zu werden, sondern vielmehr dadurch seine eigene
Vollendung erreicht. „Jedes Sein erstrebt seine eigene Vervollkommnung" appetit suam perfectionem und nur in dem
Maße will es die innigste Verbindung, das Eins-Sein, mit
dem wirklichen Sein eines anderen Wesens, als es der Aus-
füllung des Mangels im eigenen Sein dienen kann. Nach

demselben Maßstabe wird es dann auch wieder vom anderen
Sein erstrebt. Wunderbare Harmonie! Was für die eine
Natur überflüssig ist und als reife Frucht abgeworfen wird,
das ist geeignet, den Hunger der anderen zu stillen (Ps. 103):
„Der Überfluß der Erde kräftigt den Menschen," sagt der
Psalmist „und die Frucht des Weinstockes erfreut des Men-
schen Herz."

Anders kann es aber auch gar nicht sein! Oder wo ist
denn das Maß, demgemäß jedes Ding nach Vollkommenheit
strebt? Nur im eigenen Wesen kann dieses Maß gefunden
werden, nur in dem inneren Formalgrunde, kraft dessen es
dieses ist und kein anderes; mit anderen Worten, einzig und
allein auf Grund der Wahrheit, die es in sich trägt und der
gemäß es der Idee des Schöpfers entspricht, kann es etwas
erstreben. Es hat ja eben kein anderes Sein, als das, welches
von der inneren Wesensform bezeichnet und formal begründet
wird, vermag also auch nur zu wollen, was diesem Wesen in
Wirklichkeit entspricht. „Der Löwe geht aus des Nachts und
brüllt nach Beute" (Ps. 105), er sucht das Gute nach seiner
Art; die Blume öffnet den Kelch des Morgens, sie sucht den
Tau des Himmels, das Gute nach ihrer Art; das Feuer
steigt nach oben und sucht sein eigengeartetes Gute; der Regen
fällt nach unten und findet da das Gute nach seiner Art
(Genes. 1, 11). Der Mensch aber sagt (Ps. 118): „Ich habe
mein Herz gebeugt, um deine Gebote zu erfüllen" propter
retributionem, wegen deiner, o Gut der Güter, auf das da,
als auf den überreichen Lohn, die ganze Schöpfung weist.

Immer gilt das Wort des Apostels (Ephes. 5, 29):
„Nimmer hat jemand sein eigenes Fleisch gehaßt;" und ebenso
das Wort des Weisen (Sap. 1, 10): „Seine Weisheit ist aus-
gestreut über alles Fleisch." Gott suchen alle Geschöpfe ihrer
Natur nach, wenn auch auf verschiedenen Wegen; er ist die
wirkende Ursache von allem wirklichen Sein, also auch von
allem Guten. Die Ähnlichkeit mit ihm giebt dem Sein Bestand; omne agens agit sibi simile. In ihm finden alle

Geschöpfe ihre Einheit und ihre endgültige Ruhe. „Alle Ge=
schöpfe," sagt ja Thomas (l. c. qu. 6. art. 1. ad 2), „streben
nach ihrer eigenen Vervollkommnung; damit aber zugleich nach
Gott selbst, denn jede Vollkommenheit beruht auf einer Ähn=
lichkeit mit Gott."

Gott selber aber ruht in seinem Gute, er ist seinem
Wesen nach das Allgut, dem nichts fehlen kann; er ist Wollen,
reines Wollen und deshalb teilt er mit, secundum quod
possibile est, soweit es ihm möglich ist, d. h. seiner Natur
nach sowie er will, unabhängig von allem anderen (l. c.
qu. 19. art. 2).

124. Text.

Nun mag der Text des fünften Beweises geprüft wer=
den. [17] „Der fünfte Beweis für das Dasein Gottes geht von
der Leitung der Dinge aus. Wir sehen nämlich, daß so
manche Wesen, die der erkennenden Vernunft entbehren, wie
z. B. alles Körperliche in der Natur, bei ihrer Thätigkeit einen
Endzweck verfolgen; dies erhellt daraus, daß sie immer oder
doch in den weitaus meisten Fällen auf dieselbe Weise thätig
sind, damit sie erlangen, was vollkommen ist. Sonach werden
dieselben nicht vom Zufalle getrieben, sondern durch eine be=
stimmte Absicht bis zur Erreichung des Zweckes geleitet. Mit
Absicht aber zu einem bestimmten Zwecke leiten, kann nur ein
mit Wille und Einsicht begabtes Wesen, gleichwie die bestimmte

---

[17] S. th. 1. qu. 2. art. 3. Quinta via sumitur ex gubernatione
rerum. Videmus enim quod aliqua quae cognitione carent, scilicet
corpora naturalia, operantur propter finem; quod apparet ex hoc,
quod semper aut frequentius eodem modo operantur, ut consequantur id, quod est optimum. Unde patet quod non a casu,
sed ex intentione perveniunt ad finem. Ea autem, quae non
habent cognitionem, non tendunt in finem, nisi directa ab aliquo
cognoscente et intelligente; sicut sagitta a sagittante. Ergo
est aliquid intelligens, a quo omnes res naturales ordinantur ad
finem; et hoc dicimus Deum.

Richtung des Pfeiles den Schützen verräth. Also giebt es ein vernünftiges Sein, welches alle natürlichen Dinge zum Zwecke geleitet und dieses Sein nennen wir Gott.

§. 2.
Zerlegung und Entwickelung des Textes.

125. Einwürfe.

Tritt mit diesem Beweise Thomas wieder zurück zum Stoffe, nachdem er im vorhergehenden aus den erhabensten geistigen Ideen die Erkenntnis Gottes herausgemeißelt hatte? Fast scheint es so. Schon die äußere Form „videmus", wir sehen, stimmt mit dem „videmus aliqua in hoc mundo moveri" im ersten und mit dem anderen Ausdrucke: „invenimus in istis sensibilibus" im zweiten Beweise überein und scheint auf eine rein stoffliche Grundlage hinzuweisen.

Aber dann ist dieser Beweis vollständig überflüssig. Was er beweisen soll, das ist bereits das Ergebnis des ersten Beweises. Denn offenbar besteht zwischen diesen beiden Sätzen kein merklicher Unterschied: „Was bewegt wird, muß außerhalb den erstbewegenden Grund haben," und „was in der körperlichen Natur wirksam ist, hat das Ende seiner Thätigkeit nicht innerhalb seiner selbst, nicht in seiner Gewalt." Die Thätigkeit des Stofflichen ist ja eben im eigentlichsten Sinne Bewegung und was sich nicht den ersten Anstoß geben kann, von dem hängt auch nicht das Ende ab.

Zudem scheint dem Beweise die richtige Schlußfolge zu fehlen. Oder ist das nicht etwa ein gewaltiger Sprung, der wohl schwer zu rechtfertigen ist, wenn Thomas aus der Thatsache, daß alle stofflichen, der Erkenntnis baren Dinge, wie ausdrücklich bemerkt wird, nach einem Zwecke gerichtet werden, den Schluß zieht: „Also muß alles natürliche Sein von einem Erkennenden geleitet werden, den wir Gott nennen?" Der Mensch und der reine Geist gehören doch auch zum natürlichen Sein! Was soll es schließlich heißen, daß die körperlichen Naturen „erlangen, quod est optimum, was das Beste ist?" Können sie denn das unbedingt Beste überhaupt erreichen? Sind sie auch nur fähig zu erlangen, was für sie speciell das Beste ist, worüber hinaus also kein Besseres denkbar erscheint? Oder ist nicht dem Stofflich-Beweglichen beständige Entwickelung vielmehr wesentlich zu eigen?

126. Strenge Beweiskraft.

Die Antwort ist die, daß der fünfte Beweis sowohl für sich allein gleich einem jeden der vorhergehenden zum Beweise des Daseins Gottes genügt, demnach von den anderen gänzlich verschieden ist, als auch das Gewicht sämtlicher Beweise von einer neuen Seite darthut und somit den Gesamtumfang von deren Beweiskraft entschieden vermehrt. Thomas ist gewohnt, dem Psalmisten zu folgen, der da singt (Pf. 130): „Herr! Mein Herz hat sich nicht über sich selbst erhoben und meine Blicke haben sich nicht in frevelhaftem Übermute auf Erhabenes gerichtet; nicht in großen Ideen bin ich stolz herumgewandelt und nicht im Wunderbaren, was über mir und über meinen Kräften steht. Oder hätte ich doch vielleicht nicht demütig genug gedacht und meine Seele unberufen in die Höhe getragen? Nein! Muttermilch habe ich gesogen und diese Nahrung hat mich stark gemacht für festere und kräftigere Speise; dem angemessen ist auch der Lohn in der Thätigkeit meines Geistes."

„Es ist die Pflicht des Lehrers der katholischen Wahrheit," sagt Thomas im Eingange seiner theologischen Summa: „den Kleinen Milch zu geben." Er lehrt, wie er selbst gelernt hat. Oder ist dies nicht reine, leicht verdauliche, nahrhafte Milch von der Mutter Erde? Milch von den stofflichen Dingen, die den Menschen umgeben? „Wir sehen, daß die stofflichen Naturen immer oder doch größtenteils auf dieselbe Weise thätig sind; sie verfolgen also mit dieser Thätigkeit einen Zweck."

Was sagt denn ein jeder, wenn er jemanden fortwährend

19*

dieselbe Richtung verfolgen sieht, ohne nach rechts oder nach
links umzuschauen, mit Vernachlässigung alles dessen, was zum
Aufenthalte einladet und unter Verachtung aller Hindernisse,
die sich entgegenstellen? Der Mann hat einen Zweck, d. h.
er hat etwas im Sinne, was das Einschlagen dieser und keiner
anderen Richtung zu wege bringt. Hat ein bestimmter Same
immer dieselbe Frucht und weicht nur ausnahmsweise infolge
von gewaltsamen Störungen davon ab, so heißt es bald: Dies
ist seine Natur. Das Auge sieht, das Ohr hört, die Zunge
schmeckt, ohne daß je eine andere Thätigkeit sich geltend machte?
— Also, dies ist der Schluß, verlangt dies der diesen Or-
ganen von der Natur gegebene Zweck.

Rührt nun ein solcher Zweck von der einzelnen Natur
selber her? Hat dieselbe sich ihn gegeben? (Es sei wohl bemerkt, wie scharf Thomas sich ausdrückt: „corpora naturalia,“
also er spricht von Körpern, insoweit sie eine „Natur“, eine
„Substanz“ in sich tragen.) Unmöglich! Denn gerade die
Natur ist in ihnen der volle innere Seinsgrund; kraft ihrer
Substanz, ihres Wesens haben sie Sein und wird von ihnen
ausgesagt: sie sind. Demnach können sie auch dieser ihrer
Natur nicht die Zweckrichtung geben; sie sind eben nicht vor
ihrer eigenen Natur und was nichts ist, kann nichts geben.
Woher sie die Natur demgemäß erhalten, daher stammt auch
die Zweckrichtung ihrer auf die Natur gegründeten Thätigkeit.

Was wird also von dieser ersten und unabhängigen Quelle
der natürlichen Thätigkeit und von ihrer notwendigen Zweckrichtung gelten müssen? Zu allererst, daß sie nicht von einem
anderen natürlichen Sein ihre schließliche Zweckrichtung erhält. Denn sonst kehrt die Frage wieder: woher? — Folglich
schreibt diese Urquelle frei aus sich heraus, ohne die mindeste Nötigung von außen, einer jeden Natur, welche von ihr
gebildet ist, auch den Zweck und zwar eben der betreffenden
Natur gemäß vor; vielmehr ist sie selber in den verschiedensten
Beziehungen dieser Zweck.

Es tritt hier wieder ähnlich wie in den vorigen Be-

weisen der Fall ein, daß jegliche Natur, so gering oder
so hoch sie auch immer ist, die oben gemachte Schlußfolge
auf einen letzten gänzlich in sich vollendeten und demnach voll
unabhängigen Endzweck an die Hand giebt. Wenn auch nur
ein Wassertropfen existierte mit seiner natürlichen Neigung zu
fallen, so müßte ein Wesen vorhanden sein, das sich selbst
Zweck ist und deshalb die Zweckrichtung anderem mitteilen
kann. Hat der Mensch, hat der reine geschaffene Geist eine
solche Natur in sich? Jedenfalls! Ihre ganze Thätigkeit
gründet sich ja auf ihre Natur, wie das Zufällige sich auf
das Notwendige stützt. Deshalb schließt Thomas auch ebenso
kurz als treffend: „omnes res naturales", also alle Dinge
stehen, insoweit sie eine Natur haben, den corpora naturalia
gleich. Sie schauen notwendig nach außen als auf den zu
erreichenden Zweck, sie setzen deshalb ein vernünftiges Wesen voraus, das da nicht nur den Zweck der einzelnen Naturen kennt,
sondern derselbe ist, und sonach auch alles wieder zu sich
führen kann: das Alpha und Omega alles Seins.

Ebenso gut hätte Thomas von der Natur des höchsten
Seraphs beginnen können; aber er liebt es, auf dem festen,
allen zugänglichen Fundamente der sichtbaren Welt zu bleiben
und steigt von da mit Hilfe der an die Sinne gebundenen
Thätigkeit seiner Vernunft sicherer empor, als andere von eingebildeten reinen Geistregionen aus: sein „videmus" täuscht
ihn nicht.

Damit erhellt auch zugleich die Grund-Verschiedenheit des
fünften vom ersten Beweise. Denn in diesem wird nicht mehr
allein die Thatsache der Bewegung zu Grunde gelegt, sondern die Natur, welche im einzelnen Dinge die Bewegung
trägt und dadurch im Inneren des beweglichen Seins selber
der Grund ist, daß die Bewegung demselben eigentümlich zugehört und von ihm wirklich mit Recht ausgesagt werden
kann. Es erhalten deshalb alle beweglichen Dinge nicht nur
den ersten bewirkenden Anstoß von außen, sondern sie tragen
die Bewegung ihrer Natur gemäß und nicht als etwas Er-

zwungenes oder Gewaltsames. Sie haben innerhalb ihres Seins das Princip, sowohl den ersten Anstoß von außen zu empfangen, als auch selbst die Träger der Bewegung zu sein und nur vermittelst dieses ihnen eigentümlichen inneren Princips wirkt der erstbewegende Grund auf sie ein. Deshalb bestimmt auch Thomas begrifflich kurz die „Natur" als principium motus in eo in quo est.

Sonach tritt Thomas mit diesem Beweise am tiefsten in das Geschöpfliche ein. Im Geschöpfe selbst ist das Urvermögen, der Urstoff, mit dem natürlichen Verlangen nach wirklichem bestimmten Sein; also ist 1) das wirkliche substantielle Sein, vermöge dessen ein Ding einfach ist (vergl. oben im §. 1), dem einzelnen Geschöpfe völlig zu eigen; verlangt es doch selber und allein danach; 2) ist es dem einzelnen Geschöpfe natürlich, d. h. gleichfalls zu eigen, daß von außen diese Bestimmung ihm zukommt; denn das Urvermögen ist eben wesentlich und nur Vermögen und, gerade weil es nur und wesentlich Vermögen ist, ist es auch wesentlich und nur geschöpflich und enthält in sich die Begründung aller stofflich-geschöpflichen Notwendigkeit für die Art des Empfangens.

Dasselbe stellt nun im fünften Beweise Thomas für die einzelne Thätigkeit des Geschöpfes auf, nicht bloß für sein einfaches Sein. Das Geschöpf ist, in welcher Art dies auch immer geschehen mag, 1) wirklich selbsteigen thätig, und bedarf 2) in dieser seiner eigensten Thätigkeit des äußeren bestimmenden Grundes, weil es einerseits eine „Natur" in sich hat als inneren, selbständigen Grund jedwelcher Thätigkeit und andererseits diese Natur außen ihren Zweck besitzt, somit auch von außen ihre Vollendung zu erwarten hat. Jedes Geschöpf ruft, ein jedes in seiner Weise, aber in dem ganzen Umfange seines Seins und seiner Thätigkeit aus: „Domine, quis similis tibi." Ewige Güte; überall sind die Spuren deiner Ähnlichkeit; überallhin ergießen sich die Geschenke aus dem Borne deiner Fülle!

127. Weltordnung.

Man soll doch ja nicht diesen fünften Beweis des heiligen Lehrers mit dem sogenannten Beweise aus der Weltordnung verwechseln, der vielleicht also lauten könte (Pf. 103): Blicke empor in die Höhe! Die Sterne finden ihre Bahn gleich der Sonne und halten unverrückt ihre ewige Ordnung, wie die Feldblume ihre Zeit . . . Lausche hinunter in die Tiefe! Während ihre Kinder schlafen, legt die Muttererde sie dichter an die nährende Brust; und frischeres Gedeihen steigt in die Pflanzen, „daß die Bäume des Herrn voll Saft stehen und das Land voll Früchte werde, die er schafft; daß das Gras wachse für das Vieh und Saat zum Nutzen der Menschen und der Wein erfreue des Menschen Herz und das Brot des Menschen Herz stärke." Oder bleibe ganz in der Nähe und weile am Lager des Schlummernden. Es ist alles still. Aber die verborgene Lebensstätte, o behorche sie. Wie die Lungen arbeiten, wie die Brust sich hebt, wie der Odem flüstert! Wie das Herz klopft, wie die Pulse zittern, wie die Wangen glühen! Wie das Blut umläuft und der Milchsaft seine Kanäle durchströmt zu des Leibes Erhaltung. Trete hinaus in die Nachtluft! O wie das klopft und treibt und schafft und regt, bewegt und doch zu ruhen scheint; der Wind haucht über schlummernde Fluren und der Strom predigt im Mondenscheine wie im Mittagsglanze! Was bedarf es weiter Zeugnis (Job 38)? Wo warst du, als ich die Fundamente der Erde legte, da mich lobpriesen allzumal die Morgensterne und jubelten alle Söhne Gottes? . . . Weißt du den Weg, auf welchem das Licht sich ausbreitet und die Hitze sich verteilt über den Erdkreis. Wer giebt dem strömenden Regenschauer seinen Lauf und seine Richtung dem tosenden Donner? Und es regnet in der Wüste, wo kein Mensch ist und wo keiner der Sterblichen seine Wohnstätte hat — und fruchtbar wird der öde Boden, wo kein Weg und kein Steg ist, und er erzeugt grünende Kräuter! Wer ist des Regens Vater? Oder

wer hat die Tautropfen erschaffen? Und das Eis, aus wessen
Hand ist es geflossen? Wer hat die Kälte vom Himmel ge=
sendet? . . . Führst etwa du den Morgenstern herbei und den
Abendstern läßt du ihn leuchten über die Kinder der Menschen?
Kennst du die Harmonie der Himmel und hast du ihr Abbild
auf die Erde verpflanzt? . . . Sendest du die Blitze und sie
gehen, und zurückgekehrt sprechen sie: Hier sind wir! Wer
hat denn tief im Herzen des Menschen die Weisheit versenkt?
Wer giebt dem Hahn seinen Trieb? Wer wird ergründen den
Lauf der Sterne und den Zusammenklang der Sphären am
Firmamente, wer wird ihn stören? Als da der Staub auf
Erden geformt wurde, und aus Lehm der Leib des Menschen
gemacht? Wirst du etwa für die Löwin Beute bereiten und
den Hunger ihrer Jungen stillen, wenn sie in ihren Höhlen
liegen und im Verborgenen sich zum Sprunge bereiten? Wer
schafft Speise für den Raben, wann seine Jungen schreien zu
Gott und herumflattern voll Angst, denn es fehlt ihnen
Nahrung! . . .

128. Zusammenhang der Naturen.

Thomas giebt vielmehr die tiefste, metaphysische Grund=
lage für einen solchen Beweis. Er giebt sie in den goldenen
Worten: Ut consequantur id quod est optimum: Die natür=
lichen Dinge werden kraft ihrer Natur zu dem hingeleitet, was
das Vollkommenste ist. Was ist das Vollkommenste? Die
Ordnung, die Einheit! Die Verbindung nämlich aller einzelnen
Naturen, insoweit dieselben den Charakter der Natur in sich
tragen, heißt ebenfalls Natur; denn das Ganze gründet sich
auf eine jede einzelne Natur und möchte keine, auch nicht die
geringste, gern vermissen. Jede geschöpfliche Natur bedarf der
anderen; die Notwendigkeit des Mangels durchdringt alle je nach
ihrer Weise. Alle aber zusammen bilden jene gewaltige, in sich
geordnete Notwendigkeit zu empfangen, der diese andere gegen=
übersteht: die innerliche Fülle selber, die da nicht zu empfangen
vermag, wohl aber geben kann secundum quod possibile est,

nach Möglichkeit, d. h. wie sie will, denn ihre Natur, der gemäß allein jedes Wesen thätig sein kann, ist Fülle; ihre Natur ist Wollen, ihr Erkennen Sein. Das optimum ist in der Natur zuvörderst und unmittelbar ihre Ordnung, das Ganze. Da dies aber nur um so mehr die Notwendigkeit, die nach außen drängt, offenbart, ist dieses optimum sodann: die gött=liche Fülle, an der vermittelst des Ganzen jedes Einzelne teil=zunehmen berufen ist, Thomas drückt dies kurz aus (cf. S. th. de spirit. creat. art. 8. c.): „Duplex est bonum universi: quoddam separatum, scilicet Deus, qui est sicut dux in exercitu; et quoddam in ipsis rebus; et hoc est ordo partium universi, sicut ordo partium exercitus est bonum exercitus."

Auf welche Weise aber ist es im einzelnen möglich, daß die eine Natur in ihrem wirklichen Sein erstrebbar, also ein Gut ist für die andere und doch dabei selber zu bestehen oder vielmehr, was weit mehr ist, gerade dadurch ihren Bestand zu erhalten und zu befestigen vermag? Ganz einfach! Was die eine als schlecht von sich ausscheidet, das befriedigt die Not der anderen. Der Sauerstoff, welchen die Pflanze ausatmet, ist das Lebenselement für das Tier, und was andererseits an Kohlenstoff das Tier ausscheidet, das begehrt die Pflanze als ihr Gut. Das Tier ginge zu Grunde, wenn es den Dünger in sich behalten sollte, dafür nährt es durch denselben das fruchtbringende Feld. Zu viele Einzelwesen in einer Gattung würden dem Bestande der Gattung Gefahr bringen; ihr Unter=gang ist die Nahrung für andere Seinsarten. Was ist denn das Licht, das erste bestimmende Element für den Stoff, seiner Natur nach anders als der Ueber= oder Ausschuß des inneren Reichtums der Sternen=Substanz, der da durch die Bewegung frei wird und, gleichwie die abfallende Frucht des Baumes alle Kraft und Eigentümlichkeiten desselben Baumes so zu sagen in der Quintessenz in sich enthält und deshalb auch fähig ist, wieder dieselbe Pflanze der Gattung nach hervor=zubringen: so auch ähnlicher Weise mit der in ihm befindlichen

Kraft des betreffenden Sternes (denn stella differta stella in claritate) hier auf Erden ein Bild der höheren Welt erzeugt, das da freilich nicht in derselben Gattungsart bleibt, wie der hervorgebrachte Baum in der des verursachenden, aber dennoch, soweit es der zerfließende Stoff zuläßt, durch seine Ähnlichkeit schließen läßt auf das Sein der Sternenwelten und der sie leitenden Kräfte! So sucht eine jede Natur „zu erhalten, was sie nicht hat", wie Thomas oben bemerkt, und „erstrebt nach ihrer Art ihre eigene Vollendung".

129. Vermögen und Geistnatur. Unentschuldbarkeit der Leugner Gottes.

Dieses Streben nach solchem wirklichen Sein, welches eigentlich einer anderen Natur eigen ist, muß jedoch auch der strebenden Natur wirklich zu eigen werden; sie selbst aber kann als innerlich unveränderlich nicht bald nach diesem bald nach jenem einzelnen Sein oder „Guten" streben. Wie ist also ein solches Streben zu denken? Bereits im dritten Paragraphe des dritten und vierten Kapitels ist die Antwort angedeutet. Wie der Schatten eines Baumes zur Erkenntnis vom Dasein des Baumes führt, so etwa trägt jede Natur die andere als Vermögen in sich und vermag deshalb, diese, beziehungsweise deren Früchte, zur eigenen Vollendung in sich aufzunehmen. Die Pflanze hat das Vermögen, den Kohlenstoff aufzunehmen; das Tier verhält sich ebenso zum Sauerstoffe; in allen ruht ein Schatten vom Lichte der Himmel, der sie befähigt, die Einwirkung des Lichtes zu empfangen und damit ein einiges Universum, die Erde als Bild des Himmels herzustellen. Jegliche Natur hat ihr eigenes Bedürfnis, welches sie an einen gewissen Seinskreis weist und besitzt in sich Fähigkeiten, um die Einwirkung anderer Substanzen, die an und für sich von ihr substantiell getrennt, manchmal auch in ihrem subjektiven Bestande geradezu entgegengesetzt sind, in sich hinein zu leiten und sich dementsprechend durch selbsteigene Thätigkeit zu vervollkommnen.

Nun klärt sich immer mehr der strahlende Glanz des
optimum! Nur eine Vernunft kann es sein, welche die ein=
zelnen Naturen und ihre Bedürfnisse erkennt, sie auf einander
bezieht und so das Ganze, die Verbindung aller, ermöglicht.
Diese Vernunft muß thatsächlich volles Sein sein und in
Nichts von außen beeinflußt werden können, um selber den
letzten Endzweck zu bilden. Das hat sich bereits oben er=
geben. Aber Thomas will mehr; er will, daß alle Naturen
durch ihre selbsteigene Thätigkeit diesen Zweck, das optimum,
erreichen und besitzen.

Das können dieselben nur dadurch, daß sie in der reinen,
freien geistigen Natur wiederstrahlen. Da allein können sie
bekennen, daß sie in ihrem subjektiv-stofflichen Bestande viel=
mehr nichts als etwas sind; da allein auch können sie alle
ihre Bedürfnisse mit dem endlosen inneren Grunde zeigen, um
ihre volle Befriedigung zu erwarten. Denn da ist an letzter
Stelle nicht mehr bloß ein Anfang, dem das Ende folgen kann
oder nicht; nicht mehr bloß eine Substanz, die im Inneren
des Einzelnen als Formalprincip es nur vermag, eine be=
stimmte Seinsstufe zu geben; da ist nicht allein ein Samen,
welcher der Frucht ermangelt, ein Vermögen, das nur die
Bereitwilligkeit hat, zu empfangen. Da ist der Anfang das
Ende, die Substanz wirkliches Sein; das Vermögen die Fülle;
da findet das Sein des Wassertropfens seine Heimat, wo er
nicht mehr fortwährend zu wandern notwendig hat und der
Seraph seine Vollendung.

Hier liegt eben das Erstaunliche in den Beweisen des
engelgleichen Lehrers. Es bewahrheitet sich bei einem jeden
derselben das Wort des Apostels und der Weisheit: inexcu-
sabiles sunt. Unentschuldbar ist jeder, welcher das Dasein
Gottes nicht erkennt. Das geringste Bewegliche verkündet es
ebenso gut durch seine Bewegung, wie das Vergehen und Ent=
stehen durch seine Veränderlichkeit. Es ist zwar keine natur=
notwendige Kenntnis, wie für das Auge das Schauen des
Lichtes; keine angeborenen, mit der Natur selbst gegebene Ideen

vermitteln sie; — und deshalb kann es wirkliche Atheisten
geben. Aber diese Kenntnis ist so leicht und aus so allge=
meinen Thatsachen zu gewinnen, daß keine Entschuldigung für
denjenigen vorgebracht werden kann, der sie nicht erlangt.

130. Die Vernunft, das Bild Gottes.

Inmitten der Natur aber selber, im Herzen des Men=
schen, besteht das natürliche Bild Gottes, vermittelst dessen
jedes einzelne Glied der stofflichen Welt zu seinem „Besten",
zum Schöpfer zurückgeleitet werden kann. In der Vernunft
finden sich alle die verschiedenen Naturen zusammen mit Aus=
schluß der subjektiven Quelle ihrer Unvollkommenheit, nämlich
mit Ausschluß der stofflichen Schranken, wohl aber begleitet
von allem, was sie Vollkommenes besitzen. Deshalb nehmen
sie da bereits die Ordnung ein, wie sie in der schöpferischen
Vernunft, im Urbilde besteht, sobald nur das Erkennen im
Menschen über den Prozeß des Werdens hinaus ist und
thatsächlich sich vollzieht. Die innere Natur der Dinge
ist in der geschöpflichen Vernunft geradeso wie in der schöpferischen
maßgebend. Demnach ist auch die Vernunft berufen, die stoff=
lichen Dinge so zu leiten, wie es deren innerster Natur zu=
kömmt, nämlich dem Willen des Schöpfers gemäß; und thut
sie dies aus irgend welchen Gründen nicht, so fehlt oder
fällt sie.

In der Vernunft hindern sich die vielen Naturen ebenso
wenig wie im Schöpfer. Frei sind sie da von allen Schranken
und allem stofflichen Mangel; als freigeborene Töchter der
freien göttlichen Vernunft erscheinen sie, unter denen die Schön=
heit der einen die der anderen nur erhöhen und zur Geltung
bringen kann. Jeder Gegensatz verschwindet; es wird verbunden,
was in Wirklichkeit getrennt war; die Vernunft empfängt in sich
gewissermaßen einen Strahl göttlicher Allmacht. Das Meer
verliert seine Schranken und wird ein Bindemittel für die
Länder und Nationen; die Tiere, welche von Natur wild sind,
zähmt sie; mit dem Blitze, der zerstört, zeichnet sie; des mäch=

tigen Adlers in den Lüften bemeistert sie sich ebenso wie der gewaltigen Ungetüme in den Tiefen des Meeres; sie hat in sich die Natur aller dieser Geschöpfe und kennt deren Notwendigkeiten und Bedürfnisse.

Mit dem allen geht die Vernunft nicht heraus aus dem Stofflichen, sie bleibt im besten Sinne des Wortes praktisch. Das Wirkliche ist ihr unmittelbarer Gegenstand und sie durchdringt es bis in die tiefsten Tiefen seines Seins, inwieweit auch immer es vom Gattungs=Sein, von der Substanz, zur Wirklichkeit gebracht ist. Deshalb ist auch die Vernunft die natürlichste Grundlage des Wollens, die Wahrheit der Anfang der Liebe und das geschöpfliche Erkennen selbst ein immerdar zu vervollkommendes Bild des schöpferischen. Was im Schöpfer der Wirklichkeit eins ist, das ist in der geschöpflichen Vernunft eine Einheit der Möglichkeit nach; bereits so aber schon ist diese Einheit das innerlich leitende Princip alles auf den Stoff gerichteten Wirkens.

Auch das Wollen oder Begehren ist ja eine Einheit; freilich nicht die Einheit mit der Substanz oder Natur, kraft deren etwas einfach ist; sondern die Einheit mit dem Wirklich=Sein, kraft dessen etwas begehrenswert ist. Nun geht das Erkennen immer auf das Wirkliche, insoweit dieses sich selbst, d. h. seiner inneren Substanz treu bleibt. Also ist damit bereits die immanente, die im Inneren der geistigen Fähigkeiten bleibende Grundlage auch für das Wollen gegeben, das sich naturgemäß auf das der eigenen Substanz Zuträgliche richtet, seine Regel somit in der Bethätigung der eigenen Substanz und in deren auf die stofflichen Naturen angewiesenen Vollendung findet.

131. Die der Geistnatur innewohnende Notwendigkeit.

Daraus ergiebt sich zudem, wie mit dem Grade der geschöpflichen Erhabenheit die Notwendigkeit in der Geist=Natur steigt: die Notwendigkeit nämlich des Bedürfnisses. Je weniger diese Natur fähig ist, vom Geschöpflichen und dessen Vollkom=

menheiten voll befriedigt zu werden, da das zu füllende Bedürf=
nis zu groß ist, desto mehr öffnet sie ihre Not und ihre Armut
unmittelbar vor dem Schöpfer: Die reine Substanz des erkann=
ten Gegenstandes ist die erkennende reine Vernunft; — das
ist unbedingte Vollkommenheit; das rein Gute, also was im
allgemeinen gut ist, befindet sich innerhalb des Willens und
ist so gewissermaßen der Wollende als solcher; — das ist auch
unbedingte Vollkommenheit und der erhabenen Geist=Natur
allein eigen. Aber das ergiebt auf beiden Seiten nur reines
Vermögen. Denn die Substanz in sich ist nur Vermögen
zu sein und schließt an sich gleichmäßig Beziehungen zu allem
Wirklichen und zu allem Möglichen, d. h. zu einem unter=
schiedslosen esse commune ein; — was Gut im allgemeinen
ist, (bonum commune) muß desgleichen, wie der Name bereits
besagt, allem gemeinsam sein, findet sich deshalb in allem
Stofflich=Einzelnen, natürlich insoweit jedes einzelne Sein er=
strebbar ist, also das Vermögen hat, erstrebt zu werden und
auf Grund dessen zu vervollkommen. Mit einem Worte, das
Vermögen nur wird von allen Seiten her vermehrt.

Um aber ein wirkliches Erkennen oder einen einzelnen
Willensakt zu ermöglichen muß das Wirklich=Stoffliche,
nicht bloß das Mögliche einwirken und muß ein einzelnes
bestimmtes Gut erstrebt werden, nicht bloß das bonum com=
mune. Dann erst kann etwas auf Grund der Substanz erkannt
und ein Gut auf Grund des Allgemein=Guten, also auf Grund
des inneren Vermögens, gewollt werden. Aber wo sind da die
bestimmenden Schranken, wo die Grenzen zu suchen? Alles ist
wahr, alles ist gut, alles ist: mit anderen Worten: Alles, was
ist, hat Beziehung zur Vernunft und zum Willen. Ein unge=
messenes Vermögen ist in der Vernunft; ein ungemessener Drang
nach allem Guten im Willen. Wer soll dieses Vermögen leiten?
Wer für diesen Drang die Befriedigung ermöglichen? Die
Dinge? Aber die eben wollen von der Vernunft geführt sein und
stellen sich deshalb zu allererst mit ihrer Substanz oder Natur,
d. h. mit ihrem endlosen Bedürfnisse vor. Der geschöpfliche

Geist? Aber in diesem sind von Natur aus nur Vermögen, die noch dazu das Vermögen alles Geschaffenen in sich tragen.

Der allwaltende erste Grund allein kann hier helfen. Können die einzelnen stofflichen Naturen, deren Notwendigkeit zu empfangen nur nach einer gewissen Seite hin gerichtet ist, schon von anderen Naturen, deren Bedürfnis in der entgegengesetzten Richtung nach außen treibt, befriedigt werden, so kann die menschliche wie überhaupt eine jede mit Geist begabte Natur, die da allgemeine Vermögen besitzt und damit Not hat, alles zu empfangen, nur der verursachenden Kraft des ersten All=Grundes ihre einzelne Inthätigkeitsetzung, oder die Anwendung ihrer Vermögen für den einzelnen Akt in erster Linie naturgemäß danken. Er allein kann im vollen Besitze des wirklichen einzelnen Gutes den Drang nach dem Guten im allgemeinen, d. h. die Natur des geistigen Willens aufrecht halten oder vielmehr die Liebe zum einzelnen Gute auf Grund des Vermögens für alles Gute verursachen. Er allein, die wahre Güte, Gott allein die Wahrheit und Liebe seiner Natur nach, vermag die Vollendung der Vernunft und des Willens und damit die Vollendung alles Seins zu leiten.

132. Die natürliche Ordnung.

„Legem pone mihi Domine" fleht deshalb der Psalmist. Die Ordnung der Naturen im Verhältnisse zu einander und zum Schöpfer wie dieselbe anfangs in sie gelegt worden, bildet das Gesetz, welches der erhabene Gesetzgeber selber immer wieder und inmitten aller einzelnen sich verändernden Umstände mit möglichster Klarheit im menschlichen Geiste wiederstrahlen lassen möchte, auf daß nach demselben das All geleitet werde; so fleht der königliche Sänger zum Vater der Naturen und Quell der Weisheit, denn dies allein kann der Weg zu dem sein, quod est optimum.

Schön hat deshalb Thomas diesen fünften Beweis mit der Behauptung angefangen, daß das Vernunftlose, die natür=lichen Körper, nach einem bestimmten Zwecke thätig sind und

daraus geschlossen auf das Dasein einer unbedingt freien und un=
abhängigen Vernunft. Denn in der That ist die Ordnung, wie
sie vom Schöpfer in die geringste stoffliche Natur gelegt wor=
den, Gesetz für die Vernunft, deren Wesen es erfordert, daß
die leitenden Ideen so in sie aufgenommen werden, wie sie
innerhalb der Naturen der stofflichen Wirklichkeit sind. Die
geschöpfliche Vernunft ist in ihrem Thätig=Sein an die Natur
des Stofflichen gebunden: im Menschen so, daß das Stoffliche
selber wirkenden unmittelbaren Anteil nimmt an der Erzeu=
gung der Ideen; im reinen Geiste der Art, daß die seiner
Substanz als natürliche Mitgift verliehenen „angeborenen"
Ideen dem wirklichen Bestande der Dinge entsprechen. Auch
der Schatten einer Spur des schöpferischen Wirkens herrscht
immer souverän selbst in dem erhabenen Seinskreise des Geistes
und nur in dem Grade handelt dieser in thatsächlich wirk=
licher Freiheit als er der Spur des dem Wesen nach Freien,
weil dem Wesen nach innerlich Notwendigen und unbedingt
Vollkommenen folgt.

133. Zufall und Fehler.

Das führt schließlich zum letzten Zeichen der souveränen
Macht des Schöpfers; es wird gebildet durch den Zufall.
Das Geschöpfliche hat, so ist schon des öfteren gesagt worden,
die Notwendigkeit des Bedürfnisses und ist somit im ganzen
Umfange seines Seins auf das Empfangen angewiesen. Im
Schöpfer aber besteht keinerlei Notwendigkeit nach außen hin
zu geben. Wohl kann ein Geschöpf mit dem anderen durch die
natürliche Beziehung des Empfangens und Gebens verbunden
sein, weil beide beschränkt sind; dem Schöpfer gegenüber ist
alles Geschöpfliche rein Mögliches, das etwas werden, aber
nichts fordern kann. Das beweist klar und offen der Zufall
und der Fehler.

Mag Thomas diesen Beweis liefern: [48] „Ist die Ordnung

---

[48] In metaph. lib. 6. lect. 3. Et ita, si omnia quae hic aguntur,
fato et providentiae subduntur, sequitur, quod omnia ex necessitate

in ber Natur eine bergeſtaltige, baß alle Thätigfeit baburd)
bebingt wirb, ſo verſch)winbet notwenbigerweiſe ber Zufall.

---

eveniant. Videtur ergo, quod secundum intentionem Philosophi
non sit ponere neque providentiam neque fatum. Ad horum
autem evidentiam considerandum est, quod, quanto una causa
est altior, tanto ejus causalitas ad plura se extendit. Habet enim
causa altior proprium causatum altius, quod est communius et
in pluribus inventum. Sicut in artificialibus patet, quod ars
politica, quae est supra militarem, ad totum statum communi-
tatis se extendit. Militaris autem solum ad eos qui in ordine
militari continentur. Ordinatio enim, quae est in effectibus ex
aliqua causa, tantum se extendit, quantum se extendit illius
causae causalitas. Omnis enim causa per se habet determinatos
effectus, quos secundum aliquem ordinem producit. Manifestum
igitur est, quod effectus relati ad aliquam inferiorem causam
nullum ordinem habere videntur, qui, si referantur ad superiorem
causam communem ordinati inveniuntur et non per accidens conjuncti, sed ab una per se causa simul producti sunt. Sicut floritio
hujus herbae vel illius, si referatur ad particularem virtutem,
quae est in hac planta vel illa, nullum ordinem habere videtur,
immo videtur per accidens quod hac herba florente illa floreat.
Et hoc ideo, quia causa floritionis hujus plantae extendit se ad
floritionem hujus et non ad floritionem alterius: unde est quidem
causa, quod haec planta floreat, sed non, quod simul cum altera.
Si autem ad virtutem corporis caelestis, quae est causa communis, referatur, invenitur, hoc non esse per accidens, quod hac
herba florente illa floreat, sed esse ordinatum ab aliqua prima
causa hoc ordinante, quae simul moveat utramque herbam ad
floritionem. Invenitur autem in rebus triplex causarum genus.
Est enim primo causa incorruptibilis et immutabilis, quae est
causa divina; sub hac secundo est causa incorruptibilis, sed
mutabilis scilicet corpus caeleste; sub hac tertio sunt causae
corruptibiles et mutabiles. Hae igitur causae in tertio gradu
existentes sunt particulares, et ad proprios effectus secundum
singulas species determinatae: ignis enim generat ignem, et homo
hominem et planta plantam. Causa autem secundi gradus est
quodammodo universalis et quodammodo particularis. Particularis quidem, quia se extendit ad aliquod entium genus determinatum, scilicet ad ea, quae per motum in esse producuntur; est
enim causa movens et mota. Universalis autem, quia non ad

Schneiber, Natur ꝛc. 20

Es muß also anscheinend entweder die allwaltende Ordnung
geleugnet werden und damit alle Vorsehung oder es giebt

unam tantum speciem mobilium se extendit causalitas ejus, sed
ad omnia, quae alterantur et generantur et corrumpuntur: illud
enim quod est primo motum oportet esse causam omnium con-
sequenter mobilium. Sed causa primi gradus est simpliciter
universalis: ejus enim effectus proprius est esse; unde quidquid
est et quocunque modo est, sub causalitate ejus et ordinatione
illius causae propriae continetur. Si igitur ea, quae hic sunt
contingentia, reducamus in causas proximas particulares tantum,
inveniuntur multa fieri per accidens, tum propter concursum
duarum causarum, quarum una sub altera non continetur, sicut,
cum praeter intentionem occurrunt mihi latrones (hic enim concursus causatur ex duplici virtute motiva), mea scilicet et latro-
num; — tum etiam propter defectum agentis, cui accidit debilitas,
ut non possit pervenire ad locum intentum; sicut cum aliquis
cadit in via propter lassitudinem; — tum etiam propter indispositionem materiae, quae non recipit formam intentam ab agente,
sed alterius modi, sicut accidit in monstruosis partibus animalium.
Haec autem contingentia, si ulterius reducantur in causam caelestem; multa horum invenientur non esse per accidens; quia
causae particulares, etsi non continentur sub invicem, continentur
tamen sub una causa communi caelesti; unde concursus earum
potest habere unam aliquam causam caelestem determinatam.
Quia etiam virtus corporis caelestis est incorruptibilis et impas-
sibilis, non potest exire aliquis effectus ordinem causalitatis ejus
propter defectum vel debilitatem ipsius agentis (virtutis). Sed
quia agit movendo et omne tale agens requirit materiam dispo-
sitam et determinatam; potest contingere, quod in rebus naturalibus virtus caelestis non consequatur suum effectum propter
indispositionem materiae; et hoc erit per accidens . . . . Sed si
ulterius ista contingentia reducantur in causam altissimam divinam,
nihil inveniri potest, quod ab ordine ejus exeat, cum ejus causalitas extendit se ad omnia in quantum sunt entia. Non potest
igitur causalitas ejus impediri per indispositionem materiae; quia
et ipsa materia et ejus dispositiones non exeunt ab ordine illius
agentis, quod est agens per modum dantis esse et non solum
per modum moventis et alterantis. Non enim potest dici, quod
materia praesupponatur ad esse, sicut praesupponitur ad moveri,
ut ejus subjectum; quinimmo est pars essentiae rei. Sicut igitur

nichts, was zufällig oder absichtslos geschieht. Da muß jedoch erwogen werden, daß je höher eine Ursache steht, desto weiter

---

virtus alterantis et moventis non impeditur ex essentia motus aut ex termino ejus, sed ex subjecto, quod praesupponitur; ita virtus dantis esse non impeditur a materia vel a quocunque quod adveniat qualitercunque ad esse rei .... Unde sicut divinae providentiae subditur ipsum ens, ita etiam omnia accidentia entis in quantum est ens, inter quae sunt necessarium et contingens; nam ex eadem causa dependet effectus et omnia quae sunt per se accidentia illius effectus. Sicut enim homo est a natura, ita et omnia ejus per se accidentia sicut risibile et mentis disciplinae susceptibile. Si autem aliqua causa non facit hominem simpliciter, sed hominem talem, ejus non erit constituere ea, quae sunt per se accidentia hominis sed solum uti eis. Politicus enim facit hominem civilem; non tamen facit eum mentis disciplinae susceptibilem, sed hac ejus proprietate utitur. Ens autem in quantum ens habet causam ipsum Deum; ad divinam igitur providentiam pertinet, non solum quod faciat hoc ens, sed quod det ei contingentiam vel necessitatem. Secundum enim quod unicuique dare voluit contingentiam vel necessitatem, praeparavit ei causas medias, ex quibus de necessitate sequatur vel contingenter. Invenitur ergo uniuscujusque effectus, secundum quod sub ordine divinae providentiae continetur, necessitatem habere. Ex quo contingit, quod ista conditionalis est vera: Si aliquid est provisum a Deo, hoc erit. Secundum quod autem aliquis effectus consideratur sub ordine causae proximae: sic non omnis effectus est necessarius, sed quidam necessarius et quidam contingens secundum analogiam suae causae. Effectus enim in suis naturis assimilantur causis proximis, non autem remotis, ad quarum conditionem contingere non valent. Sic ergo patet, quod, cum de divina providentia loquimur, non solum dicendum sit: hoc erit: sed: hoc est provisum a Deo, ut contingenter sit vel necessario . . . Quod quidem est singulare in hac causa. Reliquae enim causae non constituunt legem necessitatis vel contingentiae, sed constituta a superiori causa utuntur; unde dependet ab iis solum, quod effectus sit. Quod autem sit necessario vel contingenter, dependet ex causa altiori, quae est causa entis in quantum ens; a qua ordo necessitatis et contingentiae in rebus procedit.

20*

auch ihre urſächliche Kraft reicht. So iſt z. B. die Kunſt der
Politik oder die Staatsweisheit höher als die Kriegskunſt, denn
dieſe erſtreckt ſich bloß auf die Soldaten, welche der Staat hat;
jene aber auf den ganzen Staat und ſeine ganze Bevölkerung.
Die beeinfluſſende und regelnde Kraft, welche ſich in den Wir=
kungen einer beſtimmten Urſache geltend gemacht, geht gerade
ſo weit als die verurſachende Gewalt der letzteren. Denn jede
Urſache hat einige beſtimmte Wirkungen zur Folge, welche die=
ſelbe in einer gewiſſen Ordnung hervorbringt. So kann es
alſo leicht geſchehen, daß einzelne Wirkungen kein beſtimmtes
Verhältnis zu einander haben und in keiner Ordnung ſtehen,
wenn ſie auf eine niedrigere und beſchränktere Urſache bezogen
werden, ſondern daß ſie mit einander in einem rein zufälligen
äußerlichen Zuſammenhange ſind; — während dieſelben Wir=
kungen, wenn ſie auf eine höhere Urſache bezogen werden, in
durchaus geordnetem Zuſammenhange ſtehen, indem ſie gleich=
mäßig derſelben notwendigen Urſache ihr Sein verdanken. So
iſt das Blühen dieſer Pflanze in keinem innerlich notwendigen
Verhältniſſe zum gleichzeitigen Blühen jener Pflanze, wenn
nur die einzelne Pflanze in Betracht gezogen wird; denn die
eine übt keinerlei urſächliche Kraft auf die andere aus und iſt
deshalb auch ihr Blühen von keinerlei beſtimmendem Einfluſſe
auf das Blühen der anderen. Wird jedoch der Einfluß von
oben, von ſeiten der Himmelskörper, als die höhere urſäch=
liche Kraft des Blühens der Pflanzen in Betracht gezogen, ſo
findet es ſich, daß dieſes gemeinſame Blühen durchaus nicht
zufällig und äußerlich iſt, ſondern beſtimmt und regelrecht
verurſacht durch die höhere Urſache. Nun giebt es eine drei=
fache Gattung von Urſache: 1) Die unvergängliche und
unveränderliche Urſache, nämlich Gott; 2) eine veränder=
liche aber nicht dem Entſtehen und Vergehen unterworfene, alſo
unvergängliche Urſächlichkeit, nämlich die Himmelskörper; 3) eine
veränderliche und vergängliche, die irdiſch=ſtofflichen Dinge.
Die Urſachen dieſer letzten Stufe nun ſind offenbar durchaus
beſchränkt und auf das Beſondere, auf Ort und Zeit ge=

richtet; Feuer nämlich verursacht nur wieder Feuer und nichts anderes, sowie die Pflanze wieder eine Pflanze hervorbringt. Die Ursachen der zweiten Stufe aber sind einesteils beschränkt und anderenteils müssen sie als allgemeine bezeichnet werden; beschränkt sind sie, weil sie nur durch Bewegung ihre Wirkungen hervorbringen und demnach was der Bewegung nicht untersteht, in ihnen nicht begründet sein kann; als allgemeine müssen sie bezeichnet werden, weil sich ihre verursachende Kraft nicht auf eine bestimmte Gattung des Beweglichen erstreckt, sondern schlechthin auf alles Bewegliche. Die erste Ursache jedoch ist nach allen Seiten hin gerichtet, wahrhaft allgemein, denn ihre Wirkung ist das Sein; was also ist und auf welche Weise es ist, das ist unter ihrer verursachenden und regelnden Kraft. Werden also die auf der dritten Stufe stehenden Ursachen in Betracht gezogen als die nächsten und unmittelbarsten (auf dem Wege des Entstehens, via generationis), so wird vieles zufällig sein a) auf Grund des Zusammentreffens zweier solcher Ursachen, die unter sich in keinem Zusammenhange stehen, wie wenn ich außer meiner Absicht Räubern begegne auf Grund meiner persönlichen Bewegungskraft und auf Grund der ihrigen; b) in Folge der Schwäche des verursachenden Grundes, wie wenn ich z. B. aus Ermüdung auf dem Wege zusammenbreche; c) wegen der Unfähigkeit des Stoffes, der die vom Verursachenden gegebene Form nicht voll zu tragen vermag, wie bei monstruosen Geburten oder bei künstlerischem Schaffen auf Leinwand, Marmor u. dgl., wenn es schlechten Stoff vorfindet. Werden jedoch diese Art Zufälligkeiten auf die höhere Ursache der Himmelskörper bezogen, so hört schon da vieles auf, zufällig zu sein; denn obgleich die irdisch=stofflichen Ursachen nicht zu einander in ursächlichem Zusammenhange stehen, so sind doch alle unter der einwirkenden Kraft der Himmelskörper, die auf alles Bewegliche bestimmenden Einfluß haben. Es fällt demnach schon die erste Klasse (a) alles Zufälligen fort, wie oben beim gleichzeitigen Blühen der Pflanzen und auch beim Zusammen=

treffen mit Räubern, wenn vom freien Willen Abstand genom=
men wird. Auch die zweite Klasse (b) fällt fort, da die
Thätigkeit der Himmelskörper gleich ihrer Substanz unzerstör=
bar, dem Entstehen und Vergehen nicht unterworfen sind, also
auch eine Schwäche darin nicht statthaben kann. Weil aber
diese Art Ursächlichkeit vermittelst der Bewegung wirkt und
die Bewegung einen Stoff voraussetzt, welcher der Bewegung
unterliegt, so bleibt die dritte Klasse von Zufälligkeiten, die=
jenigen nämlich, die sich auf die Unfähigkeit des Stoffes für
gewisse Einwirkungen gründen. Gewinnt also eine Wirkung
der Himmelskörper nicht die regelrechte Vollendung infolge der
indispositio materiae, so ist dies in Bezug auf diese Ursäch=
lichkeit ein Zufall .... Wird jedoch die höchste Ursache heran=
gezogen, so kann nichts gefunden werden, was der Abhängigkeit
derselben sich entzieht; denn ihre Ursächlichkeit erstreckt sich auf
alles, was ist, insoweit es ist. Selbst die Unfähigkeit des
Stoffes kann hier keinen Zufall mehr veranlassen, denn diese
Ursache wirkt dadurch, daß sie das Sein verleiht und nicht
durch Bewegung; setzt also nichts voraus; wird aber von allem
vorausgesetzt. Nur allein mit Bezug auf diese Ursache giebt es
nichts Zufälliges, wenn auch solches zugelassen wird mit Rücksicht
auf andere Ursachen. Damit bleibt aber bestehen, daß dieses
Zufällige wirklich Zufälliges bleibt. Denn der göttlichen Ur=
sächlichkeit unterliegt das Sein als solches, also unterliegen ihm
auch alle wesentlichen Eigenschaften des Seins, unter denen
sich findet: notwendig und zufällig oder frei, d. h. was so
geschieht, daß es nicht anders geschehen kann, und was so
geschieht, daß es anders auch geschehen kann. Es bleibt also
auch der göttlichen Ursache überlassen, daß es dem Sein ent=
weder Notwendigkeit verleiht oder Freiheit: sowie wenn ein
Mensch wird, derselbe von Natur aus (erziehungs=) bildungs=
fähig ist. Deshalb bereitet Gott für manche Wirkungen Mittel=
Ursachen, aus denen sie mit Notwendigkeit folgen, so daß
das Gegenteil nicht möglich ist, und anderen giebt er als
nächste Ursachen solche, aus denen sie wohl hervorgehen, aber

auch nicht hervorgehen können. So ist also jede Wirkung mit Rücksicht auf die erste Ursache notwendig; wird sie aber mit Beziehung auf die nächste unmittelbare Ursache betrachtet, so sind manche Wirkungen notwendig und andere zufällig oder frei, je nachdem Gott denselben diese Ursache verliehen hat. Jede Wirkung aber ist der nächsten Ursache ähnlich, wie der Mensch z. B. dem Menschen, der ihn gezeugt; nicht aber der ersten, zu deren Seinsweise sie nicht heranreicht. Deshalb ist auch jede Wirkung schlechthin notwendig oder zufällig (frei) mit Rücksicht auf die nächste Ursache und es darf nicht gesagt werden, daß alles gewirkte Sein notwendig ist, weil es von Gott, der allwaltenden Ursache, der nichts entgeht, her= rührt, sondern es ist aus diesem Grunde notwendig, weil die Wirkung aus ihrer nächsten Ursache entweder notwendig folgt oder zufällig. Das ist nämlich wahrhaft einzig in der gött= lichen Ursache, daß sie das Gesetz der Notwendigkeit oder Frei= heit aufstellt; während das andere verursachende und verur= sachte Sein sich dieses Gesetzes in ihren Wirkungen bedient und nicht anders als notwendig oder nicht anders als zufällig wirken kann."

Der Zufall, das Zeichen der Schwäche und Ohnmacht des geschaffenen Seins, welches aus so vielen Rücksichten in seiner Wirkung gehindert werden oder fehlen kann, dieser Zufall selbst beweist die einzig dastehende ordnende Macht des Schöpfers.

§. 3.
Der metaphysische Grundbegriff Gottes.

134. **Wesenstrennung zwischen Gott und der Welt.**

„In der Überzeugung von ihrer Ohnmacht steht meine Seele vor deinem Heile . . . vor deinem Worte senken sich bis in den Staub meine Blicke" (Pf. 118): deficit in salu= tare tuum anima mea; dies ist der Ausdruck des Ergeb= nisses, welchen besonders der fünfte Beweis liefert.

Nichts ruht im Stoffe. Die Himmelskörper kreisen un=

aufhörlich in ihren unverrückbaren Sphären und ihr harmo=
nischer Zusammenklang, der concentus coeli, wie die Schrift
sagt, bewirkt die Einheit der bewegenden Kraft auf Erden.
Vom Strome, der ohne Rast seine gewaltigen Wogen hinab=
rollt und dem Meere, das nimmer Frieden hat, bis hinunter
zum Tiefinnersten der Erde, wo noch unbekannte Kräfte walten,
und hinauf bis zu den höchsten Luftschichten zittern die Pulse
der Schöpfung. „Dunkel hast du herabgesenkt und Nacht ist
es geworden: in ihr erheben sich die Tiere des Waldes und
laufen nach Beute . . . . Die Sonne ist aufgegangen und sie
kehren heim und ruhen aus in ihren Höhlen; der Mensch aber
geht dagegen aus zur Arbeit und wirkt und schafft, bis es
Dunkel wird" (Pf. 103). Und warum diese unaufhörliche
Bewegung überall? Jegliches Ding will seine innere Natur
und deren Drang befriedigen: der Stern durch seinen Kreis=
lauf, der Strom durch das Hinabrollen seiner Wasser, das
Tier durch Herbeischaffung der Beute, der Mensch durch seine
vernunftgemäße Arbeit; „sie begehren," meint Thomas so schön,
„was ihnen fehlt zur Vollendung." Beständige Bewegung,
unaufhörliches Entstehen und Vergehen erfüllt die Welt. Alle
Kräfte, die darin walten, scheinen wie einem Losungsworte der
Bestimmung zu folgen, Naturen hervorzubringen oder wenig=
stens dazu mitzuwirken. Ist die einzelne Natur erzeugt, so ist
damit auch der Schlußstein der betreffenden Bewegung gesetzt:
„Die örtliche Bewegung," sagt ja oben Thomas, „dient der
Veränderung der Zustände im einzelnen Dinge der alteratio;
diese aber der Erzeugung der Substanz, der generatio."

Ist es anders im Bereiche des geschaffenen Geistes? Seine
ganze Thätigkeit ist unmittelbar darauf gerichtet, die innerlichste
Natur anderer Seinsarten in sich aufzunehmen und danach die
letzteren zu leiten. Der Natur also wieder und ihrer Vollendung
gilt sein Wirken. Wenn nun aber schon die Thatsache der Be=
wegung, die Thatsache des Entstehens und Vergehens, die That=
sache der geistigen Entwickelung; wenn eine jede dieser Thatsachen
und alle zusammen auf Grund ihrer inneren Ohnmacht klar und

unzweideutig die wahre Erkenntnis des göttlichen Daseins ver=
mitteln: um wie viel mehr muß dies die innere Natur des
Geschöpfes selber thun! Oder warum ist denn die Bewegung
und Veränderung des stofflichen Seins unaufhörlich, das Ende
des einen nur der Anfang des anderen und umgekehrt? Warum
besitzt das Bewegliche nicht innerhalb seiner selbst den ersten
Grund für seine Bewegungsthätigkeit, sondern erwartet den
ersten Anstoß dazu von außen? Warum ist alles Sein im Be=
reiche des Geschaffenen unter dem Drucke der Notwendigkeit, die
wieder nach außen weist? Warum ruft der Geist nur um so
dringender nach mehr, je weiter er bereits vorgedrungen?

Die Natur, welche alles Sein innerhalb des Geschaffenen
trägt, hat ihren Zweck und ihren Ruhepunkt nicht in sich und
zeigt sonach mit dem Vermögen ohne Ende, welches ihr als
Substanz eigentümlich ist, in ihrer unausgesetzten Wirksamkeit
auf jene Natur, welche, eine unendliche Fülle, Sich und allem
Anderen Zweck und Vollendung ist. Bestände eine solche Natur
nicht, so wäre das Vermögen der Natur, den Zweck zu er=
reichen, wozu sie geboren ist (natura-natum ad aliquid), ein
Unvermögen; die Natur eine Unnatur, Sein Nicht=Sein.
Damit aber leitet die Natur der Dinge auch alles Sein der
Dinge zum Bekenntnisse von Gottes Zweckursächlichkeit und
auf Grund derselben zur Anerkennung von Gott als allwir=
kender Ursache; folglich zugleich mit Notwendigkeit zur Behaup=
tung der völligsten Wesenstrennung Gottes vom Geschöpf=
lichen. Letzteres kann nur dann suchen, seinen Endzweck zu
erreichen, wenn ein solcher in Wirklichkeit existiert. Natur in
einem Dinge ist im Grunde genommen nur die positive
Hinneigung zu etwas, wie z. B. der Wolf die Natur des
Wolfes hat, mag er auch noch kein einziges Lamm verzehrt haben,
und wie das kleine Kind von einem Tage die Natur des Men=
schen hat, wenn es auch keinen thatsächlichen Gebrauch von
der Vernunft machen kann; ein Hinneigen aber zu etwas und
noch dazu wie in diesem vorliegenden Falle ein Hinneigen,
welches für alles geschöpfliche Sein als der innere maßgebende

Grund erscheint, ist nicht möglich, wenn nichts Entsprechendes in der Wirklichkeit existiert und wenn dieses Wirkliche nicht
im Gegensatze zur hinneigenden Natur seinem Wesen nach
alles besitzt, um zu befriedigen. Muß deshalb eine jede
einzelne natürliche Hinneigung ihre Befriedigung finden? Schon
deshalb nicht, weil sie bloß ein Hinneigen ist. Es steht hier
nicht Sein gegen Sein, sondern Möglichkeit gegen Wirklichkeit,
Mangel gegen Fülle. Der Bettler hat die Neigung, etwas zu
empfangen; kann er deshalb im einzelnen Falle es fordern?

Da liegt nun im Geschöpflichen der innerste Grund vor,
infolge dessen nur deshalb Gott die allumfassende Ursächlichkeit sein muß, weil sein Wesen völlig getrennt ist von allen
anderen Wesen. Demnach ist auch hier der geeignetste Ort,
die Untersuchung anzustellen: welche denn unter den durch die
Geschöpfe geoffenbarten göttlichen Eigenschaften sich zu den
anderen so verhält, wie im Geschaffenen die innere Natur
als tiefster zum entsprechenden Zwecke gerichteter Seinsgrund
sich verhält zu dem Vermögen und der Thätigkeit oder im allgemeinen zu den übrigen Zuständen des Einzeln-Seins; oder
kurz: auf welche Eigenschaft Gottes als ihr besonderes Urbild
die Natur in jedem Dinge weist. Die Eigenschaft wird dann
ohne Zweifel der sogenannte metaphysische Grundbegriff
Gottes sein.

135. Standpunkt der Untersuchung.

Es ist jedoch, um in einer solchen Untersuchung sicher
voranzuschreiten, vor allem erforderlich, daß, wenn auch nur
mit einigen Worten, auseinandergesetzt werde, von welcher Beschaffenheit der Unterschied ist, welcher zwischen den einzelnen
Vollkommenheiten Gottes herrscht und wie überhaupt aus den
Geschöpfen die Möglichkeit oder vielmehr die Notwendigkeit
eines solchen Unterschiedes entnommen werden könne. Denn
offenbar kann im Sein Gottes thatsächlich und in Wirklichkeit
keinerlei Unterschied bestehen, wie etwa z. B. in der einheitlichen menschlichen Natur zwischen Leib und Seele. Das wird

schon dadurch unmöglich gemacht, daß nach allen bisher gegebenen Beweisen die Geschöpfe mit Notwendigkeit die Existenz
eines Seins erfordern, welches nur und rein ist, also in
keiner Weise etwas werden kann oder, was dasselbe bedeutet,
irgendwie bestimmbar erscheint. Was aber rein ist, nun das
hat in keiner Beziehung ein Nicht=Sein. Sonach giebt es
im göttlichen Sein weder ein bestimmbares noch ein bestim=
mendes Glied, wie in der geschöpflichen Substanz; da ja sonst
ein jedes von beiden das andere nicht wäre, somit ein Nicht=
Sein in Gott vorhanden sein würde.

Zudem zeigen die stofflichen Wesenheiten und Zustände,
daß die sie bewirkende erste Ursache unbeweglich, unver=
änderlich und innerlich notwendig sein muß, was alles
nur einem stofflosen und unbeschränkten Sein zukommen
kann. Was aber allseitig, sowohl der Substanz als der
Thätigkeit nach, von den Gesetzen der stofflichen Notwendigkeit
und Bedürftigkeit geschieden ist, das kann auch keinen Unter=
schied in seinem Sein zulassen, so daß etwa ein Teil oder
Zustand desselben in der Wirklichkeit nicht der andere sei:
denn Scheiden, Einschränken, etwas sein und ein an=
deres nicht sein, hat seinen alleinigen natürlichen Grund im
Stoffe. So sind denn auch die rein geistigen Eigenschaften
wie die des Wahren und Guten z. B. deshalb in Gott allein
vollkommen, weil das subjektiv=wirkliche göttliche Sein, in
welchem sie sich vorfinden, ganz einfaches unbeschränktes Sein
ist. Im geschöpflichen Sein ist die Wahrheit wohl wirklich,
nämlich ihrem Begriffe nach, vorhanden; aber unvollkom=
men; denn die Substanz, der objektive Grund des Wahren,
durchdringt nicht vollkommen das wirkliche Sein und somit
erzeugt sie auch nicht, da sie nur insoweit sie wirklich ist
wirken kann, eine vollkommene Gleichförmigkeit in der Ver=
nunft; gleichwie aus demselben Grunde das wirkliche Sein, auf
welchem das Gute beruht, wohl wirklich, also dem Begriffe nach
im Willen ist, jedoch nur unvollkommen; denn geschaffene Wirk=
lichkeit ist nicht die Substanz selber. Im Schöpfer aber findet

das Wahre ein subjektives Sein, welches die Substanz selber
ist oder dessen Substanz wirkliches Sein ist, wo also eine
größere Vollkommenheit im wirklichen Bestande des Wahren
gar nicht gedacht werden kann. Wo nun das wirkliche Sein
Substanz oder Natur ist, da ruht auch der Begriff des Guten
in seiner vollkommensten Wirklichkeit. Nicht daß Wahre Gut
würde in Gott, oder der Begriff des Guten in den des Wahren
überginge; durchaus nicht: — aber das wirkliche Sein, welches
in Gott den Begriff der Wahrheit trägt, ist notwendig ganz
dasselbe, welches auch die Güte ist. Vermittelst des vollkom=
menen göttlichen Seins ist Gott die Wahrheit und weil er die
Wahrheit ist, kommt es ihm auch zu, die Güte zu sein; aber
Güte wird dadurch nicht Wahrheit; gleichwie ein ganz voll=
kommener Maler auch Architekt ist, ohne daß dadurch die
Natur der beiden Künste aufhörte gegenseitig wesentlich ge=
trennt zu sein; es verlangt eben keine von denselben begrifflich die
größte denkbare wirkliche Vollkommenheit im ausübenden Künstler.

Wird also die Notwendigkeit eines Unterschiedes zwischen
den göttlichen Vollkommenheiten betont, so muß dies dahin
verstanden werden; daß 1) ein solcher Unterschied im Be=
reiche des geschöpflichen Seins wirklich und thatsächlich
existiert; daß 2) die Begriffe dieser Vollkommenheiten von
einander verschieden sind und in allen Fällen, im Schöpfer
sowie im Geschöpfe, verschieden bleiben; daß 3) das eine und
reine göttliche Sein für einen jeden dieser Begriffe die schlecht=
hin vollkommenste subjektive Seins=Grundlage in sich enthält,
somit ganz nach Belieben das entsprechende geschöpfliche Sein
bewirken kann und zwar so, daß es ihm überlassen bleibt, das
eine zu wirken und das andere nicht oder auch das eine in
diesem Grade der Vollkommenheit, das andere in jenem her=
zustellen. Wird dieser Unterschied, wie dies gewöhnlich ge=
schieht, als der cum fundamento in re bezeichnet, so heißt
das nichts anderes, als daß die Grundlage, fundamentum,
von der aus derselbe gemacht und erkannt wird, in der Wirk=
lichkeit des Geschöpflichen, in re, beruht; wenn er auch

als wirklicher im schöpferischen Sein nicht besteht. Diese Grundlage ist nicht bloß im Begriffe vorhanden, sondern in der Wirklichkeit des Geschöpflichen, insofern ein Geschöpf die Voll= kommenheit der Gerechtigkeit z. B. thatsächlich besitzt, und die der Klugheit nicht; demnach offenbar nicht durch dasselbe Sein gerecht und zugleich klug ist. Die Verschiedenheit dem Grade nach beweist notwendig, daß, damit sie bestehe, im schöpferischen Wesen der vollkommenste Grad derselben existieren müsse: „denn, was größer oder geringer sein kann," sagte oben Thomas, d. h. der Entwickelung unterliegt, „das setzt ein unverrückbares „Meist" als wirkende Ursache voraus," deren Wesens=Sein also die betreffende Vollkommenheit bildet.

Ist die Gerechtigkeit aber im schlechthin vollkommensten Grade vorhanden, dann ist sie thatsächlich und notwendig mit der Klugheit verbunden, sowie mit allen anderen Vollkommen= heiten, da eine Gerechtigkeit ohne Mäßigung, Klugheit und Ausdauer keine vollkommene genannt werden kann. Also das eine subjektive Sein, welches dem Wesen nach, somit im vollkommensten Grade, Gerechtigkeit ist, das ist auch jede andere Vollkommenheit und kann demgemäß die höheren oder geringeren Grade derselben im Geschöpflichen frei hervorbringen. Auch hier führt wieder das Unvollkommene und Schrankenvolle im Geschöpfe zur Erkenntnis der höchsten Vollkommenheit Gottes.

Fragen also nach dem metaphysischen Grundbegriffe in Gott heißt fragen: welcher Vollkommenheit gemäß verursacht Gott das substantielle Sein, die Natur, den tiefsten Seinsgrund, das Mögliche im Geschöpfe? Die Kenntnis dieser Eigenschaft wird dann dasselbe Licht über die anderen Vollkommenheiten verbreiten, wie die Kenntnis der Natur oder Substanz eines geschöpflichen Dinges dem Wesen der Vernunft gemäß Licht verbreitet über das wirkliche Sein und die ander= weitigen Zustände desselben Dinges.

Der Psalmist zeigt deutlich den Weg (Ps. 118): Initio cognovi de testimoniis tuis, quia in aeternum fundasti ea. „Das ist der Anfang jener Kenntnis, die mir die

Geschöpfe als Zeugnisse deiner Macht geben, daß ihre tiefste
Grundlage die Ewigkeit ist." Gerade die Substanz eines
jeden der Dinge wird von dem Vernunftvermögen im Anfange,
vor allem anderen, naturgemäß aufgefaßt und leitet im Inneren
der Vernunft als bildende Form die Entwickelung der betreffenden
Kenntnis; — unter den göttlichen Vollkommenheiten
faßt der Psalmist in ähnlicher, aber dem Sein Gottes
entsprechender Weise mit Hilfe der Geschöpfe und
ihrer Zeugnisse die Ewigkeit auf als den tiefsten Grund
aller übrigen Vollkommenheiten und gestützt auf sie kann er
die letzteren abwägen.

136. Die Aseität.

Da muß nun zuvörderst ein bedeutender Irrtum als
solcher aufgedeckt werden. Es ist immer eine mißliche Sache
mit solchen Fremdwörtern, wie mit dem der Aseität, welche
allen Sprachen fremd sind. Niemand denkt über ihre eigentliche Bedeutung nach und jedermann gebraucht sie. Warum?
Weil sie so schön die Unklarheit des Gedankens verdecken.
Voces sunt signa intellectus: klare Worte deuten auf klares
Verständnis; unbestimmte, auf alles und nichts anwendbare,
bezeichnen den unbestimmten inneren Begriff. Was soll denn
das im Deutschen heißen: „Aseität"? Die Sprache ist die
wunderbarste Mitgift der menschlichen Natur; der Sohn des
ewigen Vaters heißt das Wort. Soll die Philosophie fruchtbar sein, dann muß sie an die Sprache anknüpfen; sie wird
dann auch bald das praktische Leben durchdringen. Die Angst
ist überflüssig, als ob der Wert der Philosophie als einer
allen Völkern gemeinsamen Wissenschaft darunter leiden müßte.
Die von einer jeden Sprache ausgedrückten Ideen sind überall
dieselben und ihr sprachlicher Ausdruck ist in jeder Sprache im
Grunde genommen der gleiche. Das zeigen leicht einige Beispiele: „contentus" und „zufrieden" klingt allerdings sehr un-
gleich — und doch; ist nicht „zufrieden" ebensoviel als „ein-
gefriedet" sein und kommt nicht contentus von „zusammen-

halten"? also dieselbe Idee: nur innerhalb der betreffenden Grenzen kann das Geschöpf seinen Frieden finden. Was ist denn „Gewissen" anderes als Ge=Wissen: „gegenwärtiges Wissen", „Mit=Wissen", conscientia. Kommt nicht dominus von domus und Hausherr von Haus ꝛc. ꝛc.? Hier liegt die wahre tiefe Grundlage für die Allgemeinheit der Philosophie!

Welche Idee nun soll der „Aseität" entsprechen? „Von= Sich=Sein", „Außer=Sich=Sein"? drückt doch die Präposition a nach Thomas immer gewissermaßen die Entfernung vom wir= kenden Grunde aus. Oder etwa „Sicherheit", „Auf Sich angewiesen sein". Sicher möchte es allerdings sein, daß nie= mand von denen, welche von dieser drolligen Aseität ihr wissen= schaftliches Dasein fristen, mit irgend einer von solchen oder ähnlichen Bedeutungen sich zufrieden geben wird. Thomas kennt in der That einen Zustand „a se", ein esse a se, kennt aber kein Substantivum aseitas; ähnlich wie er ein supernaturale kennt, aber keine „Übernatur"; es giebt nämlich Zustände, die ihrer ganzen Natur nach niemals Sub= stanz werden können.

Oder ist es denn möglich, daß der Umstand, „von einem anderen zu sein", an und für sich irgend eine Substanz be= deute? Ganz im Gegenteil; er setzt die zu Grunde liegende Substanz notwendig voraus. Ebenso kommt die Vernunft erst am Ende der verschiedenen Beweisarten des göttlichen Daseins zur Behauptung, daß Gott eben nur sei und also unabhängig gedacht werden müsse von jeder äußeren verursachenden Kraft. Ein Unbewegliches erzielt der erste Beweis, ein Unbewirktes der zweite, ein Notwendiges der dritte u. s. w.; daraus folgt aber nur immer wie von selbst der Umstand, daß dieses sub= stantiell Unbewegte, Unbewirkte, Notwendige u. dergl. sein Sein nicht von außen, nicht „ab alio" haben könne.

Dieses „a se" ist an und für sich etwas durchaus Nega= tives, leugnet nur und ist demnach ganz unfähig, ein positives Verhältnis wie etwa dasjenige der wirkenden Ursache zur Wirkung betreffs des Geschöpflichen zu begründen. Es ver=

schlägt dem Verschwender gar nichts, woher er sein Geld hat, ob es ihm gehört oder ob es geliehen ist oder ob er es durch eine Erbschaft oder ein Geschenk erhalten. Rücksichtlich seines Wirkens ist es für den Menschen höchst gleichgültig, woher er seine Vernunft hat; aber daß er die Vernunft besitzt, hören, sehen, schmecken, riechen, fühlen kann: das befähigt ihn zur Thätigkeit.

a) Unnütz.

Diese ganze schöne Aseität ist ein quid pro quo und geht von dem aus, wozu sie dienen soll. Sie will darthun, daß der Umstand, „non ab alio", d. h. nicht einem anderen das Sein zu verdanken, die Grundlage alles vernünftigen Denkens über Gott sei und alle ihre Ausführungen gehen dahin, daß das „Sein" Gottes die Quelle aller göttlichen Vollkommenheiten bilde. Da werden eine Menge Väterstellen zusammengehäuft: Justin. cohort. ad Graecos, nr. 21. Euseb. praepar. evang. 11, 9. Greg. v. Naz. orat. 30. Dionys. Arcop. de div. nomin. c. 5. nr. 4. Hilar. in Ps. 2. nr. 13. Ambros. in ps. 43. nr. 19. Hieron. ep. 15. ad Dam. August. Conf. 1. 6; de Trinit. 5, 2, Civ. Dei 12, 2, in ps. 101, 104 etc. etc.; die jüdische Tradition selbst mit dem armen Maimonides wird zu Hilfe gerufen! Und was besagen alle diese Stellen? Einzig und allein, was kein Kind, das halbwegs seinen Katechismus kennt, leugnet; worüber alle katholischen Theologen von jeher einig waren; sie besagen die allgemein anerkannte Wahrheit, daß Gottes Sein dem Wesen nach getrennt sei vom geschöpflichen Sein, daß in ihm alle Vollkommenheiten Sein sind und er demnach sich mit Recht „der da ist" nennt.

Aber was hat denn dies mit der vorliegenden Frage zu thun? Hier handelt es sich darum, was in diesem Sein Grundbegriff und was für Vollkommenheiten abgeleitete seien. So geschieht es nur zu häufig. Zuerst wird die Frage verstellt und dann werden unzählbare Väterstellen und Schrifttexte zum

Beweise für eine Behauptung vorgeführt, welche niemand leugnet und wo möglich noch niemand unter den katholischen Theologen geleugnet hat. Wo ist denn in den Vätern eine einzige Stelle, in welcher von dem Umstande „non ab alio" die Allmacht, Weisheit, Güte, Geistigkeit und ähnliche Eigenschaften Gottes abgeleitet würden?

b) Falsch.

Diese Aseität ist aber nicht nur völlig unnütz, sondern sie ist eine durchaus falsche Grundlage. Oder ist das Widerspruchsprincip nicht a se? Ist das nicht a se, daß $2 + 2 = 4$ sind? Woher kommt für diese Wahrheiten der Grund? Von außen her? Keineswegs; aus ihnen und von ihnen allein. Ja, sagt man, das esse, das Wirklich=Sein, muß betont werden. Nein; das a se muß betont werden, wenn von einer Aseität gesprochen werden soll und aus dieser eingebildeten „Substanz a se" muß das Wahre, Gute, das Sein in Gott sich ergeben; wie etwa aus der Substanz „Mensch" das Vernunft= und die Sinnesvermögen folgen.

c) Zerstörend; der nackte Pantheismus.

Die Aseität ist eine zerstörende Grundlage. Sie ist der nackte Pantheismus und ist durch den Pantheismus groß geworden. Oder was hindert es denn, wenn dieser Begriff als der maßgebende gelten soll, daß alles dem Wesen nach göttlich sei? Die Welt ist a se; sagen die Pantheisten. Und in der That! Wer hat das denn verursacht, daß der Begriff des menschlichen Wesens die Vernünftigkeit einschließt? Wer ist denn der Grund, daß das Dreieck 3 Ecken und 3 Seiten, daß es 2 R besitzt? Wer kann das ändern, „daß der Vogel zum Fliegen und der Mensch zur Arbeit geboren ist"? Niemand. Was Wesen ist, das ist a se. Die Wesenheiten der geschaffenen Dinge sind a se; Gott ist metaphysisch notwendig a se; das a se macht gerade Gott als Gott aus; also Gott und die Wesenheiten der Dinge sind identisch. Das stimmt

Schneider, Natur ꝛc.   21

doch! Wenn nun gar, wie das bei den Anhängern der Aseität nicht selten ist, in der thatsächlichen Wirklichkeit kein Unterschied gemacht wird zwischen der Substanz oder dem Wesen, als Vermögen zu sein, und dem Wirklich=Sein, so ist alles, alles schlechthin Gott.

Und doch ist es so leicht, sich bei Thomas Rats zu erholen; sagt er ja von dem Namen „qui est“, demselben Namen, der ein Spielball in den Händen der Aseisten zu sein pflegt (S. th. 1. qu. 13. art. 11): „Mit jedem anderen Namen, der Gott beigelegt zu werden pflegt, wird eine gewisse Art und Weise des göttlichen Seins bezeichnet; aber dieser Name „der Seiende“ drückt keinerlei gewisse Beziehung des göttlichen Seins aus, sondern bezeichnet in unbestimmter Weise alle Beziehungen und Vollkommenheiten desselben und entspricht demnach so recht dem unermeßlichen Meere des göttlichen Wesens.“ Jedenfalls wird doch aber, wenn nach dem Grundbegriffe im göttlichen Sein gefragt wird, nicht das unbestimmte göttliche Sein im allgemeinen gemeint, sondern eben jene bestimmte Vollkommenheit, welche den anderen als Grundlage gegenübersteht. Was substantiell ist oder dessen Stelle vertritt, das ist selbstverständlich die Quelle der Bestimmtheit. Deshalb fügt auch der heilige Lehrer hinzu (l. c. ad 1): „Dieser Name „qui est“ kommt Gott am eigensten zu, wenn das erwogen wird, wovon derselbe genommen ist, nämlich vom Sein; wird aber erwogen, wozu ein Name beigelegt wird, so kommt Gott am eigensten dieser Name „Gott“ zu, der die göttliche Natur als solche, als Natur oder Substanz bezeichnet“ (l. c. qu. 13. art. 8. ad 2). „Denn wir können aus den Wirkungen zwar nicht seine Natur erkennen, insoweit sie thatsächlich in sich selber besteht, wie z. B. die Natur „Mensch“, „Pflanze“ erkannt und daraus auf die entsprechenden Vermögen des Menschen oder der Pflanze geschlossen werden kann; aber auf dem Wege 1) der Übertragung und unendlichen Steigerung (supereminentia), 2) der Ursächlichkeit (causalitas), 3) der Entfernung alles Unvollkommenen und Beschränkten, können wir Gott, insofern mit diesem Namen die Natur Gottes bezeichnet wird, erkennen als über alles hervorragend, alles verursachend, und dem Wesen nach getrennt von allem." Dazu im Artikel selber: „Alle, die über Gott sprechen, wollen mit diesem Namen denjenigen bezeichnen, der alles leitet, wie Dionysius sagt: Die Gottheit ist es, welche alles sieht kraft ihrer Vorsehung und vollkommenen Güte." Aus dieser Thätigkeit rührt der Name „Gott" her, der da die göttliche Natur bezeichnet. Welche Vollkommenheit aber enthält ganz ausdrücklich diese Merkmale, welche Thomas von der „Natur" Gottes aufzählt: daß sie nämlich erkennbar ist auf dem bezeichneten dreifachen Wege, ferner in ihrer eigenen Begriffsbestimmung die Trennung des Wesens Gottes von allem anderem notwendig einschließt und endlich Gott als über alles hervorragend, alles ver- ursachend, sowie in seiner vollendeten Vorsehung und voll- kommensten Güte zeigt? Allein die Ewigkeit. Dazu be- darf es bloß eines kurzen Überblickes über den Inhalt der bis jetzt entwickelten Beweise und einiger Texte des Aquinaten. Doch vor allem: Was ist unter der Ewigkeit Gottes zu verstehen?

137. Auffassung der Ewigkeit.

Wenn irgendwo, so gilt hier das am Anfange des Para- graphen stehende Wort des Psalmisten: In ihre Ohnmacht versinkt die Seele vor deinem Heile . . . . meine Blicke senken sich beschämt in den Staub vor deinem Worte." Der er- leuchtete Blick des engelgleichen Lehrers allein kann bei der Behandlung der Ewigkeit es bewirken, daß der forschende Geist nicht von dem strahlenden Glanze geblendet werde, sondern vor Irrtum bewahrt bleibe. Es müssen dann aber auch alle Worte, mit denen Thomas die Ewigkeit begrifflich bestimmt, im einzelnen eingehend erwogen werden; keines ist überflüssig, keines mangelt.

Thomas unterscheidet zuvörderst genau (S. th. 1. qu. 10. art. 1 et 2): die Auffassung der Ewigkeit, d. h. den Begriff, den der menschliche Geist von ihr gewinnt, die ratio aeternitatis,

21*

von der Ewigkeit selber, was er nur bei dieser Vollkommen=
heit, aber auch freilich in allen betreffenden Stellen thut:
„Zur Kenntnis der Ewigkeit", so kommt er zum Begriffe
derselben, „können wir nur gelangen durch die Zeit, die da
nichts anderes ist als die Zählung der Bewegungen, numerus
motuum, insoweit die eine von diesen letzteren früher ist, die
andere später. In jeglicher Bewegung nämlich ist eine Auf=
einanderfolge, indem ein Teil des Beweglichen dem anderen
folgt und deshalb fassen wir dadurch die Zeit auf, daß wir
das Frühere und Spätere in der Bewegung zählen. In jenem
Sein aber, das da unbeweglich ist und sich immer auf die=
selbe Weise verhält, ist kein Früher oder Später. Sowie also
der Begriff der Zeit in der Zählung der einzelnen Bewegungen
oder in der Zählung des Früher und Später derselben Bewegung
besteht, so besteht in der Auffassung der unbedingten
Gleichförmigkeit und Unveränderlichkeit dessen, was
allseitig unbeweglich ist, der Begriff der Ewigkeit."

Man gebe wohl acht, wie genau sich Thomas ausdrückt:
„Der Begriff der Zeit, ratio temporis, besteht in der
wirklichen Zählung, in numeratione." Das Wesen der Zeit
ist vorhanden, mag die Auffassung desselben da sein oder nicht,
es besteht unabhängig. Der Begriff der Ewigkeit aber ist
notwendig und wesentlich die Auffassung der unbedingten
Gleichförmigkeit im unbeweglichen Sein; erfordert also, daß
gerade diese Gleichförmigkeit selber eine vernünftige und, da
nur das thatsächliche Erkennen, der Akt des Erkennens, eine
solche unbedingte und unstörbare Auffassung erlaubt, insoweit
immer dasselbe in demselben einheitlichen zeitlosen
Akte erkannt wird, so fordert der Begriff der Ewigkeit, daß
das unbewegliche Sein thatsächlich Erkennen sei. Wer dem=
nach diese Gleichförmigkeit nicht wirklich aufzufassen vermag,
der hat auch keinen wirklichen Begriff von der Ewigkeit; er
kann wohl erkennen, daß da, wo wahre Ewigkeit ist, sie das
Maß des an sich Unbeweglichen, also das Unbewegliche selbst
sei, insofern dieses sich immer selber gleich, ein esse uniforme;

bleibe; aber er kann sich keinen entsprechenden Begriff einer solch hohen Vollkommenheit machen; wie etwa vom Menschen, von der Pflanze u. s. w.

Gerade dies aber ist eine Unmöglichkeit für jedes ge-schaffene Wesen. Denn da das erkennende und erfassende Ver-mögen, insoweit es thatsächlich erkennt, der thatsächlich erkannte Gegenstand ist, so müßte die geschöpfliche Vernunft, sollte der Begriff der Ewigkeit in ihr wirklich sich vorfinden, dem Sein und Wirken nach stets gleichförmig, d. h. immer das-selbe sein, handelt es sich doch um das wirkliche Sein, nicht bloß um das Wesen oder die Substanz. Die Zeit mißt jeden-falls das wirkliche Sein: nämlich die Bewegung als den inneren Grund der Aufeinanderfolge. Soll also in entspre-chender Weise die Vernunft das immer sich selbst gleich bleibende Sein messen, oder, was dasselbe besagt, dieses Sein als gleich-förmig selber bilden, diese Gleichförmigkeit aber, wie das eben-falls die Natur der Sache erfordert, nichts anderes sein als die Auffassung des eigenen Seins, so ist offenbar vom Begriffs-vermögen des Geschöpflichen als wesentlich Beweglichen, Ver-änderlichen und Entwicklungsfähigen nicht nur die Ewigkeit ausgeschlossen, sondern es erscheint auch unmöglich, daß die geschöpfliche Vernunft jemals zum wahren entsprechenden Be-griffe der Ewigkeit gelangen, also daß sie mit ihren natürlichen Kräften die Natur Gottes jemals erfassen könne.

Damit ist auch zugleich der Unterschied gegeben, welcher diese Vollkommenheit von jeder anderen göttlichen Vollkom-menheit trennt. Vom Erkennen, Wollen, von der Macht, Weisheit, Gerechtigkeit hat das Geschöpf einen wahren Be-griff, wenn auch die Vollkommenheit, mit welcher ein jeg-licher solcher Begriff in Gott Sein hat, dem Wesen nach un-endlich größer ist, als in den geschaffenen Dingen und nur auf der via supereminentiae irgendwie erreicht werden kann. Was aber den Begriff der Ewigkeit betrifft, so vermag die Zeit als Maß der Dauer des Vergänglichen, nur auf das Maß des unbedingt Unbeweglichen hinzuweisen, und da das

Maß eines Seins oder einer Thätigkeit der Natur dieses Seins oder dieser Thätigkeit entspricht, so ist innerhalb des ganzen Umfanges des Beweglichen und dessen, was mit der Natur des Beweglichen durch irgendwelche Notwendigkeit verbunden ist, nicht das geringste Maß des von Natur Unbeweglichen zu finden. Das schlechthin Unbewegliche hat in sich allein sein Maß, ist sich selbst Maß oder noch genauer sein Maß ist nichts anderes als sein „Sich fortwährend gleich Bleiben".

Dies ist aber wieder nur dann möglich, wenn das Un= bewegliche auf der höchst=möglichen Stufe des Seins und der Thätigkeit steht, da ja sonst von seiten eines höheren Grades eine Einwirkung und damit eine Messung stattfinden könnte. Also muß der Akt der Auffassung des Wesens=Sein selber, die höchste Thätigkeit nämlich, die gedacht werden kann, das Wesen, die Substanz, das Wirklich=Sein bilden und sonach auch immer notwendig als Akt sich selbst gleich sein. Daraus folgt unmittel= bar wieder die Unfähigkeit in jedem geschöpflichen Verstehen, in welchem das Vermögen zu verstehen seiner Natur nach immer vom Akte der Erkenntnis, wie das Entwickelungsfähige von dem wirklich Entwickelten, getrennt sein muß, den wahren Be= griff der Ewigkeit in sich aufzunehmen, d. h. die Auffassung des Unbeweglichen wesentlich zu sein und natürlich ist dann mit diesem Begriffe selbst die Trennung des schöpferischen Wesens von allem notwendig gegeben. Nur die via causali= tatis et negationis vel remotionis bleibt für die Erkenntnis und Beurteilung der Ewigkeit zurück. Thomas bestätigt dies alles ausdrücklich (l. c. qu. 2. ad III.):

„Gott wird ewig genannt, nicht weil er thatsächlich einem Maße unterläge, sondern weil unsere Vernunft nur durch die Zeit, also nur vermittelst des Begriffes von „Maß" zur Er= kenntnis des Ewigen emporsteigen kann." Unsere Vernunft hat also nicht den wahren und wirklichen Begriff „Ewigkeit", sondern bedient sich des Begriffes „Maß" nur, um zu zeigen, daß eine Ewigkeit dem Wesen nach existiert. Deshalb giebt auch Thomas nicht die Wesensmerkmale des Begriffes Ewig=

keit an, sondern bemerkt (l. c. qu. 10. art. 1): „Das Da=
sein der Ewigkeit wird durch zwei Umstände bekannt gemacht
(notificatur): 1) dadurch, daß sie keinen Anfang und kein Ende
hat, und 2) daß jede Aufeinanderfolge in ihr mangelt, das
Ewige besteht ganz und immer im selben Augenblicke."
Und im folgenden Artikel (l. c. art. 2): „Gott ist nicht nur
ewig, sondern er ist seine eigene Ewigkeit: trotzdem kein
anderes Sein seine eigene Dauer ist; Gott aber ist sein
eigenes, immer gleichbleibendes Sein, suum esse uniforme,
und so ist er seine Ewigkeit, wie er sein eigenes Wesen ist."

Aus dieser Auseinandersetzung des heiligen Thomas geht
schon hervor, wie die Ewigkeit, um mit der modernen Theologie
zu sprechen, als Vollkommenheit Gottes den metaphysischen
Grundbegriff im göttlichen Sein bilden muß. Keine andere
Vollkommenheit bedingt so durch ihren Begriff bereits die
Trennung des göttlichen Wesens von allem; keine andere ist
in dem Maße der tiefste Quell der freien Ursächlichkeit.

138. Verhältnis der Beweise Gottes zur Ewigkeit.

Es ist wahr, daß die Geschöpfe alle Eigenschaften Gottes
offenbaren und daß ein jeder der fünf Beweise mehr oder
minder unmittelbar zur Erkenntnis aller göttlichen Vollkom=
menheit führt. Nichtsdestoweniger liegt der Gesamtheit des
Geschöpflichen ein sich überall gleich bleibender Zustand zu
Grunde, welcher in jeder Beziehung und auch gemäß einem
jeden der fünf Beweise erst die Geschöpflichkeit überhaupt er=
möglicht. Sowie für den Maler die Leinwand, der Marmor
für den Bildhauer, für den Schreiner das Holz, im allge=
meinen für jede Kunst der entsprechende Stoff und zwar ein
Stoff, welcher eben so ausgedehnt ist im Empfangen, als es
der Künstler im Geben sein kann oder will, das substantielle
Grunderfordernis zur Ausübung der künstlerischen Thätigkeit
ist, und erst nach ihm die einzelnen Vorzüge oder Verhältnisse
des beabsichtigten Werkes festgestellt, beziehungsweise beurteilt
werden können: so etwa liegt dem Geschöpflichen das End=

und Maßlose im Verhältnisse zum wirklich Sein zu Grunde
und bleibt in seiner durchgreifenden Bedeutung, bis wohin
auch immer das Geschöpfliche reicht. Dem Wesen des Ge=
schöpflichen wohnt es inne, in der Wirklichkeit immer mehr
entwickelt, immer vollkommener werden zu können. Warum?
Weil seine innerste Grundlage das Endlose ist; es besitzt in
sich nicht das Ende für das Wirkliche. Ist etwas Wirkliches
erkannt, so erscheint erst, wie viel noch an demselben Geschöpfe
zu erkennen ist; je mehr Beziehungen desselben zur Aufklärung
der Bedeutung seines Wesens erkannt werden, desto ausgedehnter
stellt sich die Möglichkeit heraus, noch weitere zu erkennen.
Warum? Es hat vermittelst seiner Substanz Beziehungen zu
allem Wirklichen und Möglichen, das Endlose ist seine
Grundlage. Die Zeit, das Maß aller und jeder geschöpflichen
Thätigkeit, wenn auch nicht jeder geschöpflichen Substanz, ist,
wie im 1. Kap. §. 2 nach Thomas gezeigt wurde, ihrer
Natur nach ohne Grenzen, sie schließt in ihrem inneren Wesen
weder einen Anfang noch ein Ende ein, ein Jahr ist aus sich
heraus eben so wenig ihre Grenze, als Milliarden von Jahren;
immer kann hinzugefügt und hinweggenommen werden. Warum?
Weil die Grundlage dessen, was sie zu messen hat, endlos
ist. Dem natürlich Endlosen aber steht unmittelbar gegenüber
dasjenige Sein, welches in sich und insoweit es in sich selber
sein Ende, seine Fülle, sein Maß hat, d. h. das ewige Sein,
gerade als ewiges. Doch mögen zu besserer Veranschaulichung
des Gesagten die Ergebnisse der einzelnen Gottesbeweise ein=
mal kurz überblickt werden.

139. Der erste Beweis und die Ewigkeit.

„Nun ist aber," so heißt es im ersten Beweise ausdrück=
lich, „eine endlose Reihe unmöglich." Auf die Thatsache also,
daß das Stoffliche von seiner Natur aus nur eine endlose
Reihe von bewegenden Kräften zu bieten vermag, wird der
Beweis gebaut, daß etwas schlechthin Unbewegliches existieren
müsse, welches der besonderen Thätigkeit des Stofflichen, also

der Bewegung, als das den erſten Anſtoß Gebende gegenüber
ſteht. Natürlich muß dieſes Sein, ehe ſeine Unbeweglichkeit
feſtgeſtellt wird, zuerſt in ſich vollendet, in ſich Maß und
Grenze ſein, denn eben auf Grund des End- und Maßloſen
im Stoffe wird auf ein Unbewegliches geſchloſſen. Es muß tota
simul die allbewegende Kraft ſein, allem thatſächlich Bewegten
zugleich und ganz gegenwärtig. Es kann ja, wie Thomas
dies ausführlich darthut (in phys. lib. VII. lect. 3 et 4),
keine Vermittelung zwiſchen beiden gedacht werden, da das
Bewegte nur auf Grund der Thätigkeit des Bewegenden in
thatſächlicher Bewegung iſt; jeder Grund aber mit der begründeten Sache nach dem Grade der Begründung verbunden ſein
muß; wenn es nicht etwa der Zweck-Grund iſt, der ſeiner
Natur gemäß als zu erreichender außerhalb deſſen ſich befindet,
was zum Zwecke hin geordnet iſt. Da nun einerſeits alle
anderen bewegenden Kräfte erſt auf Grund der erſtbewegenden
und ſelber nicht bewegten mit ihrer Thätigkeit eintreten und
andererſeits die Bewegung an ſich ohne Grenzen iſt und erſt
durch die erſtbewegende ermöglicht wird, ſo muß dieſe Kraft eine
in ſich ſelbſt abgeſchloſſene, von ſich ſelbſt gemeſſene und keinerlei
Grenzen von außen vertragende Vollkraft ſein, die all ihr Sein
zugleich in einem einzigen Akte iſt und ſomit zugleich und
ganz allen Wirkungen ſeiner Macht, mögen dieſe letzteren auch
im Verhältniſſe zu einander der Vergangenheit oder Zukunft
unterworfen werden, immer und gleichmäßig gegenwärtig
iſt. Die Bewegung verlangt eine innere Unterlage, in
welcher kein erſter feſtſtehender Anfang und kein letztes Ende
iſt; ſie verlangt die Endloſigkeit als ſubjektive Grundlage;
ſonſt hört die Natur der Bewegung als Mittel zwiſchen Anfang und Ende auf; — demgegenüber ſteht der Ewige, der
auf Grund ſeiner Ewigkeit allem, was bewegt wird oder bewegt werden kann, zugleich gegenwärtig iſt und dadurch als
erſtbewegende Kraft ſowohl ſelber ermöglicht wird, als auch
ſeinerſeits den Eintritt der untergeordneten thätigen Kräfte ermöglicht.

140. Der zweite Beweis und die Ewigkeit.

Die nämlichen Worte, welche im ersten Beweise auf die Notwendigkeit der Existenz einer Ewigkeit hinwiesen, sind auch ausdrücklich im zweiten enthalten: „Nun aber ist eine endlose Reihe in den wirkenden Ursachen unmöglich." Also dasselbe, was sich aus dem ersten Beweise ergiebt, folgt auch zuvörderst aus dem zweiten. Es tritt aber noch ein anderer Umstand hinzu (Zeitschrift „Natur", Nr. 40, 1881): „Der Sitz und das Wesen der kosmisch einheitlichen aktiven Kraft, die in die Ferne wirkt," so faßt Otto Erdmenger die im zweiten Kapitel dargelegte Theorie zusammen: „ist die Lichtausstrahlung aller Sterne; der Weltäther ist nur Träger dieser Kraft von Ort zu Ort; dagegen besitzt die Materie selbst nur die Fähigkeit, diesem überall in der Welt vorhandenen Lichteindrucke verhältnismäßigen Widerstand entgegenzusetzen."

Wird bei dieser Lehre von dem abgesehen, was die neuesten Physiker infolge derselben über die Erklärung der Schwerkraft sagen, so sind ihre Ergebnisse allgemein angenommen: nämlich in der Weise, daß im Lichte das allgemein treibende und bestimmende chemische Agens erkannt wird, welches in erster Linie die Elemente zu einem Ganzen verbindet oder deren einzelne Zusammensetzung auflöst. Dieses Licht ist aber ausdrücklich das „cöleste"; es trägt also die substantielle Kraft eines jeden Himmelskörpers und die ihrer Gesamtheit in sich, wirkt demnach auch auf Erden vermöge dieser ihm innewohnenden Kraft und bringt infolge dessen im irdischen Stoffe Wirkungen hervor, die dem Wesen der höheren Kräfte ähnlich sind. Dabei ergiebt sich jedoch eine Endlosigkeit nach drei Richtungen hin.

a) Erstens: Nach dem Stoffe. Hier ist, wie schon oben auseinandergesetzt worden (Kap. 2, §. 1), die Achillesferse der neuesten Erklärung für die Schwerkraft durch den Druck. Einzig und allein „die Fähigkeit, dem von oben ausgeübten Drucke Widerstand zu leisten", soll dem Stoffe innewohnen.

Nun ist aber gerade dieser Druck die wirkende Ursache der Bestimmung im Stoffe und, ohne daß der Stoff bestimmt ist, also einer gewissen Seinsstufe angehört, ist auch keine Widerstandsfähigkeit denkbar. Es entsteht demgemäß ein endloser Zirkelschluß: Der Stoff ist etwas Bestimmtes, weil das Licht auf ihn einwirkt; ein Satz, den Thomas voll und ganz unterschreibt; — und andererseits: das Licht wirkt ein, weil der Stoff ein bestimmtes Sein hat und deshalb widerstandsfähig ist.

b) Zweitens besteht eine Endlosigkeit nach der wirkenden Ursache, dem Lichte, hin. Wie bereits gesagt, faßt das Licht die Kraft der Himmelskörper in sich zusammen. Nun mag bloß das für die Erde unmittelbare Sonnensystem einer oberflächlichen Prüfung unterzogen werden. Der Jupiter, der größte Planet, der sein Licht von der Sonne empfängt und vermittelst dieses Lichtes auf die Erde einwirkt, ist 770 Millionen kil. von der Erde entfernt; sein Umfang ist gleich 2230 Erdkreisen, sein Radius = 142,000 k; sein Gewicht 310 mal das Gewicht der Erde. Weiter entfernt von der Erde ist der Saturn, nämlich 1411 Millionen k; sein Umfang ist 675 mal größer als die Erde, seine Masse gleicht 102 Erdmassen und 4 Milliarden k ist er entfernt vom Centrum des ganzen Systems. Vom Saturn ist der Uranus 1472 kil. entfernt, also ergiebt sich dessen Entfernung von der Erde im Betrage von 2840 Millionen kil.; mit anderen Worten: ein Eisenbahnzug, der 50 k die Stunde machte, würde vom Saturn aus 3360 Jahre, von der Erde aus 6684 Jahre gebrauchen, ehe er im Uranus anlangte. Bereits vom Saturn aus ist die Erde nicht mehr sichtbar. Der Durchmesser des Uranus beträgt 52,000 k; der Umfang ist also 73 mal größer als die Erde und das Gewicht gleich 15 Erden. Der Neptun ist bereits 4 Milliarden und 4 Millionen k von der Sonne entfernt, so umfangreich wie 85 Erden; er durchläuft 27 Milliarden 548 Millionen k im ganzen, 5370 m in der Sekunde und sein Jahr würde gleich 164 Jahren 281 Tagen sein. Bis zum Ende des Sonnensystems sind 27,947,674,000 k.

Nun ist aber unser Sonnensystem nur wie ein Pünktchen
am Himmel. 20 Millionen Sterne sind am Firmamente
sichtbar. Der nächste Stern, welcher wieder der Mittelpunkt
eines ganzen Systems ist, entfernt sich von der Erde um 5000
Millionen Erdradien; andere noch wahrnehmbare um 50,000
bis 100,000 Erdhälften. Ist dabei etwa irgend ein Ende abzusehen? Keineswegs. Der Nebel, der da etwa hinter dem
letzten wahrnehmbaren Sterne zu bemerken ist, löst sich bei
näherer Betrachtung wieder in Sterne und immer wieder in
Sterne auf. Es kommt dazu, daß in der Regel, je weiter der
Blick vordringt, desto riesiger die Massen werden, desto mehr
also Druck oder Bewegungskraft von außen her erforderlich ist.
Der Sinn steht wieder vor dem Endlosen, wo von Schritt zu
Schritt die Forderung größer, die Erfüllung unmöglicher wird.
(Vergl. Civ. catt. Heft 739 u. f. i cieli ed i loro abitatori.)

Es geht in der modernen Naturwissenschaft wie gewöhnlich in den Romanen. Es eröffnet sich am Ende immer die
Aussicht auf nie endendes Glück. Schönheit vereinigt sich mit
endlosem Reichtume, Jugendkraft mit Weisheit; wo auch immer
der Blick hinfällt, nirgends erscheint ein Ende, wie dies doch
sonst in der Natur und im Leben nicht selten so kalt und kurz
abschneidend eintritt. So rechnet auch die neuere Naturwissenschaft in allen ihren verschiedenen Zweigen immer mit Millionen
und Milliarden. Wird ein Zweifel laut über das Darwi-
nistische Übergehen von einer Art zur anderen, so ist die trost-
reiche und wie es scheint in diesen Kreisen vollauf befriedigende
Antwort: Freilich kann ein solcher Übergang in der geschicht-
lichen Zeit nicht nachgewiesen werden; dazu sind Millionen und
Milliarden Jahre notwendig. Wie ist es möglich, daß durch den
einfachen Druck des einen stofflichen Körpers auf den anderen
da oben die unaufhörliche Bewegung und hier unten noch
dazu der beständige Wechsel im stofflichen Sein hervorgebracht
werde? Ja; da werden Millionen und aber Millionen
Selbstleuchter erfordert . . . Als ob die Freigebigkeit mit den
Millionen, anstatt die Schwierigkeit zu lösen, nicht um so

mehr die Annahme des Daseins einer frei wirkenden, völlig
ungebundenen Vollkraft notwendig in sich schlösse, einer Voll=
kraft, die nur in sich selbst ihr bestimmendes Maß findet.
Bloß ein Blick auf die dritte Endlosigkeit und die Wahrheit
dieser Behauptung wird von einer neuen Seite her bestätigt.

c) Wie beschaffen ist denn nun eigentlich die Substanz der
Himmelskörper? „In einem jeden verschieden vom an=
deren, in allen aber dem Wesen nach ganz unähnlich
der irdischen Substanz." Das ist ein Ausspruch Secchis
(l. c.), den die Erfahrung überreich erklärt. Die Atmosphäre des
Jupiter zeigt im Spektroskop eine schwarze Linie im Roten,
wie dies in keinem Spektrum von irdisch=stofflichen Elementen
wahrgenommen wird; dazu ist seine Masse 5 mal weniger
dicht als die der Erde, etwas dichter als Wasser und an der
Oberfläche weniger dicht als Zucker, so daß die Bedingungen
für irgend welches Leben, wenigstens wie dies auf Erden ge=
dacht wird, da nicht vorhanden sind. Der Saturn ist wieder
verschieden davon: die Wärme, welche er von der Sonne em=
pfängt, ist gleich $^1/_{100}$ der irdischen; seine Atmosphäre ist nur
Nebel; die Temperatur in seinen Äquatorialzonen ist gleich
der an den Polen unter ^{0}R. und die Dichtigkeit desselben ist
so beschaffen, daß etwaige Bewohner in der dicken Luft schwim=
men müßten wie die Fische, ohne jemals festen Boden unter
sich zu haben. Der Neptun ist noch sonderbarer. Er zeigt
im Spektrum drei schwarze Striche, welche keine einzige stoff=
lich=irdische Zusammensetzung aufweist, einen zwischen gelb und
grün, den zweiten in b des Spektrums, den dritten im azur=
blau; dabei fehlt rot gänzlich, wohl aber ist gelb sehr ausge=
prägt, so daß keinesfalls seine Substanz als formaler Teil der
irdischen Luft dienen kann. Im Vergleiche zur Erde hat der
Neptun nur $^1/_{900}$ vom Lichte der Sonne und seine Mittags=
helle ist wie tiefe Dämmerung an den Polen der Erde. Und
so geht es weiter!'

Zudem ist die Substanz der Himmelskörper desto eintöniger
je entfernter sie von der Erde und je gewaltiger sie in ihrem

Umfange sind, wie z. B. im Mars das Licht bereits größere
Stärke hat, die Dichtigkeit größer, sein Umfang aber auch nur
halb so groß wie derjenige der Erde ist und die Entfernung
von dieser nur 56 Millionen k beträgt. Nun sind in der
nächsten Nähe der Erde bereits zwischen Mars und Jupiter
200 kleine Planeten, von denen ein jeder in der Substanz ver=
schieden ist vom andern, etwa wie die irdisch=stoffliche Sub=
stanz von derjenigen der Himmelskörper im allgemeinen. Man
rechne also, daß dieses Sonnensystem nur seinerseits wieder wie
ein Pünktchen ist im Weltall, daß also jedes der anderen unter
den Millionen Sonnensystemen wieder eine eigene Substanz
hat und jeder der dazu gehörigen Sterne vom anderen in der
Beschaffenheit seiner Substanz vollständig abweicht, daß nicht
zwei Sterne die Gattungsart mit einander gemeinsam haben,
wie etwa dies zwischen zwei Menschen der Fall ist; — so
steht der Geist von neuem vor einem Endlosen und zwar vor
einer endlosen Verschiedenheit in der Substanz, demnach vor
einer endlosen Verschiedenheit in den Wirkungen hier auf Erden:
eine Endlosigkeit, die mit unvermittelter Gewalt zum Ewi=
gen führt.

Alle diese Sterne bringen, so verschieden sie von einander
in jeder Beziehung sind, eine einheitliche harmonische Wirkung,
das Licht, unmittelbar hervor, welches auf die Erde strahlt,
um da nun wieder den endlosen Wechsel zu erzeugen und so
die Ursache zu werden, daß die irdischen Körper den Ausfluß der
ohne Ende verschiedenen Himmelskörper in ihrer mannigfachen
Zusammensetzung gewissermaßen widerstrahlen. Im Lichte ist
alles Stofflich=Himmlische verbunden und geeinigt; in ihm
offenbaren sich alle höheren Kräfte. Thomas sagt so schön:
lux non habet contrarium; es kommt von Gegensätzen, bringt
Gegensätze wieder hervor; für sich allein ist es aber selbstloser
Vermittler, das stoffliche Abbild derjenigen, allwaltenden Kraft,
welche, rein und voll in sich, den Stoff leitet. „Nimm an,"
sagt der große Newton, „daß die Anziehungs= und Abstoßungs=
kräfte im Stoffe einander das Gleichgewicht halten — und

das Weltall ist unmöglich; nimm an, daß die eine Seite über=
wiegt — und das Weltall fällt ins Chaos; der Finger Gottes
muß sich dreinlegen."

Welche Kraft soll das Entfernte zu einheitlichem Wirken
verbinden, das Große auf das scheinbar Kleinste, das Bestimm=
bare, den Stoff, dem Bestimmenden, dem Lichte zu gleicher
Zeit gegenüberstellen, die Harmonie der Himmel erstrahlen
lassen und ihre wirkende Kraft in den Substanzen der Erde
offenbaren; auf daß der irdische Stoff etwas werde und wirk=
sam sei und in seinem Sein und Wirken auf seinen hohen
Ursprung weise!

Was wird von diesem so mannigfach Endlosem in der
allwirkenden Kraft gerade auf Grund der Endlosigkeit gefor=
dert? Die Ewigkeit, quae omnia simul uniformiter in
se praehabet. Ganz muß sie auf Erden dem Stoffe gegen=
wärtig sein, der Alles werden kann; zugleich und ganz muß
sie am Firmamente wirken. Denn weder könnte ein Teil von
ihr oder eine sonstwie beschränkte Kraft die allgemeine Bestimm=
barkeit des irdischen Stoffes fortwährend wirken noch die Ein=
heit in der Wirkung der endlosen Reihe der Himmelskörper
erreichen; desgleichen ist weder das Bestimmbare, der Stoff,
etwas für sich, noch das bestimmende Element, das Licht, ist
etwas für sich allein. Zugleich aber sind beide die mächtig=
sten und notwendigsten Ursachen des formal=substantiellen Stoff=
Seins, die eine die formende, die andere die materielle.
Nur eine einzige Kraft aber ist ganz in sich und alles, was sie
ist, zugleich: die ewige: tota simul, nennt sie Thomas nach
Boëtius. Sie allein also wird zu allererst von dem grund=
legenden Charakter des Stofflichen, dem Endlosen, als be=
stehend, bewiesen. Aus ihr folgt dann auch wie von selbst
die Allgegenwart, die Unermeßlichkeit, die Vollkom=
menheit, die reine Geistigkeit: infinita nach außen, sibi autem
maxime finita, sagte Thomas oben, weil sie ihr eigenes
Maß ist.

141. Der dritte Beweis und die Ewigkeit.

Im dritten Beweise erscheint es unmittelbar und ohne weitere Auseinandersetzung, wie nach dem ganzen Charakter desselben die Existenz des Ewigen zu allererst bewiesen ist. Die Reihe ohne Ende findet sich allerdings auch hier, doch da liegt kein Unterschied vor von der Art und Weise der anderen Beweise; was vom ersten gesagt worden ist, gilt zugleich von diesem. Der Hauptgrundsatz jedoch, der in diesem Beweise zur Sprache kommt, weist so packend wie folgerichtig zunächst auf den Ewigen. Was möglich ist, beruht auf etwas Notwendigem. Thomas zeigt dies an einem Beispiele, von welchem leicht a fortiori geschlossen werden kann (s. th. 1. 2. qu. 10. art. 1). Gilt nämlich der bezeichnete Grundsatz auch für den freien Willen, so ist sein Wert für alle anderen Seinsarten klar erwiesen: „Die innere Grundlage des geschöpflichen freien Willens," sagt der engelgleiche Lehrer, (also dessen, was im höchsten Grade wirken oder nicht wirken kann), „ist das naturnotwendige Streben zu sein, zu leben, die Wahrheit zu erkennen und das Gute zu wollen; das nämlich im allgemeinen, was der eigenen Natur zukömmlich ist."

Hat nun diese innere Natur zugleich in sich den Gegenstand ihres notwendigen Strebens? Offenbar nein; im Gegenteil macht der einzelne äußere Gegenstand, der wahrgenommen wird, erst dieses Streben lebendig, welches vorher nur reines Vermögen war. Diese Naturnotwendigkeit treibt also nach außen und kann unmöglich eher ruhen, als bis sie zu jenem Sein gelangt, welches entgegengesetzt allem anderen seinem Wesen nach zugleich sich selber Zweck ist, d. h. in sich das Maß seines Wirkens hat, vielmehr dieses Maß selber ist, und demnach auch die einzelne Thätigkeit des anderen Seins messen kann; mit anderen Worten: dieses Sein muß totum simul, muß zuvörderst ewig sein.

142. Der vierte Beweis und die Ewigkeit.

Fordert im dritten Beweise die innere Notwendigkeit des Geschöpflichen den wirklichen Bestand eines wahrhaft Ewigen, so im vierten das zufällige Sein, mit welchem die Natur verbunden ist, um ein wirkliches Einzeln-Sein zu bilden. Das Band zwischen dem notwendigen und zufälligen Sein in jedem Dinge ist die objektive Wahrheit, denn das Wirklich-Sein wird aufgenommen gemäß der Art des inneren substantiellen oder notwendigen Seins. Und dieses wirkliche einzelne Sein erzeugt dann wiederum in dem Grade, daß es vom substantiellen Vermögen durchdrungen ist, in der menschlichen Vernunft die formale Wahrheit, nach welcher die Idee dem äußeren Sein entspricht. Welche Kraft aber allein kann unfehlbar bewirken, daß das wirkliche Sein, welches dem substantiellen Wesen zufällt, diesem gemäß eintritt, und daß das substantielle Vermögen von außen her in der Vernunft erscheint, um da nicht nur bloßes Vermögen zu bleiben, sondern auch im wirklichen Erkenntnisakte der Vernunft entgegengehalten, ihr gegenwärtig zu werden? Dieses Geschöpfliche ist ein einheitlicher Akt, der wie jedes geschöpfliche Sein der inneren Natur nach notwendig, in seinem einzelnen wirklichen Erscheinen jedoch zufällig ist; also in Wirklichkeit sein oder nicht sein kann, ohne das Vermögen der Vernunft oder das Vermögen für das subjektive äußere Sein, die Substanz an sich zu gefährden. Welche Kraft nun kann allein der bleibenden Verbindung des Möglichen mit dem Wirklichen, sowie des Notwendigen mit dem Zufälligen außen im Sein; welche Kraft kann derselben durch ihre Gegenwart innen, in der Vernunft, Bestand geben? Allein jene, welche ihre ganze Möglichkeit, ihre eigene Substanz, zugleich und ganz und gar wirklich notwendig ist; welche vom Anfange bis zum Ende wirklich, vielmehr im Anfange das Ende, im Ende der Anfang, mit einem Worte, welche ewig ist. Deshalb ist sie dann auch selber die objektive Wahrheit und ihr Sein ist Erkennen.

143. Der fünfte Beweis und die Ewigkeit.

Der Schwerpunkt der Ewigkeit liegt nicht in der An= fangs= und Endelosigkeit; sondern, wie Thomas ausdrück= lich bemerkt, in dem Sichgleichbleiben, im esse uniforme. Damit ist allerdings das erstere Merkmal notwendig verbun= den, aber es gewinnt doch eine ganz andere Gestalt als im Geschöpflichen. Dieses, das Geschöpfliche, muß, wenn es auf dasselbe allein ankommt, des Anfanges und des Endes ent= behren; es ist wesentlich nur Vermögen etwas zu werden und bejagt deshalb seiner Schwäche zufolge von sich aus keine Grenze; — das schöpferische Sein jedoch hat keinen Anfang und kein Ende, weil es es selber ganz und voll, also auf Grund seiner Fülle und Vollendung ist, kraft deren es nur sich selber Richtschnur und Maß bleibt. Das Entbehren vom Ende ist der ewige Tod: der Besitz des in sich Vollendeten das ewige Leben.

Der fünfte Beweis sagt dies mit klaren, ausdrücklichen Worten. Der Zweck einer jeden geschöpflichen Natur ist außerhalb. Warum? Weil dieser Zweck nichts anderes ist, als ihr wirkliches Sein. „Das Gute," sagte oben Thomas, „das Gute für jedes Ding besteht darin, gemäß seiner Natur wirklich zu sein" esse secundum naturam. Erst dann hat jede Natur ihren Zweck erreicht, wenn sie alles, was sie sein kann, wirklich ist. Kann nun jede Natur diesen ihren Zweck, ihre volle Wirklichkeit, außerhalb ihrer selbst haben? Unmöglich; sonst wäre wieder die endlose Reihe da. Der letzte Endzweck muß zugleich und ganz sein, er muß dem Wesen nach Wirk= lich=Sein sein; auf Grund dieser seiner Eigenschaft, also auf Grund der Ewigkeit, ist er gleichermaßen und ebenso der allein mögliche erstwirkende Grund (denn jedes Sein wirkt gemäß seiner Natur), als er dem Wesen nach getrennt ist von allem anderen.

144. Folgerung.

Wie aber hatte Thomas oben die Ewigkeit definiert: „Der Begriff der Ewigkeit besteht im Auffassen der Gleich=förmigkeit dessen, was außerhalb aller Bewegung und Ent=wickelung steht." Nicht also die Thatsache allein, daß das göttliche Sein sich immer selber gleich bleibt, macht den Wesens=begriff der Ewigkeit aus; nur aber diese Thatsache stellen die Geschöpfe fest. In das Wesen Gottes dürfen sie nicht vor=dringen; weit entfernt sind sie davon, auch nur den leisesten Schimmer darauf zu werfen, wie das immer gleichförmige Sein Gottes die Auffassung desselben Seins sei: „Das hat kein Auge gesehen und kein Ohr gehört, das ist in keines Menschen Herz gedrungen;" nur durch Vermögen wird vom Geschöpfe das rein wirkliche Sein erschlossen. Die Auffassung aber ist die höchste Thätigkeit und weil Gott sein Auffassen (apprehensio), seine Ewigkeit ist, deshalb ist er seine Vernunft, sein Erkennen, sein Wollen, seine Macht; er ist, weil Auf=fassen nur Thätigkeit ist, dieses Auffassen aber seine Substanz bildet. Die Ewigkeit ist ein währender Augenblick, ein instar perpetuum; von dem niemand sich eine Idee machen kann, und von dieser Ewigkeit hängt alle Vollkommenheit ab im Himmel und auf Erden; sie ist gleich der Substanz im Ge=schaffenen das Maß und die Richtschnur zuerst und un=mittelbar im göttlichen Sein selber; — dann vermittelst des durchaus freien und unabhängigen göttlichen Willens, also wie Thomas das ausdrückt, secundum quod possibile est, das Maß und die Richtschnur von allem Geschaffenen.

145. Text des heiligen Thomas.

Deshalb führt auch Thomas ganz im besonderen die Wissenschaft des Frei=Geschöpflichen immer auf die Ewigkeit, als inneren vermittelnden Grund derselben zurück und beweist so am besten, daß die Ewigkeit diejenige Eigenschaft in Gott ist, welche die Stelle der Substanz vertritt: die metaphysische

22*

Grundeigenschaft. Die Idee stellt ja im geschöpflichen Wissen
die Substanz des Erkannten dar, in ihr und vermittelst der=
selben wird überhaupt erkannt; — also wenn Gott in und
kraft der Ewigkeit erkennt, so heißt das nichts anderes, als
daß die Ewigkeit die substantielle Eigenschaft Gottes ist, das
Maß alles Geschöpflichen.

Die Stellen im Thomas, welche in dieser Weise die
Ewigkeit gebrauchen, sind zahlreich und bekannt. Nur zwei
kurze und treffende seien hier erwähnt (S. th. 1. qu. 14. art. 13):
„Gott erkennt alles Zufällige und alle freien Akte nicht nur
insofern sie in ihren Ursachen sind, sondern auch inwieweit
eine jede dieser Seinsarten thatsächlich und selbständig existiert.
Und obgleich dergleichen Sein nach und nach wirklich wird und
nicht zugleich, so erkennt sie doch Gott in diesem ihrem wirk=
lich thatsächlichen Sein nicht gemäß ihrer Aufeinanderfolge, wie
dies bei uns der Fall ist, sondern im selben Augenblicke, zu=
gleich. Denn das Maß der Kenntnis Gottes ist die Ewigkeit,
ebenso wie sie das Maß seines Seins ist; die Ewigkeit aber,
die da ganz zugleich tota simul existiert, umfaßt die ganze
Zeit. Daher ist alles, was in der Zeit geschieht, Gott gegen=
wärtig . . . weil sein ewiger Blick alle Zeit umschließt.“
Ebenso (C. G. I. cap. 67; cf. I. d. 38. art. 5) ausführlicher:
„Alle Kenntnis von zufälligen oder freien Akten, die, soweit
ihre nächste Ursache reicht, sein oder auch nicht sein können,
ist gewiß, wenn diese Akte als gegenwärtig betrachtet werden.
Kraft der Ewigkeit aber erkennt der Blick Gottes alles als
gegenwärtig existierend; also hat er eine sichere Kenntnis dieser
Seinsarten.“

Es möchte die Grenzen dieser Abhandlung weit über=
schreiten, wenn noch auseinandergesetzt würde, wie eine jede der
anderen zahlreichen Ansichten über den metaphysischen Grund=
begriff in der eben erörterten ihre Erklärung und Vervollstän=
digung, somit ihre teilweise Berechtigung findet; dies sowie
der eingehende Nachweis, daß alle übrigen Vollkommenheiten
Gottes zu der Ewigkeit im selben Verhältnisse stehen, wie in

jedem anderen Sein die Eigenschaften und Zustände zur inneren
Substanz muß für eine eigene Abhandlung aufgespart bleiben,
welche noch viele treffende Stellen des heiligen Thomas zu ver=
werten hätte.

Für jetzt sei nur noch kurz darauf hingewiesen, wie keine
Vollkommenheit Gottes in der Schrift so häufige Anwendung
findet als die Ewigkeit. Bei seiner Ewigkeit schwört Gott:
vivo ego in aeternum; die Teilnahme am ewigen Leben ist
die beständige Ermunterung zur Ausdauer in der Übung der
Tugenden; die Ewigkeit des Hohenpriestertums Christi ist die
unterscheidende Eigenschaft desselben und in den Kirchengebeten
ist es stehende Gewohnheit, mit Deus die Ewigkeit am un=
mittelbarsten zu verbinden: Domine sancte, Pater omnipo-
tens, aeterne Deus. Natürlich! Sie ist die maßgebende
Vollkommenheit in Gott.

Mag nun noch im Schlußworte der Psalmist angeben,
wie die Geschöpfe, deren Natur Bedürfnis ist, im Geiste
Gottes sich vollenden und jenes volle Sein da jubelnd finden,
was sie auf Erden vergeblich suchen.

Schlußwort.

„Preise meine Seele den Herrn; o Herr, mein Gott! deine Herrlichkeit hat sich mit überaus großer Macht geoffenbart" (Pj. 103). Der heilige Gregor stellt im Anfange der Erklärung des Ezechiel zu den Worten: „Und es geschah" die geistreiche Frage, woher es doch komme, daß der Prophet mit „Und" beginne, da doch dieses Bindewort bereits etwas Vorhergegangenes voraussetze, um es zum folgenden in sprachliche Beziehung zu bringen; und antwortet darauf: Durch dieses einfache Wörtchen werde angezeigt, wie die folgende Beschreibung nur die sichtbare Fortsetzung der unsichtbaren, geistigen Vision sei, die ihn in die Tiefen der Gottheit geführt und dort wunderbare Geheimnisse habe schauen lassen; gleichsam erwacht aus dem mystischen Schlafe greift er zur Feder und beschreibt unter der Leitung desselben heiligen Geistes, der ihm das heilige Gesicht enthüllt, dasjenige, was noch immer vor seinem geistigen Blicke steht als Fortsetzung und in Beziehung zu dem, was er bereits zu sehen gewürdigt worden war.

Dieselbe Frage könnte hier gestellt werden. Was hatte doch der königliche Sänger geschaut in geheimnisvoller Vision, daß er mit diesen prächtigen Worten dem Herrn dankt: „Preise meine Seele den Herrn, o Herr, mein Gott, wie überaus prachtvoll ist

die Offenbarung deiner Herrlichkeit." Hatte er geschaut, wie
der Ewige in seiner Herrlichkeit frei und unabhängig thront
„keines Gutes bedürftig" quoniam bonorum meorum non
eges, wohl aber „aller Fülle voll?" Hatte er geschaut, wie
es in seinem Ratschlusse von Ewigkeit her lag, zu einem
Zeitpunkte, den er allein zu bestimmen hatte, „die Schätze
seiner Güte zu offenbaren", „in seiner Weisheit die Himmel
zu gründen" und „die Erde zum Schemel seiner Füße scabel-
lum pedum suorum zu machen?" Hatte er geschaut, wie „er
furchtbar ist in seinen Ratschlüssen terribilis in consiliis und
wie er allein die unbeugsame Kraft hat, die vernünftige Kreatur
und vermittelst derselben auch die vernunftlose Schöpfung zu
sich als zum letzten Zweck und Ende zu führen?" Wurde ihm
vielleicht enthüllt, die wundervolle „Harmonie der Sphären",
„der Zusammenhang der Himmel", concentus coeli; — jene
großartigen Gesetze, hatte er sie in ihrem Grunde geschaut,
welche Himmel und Erde, Geist und Stoff, den Staub am
Boden und die glänzenden Leuchten am Firmamente gleich=
mäßig durchdringen und jegliches Ding „nach seiner Art"
teilnehmen lassen an dem einen und einzigen Gute!

Tief war der Sänger jedenfalls ergriffen worden, daß
er sogleich fortfährt: „Wie ein Kleid hast du angezogen Preis
und Pracht; in Licht bist du eingehüllt wie in einen Mantel"
und damit in großartigen Zügen die unumschränkte Freiheit
Gottes in der Weltengründung darlegt. Wie der Herrscher
ein Kleid anlegt, mit so geringer Mühe hat Gott gleichsam
das Gewand der Geschöpfe umgethan. Unter den Hunderten
von Gewändern, die in der königlichen Kleiderkammer liegen,
nimmt der Machthaber dasjenige, welches ihm gerade nach den
Umständen gut scheint — und niemand fragt ihn: Warum
hast du dieses gewählt? Immer aber dient das Kleid not=
wendig zur Bekanntmachung des inneren Herrscher=Glanzes.
Ist es kostbar, reich mit Perlen und Diamanten geschmückt,
wie in Gold und Silber eingetaucht, so erzählt es von dem
großen Reichtume und der Voll=Gewalt im Herrscher; — ist es

armselig oder vielleicht gar aus Lumpen zusammengesetzt, so ver=
kündet es seine unbegrenzte Güte und Herablassung, in welcher
er den Armen und Verlassenen besuchen will, ohne ihn zu er=
schrecken. So kann die Schöpfung bald das eine bald das
andere verkünden, immer aber dient sie zur Offenbarung der
„Reichtümer der Herrlichkeit“ des himmlischen Königs und da
diese Herrlichkeit in ihm nur Liebe ist, „macht sie bekannt die
Reichtümer seiner Gnade und seiner Güte.“

Der Psalmist geht nun in die einzelnen Teile des Ge=
schaffenen ein. „Licht ist sein Mantel.“ Thomas nannte
das Licht die „allgemein bestimmende und in keiner Beziehung
leidende Kraft im Bereiche des Stofflichen“ formalissimum
in creaturis, nullum habens oppositum. Es gleicht dem
Mantel unter den Kleidern, der alles übrige bedeckt und für
gewöhnlich das erste und ausdrucksvollste Zeichen der Würde ist.

„Wie ein Fell spannst du das Firmament aus und
Wasser trägt es über sich.“ Es zeigt sich bei diesen über=
raschenden Figuren, wie Thomas aus der Schrift gelernt hat.
In seinen erhabensten Spekulationen finden sich immer jene
treffenden Beispiele aus dem niedrigsten stofflichen Sein, die
so unübertrefflich das an sich Unsichtbare dem Verstande zu=
gänglich machen. Er gleicht darin der Redeweise des Psal=
misten. Über eine vom Meister beliebte Form wird das Fell
gezogen; es bedeckt und umhüllt alsbald sowohl diese Form,
als es sich auch der damit verbundenen Figur ganz und gar
anbequemt. So etwa hat der Herr die unsichtbaren Kräfte,
die da oben walten und die bildenden Formen für den niedrigen,
irdischen Stoff sind, mit dem Firmamente wie mit einem krystall=
hellen Spiegel umzogen und nur kleine Pünktchen leuchten von
der dahinter wirkenden unerschütterlichen Herrlichkeit der Natur=
kraft durch. Aus ihren Wirkungen auf Erden sollen sie er=
kannt werden, nicht vermittelst ihrer eigenen Substanz. Ge=
rade so groß erscheinen diese Pünktchen, daß sie verraten, wie
richtig der Psalmist die Gesamtheit dieser hervorragendsten
Naturkräfte mit dem allgemeinen Namen „Wasser“ bezeichnet.

Wasser ist ja, abgesehen von allem anderen, das allgemeinste und zu weiterer Bestimmung am tauglichsten erscheinende Element; es wird in der Pflanze Pflanze, im Tier Tier, im Steine Stein: omne semen est humidum sagte oben Augustin. Jene Naturkräfte aber, die durch das Licht der stofflichen Welt vermittelt werden, sie sind die allgemein im Stoff bestimmenden Kräfte — universales nennt sie Thomas quoad materiam —; von ihnen kommen die allgemeinen Seinsformen der Dinge im irdischen Stoffe, wie dies auch ihr Träger, die Substanz der Gestirne zeigt und erst auf Grund dieser vorhandenen allgemeinen Seinsformen können die irdisch-stofflichen Kräfte, die doch immer schon einen bestimmten Gegenstand für ihr Einwirken voraussetzen, den Stoff weiter zu mehr abgegrenzten Seinsformen bestimmen. Die leidenden, bestimmbaren „Wasser“, der allgemeine Stoff, ist unten; die bestimmenden „Wasser“ sind oben oder wie Thomas kurz sich ausdrückt: „Die irdisch-stofflichen Dinge sind nach ihren wirkenden, selber wieder ihrerseits stofflichen ersten und allgemeinen Ursachen secundum causas suas oben. Es sind die nämlichen, von denen der Psalmist in einem anderen seiner gottbegeisterten Lieder sagt: „Et aquae omnes, quae super coelos sunt, laudent nomen Domini.“

Jetzt können die Wolken aufsteigen oder wie der Psalmist malerisch, aber nichtsdestoweniger mit kraftvoller Wahrheit sagt: „Die Wolken machst du zu Trägern deines Aufsteigens und wandelst auf den Fittichen der Winde.“ Der Herr selbst wirkt es als grundlegende erste Ursache, die da überall und in Allem Sein und Thätigkeit hervorbringt, daß der irdische Stoff seinen Boten, den Dunst, hinaufsendet, um von oben, seiner Heimat, auch jene Kraft zu erhalten, vermittelst deren er in selbsteigener Thätigkeit zu wachsen und sich zu entwickeln vermag: den Regen nämlich, der fruchtbringend herniedersteigt. Das Leichteste, was von Oben kommt, hat seine festbestimmte Richtung, möchte es auch nur das wehende Lüftchen sein; „es weht wo er will“ und wie er, der gewaltige Herr, es bestimmt; — das Gewaltigste hat ebenso sein Maß und seine Grenze: „Sturm und Ungewitter", „der flammende Blitz" er= füllen des Herrn Gesetz mit genau so großer Sicherheit, wie die Riesensterne, die am Firmamente ihre Bahn wandeln.

„Auf festen Grund hast du gebaut die Erde; unstörbar ruht sie in ihrer Festigkeit." Schnell steigt der königliche Sänger von den lichten Höhen hernieder zum dunklen Stoff der Erde, aber nicht so schnell, wie das alles geworden ist: „Der da in Ewigkeit lebt, hat alles zugleich geschaffen." Wo ihrer Natur nach beschränkte stofflich=wirkende Kräfte sind, da muß auch irgend etwas da sein, was ihre Wirksamkeit auf= nimmt. Auf das Nichts kann nur der Allseiende, welcher seinem Wesen nach allein wirkliches Sein ist, einwirken. Was wirken nun zuvörderst und zunächst alle Kräfte da oben? Das End= ergebnis ihrer harmonischen Thätigkeit ist das Licht. Sie können nur wirken vermittelst des Lichtes. Das Licht aber kann gar nicht existieren ohne den Gegenstand, von dem es wider= strahlt und auf den es einwirkt; denn es ist wesentlich ein „wirksamer Zustand" qualitas activa. Trennen und verbin= den muß es durch den Anstoß zu örtlicher Bewegung: ent= weder, um ein- nnd dieselbe Substanz in ihren Zuständen und Eigenschaften zu ändern oder um das Vergehen der einen und das Entstehen der anderen herbeizuführen. Dazu muß aber irdischer Stoff vorhanden sein, der im Ocean der Welten allein substantielles Werden tragen kann und auf den also die un= gezählten Himmelsköper mit den ihnen verbundenen Kräften in ihrer unendlichen Verschiedenheit und in festester Harmonie durch Vermittelung ihres Lichtes bestimmend wirken. Mit derselben unerschütterlichen Macht, mit der Gott die Himmel gefestigt hat, hat er auch den Gegenstand von deren Thätig= keit, den unbestimmten, allgemeinen irdischen Stoff, die materia prima, im nämlichen Augenblicke geschaffen; er der Ewige, dessen wirkende, allumfassende Kraft ebenso mühelos die un= berechenbaren Welten am Firmamente in ihren Bahnen erhält, als er denselben den leichten Stoff der Erde entgegenwirkt.

Leicht ist er dieser Stoff: „ein Blatt, das der Wind fort=
treibt." „Staub, den der Sturm ohne Form und Figur vor
sich herjagt," „Gras, welches heute frisch emporgrünt und morgen
ins Feuer geworfen wird;" aber unter seines Schöpfers Hand
wird er fest, so fest, daß die Himmel auf ihn die Spuren
ihrer Wirksamkeit einzeichnen können, und daß, wird er zer=
rüttet, auch die Himmel erzittern virtutes coelorum commo-
vebuntur.

Verliert etwa unter der Einwirkung der schöpferischen,
formenden Macht der irdische Stoff seine Natur? Durchaus
nicht; vielmehr wird dieselbe, nämlich das unergründliche
Bedürfnis, der nimmersatte Mangel, unter jeglicher Form
erst recht offenbar: „Der Abgrund, der ihn rings umkleidet,"
erscheint da erst mehr und mehr in seiner Unergründlichkeit.
Die Natur des Stoffes ist reines, bloßes Vermögen; und mag
ihm gegeben werden, was da wolle, er seufzt nach anderem,
will neue Formen, erhöhtes Sein und ruht nicht eher, bis er
die innigste Verbindung mit der unendlichen Fülle erlangt.
Kann er diese fordern? Nein, bloß aus seiner Tiefe heraus
kann er nach des Höchsten Güte rufen und diese Tiefe thut
sich erst recht kund, wenn er vermittelst der natürlichem Sub=
stanz in die Vernunft tritt. Bevor der Stoff in dieselbe ein=
zutreten vermag, muß er alles, was er an wirklichem, that=
sächlichem Sein etwa besessen, ablegen und nur mit „dem
Kleide des Abgrundes" angethan, darf er da erscheinen. Die
bloße Substanz allein mit ihrem Vermögen, den Stoff nach
einer bestimmten Richtung hin zu durchdringen und zu be=
herrschen, wird erkennende Idee in der reinen Vernunft mit
Verleugnung alles einzelnen wirklichen Seins; und erst wenn sie
so ihr eigenes Nichts anzuerkennen vermag, wird auf Grund
ihrer Einheit mit dem Vermögen der Vernunft das wirkliche
thatsächliche Erkennen möglich, zu dem dann der ganze Mensch
mit allen seinen Fähigkeiten mitwirkt. Im geistigen Erkennen
erscheint der Stoff vor der Vernunft thatsächlich so, wie er
vor der wirkenden Macht Gottes ist, als reines Vermögen,

das da nichts fordern, aber alles annehmen kann und dessen
subjektives wirkliches Sein, soweit es thatsächliche Wirklichkeit
hat, nur der Offenbarung dieses so gestalteten Vermögens ·
dient. „Angethan mit dem rings ihn umhüllenden Gewande
des Abgrundes" steht der irdische Stoff vor Gott und vor
dem denkenden Geiste; die befruchtenden Wasser kann er nach
der ihm verliehenen Natur wohl aufnehmen, aber er ist un=
fähig, sie aus eigenen Kräften herabzuleiten. „Die Wasser
stehen hoch über den Höhen."

Die Allmacht, welche die Himmel gegründet und die Natur
der Erde gefestiget, muß auch Himmel und Erde zu gemein=
schaftlicher harmonischer Thätigkeit verbinden. Der Himmel
konnte sich keine Erde und die Erde sich keinen Himmel machen;
Erde und Himmel können auch nicht aus sich allein in Ver=
bindung treten. Es bedarf noch einmal des Willens ihres
Herrn. „Da steigen auf die Berge und senken sich hinab die
Felder und jegliches Ding nimmt den Ort ein, den du, o
Gott, bestimmt." Die Kräfte der Himmel sind allgemein,
sagte oben Thomas, sie sind also von ihrer Natur weder an
diese noch an jene Form des Stoffes gebunden; — ebenso ist
seiner eigensten Natur nach der Stoff allgemeines Bedürf=
nis; er hat von sich aus nichts, um mehr diese Einwir=
kung zu wünschen als jene, oder die allgemeine Einwirkung
mehr nach der einen Seite als nach der anderen zu lenken.
Danach muß, um das einzelne bestimmte Sein und danach
ein gewisses Wirken zu ermöglichen, die Hand des Schöpfers
auch die Anwendung der Kräfte d. h. ihre Richtung auf
das Einzelne leiten; applicare nennt dies der Engel der
Schule. So erst ist ein bestimmtes, substantielles Sein als
innerer Seinsgrund und Richtschnur für die einzelne Thätig=
keit erreichbar: esse substantiale est a prima causa, lauten
die bereits angeführten Worte des heiligen Lehrers.

Der Psalmist aber drückt dies so aus: „Die Grenzen ziehst
du selbst, sie werden dieselben nicht überschreiten; nicht wieder
werden Wasser die ganze Erde umhüllen;" alle Dinge folgen

notwendig der Grenze, die ihnen das eigene innere Wesen
setzt, denn nur kraft dieses Wesens haben sie das Sein. Nun
kann das einzelne Ding nach seiner Art die Einwirkung der
geschöpflichen Kräfte aufnehmen, teilnehmen kann es an den in
der Natur niedergelegten Gesetzen. Auch eine eigene Wirksamkeit
kann es nun entfalten, je nach dem es das Sein hat; denn
dieses Sein ist sein, es ist sein eigen, kommt es doch von
dem, der es zu eigen geben kann, dem alles Sein notwendig
gehört, der alles Sein dem Wesen nach ursprünglich ist. Das
Feuer macht die Wärme der Stube zu eigen, weil sein Wesen
die Wärme; Gott giebt Sein zu eigen, weil sein Wesen
Sein ist.

Daß der Psalmist also jetzt die Quellen entspringen, die
Ströme fließen lasse; daß die Tiere des Feldes und die Un=
getüme des Waldes sich daran laben; daß die Vögel des Him=
mels ihr Nest bauen auf den Bäumen, die das Wasser nährt;
daß der Regen strömt und der fruchtbare Boden Brot zur
Sättigung, Wein zur Erquickung, Öl als Heilmittel hervor=
bringe, während die Sonne da oben in stolzer Regelmäßigkeit
auf= und niedergeht; daß die ganze Schöpfung mit ihren man=
nigfaltigsten Seinsarten, mit ihrer Beständigkeit im Wechsel,
mit all der ihr angeborenen Pracht und Herrlichkeit ihrem
Schöpfer Preis und Lob darbringen. — Auch „der Drache"
wird nicht vergessen, „den Gott geformt, um seiner zu spotten."
Selbst die offenbare Ohnmacht der Natur, infolge deren sie
manchmal ihrer beabsichtigten Wirkung ermangelt, selbst der
Zufall muß Gott preisen, denn aus dem Bereiche der ersten
Ursache kann nichts sich entfernen; und (Thomas oben) was für
die niedrigeren Ursachen Zufälligkeit ist, das ist für Gott
nur Grund, um der aus dem Nichts ererbten Schwäche seiner
Geschöpfe zu spotten; er leitet den Zufall nur zu größerer
Offenbarung seiner alles durchdringenden Ursächlichkeit, in der
er sich manches für sich allein vorbehalten hat.

Selbst die Bosheit des freien Willens, die Sünde, dient
als unfreiwilliger Schemel seiner Füße. Er hat die freie

Natur erschaffen; er hat vorausgesehen, daß sie fallen werde, und auf die Frucht der Sünde, den Tod, hat er die Erneuerung der Erde, die Verherrlichung aller Natur, ihre schließliche Vollendung gegründet. „Wendest du dein Antlitz ab, so zerfallen sie, und leblos kehren sie zum Staube zurück. Du sendest deinen Geist und siehe! es ersteht eine neue Schöpfung; das Antlitz der Erde erneuerst du."

Doch halt! Der Psalmist führt weiter, als es die Aufgabe dieser Abhandlung mit sich bringt. Nur noch ein Wort! Es ist am Beginne des Psalmen gesagt worden, daß in höherer übernatürlicher Erleuchtung, in heiliger Vision derselbe geschrieben worden sei. Die letzten Worte sind der Beweis: „Verschwinden sollen die Sünder und weichen die Bosheit." Hat denn die Erkenntnis, welche die einfache Natur vermittelt, irgend eine Kraft, um die Seele Gott zu nähern, in ihr die Spuren der Sünde und Bosheit zu vernichten und dauerhafte Früchte für die Ewigkeit zu zeitigen? Nein. „Ein Quell wohl entfloß der Erde, und benetzte die gesamte Oberfläche der Erde." Aber deshalb fällt noch kein Regen. Feucht wurde die Erde durch diesen Quell; möglich war es ihr, unter der Voraussetzung, daß der Regen fällt, Früchte hervorzubringen. Hungern, dursten durfte sie nach dem Regen; aber um Früchte zu bringen, dazu hatte sie keine Kraft. Sie mußte noch ganz anders durchfeuchtet werden; dies aber konnte nur der Regen bewirken, welcher nicht in ihrer Gewalt stand. Praevolat intellectus, sequitar nullus aut tardus affectus, klagt Augustin. Schau so klar du willst in den Schranken deiner natürlichen Vernunft die Größe der ersten Ursache, ihre allgewaltige Kraft und ihre immerwährende stets sich gleichbleibende Dauer; eine solche Kenntnis kann höchstens ein natürliches Hindernis der wahrhaften Fruchtbarkeit des Geistes fortnehmen, aber dich thatsächlich Gott nähern, kann sie nicht. Dazu gehört die von der göttlichen Liebe in das Herz strömende Gnade. Die kleinste Gnade kann dann mehr als aller Apparat menschlich-vernünftiger Wissenschaft. Deshalb mußte der Psalmist von oben er-

leuchtet sein durch die Gnade, daß diese seine hohe Erleuchtung
mit der praktischen Folge schließen konnte: deficiant peccatores
a terra et iniqui ita ut non sint. Die wahrhaft aus der
Natur geschöpfte Wissenschaft Gottes schließt nicht so; wohl
aber läßt sie das Thor der Schöpfung weit offen; als Mög=
lichkeit zeigt sie alles Geschaffene vor Gott; was geschehen
wird, darüber hüllt sie sich in Schweigen. Quis sapiens et
custodiet haec et intelligit misericordias Domini?

Doch nun soll das Preislied des königlichen Sängers
selber den Schluß machen: Möge der Klang seiner Harfe weit=
hin tönen:

Hoch preiset Gott, mein Herr, dich meine Seele,
Wie hehr und groß ist deine Herrlichkeit.
Mit Preis und Pracht bist du, mein Gott, umkleidet,
Das Licht umhüllet dich wie ein Gewand.
Gleich einem Tuch, so spannst du aus den Himmel
Und heil'ge Wasser strömen drüber hin,
Auf dein Geheiß hoch steigen auf die Wolken,
Du wandelst auf des Windes Fittichen.
Der Windsbraut Heulen, Sturm sind deine Boten,
Des Feuers Flammen Diener deines Worts.
Auf festen Grund hast du gebaut die Erde
Durch alle Zeit unbeugsam steht sie da.
Ringsum verhüllt sie wie ein Kleid der Abgrund
Und Wasser stehen über ihren Höh'n.
Du willst es, Herr! und sieh' da wie sie fliehen
Dein Donner hallt und es erschreckt sie Furcht.
Die Berge heben sich, die Felder sinken,
Der Ort erscheint, den du für sie bestimmt.
Die Grenzen steckst du selbst, wer wird sie stören,
Nie mehr bedeckt die Erde Wasserflut.
Lebend'ge Quellen öffnest du den Thälern,
Die Berge teilt der Ströme Majestät.
Sich laben werden nun des Feldes Tiere,
Voll Durst die Eber warten auf die Nacht.

Des Himmels Vögel nisten auf den Bäumen,
Aus Felsenmauern singen sie dir Lob.
Der Regen strömt, die Berge werden fruchtbar,
Die Erde satt von ihrer Arbeit Frucht.
Das Lasttier graset munter auf den Wiesen,
Und frisches Kraut wächst zu des Menschen Dienst.
Nahrhaftes Brot giebst du uns aus der Erde,
Zu uns'res Herzens Freude hellen Wein.
Des Menschen Antlitz strahlt in reinem Frieden,
Das Brot leiht seinem Herzen Mut und Kraft.
Weit breiten aus die Bäume ihre Äste,
Des Liban's Cedern, welche du gepflanzt,
Der Vögel Heim; der Berg ernährt die Hirsche,
Der harte Felsen trägt des Adlers Horst.
Den Mond hat er gemacht, das Maß der Zeiten,
Die Sonne zaudert nicht in ihrer Bahn.
Sie sinkt hinunter, Nacht ist es geworden,
Des Waldes Tiere brechen brüllend auf.
Es raubt der Löwe; seine Jungen klagen,
Denn ihre Speise wollen sie von Gott.
Die Sonn' erscheint; sie rotten sich zusammen,
In ihren Höhlen strecken sie sich hin.
Nun kommt der Mensch und geht an seine Arbeit
Und bis zum Abend wirkt er munter fort.
In Wahrheit! Herrlich, Herr, sind deine Werke,
Das All' erstrahlt in deiner Weisheit Glanz.
Schau' da das Meer unfaßbar, unermeßlich,
Zahlloses Leben füllt es jubelnd an:
Ganz kleine Fischlein, große Ungetüme,
Des Menschen Schöpfung, das beladene Schiff;
Der ungeheu're Hai, den du gebildet,
Du spottest seiner Ungelenkigkeit.
Und alles schreiet zu dir laut um Speise,
Erwartet Segen nur von deiner Hand.
Dein Antlitz wende ab und sie zerfallen

Des Lebens bar zum Staub zurückgekehrt.
Entsende deinen Geist, geschaffen sind sie,
Der Erde Angesicht hast du erneut.
Dir, Herr, sei Lob gebracht zu allen Zeiten
An deinen Werken freue dich, o Gott.
Die Erde blickst du an, sie bebt und zittert,
Rühr' an die Berge, Feuer steigt empor.
So lang' ich lebe, Gott, will ich dir singen,
Und preisen meinen Gott, so lang' ich bin.
Nimm an, o Herr, mein Lied mit Wohlgefallen,
Freud' und Entzücken sind' ich nur in dir.
Die Bosheit soll verschwinden! Sünder fliehe!
Hochpreise meine Seele Gott den Herrn.

„In laudem gloriae gratiae Ipsius", in honorem Beatissimae Matris Dei et dilectissimi Doctoris Angelici.

„Es dürfte auch am Platze sein, ein Werk zur Anzeige zu bringen, von welchem das Vorwort zur deutschen Ausgabe sagt, daß es „in ehester Bälde ein Gemeingut der Welt, namentlich der katholischen Welt zu werden verdiene." Wirklich ist dasselbe vom heiligen Stuhle approbirt, von fast allen Bischöfen Frankreichs empfohlen, ja beglückwünscht, überdieß innerhalb fünf Jahren in Frankreich in mehr als zwanzigtausend Exemplaren verbreitet und bereits auch einer demnächst erscheinenden englischen und italienischen Uebersetzung für würdig erachtet worden."   Pred u. Kat. IX, 5.

Noch möge die Thatsache angeführt werden, daß von Gratry's Schriften in Frankreich innerhalb nicht ganz fünf Jahre **20,000** Exemplare abgesetzt und bereits auch eine englische und italienische Uebersetzung unter der Presse sind.

Schriften von und über den heil. Thomas v. Aquin.

Thomas v. Aquin, der Engel der Schule.
Betrachtungen über drei Wege des geistlichen Lebens. Nach der Zusammenstellung des P. Massoulié bearb. von D. Mettenleiter. Min.-Ausg. 1 M.

— — des h., Gebet des Herrn und der englische Gruß. Aus dem Latein. übers. v. W. Reithmeier. 8. 50 Pf.

— — das apostolische Glaubensbekenntniß, das Vater Unser und Ave Maria erklärt. Nach dem latein. Originale neu bearbeitet. Min.-Ausg. 75 Pf.

— — Himmelsleiter, oder Uebung der vorzüglichsten Tugenden. Bearbeitet und herausgegeben von D. Mettenleiter. Min.-Ausg. 50 Pf.

— — Predigten auf das ganze Kirchenjahr. Aus dem Latein. übers. von J. N. Oischinger. gr. 8. 4 M. 50 Pf.

Thomae Aquinatis expositio symboli apostolorum scil. **Credo** in deum, orationis dominicae vid. **Pater noster** et salutationis angelicae scil. **Ave Maria.** Min.-Ausg. 75 Pf.

— — opuscula selecta. Ed. nova. 2 vol. 12. 4 M.

Gloßner, Dr. M., Lehrbuch der katholischen Dogmatik
nach den Grundsätzen des heiligen Thomas. Zum Gebrauche bei Vorlesungen und zum Selbststudium. 2 Bde. 8. 10 M. 80 Pf.

Werner, Prof. Dr. K., der h. Thomas
von Aquino. 1r Band: Leben und Schriften des h. Thomas Aquinas. gr. 8. 10 M. 80 Pf. 2r Band: Die Lehre des h. Thomas Aquinas. 9 M. 90 Pf. 3r Band: Geschichte des Thomismus. 10 M. 80 Pf.
